DAS HISTORISCHE DRAMA
IN DEUTSCHLAND

FRIEDRICH SENGLE

DAS HISTORISCHE DRAMA
IN DEUTSCHLAND

GESCHICHTE
EINES LITERARISCHEN MYTHOS

MCMLXXIV

J. B. METZLERSCHE VERLAGSBUCHHANDLUNG

STUTTGART

PAUL KLUCKHOHN

IN DANKBARKEIT ZUGEEIGNET

ISBN 3 476 00170 9
Unveränderter Nachdruck 1974
©
J. B. Metzlersche Verlagsbuchhandlung und Carl Ernst Poeschel Verlag
GmbH in Stuttgart 1952/1969
Gesetzt aus der 9/10 p und 8/9 p Trump-Mediäval
Satz und Druck: Heinrich Fink KG, Offset Buchdruck, Stuttgart-Vaihingen
Bindearbeiten: Heinr. Koch, Tübingen
Printed in Germany

INHALT

Mit Mißtrauen wird mancher Kritiker dies Buch in die Hand nehmen. Es gibt ein Drama mit historischen Stoffen. Aber ein ‚historisches Drama'? Gibt es das überhaupt? Mit Schrecken erinnert man
sich der zahllosen epigonenhaften ‚Oberlehrerdramen', welche die
Bezeichnung ‚historisches Trauerspiel' trugen und durch einen Firnis
gelehrter Bildung über ihre dichterische Unzulänglichkeit hinwegtäuschen wollten. Man befürchtet bei jeder Verwendung des Begriffs ein ähnliches Mißverständnis. Der Literaturhistoriker warnt
davor, in Schiller nur einen Verfasser „historischer Dramen" zu
sehen (Korff). Autoren, welche Romane mit historischen Stoffen
schrieben, beklagen es bitter, „in den Ruf des ‚Dichters historischer
Romane' gebracht worden" zu sein (Gmelin). Dramatiker nehmen
mit großer Geste Abschied vom historischen Drama und betrachten
die Geschichte „grundsätzlich als etwas der Dichtung Feindliches"
(Langenbeck). Die geschichtliche Dichtung und besonders das historische Drama, welches in Deutschland lange Zeit höchstes Ansehen
genoß, ist bei uns seit Jahrzehnten in Mißkredit geraten, — mehr als
in anderen Ländern.

Die Ästhetik befaßt sich heute kaum mehr mit der historischen
Dichtung. Doch schon von ihrem Gesichtspunkt aus ließe sich manches gegen das herrschende Vorurteil sagen, denn es begründet sich
in einer formalistischen Kunstauffassung, die nicht mehr aufrechtzuerhalten ist. Eine Dichtung und zumal die für die geschichtliche
Dichtung besonders wichtige Form der Tragödie ist ohne eine tragende Idee — das Wort im weitesten Sinne genommen — undenkbar.
Aber, so sagt man, diese Idee gehört zum Dichter, nicht zum historischen Gegenstand. Die Frucht dieser Auffassung sind Dramen, in
denen oft ein ganz krasses Mißverhältnis zwischen dem gewählten
Stoff und der Idee des Dichters herrscht, so daß der Stoff tatsächlich
als zufällig oder gar „als etwas der Dichtung Feindliches" erscheinen
kann. Doch läßt sich nicht auch ein Drama denken, in dem ein historischer Gegenstand der Idee des Dichters begegnet und mit ihr
zu einer unlöslichen Einheit verschmilzt? Was ist ein Symbol sonst
als eine solche Verschmelzung? Wir müssen uns nur vor einer subjektivistischen Verwendung des Symbolbegriffs hüten und erkennen,
daß in der bedeutenden Dichtung eine reale Beziehung zwischen

Objekt und Subjekt, auch zwischen dem historischen Gegenstand und der Idee des Dichters besteht. Die Stoffwahl war für die großen Geschichtsdichter keineswegs beliebig, sondern äußerst wichtig, und mit Recht wurde andrerseits von ihnen immer wieder darauf hingewiesen, daß auch die Geschichtswissenschaft der Ideen bedarf, um den Massen des Materials eine sinnvolle Auswahl, ein „Bild" abzugewinnen. In der großen Zeit der Geschichtsdichtung, die mit einem Höhepunkt der Geschichtsschreibung zusammenfiel, haben sich beide Bereiche innig berührt, und sie werden, wo immer man vom Wesen der Geschichte etwas versteht, niemals absolut getrennt werden können. Auch heute dürfte es dem unbefangenen Theoretiker, der sich vom herrschenden Vorurteil befreit, klar sein, daß es prinzipiell Geschichtsdichtung geben kann.[1] Bei aller Eigenständigkeit ist die Dichtung kein Bereich, der sich aus der Gesamtwirklichkeit herausisolieren läßt. In einer Zeit, da ein Historiker vom Range Huizingas in allem Ernste fragen kann, „ob die Geschichte als solche an den ästhetischen Grundformen des Epos und Dramas beteiligt ist"[2], da selbst in der Medizin und Psychologie Entwicklungs- und Krankheitsverläufe unter der Form des Dramas erfaßt werden, wird man für ein komplexes Phänomen, wie es das Geschichtsdrama ist, wieder mehr Verständnis aufbringen als in der Zeit der l'art pour l'art-Dichtung, die noch immer nachwirkt.

Wichtiger als eine solche theoretische oder gar spekulative Rechtfertigung des Themas ist dem Verfasser freilich seine Aufgabe, das historische Drama in Deutschland als eine ganz bestimmte geschichtliche Bewegung zu begreifen und darzustellen. Denn was man auch zur prinzipiellen Rechtfertigung der Dramenart sagen mag, — sie ist nur in einem einzigen, unwiederholbaren Abschnitt unserer Geschichte groß und führend gewesen. Vorher und nachher hätte man den Begriff „historisches Drama" nicht geprägt, und sein schlechter Ruf begründet sich eben darin, daß die Voraussetzung, unter der es entstand und blühte, zweifelhaft geworden ist. Diese Voraussetzung ist offensichtlich eine Ehrfurcht vor der Geschichte, wie wir sie spätestens seit Nietzsche nicht mehr besitzen.

Das Geschichtsdrama wurde von jeher im Namen der Form bekämpft. Aber unser Drama ist, wie die ganze moderne Kunst, nicht durch ein mangelhaftes Wissen um die Form, sondern durch das Fehlen überzeugender, tragfähiger Inhalte gesunken. Die Form hat, wie unsere gesamte Zivilisation, eine vor hundert Jahren noch unvorstellbare Perfektion erlangt, aber gerade dadurch wird es immer schwerer, zwischen leerer und erfüllter Form zu unterscheiden. Die Inhalte, statt die Form zu erschaffen, sind oft genug selbst zu einer Funktion dieser Formkultur geworden. Nicht wenige Dichter sind heute aus Gründen des „Stils" christlich. Früher bediente man sich eines modernen, etwa des Nietzscheschen Mythos, wie man sich eines Stilmittels bediente. Schon bei Hebbel erhebt sich die Frage, ob er von Hegels geschichtsphilosophischen Ideen überzeugt war oder sie nur zur Abrundung seiner Tragödien benötigte. Sogar für den deutschen Klassizismus, ja für die Rokokozeit gab es diese Gefahr der Inhaltlosigkeit schon, und die Bewegung des historischen Dramas stellt sich, wie der ganze Historismus, dem zurückblickenden Betrachter als einer der Versuche dar, sie noch einmal zu bannen. Große Dichtung, das erkannte man schon damals immer erneut, ist kein bloßes Spiel, das „Wahre" läßt sich vom „Schönen" nicht trennen. Was Klopstocks »Messias«, was die Romantiker durch den Rückgriff auf die religiöse Tradition zu leisten versuchten, die Wiedergewinnung verbindlicher Wirklichkeit, das wollten die Geschichtsdramatiker durch die feiernde Darstellung rein menschlicher, besonders nationaler Gegenstände vollbringen. Da die antike Mythologie kaum jemals wieder solche Realität wie bei Hölderlin gewann, wurde sie entweder durch eine neue Christlichkeit oder durch diese, wie Nietzsche später polemisierend sagt, „Religion der historischen Macht" ersetzt. Merkwürdig, daß selbst Jean Paul, der so viele Gegenwartsromane verfaßt hat, zuerst an diese historische Wirklichkeit denkt, als er für die Dichtung „Wahrheit" fordert. In der »Vorschule der Ästhetik« lesen wir: „Die Griechen glaubten, was sie sangen, Götter und Heroen. So willkürlich sie auch beide episch und dramatisch verflochten: so unwillkürlich blieb doch der Glaube an ihre Wahrheit; wie ja die neuern Dichter einen Cäsar, einen Kato, Wallenstein usw. für die Dichtkunst aus der Wirklichkeit, nicht für die Wirklichkeit aus der Dichtkunst beweisen." Die Erklärung für diese in seinem Fall überraschende Parallelisierung von Mythos und Geschichte liegt darin, daß Jean Paul — die Nennung der Stoffe beweist es — an das Drama denkt, das in Deutschland seit Lessing und dem Sturm und Drang d. h. seit dem Shakespearekult höchste, ja fast sakrale Geltung erlangt hat. Bei der zweitrangigen Form des Romans liegt der ehrwürdige Bereich der Geschichte noch nicht so nahe, und das Heraufkommen des Geschichtsromans ist später schon ein Zeichen für das Sinken des deutschen Geschichtsdramas. Die höchste Gattung und der höchste Gegenstand — das war das deutsche Geschichtsdrama lange Zeit. Ein kaum mehr verständlicher, aber sehr wirksamer und fruchtbarer Mythos. Seine Entfaltung, seine Herrschaft und sein Verklingen ist der eigentliche Gegenstand dieses Buches. Der Schwerpunkt liegt daher auf dem Jahrhundert von etwa 1760—1860. Nach vorwärts und rückwärts werden nur einige Linien ausgezogen, denn ohne die Sonderstellung, welche das Geschichtsdrama in dieser Epoche einnimmt, wäre das Thema kaum sinnvoll und jedenfalls uninteressant.

Von Benno von Wieses »Geschichte der deutschen Tragödie«, die sich in manchem mit der Fragestellung des Verfassers berührt und mit gutem Grund einen ähnlichen Zeitraum umfaßt, unterscheidet sich diese Untersuchung nicht nur durch das Thema, sondern vor

allem auch durch eine viel weitere stoffliche Ausdehnung. Bei der
Tragödie empfahl sich strengste Auswahl. Das deutsche Geschichtsdrama aber soll, ohne Nivellierung der Gipfel, in seiner vollen Plastik als eine machtvolle kulturelle Bewegung sichtbar gemacht, und
dadurch sowohl für die Dichtungs- und Theatergeschichte als auch
für die literarische Soziologie und die Geschichte des Historismus
ein Beitrag geleistet werden.

Das Buch ist meine Habilitationsschrift. Zeitbedingte Schwierigkeiten verhinderten bisher sein Erscheinen. Die nachträgliche Veröffentlichung wird durch einen Druckkostenzuschuß, den die Not-
gemeinschaft der deutschen Wissenschaft bewilligte, und durch das
großzügige Entgegenkommen des Verlags ermöglicht. Bei der Be-
schaffung der zahlreichen Quellen haben mir die Universitätsbiblio-
thek in Tübingen und die Nationalbibliothek in Wien freundliche
Hilfe geleistet. Von dem persönlichen Dank, den ich meinen Tübin-
ger Lehrern und Kollegen für Ihre sachkundige Beratung und selbst-
lose Kritik schulde, soll im einzelnen nicht die Rede sein.

I. TEIL
DIE GRUNDLEGUNG
DES DEUTSCHEN GESCHICHTSDRAMAS

1. HINDERNISSE FÜR DIE ENTWICKLUNG
EINES GESCHICHTSDRAMAS IN DEUTSCHLAND

Wenn nach überzeitlicher Geltung strebende Dramatiker immer wieder mit Mißtrauen auf das historische Drama blickten, so lag einer der wichtigsten Gründe dafür in seiner späten Entstehung. Insbesondere stützte die Betrachtung des griechischen Dramas immer von neuem die Behauptung, daß der wahre Gegenstand der Tragödie nicht geschichtlicher, sondern mythischer Natur sei. In der Tat müssen alle Versuche, in vorhumanistischer Zeit Geschichtsdramen aufzuweisen, als zweifelhaft gelten. Das seit Bodmer immer wieder herangezogene Beispiel der »Perser« des Aischylos nimmt zwar eine gewisse Sonderstellung ein, es ist aber nicht so sehr dem historischen Drama als der aktuellen dramatischen laudatio zuzurechnen, die über den Hellenismus bis in die Zeit der Renaissance und des Barock weiterlebte.

Das hellenistische Drama setzt gelegentlich an die Stelle der mythischen Stoffe nicht nur zeitgenössische, sondern auch geschichtliche. Man erwähnt die Themistokles-Dramen des Philikos, das Exodus-Drama des Ezechiel. Man behauptet, daß diese Entwicklung durch die realistischeren Römer noch gesteigert wurde: in der Form der fabula praetexta, muß aber zugleich zugeben, daß diese Dramenart „ein kümmerliches Pflänzchen" geblieben ist.[3] Man hat zwar zur Zeit der akademischen Begeisterung für das Geschichtsdrama von „historischen Dramen der Römer" gesprochen.[4] Aber ob dieser Versuch, das Streben des eigenen Jahrhunderts in der Antike zu erkennen, sachlich gerechtfertigt ist? Seneca jedenfalls, der für das Drama des Abendlandes von so ungeheurer Wirkung war, ist in seiner Stoffwahl dem Mythendrama der Griechen gefolgt, mit Ausnahme der »Octavia«, die mit seinen Dramen überliefert, aber wahrscheinlich nicht echt ist.

Sowohl das griechische wie das mittelalterliche Drama lebt seinem Wesen nach aus dem Mythos, aber das Bemerkenswerte in unserm Zusammenhange ist, daß der Mythos nicht in irgendeinem Gegensatze zur Geschichte steht, sondern wie diese in einem ganz konkreten Sinn Wirklichkeit ist. Es kann da geschehen — so im dritten Teil der »Oresteia« —, daß die Sage von Orest nicht nur der Anlaß wird zu einem vaterländisch preisenden Rückblick auf die Vergangenheit Athens, sondern sogar im Sinn der späteren historischen

Analogien ein aktuelles politisches Faktum, Athens Bündnis mit Argos, stützen muß. Das mittelalterliche Drama gibt die „Geschichte" der Menschheit vom Paradies bis zum jüngsten Gericht, die „Heilsgeschichte" sagen wir; aber man muß sich dabei vor Augen halten, daß der Gegensatz von religiöser und historischer Wahrheit auch für das Mittelalter nicht besteht. Es ist anzunehmen und verdiente nähere Begründung, daß die Pseudogeschichtlichkeit des mittelalterlichen Dramas die Entstehung eines in ganz anderem Sinne geschichtlichen Dramas während der Renaissance gefördert hat. Wenn Shakespeare die dem Geist des Humanismus entwachsenen geschichtsdramatischen Bemühungen eines Marlowe fortsetzte, zugleich aber zum nationalhistorischen Dramenzyklus weiterschritt, so wirkte das mittelalterliche Streben nach einer allgemein verbindlichen und fortlaufenden Darstellung alles dessen, was zu Heil und Unheil der Menschen Wichtiges geschehen ist, auf dem Boden Englands weiter. Der Gegenstand des Dramas war zwar ein weltlicher, aber noch immer ein solcher aus der allen Zuschauern gemeinsamen Herkunft. Über das bloß gelehrte oder geschichtenfreudige Interesse am historischen Stoff trug dort die nationale und staatliche Entwicklung zeitig hinweg. An die Stelle der Heilsgeschichte der Menschheit trat die Königsgeschichte Englands und die Geschichte des nun als geistige Heimat empfundenen alten Rom. Die Gewinnung eines öffentlichen Interesses für das Geschichtsdrama wurde hier zweihundert Jahre früher als in Deutschland erreicht, ein Beweis für die enge Verquickung unseres Fragenkreises mit politischen und gesellschaftlichen Faktoren.

Rein geistesgeschichtlich gesehen waren mit Renaissance und Humanismus auch in Deutschland die Voraussetzungen für das eigentliche Geschichtsdrama gegeben. Indem Wissenschaft und Kunst sich der Erkenntnis und Darstellung des Empirischen zuwenden, sehen sie auch den Menschen in den ihm eigenen Bedingungen, in seinen politischen Formen, in seiner Geschichtlichkeit. Nach der theozentrischen Weltauffassung des Mittelalters entsteht erstmals wieder „ein objektiv historisches Interesse und eine von natürlicher Auffassung menschlicher Dinge geleitete Geschichtsschreibung[5]." Allerdings vermag sich die hier ans Licht getretene Geschichtsauffassung noch selten in voller Reinheit durchzusetzen. Sie wird oft genug, und im 17. Jahrhundert sogar zunehmend, von religiös-lehrhaften oder politischen Zielsetzungen getrübt. Für die geschichtliche Erkenntnis als solche wirkte sich auch der Umstand nachteilhaft aus, daß die Historie keinen eigenen Bereich bildete, sondern zunächst „eng verbunden mit den Fächern der Beredsamkeit und Dichtkunst" war.[6] Für die Entwicklung des Geschichtsdramas mochte freilich eben diese Verbindung des Historischen und Poetischen förderlich sein, in dem äußeren Sinne mindestens, daß Dramen mit historischen Namen und Vorgängen keine Seltenheit waren.[7] Die Wahl des histo-

8

rischen Stoffes diente einmal dem Zweck, irgendeine bedeutende Situation zur oratorischen Bewältigung vor sich zu haben, andererseits sollte dem Schüler durch die poetische Darstellung das geschichtliche Wissen eingeprägt und ausgedeutet werden. Diese Form des historischen Schuldramas, die bis ins 18. Jahrhundert hinein lebendig blieb, ist eine der Grundlagen des späteren Geschichtsdramas.

Mit dem historischen Interesse vereinigt der Humanist auch in Deutschland das nationale. Wenn der Schwabe Frischlin ein Drama »Helvetiogermani« (1584) und der Schlesier Calaminus schon einen »Rudolphottocarus« (1594) schreibt, so wirkt hier dasselbe Bestreben, die Geschichte der eigenen, engeren oder weiteren Heimat darzustellen wie später im sogenannten „vaterländischen" Drama. Eine dramatische Bearbeitung des Armin-Stoffes erfolgt zwar noch nicht[8], immerhin geschieht das für die Entwicklung des deutschen Nationalgedankens und Nationaltheaters äußerst Wirksame, daß die Gestalt Armins als das mächtigste gesamtdeutsche Geschichtssymbol über alle staatlichen Zersplitterungen hin aufgerichtet wird. Ist Arminius in Huttens gleichnamigem Dialog noch in erster Linie der romfeindliche deutsche Protestant, so steht in Frischlins »Julius Redivivus« die Gestalt Hermannus schon für den Deutschen überhaupt, ein Sinnbild, das von der deutschen Bearbeitung des Stücks durch Jakob Ayrer über Moscherosch und Rist bis ins 18. und 19. Jahrhundert hinein weiterlebte[9] und schließlich, in dem populären Germanenkult, zum Klischee erstarrte.

Will man die Frage beantworten, warum aus den Ansätzen des Humanismus in Deutschland kein nationalhistorisches Drama entstand, das auch nur einigermaßen dem der elisabethanischen Epoche entsprochen hätte, so ist zunächst vor allem daran zu erinnern, daß es in Deutschland keinen politischen Mittelpunkt gab, der die nationale Kultur ebenso gefördert hätte wie der englische Königshof. Schon der für eine allgemeine nationale Wirkung unerläßliche Übergang der „gelehrten" Dichter zur deutschen Sprache fand nicht genügend öffentliche Förderung. Das gilt besonders für den größten deutschen Hof, Wien, wo wir von Celtis bis Avancini fortwährend lateinisch geschriebenen Schauspielen begegnen. Der Bibelübersetzung Luthers als einer Tat für Kirche und Nationalsprache wurde auf dem Gebiet des Theaters nichts Gleichwertiges an die Seite gesetzt. „Germana lingua postulant dari comoediam", so seufzt Frischlin in seinem Prolog zu den »Helvetiogermani«[10], und er beschwört seine Zuhörer, doch ja ruhig zu sein, auch wenn sie nichts verstehen könnten. Das historische Drama blieb gewissermaßen in der Schule stecken. Allerdings war auch das historische Wissen und Interesse in weit höherem Maße auf die Bildungsschicht beschränkt als im 18. Jahrhundert. Die geistige Welt des Volkes war durch die Religion bestimmt, und zumal beim protestantischen Volksteil erstand dem historischen Drama, wo es sich etwa bilden wollte, ein übermächtiger Konkurrent in dem durch Luthers Ruf erweckten Bibeldrama. Das Volk wußte mehr von Joseph oder vom verlorenen Sohn als von Arminius oder Caesar, und so war es auch für den humanistischen Dichter naheliegend, in erster Linie an diese allgemein gültige Stoffwelt anzuknüpfen. Noch Klopstock, auf dessen nationale Dichtungen später so viel Licht fiel, hat ebensoviel Bibel- als Geschichtsdramen geschrieben. Es muß in der religiösen Vorstellungswelt des 16. und 17. Jahrhunderts sehr schwer gewesen sein, für einen rein historischen Stoff Verständnis zu erwecken. Als Kaspar Brülow auf einen »Elias« und »Nebukadnezar« einen »Julius Caesar« (1616) folgen ließ, übernahm er in diesen ganze Versreihen aus Hugo Grotius' »Christus patiens[11]. Auch bei diesem vorchristlichen Stoff mußte also eine Beziehung zum Christentum hergestellt werden.

Führt dieses Beispiel schon zum Problem des barocken Dramas, so ist zuvor noch auf jene schlichte, volkstümliche Dramatisierung geschichtlicher Stoffe einzugehen, wie sie in vielen Tragödien von Sachs und Ayrer vorliegt. Nehmen wir als beliebiges Beispiel die Sachs'sche »Tragedia mit 21 personen: Von Alexandro Magno, dem könig Macedonie, sein geburt, leben, und endt, und hat 7 actus« (1558). Es handelt sich hier wie bei den shakespearischen Königsdramen um die Form der dramatischen Biographie. Das Stück beginnt schon vor der Geburt Alexanders. Nicht Philipp, sondern ein der Zauberei kundiger König aus Ägypten, der sich als Jupiter ausgibt, ist sein Vater. Als König Philipp den Betrug merkt, überlegt er sich, ob er nicht lieber die Kleopatra zu seiner Gemahlin nehmen soll. Und schon zieht Alexander als Sieger durch die Welt. Die Schlachten finden auf der Bühne statt, sind allerdings schnell wieder vorüber, und mit ein paar dürren Worten wird der Sieg des Macedoniers festgestellt. Durch seine Erfolge verführt, beginnt der König alle Bescheidenheit abzulegen, er bringt seine Freunde massenweise um, und die übriggebliebenen vergiften ihn schließlich, um ihr Leben zu retten. Es ist äußerlich dieselbe reliefartige Technik wie bei Shakespeare, dieselbe Buntheit der Aktion, aber es fehlt jedes innere Leben, jede seelische Vertiefung, zumal des *Königs* Alexander. Es ist das Werk eines Bürgers, der von Hof und großer Politik keinerlei Vorstellung hat. Lebendige Charaktere, so sagt auch Creizenach[12], konnte Hans Sachs in seinen ernsten Spielen nur dann gestalten, wenn ihm die betreffende Gestalt „Beziehungen zu den Sphären des Lebens darbot, in denen er mit seinen hellen Augen die Dinge selbständig beobachten konnte". Wie also sollte der Nürnberger Meistersinger Könige darstellen können? Die Welt des volkstümlichen deutschen Dramas und die Politik, wie sie etwa am Kaiserhof zu Wien gemacht wird, sind durch eine unermeßliche Kluft voneinander getrennt. Die Geschichte steht für Hans Sachs auf derselben Ebene wie die Volksbücher, denen er sonst Stoffe zu seinen Dramen entnahm: sie liefert ihm allerlei Geschichten, Abenteuer, Reisen in fremde Länder, Greueltaten. Das Problem der Herrschaft wird nicht in seinem Wesen erfaßt, vielmehr naiv moralisierend und fabulierend umgangen. Man stelle daneben etwa Shakespeares »Julius Caesar«!

War bei dieser volkstümlichen Richtung des deutschen Dramas, trotz aller Gegenständlichkeit der Darstellung, dem historischen Stoff kein eigentliches Leben abzugewinnen, weil das politische Verständnis fehlte, so liegen in dieser Beziehung die Verhältnisse bei der *Barock*dichtung wesentlich anders. Indem sich der humanistische Literatus mit seiner historischen Bildung in den Dienst des Hofes stellt, wird er dazu veranlaßt, die politischen Motive seines historischen Stoffs deutlich zu entwickeln, und die so sich bildende Form des Dramas wird auch im außerhöfischen Bereich wirksam. Bei der bekannten barocken Gattungsbestimmung der Tragödie und Komödie handelt es sich nicht nur um den sozialen Gegensatz von hoch und niedrig, sondern, bei der damaligen Verteilung der politischen Macht, zugleich um den Gegensatz von politisch und unpolitisch. Der Staat ist, von der nicht überall gleichen religiösen *Aus*deutung des Geschehens zunächst abgesehen, der wichtigste Gegenstand des Trauerspiels, und man hat schon versucht, gerade von diesem Gesichtspunkt aus barockes „Trauerspiel" und eigentliche, metaphysisch begründete „Tragödie" zu unterscheiden.[13] Entsprechend der einseitigen Betonung des dynastisch-höfischen Faktors im Zeitalter des Absolutismus gewinnen hier Herrscher und Staat eine Bedeutung wie kaum einmal wieder in der Geschichte der deutschen Dichtung. Das spätere Verfahren, der Politik zwar Einlaß in die Dichtung zu gewähren, aber sie durch Erfindung individueller Episoden „menschlicher" zu machen, liegt der Barockdichtung noch fern; sie bringt den „Weltlauf selber", weil eben Geschichte ein politisch-kriegerisch-dynastisches Geschehen ist und kein geistig-kulturelles"[14]. Gegenüber jeder Art von gemütvoll-bürgerlicher Geschichtsdarstellung herrscht im barokken Geschichtsdrama jenes kühle Pathos, das dem bitteren Gefühl entstammt, daß die politischen Geschehnisse der spielenden Fortuna preisgegeben sind, daß sie sich der menschlichen Planung und Beherrschung letzten Endes entziehen und wie die Natur, gefühllos und unerbittlich, das Leben der Menschen bestimmen. Obwohl bei Gryphius das Politische nicht soviel Eigengewicht hat wie bei anderen Barockdichtern[15], kann es selbst hier geschehen, daß das Drama mit dem zerstörenden Wüten des Tyrannen aufhört, und jede beruhigende Züchtigung des Bösewichts in der geschichtlichen Sphäre fehlt (Papinianus). Bei Lohenstein herrscht schließlich die Überzeugung: „Für allen aber ist der Mensch ein Spiel der Zeit. / Das Glücke spielt mit ihm und er mit allen Sachen". Der humane Geschichtsoptimismus fehlt hier oft in einem Maße, daß wir über die Goethezeit hinaus zu Grabbe und Büchner weitergehen müssen, um eine ähnlich schonungslose Sicht auf die Wirklichkeit des politischen Lebens zu

11

finden. Der Verlust des Ethos, der in Lohensteins Nachsatz „und er mit allen Sachen" zum Ausdruck kommt, ist auch in Büchners Weltanschauung die Begleiterscheinung solcher Geschichtsauffassung. Es ist vielleicht eine unzulässige Verallgemeinerung der spätbarocken Situation, wenn Benjamin von der „ausgangslosen Verzweiflung" spricht, „die das letzte Wort des säkularisierten christlichen Dramas sein zu müssen scheint", und von hier aus Mysterium und Trauerspiel scheidet[16]; aber ein solches Urteil zeigt doch, wie stark im Barockdrama die Eigengesetzlichkeit des geschichtlichen Verlaufs schon fühlbar wird.

Einem solchen Geschichtserlebnis entspricht vielleicht noch nicht die Fähigkeit aber der Wille, das Faktische, den historischen Stoff fest und vollständig zu ergreifen. Ist für das Schuldrama historisches Wissen eine Forderung der Gelehrsamkeit, so wird es in der höfisch bestimmten Welt zu einer Forderung politischer Bildung. „Wer Tragödien schreiben will muss in Historien oder Geschichtbüchern, so wol alten als neuen, trefflich sein beschlagen, er muß die Welt und Staatshändel, als worin die eigentliche Politika besteht, gründlich wissen."[17] Wie die deutsche Sprache durch die Bemühungen eines Opitz und der Sprachgesellschaften wenigstens bei einem großen Teil der deutschen Höfe Eingang fand, so hat auch das geschichtliche Wissen in der großen Welt zunehmend Raum und Wertschätzung gefunden. Kaum anders als der Humanist des 16. Jahrhunderts versucht der Barockdramatiker in Anmerkungen die historische Treue seiner Dichtung zu erweisen. Unserem geschulten historischen Sinn erscheinen diese Belege oft wie der heuchlerische Versuch, durch einzelne Tatsachennachweise die unhistorische Art des Ganzen zu verschleiern; sie sind jedoch ursprünglich durchaus ehrlich gemeint. Deutet die historische Dichtung der Goethezeit mit Bewußtsein den geschichtlichen Vorgang durch eine Umbildung dieses Vorgangs selbst, so will der Barockdichter die Tatsachen zunächst möglichst nackt hinstellen und erst jenseits derselben in „Reyen" oder in einem Schlußakt die religiöse Deutung geben. So ist der »Carolus Stuardus« von Gryphius „mit ganz kleinen verdeutlichenden Umstellungen und formalen Änderungen eine dramatisierte Wiedergabe der authentischen Berichte über die letzten Tage und die Hinrichtung des englischen Königs. Neue Kenntnisse von Tatsächlichkeiten haben für die zweite Fassung zu Änderungen geführt"[18]. Unter Berufung auf die „Regung des Geistes", der vom Himmel kommt (Vates-Begriff), und vermutlich in Erinnerung an die aristotelische Bemerkung, daß das Gedicht philosophischer sei als die Geschichte, kommt Opitz zu der Bemerkung: „Das Getichte und Erzehlung selber belangend, nimpt sie es nicht so genawe wie die Historien, die sich an die Zeit und alle Umpstände notwendig binden mussten."[19] Aber diese Erkenntnis, wie auch die erwähnte aristotelische Bemerkung, scheint erst in der Aufklärung zu allgemeiner Wirkung gekommen zu sein.

Fragen wir uns, weshalb dem barocken Geschichtsbild trotz der Bemühung um das Tatsächliche noch keine Geschichtsdichtung in einem strengen Sinne entwachsen konnte, so ist zunächst daran zu erinnern, daß der barocke Dichter der geschichtlichen Welt wie allem Immanenten letzten Endes doch nicht dieselbe Bedeutung beimessen kann wie der spätere Geschichtsdramatiker. Alle Geschichte ist für den Barockmenschen überschattet von dem Predigerwort: „Es gibt nichts Neues unter der Sonne". Die Geschichte bietet immer dasselbe Bild menschlicher Größe, menschlicher Vergänglichkeit und göttlicher Ewigkeit. Sie ist Beispiel. Geschichtliches kann, fern jeder idealistischen Verklärung, in aufdringlicher Tatsächlichkeit erscheinen, aber nicht als „Originales und Individuelles".[20]

Fast noch stärker als diese Typisierung des Geschichtlichen, die bei jeder künstlerischen Geschichtsdarstellung bis zu einem gewissen Maße wirksam ist, wirkte auf die barocke Dichtung die Tatsache, daß der höfische Dichter sich den politischen Prinzipien und Personen der Gegenwart stärker verpflichtet fühlte als der Vergangenheit. Durch die transzendent begründete Neutralität gegenüber Vergangenheit und Gegenwart bewahrt ein vorwiegend religiös gerichteter Dichter wie Gryphius noch eine relative historische Objektivität. Beim höfisch-politischen Dichter war das nicht mehr der Fall. Wenn Lohenstein in seinem bekannten großen Roman das unglückliche Ende von Arminius ins Gegenteil verkehrte, so waren dabei ganz bestimmte Parallelisierungen mit der Gegenwart maßgebend, die politische Rücksichtnahme bedingten, — ein unbekümmertes Umgehen mit dem historischen Stoff, wie es für einen Gryphius nicht nachweisbar ist. Daß es sich hier nicht nur um den mangelhaften historischen Sinn der Epoche, sondern um eine bewußte höfische Stilisierung handelte, beweist der zeitgenössische Verfasser der Anmerkungen, wenn er schreibt, daß „Ariovist, Arminius, Thusnelda, Marbod, wenn sie ihre eigene Geschichte in diesem Buche suchen sollten, in die höchlichste Bewunderung geraten würden, dass ihre dicke Barbarei zu einem Muster aller nach heutiger Weltart eingerichteter Sitten durch den Ovidius unserer Zeiten verwandelt worden"[21]. Freilich ist die Kultur der eigenen Zeit immer zugleich die Norm für alle Zeiten. Dem entspricht, daß der Dramatiker zu einem Stoff aus dieser Gegenwart greifen kann, ohne daß dies einen Unterschied im dichterischen Charakter des Dramas bedeutet. Mit dem gegenwärtigen Stoff verbindet sich noch kein realistischer Stil wie im 19. Jahrhundert. Locher behandelt in der »Historia de rege Franciae« und in der »Tragedia de Thurcis et Suldano« aktuelle Zeitereignisse. Theodor Rhodius in seinem »Colignius«, Gryphius in »Carolus Stuardus«, Haugwitz in seinem Wallenstein-Drama wählen Ereignisse der jüngsten Vergangenheit. Es geht jedesmal um instruktive Beispiele aus der politischen Welt, nicht um die Vergangenheit in ihrer Eigentümlichkeit, und so mag es manchen gleichgültig erscheinen, ob man seinen

Stoff aus der fernsten Vergangenheit oder aus der Zeitgeschichte wählt.

Warum aber greift der Barockdichter trotzdem so oft zur Vergangenheit und was bedeutet sie ihm? Nicht überall im Barock ist es so wie im Jesuitendrama, daß die Geschichte ausschließlich zur religiös-politischen Allegorie wird, daß man nur deshalb in die Geschichte zurückgeht, weil man den Namen des Kaisers nicht so geradezu in den Mund nehmen kann oder weil sie Anlaß zu bunten Szenen und großartigen Dekorationen gibt, welche die propagandistische Wirkung aufs Publikum erhöhen. So allerdings sind Avancinis Spiele zu beurteilen z. B. »Curae Caesarum pro Deo sive Theodosius Magnus, justus et pius imperator«, geschrieben anläßlich der Wahl Ferdinands IV. zum König von Ungarn, oder »Cyrus«, in einer zweitägigen prunkvollen Inszenierung 1673 in Graz aufgeführt.

Die allgemeinere positivere Geschichtsauffassung der Zeit kann man etwa so veranschaulichen, daß der Barockmensch zwar fest in der Gegenwartswelt steht, daß er aber nicht ohne Achtung auf die geschichtlichen Ereignisse und vor allem auf die repräsentativen Gestalten der Vergangenheit zurückblickt. Herbert Cysarz spricht mit einem glücklichen Bild von der „panoramatischen" Geschichtsauffassung des 17. Jahrhunderts.[22] Wie später bei der Romantik wird von einer religiösen oder politischen Perspektive her das Nacheinander in der Zeit zum Denkmal-Kreis verräumlicht. Ist aber beim Romantiker „Denkmal" gleichbedeutend mit dem geschichtlichen Dokument, in dessen Art und Atmosphäre man sich tief versenkt, ja das man als vorbildlich verehrt und nachahmt, verläßt der Romantiker seinen eigenen Standort, um dies Stück Vergangenheit liebend in seiner „Welt" aufzusuchen, so läßt sich der Barockmensch umgekehrt stark stilisierte Abbilder vereinzelter historischer Gegenstände machen, die er nun, ihrer eigentlichen Welt entrissen, in seiner eigenen Welt, in seiner Galerie, in seinem Ehrensaal, in seinem Park als „Denkmäler" aufstellt. Wie er sich Dinge aus den fernsten Teilen der Welt herbeiholen läßt, so erhebt er auch den herrischen Anspruch darauf, daß die fernste Vergangenheit mit ihm in Verbindung trete. Die barocke Polyhistorie ist keine bloß gelehrte Erscheinung, sondern entspringt diesem Willen zur Macht. Freilich kann dies Streben nur durch die „Isolierung des einzelnen geschichtlichen Faktums", durch eine für heutige Augen erschreckende Atomisierung der Geschichte erreicht werden.[23] Den Begriff des Wesentlichen, der organisierenden Idee gibt es in dieser Historie nicht. Eine solche Geschichtsauffassung kann leichter in Romanen und in der bildenden Kunst als in der knappen humanistischen Form des Fünfakters zum Ausdruck gebracht werden. Wird diese Form dennoch gewählt, so überwiegt die allegorische Entwesentlichung des historischen Stoffs, die sittlich-religiöse oder die politisch-aktuelle Auswertung des geschichtlichen Beispiels, obschon ein Lohenstein auch hier etwas von dem machtvollen stofflichen

Reiz der andern barocken Geschichtsdarstellungen zu vermitteln bemüht ist.

Durch den Zerfall der Barockwelt verschwindet politisches Interesse und politisches Pathos mehr und mehr aus dem Drama mit historischen Stoffen. Die Schauspiele der Wanderbühne, für die zu dieser Zeit die Bezeichnung ‚Haupt- und Staatsaktionen‘ aufkommt, zeigen gerade durch die Veräußerlichung und Banalisierung des Politischen, wie bescheiden die Ansprüche der Unterschicht in dieser Beziehung sind. Auch die bürgerliche Mittelschicht, welche die deutsche Literatur zu beherrschen beginnt, ist von der Regierung ausgeschlossen und daher unpolitisch. Die bis zum heutigen Tage in Deutschland vielvertretene Meinung, das Politische sei nicht „menschlich" und ein der Dichtung unwürdiger Gegenstand, geht auf diese unfreien Verhältnisse zurück. Dem deutschen Bürger wächst erst sehr langsam auf dem Umwege über die Kulturgeschichte und in den politischen Erfahrungen der friedericianischen und napoleonischen Zeit das Verständnis für Politik und politische Geschichte.

Als Übergangserscheinung zwischen Barock und Aufklärung ist CHRISTIAN WEISE für unser Problem nicht uninteressant. Sein Drama hat, für die Schüler des Zittauer Gymnasiums geschrieben, zunächst den pädagogischen Zweck des früheren Schuldramas. Es soll Beredsamkeit, Moral und Wissen lehren. Bei der alljährlichen Schulfeier gab man »Den ersten Tag eine geistliche Materie aus der Bibel, den andern eine politische Begebenheit aus der Historien, letztlich ein freies Gedichte neben einem lustigen Nachspiele«[24]. Der geschichtliche Stoff ist also dem biblischen, meist dem alten Testament entnommen, nachgeordnet. Wie dem Drama der Wanderbühne in der Verwendung der Prosa und in der Einfügung komisch-drastischer Szenen so ist Weise dem Barockdrama insofern verpflichtet, als er durch seinen Geschichtsunterricht und seine geschichtlichen Dramen die Schüler „politisch" d. h. weltmännisch, diplomatisch erziehen will. Es ist bezeichnend, daß seine historischen Stücke stets Aufrührerstücke sind. Sie bieten die beste Möglichkeit zu lehren, was man der Obrigkeit schuldig ist. Die „geheime" d. h. private Beredsamkeit ist dem Verfasser wichtiger als die öffentliche. Die Anregung zur öffentlichen Rede, die ihm seine Quellen bieten, nützt er nicht voll aus, während umgekehrt „private, besonders häusliche Szenen ... in reicher Fülle eingefügt werden"[25]. Wie seine humanistischen Vorgänger bemüht er sich um Quellentreue im äußerlichen Sinn[26], aber ob er das politische Leben, Könige, Standesunterschiede usw. sachgemäß darstellen kann, darüber läßt sich streiten[27]; immerhin versteht er mehr davon als Sachs und Ayrer. Der beim bürgerlichen Geschichtsdrama zu allen Zeiten beliebte Weg, durch Erfindung von Liebesbeziehungen den historisch-politischen Stoff „näher" zu bringen, wird von ihm ab und zu schon eingeschlagen.[28] Und umgekehrt gesteht er einmal, er habe „die Staatsintrigen — seiner schuldigen

Modestie nach — nicht so tief herausgesucht als man aus so zahlreichen Memoiren der Gesandten es wohl gekonnt" hätte.[29] Durch mangelndes politisches Interesse bzw. durch die politische Zurückhaltung des Bürgers wird also der historische Stoff nach seiner politischen Seite nicht so tief ausgeschöpft, als es die schon einigermaßen entwickelte historische Methode des Schulmeisters erlaubt hätte! Er ist sich des Unterschieds von Geschichtsdichtung und Geschichtsschreibung schon klarer bewußt als die Barockdichter, wenn dieser Unterschied auch noch weniger in einem Wesensunterschied als in Quantitätsverhältnissen, in einem Abstreichen und Hinzufügen gesehen wird: „Die Freyheit eines Gedichtes bringet es so mit, dass man dasjenige nach Gefallen supplieret, welches bey dem Geschichtschreiber als unnötig ausgelassen worden."[30] Die Illusion, auch das Erfundene sei tatsächlich doch geschehen, „Geschichte", wird mit dieser Bemerkung noch ausdrücklich aufrecht erhalten.

Eine viel radikalere Auffassung von der Freiheit des Dichters gegenüber der Geschichte bringt die Aufklärung in ihrer weiteren Entwicklung. Wie bei jeder Verstandeskultur liegt ihr Verdienst und ihre Grenze darin begründet, daß sie zwar scharf analysiert, aber synthetische Formen nicht zu erfassen vermag. Wie sie den Volks-Staat, die Liebes-Ehe, den Gottes-Dienst, und ähnliche komplexe aber um so lebensstärkere Erscheinungen der Geschichte nicht als Ganzheit zu fassen vermag, sondern in die zwei ursprünglichen Phänomene zerlegt, so geschieht es auch beim Geschichtsdrama. Bis dahin war wie in den frühen mythischen Zeiten das vergangene große Geschehen in der Menschheit, ob es nun biblisch oder profan war, als der eigentliche Gegenstand des Dramas betrachtet und dementsprechend der Glaube an eine innere Beziehung zwischen Drama und „Geschichte" festgehalten worden. Zu welchen Selbsttäuschungen und schließlich auch Heucheleien das in der schon rational überformten Barockkultur führte, haben wir da und dort angedeutet. Die Aufklärung nun erkennt, daß es so etwas wie die Geschichtsdichtung „eigentlich" nicht gibt. Entweder ist es Dichtung oder ist es Geschichtsschreibung. Den revolutionären Charakter dieser heute banal gewordenen Erkenntnis sieht man am besten, wenn man sie vom Hintergrund des enzyklopädischen Barockromans aus betrachtet. In diesem ist geschichtliche Gelehrsamkeit und dichterisches Erfinden zu einer Einheit verbunden, die man nicht entschuldigen muß, auf die man vielmehr stolz ist. War man bisher, selbst in den theoretischen Erörterungen über das Verhältnis von Geschichte und Dichtung, mit dem in dieser Hinsicht sich nicht eindeutig erklärenden Aristoteles höchstens hin und hergeschwankt[31], so wird von der Aufklärung in aller Grundsätzlichkeit der Satz verkündet: „Der Poet hat nicht die historische, sondern die moralische Wahrheit zum Zwecke."[32] Auch abgesehen davon, daß das Wort „moralisch" im 18. Jahrhundert durchaus nicht so eindeutig bestimmt ist wie heute, liegt das geschichtlich Neue und Wichtige dieses Satzes kaum darin, daß der Poet auf die moralische Wahrheit verwiesen wird. Wichtig ist nur, daß ein eindeutiger Trennungsstrich zwischen Dichtung und Geschichtsschreibung gezogen wird. Noch steht die weitere Ausgliederung dieser nicht-historischen „ideellen" Wahrheit in eine philosophische, sittliche, ästhetische Wahrheit bevor, auch schwanken in dieser Hinsicht die Akzente im Laufe der Geschichte; grundlegend aber bleibt, trotz mancher „Rückfälle" in die alte Vermischung, diese Unterscheidung selbst. Sie ist das Wesentliche an Goethes Wort: „Für den Dichter ist keine Person historisch, es beliebt ihm seine sittliche Welt darzustellen." Sie liegt, durch die Geschichts*gelehrsamkeit* des 19. Jahrhunderts bestätigt, allen späteren Angriffen auf die Geschichtsdichtung zugrunde und selbst derjenige, welcher die Verbindung der beiden Elemente rechtfertigt, muß von ihrer prinzipiellen (allerdings keineswegs „ursprünglichen") Trennung ausgehen.

Die Dichtung hat nichts mit Geschichte zu tun! Also wählt der Dichter der Aufklärung meist solche literarischen Formen, die dem Geschichtlichen fern stehen: die Idylle, die Fabel, das naturkundliche Lehrgedicht, das Schäferspiel, das Feenmärchen, das Familienlustspiel, das „bürgerliche Drama". Auf dem Gebiet der Tragödie ist die Tradition allerdings so stark, daß sich auch ein Gottsched zu einer Inkonsequenz verleiten läßt. Zwar ist der „moralische Lehrsatz" und die „allgemeine Fabel" das Primäre der Tragödie, aber warum soll der Dichter sich nicht, um auf dem Theater zu imponieren, zu seiner Fabel aus der Geschichte *„Namen"* holen?[33] Damit fällt das Wort, mit dem noch der alte Goethe das Problem der Geschichtsdichtung abtut, das aber freilich auch von vorne herein den deutlichsten Einsatzpunkt gegen diese wenig ehrfürchtige Art der Geschichtsbenützung abgab. Wenn wir Gottsched gerecht werden wollen — man ist ihm in der bisherigen Forschung sehr selten gerecht geworden —, so muß man allerdings zugeben, daß die Ausbreitung und Verabsolutierung dieser Ideen nicht so sehr sein Werk als das seines Verächters Lessing war. Lessings Lehren sind von unserm Problem aus gesehen unfruchtbar, aus seinem Raume kommen keine Triebe für das künftige Wachstum des Geschichtsdramas, ja man kann sagen, daß die feindlichen Schläge, die er durch Werk und Lehre in dieser Richtung führte, die volle Auswirkung der frühen historischen Bewegung eines Möser und Herder auf dem Gebiet des Dramas beträchtlich hemmten. Auch Erich Schmidt steht nicht an, Lessing in dieser Beziehung Verständnislosigkeit vorzuwerfen und er bemerkt, die lebendige Tatsache des historischen Dramas großer Prägung protestiere gegen Lessings Meinung.[34]

Schon Gottsched macht hinsichtlich der Charaktere, besonders des Hauptcharakters gewisse Vorbehalte gegenüber der dichterischen Freiheit[35], ein Gedanke, der von J. E. Schlegel u. a. wiederholt wurde. Als Lessing im 23. Stück der Hamburgischen Dramaturgie sich die Frage vorlegt, „wie weit der Dichter von der historischen Wahrheit abgehen könne," antwortet er dieser Tradition entsprechend: „In allem was die Charaktere *nicht* betrifft, so weit er will." Er führt hier auch einen wesentlichen Grund für diese Meinung an, nämlich, daß sonst gar nicht einzusehen ist, warum die Personen „diese und nicht andere Namen führen". Mit der Namengebung für gewisse Charaktertypen erschöpft sich aber auch die Bedeutung der Geschichte für den Dramatiker. „Die Geschichte ist für die Tragödie nichts als ein Repertorium von Namen, mit denen wir gewisse Charaktere zu verbinden gewohnt sind. Findet der Dichter in der Geschichte mehrere Umstände zur Ausschmückung und Individualisierung seines Stoffs bequem: wohl, so brauche er sie!" Auch im 91. Stück kommt er auf das Problem zu sprechen; hier rechtfertigt er nun ausdrücklich die Methode, sogar erfundene Vorgänge mit historischen Namen zu belegen! Der Dichter ist „Herr über die Geschichte"[36]. Wir spüren das Positive, das hinter dieser Auffassung liegt: Lessing lehnt jedes Zugeständnis an die Eigenberechtigung des historischen Stoffes ab, weil er fürchtet, die *Form* des Dramas werde dadurch gesprengt. Es handelt sich auf dieser Stufe der Entwicklung ja gerade darum, die Formlosigkeit des Volksdramas zu überwinden. Schon Gottscheds Zusammenwirken mit der Neuberschen Truppe ist so zu würdigen. Und von Lessing, von den Klassikern bis zu Paul Ernst und Langenbeck waren immer die Verfechter eines strengen Formprinzips die stärksten Kritiker des historischen Dramas. Für alle diese Dichter standen auch warnende Erscheinungen am Wege, die zeigten, zu welcher Unkunst es führt, nicht Herr über den historischen Stoff zu sein. Die Frage ist nur, ob man vom Standpunkt einer so gesteigerten Formverehrung aus den geheimeren aber nicht weniger wirklichen Zusammenhängen zwischen dem Stoff und seiner Formung gerecht wird.

Mit der direkten, vorwiegend negativen Einwirkung der Gottschedschen und Lessingschen Theorie auf die Entwicklung des Geschichtsdramas ist die Bedeutung der Aufklärung für unser Problem nicht erschöpft. Indirekt und unwillkürlich hat sie doch den Boden für den späteren Aufstieg der Geschichtsstudien und des Geschichtsdramas vorbereitet, dadurch vor allem, daß sie nach dem „Natürlichen", dem Empirischen strebte, zwischen dem „Wahn" und dem Tatsächlichen stark unterschied. Gottsched sowohl als Lessing lehnen Geistererscheinungen im Drama ab. Lesen wir einmal eine solche Stelle in der »Critischen Dichtkunst«, ohne bei den „Tugenden und Lastern" hängen zu bleiben: „Ein verständiger Poet kann leicht Namen finden, treffliche Bilder großer Tugenden und Laster zu entwerfen; wenn er nur moralische Einsicht genug besitzet, dieselben recht zu bilden. Weil aber seichte Geister und ungelehrte Versmacher dazu nicht fähig sind, daher kommt es, dass man uns anstatt des wahrhaftig Wunderbaren mit dem falschen aufhält; anstatt vernünftiger Tragödien, ungereimte Opern voller Maschinen und Zaubereyen schreibet, die der Natur, und wahren Hoheit der Poesie zuweilen nicht ähnlicher sind, als die geputzten Marionetten lebendigen Menschen."[37] „Natur", „lebendige Menschen"! Gewiß kann sie der Aufklärer noch nicht sehen wie dann später der junge Goethe, aber er ist auf der Suche nach ihnen. Huizinga lehnt, von seinem ganz anderen Gesichtspunkt aus, eine zu starke Betonung des Rationalismus in dieser Epoche ab, verweist auf die „große Liebe für das reale Objekt", die freilich zunächst der Naturwissenschaft zugute kam, dann aber auch in das historische Gebiet überschlug.[38] Dasselbe wäre gegen die Überbetonung des Moralischen im Weltbild des Aufklärers zu sagen. Gewiß, Gottsched vergißt bei seinen theoretischen Betrachtungen selten die Moral, und doch kann er sagen: „Ein Geschichtschreiber kann freilich wohl auch moralisieren und politische Anmerkungen in seine Erzählungen mischen, wie Tacitus und andere getan: gehört das aber eigentlich zur Historie?"[39] Der Wahrheitstrieb, der Tatsachentrieb wirkt stärker als der moralische. Von diesem Trieb steckt sehr viel in der besonderen Betonung der Aristotelischen Nachahmungstheorie. Die „Nachahmung der Natur" gilt schon im Titel der »Critischen Dichtkunst« als das „innere Wesen der Poesie". „Ein Poet sei ein getreuer Nachahmer aller natürlichen Dinge."[40]

Man darf wohl sagen: der von Huizinga aufgewiesene Weg des 18. Jahrhunderts von der Wirklichkeit der Natur zur Wirklichkeit der Geschichte führt über die Erkenntnis des *Menschen*. Die anthropologischen Interessen der Aufklärung sind sehr stark, kommen ja auch schon praktisch dem Drama der Aufklärung, besonders dem Lustspiel zugute. Auch hier müssen wir sagen: die Moral wird von Gottsched nie vergessen (sie ist die weithin blitzende Streitaxt des Aufklärers gegen die Verdächtigungen der Theologen), doch heißt es: „*Vor allen Dingen* aber ist einem wahren Dichter eine gründliche Erkenntnis des Menschen nötig, ja ganz unentbehrlich."[41] Auch der Tugendbegriff ist bei Gottsched nicht so kleinbürgerlich, wie es scheinen könnte, er schließt das Heldische im Sinn der stoischen Ethik in sich. Der Stoff des »Sterbenden Cato« (1732) ist dem verachteten Lehrer der Poesie durchaus gemäß. Er bemerkt zwar, „daß unser Cato kein historischer sondern ein poetischer ist"[42], aber in Wirklichkeit, durch die Übereinstimmung des Stoffs mit der Ideenwelt des Verfassers (Preis der republikanischen Freiheit), ist das Stück doch ziemlich quellentreu. In derselben Richtung wirkt der selbstverständliche Ehrgeiz des Gelehrten, nicht unwissend zu erscheinen. Gottscheds »Agis, König zu Sparta« (1745) hält sich viel enger an seine Quelle, Plutarch, als man nach Gottscheds Theorie erwarten sollte. Es überrascht, selbst die zeittypischen Züge rührenden Edelmuts bei Plutarch vorgebildet zu sehen. Freilich werden diese gesteigert, so besonders in der Rolle der Chelonis, die ihrem vom eigenen Gemahl vertriebenen Vater Leonidas in die Verbannung folgt. Der Stoff ist bürgerlich gemacht, die Schauplätze der Handlung sind von der Öffentlichkeit ins Innere von Agis' Haus verlegt; infolgedessen sehen wir Leonidas, den Gegenspieler von Agis, kaum. Andererseits ist der Gegenstand doch wieder so glücklich gewählt, daß Gottsched, ohne ihn zu vergewaltigen, seinen Neigungen nachgehen kann. Es handelt sich ja beim Agisstoff um eine wirtschaftliche und soziale Revolution. Zu diesem Problem hatte der Aufklärer unbestreitbar Zugang.

Es soll durch diesen Versuch, Gottsched gerecht zu werden, die zuvor aufgewiesene überwiegende Verständnislosigkeit der Aufklärungspoetik gegenüber dem Problem des Geschichtsdramas nicht widerlegt, sondern nur angedeutet werden, daß es auf ihrem harten und so einförmig erscheinenden Boden Lücken und fruchtbare Stellen gab, wo kräftige junge Sprossen ans Licht drängen konnten.[43]

Je rationalistischer eine Epoche denkt, desto geringer ist der Wert der direkten und prinzipiellen Aussagen für die Erkenntnis des Seins dieser Epoche. Die Verkennung dieser Tatsache ist die Hauptursache für die nicht zureichende Erforschung der Aufklärungszeit. Sie war in Wirklichkeit produktiver als das Schema ihrer Weltanschauung und ihrer Lehrbücher. Eine der fruchtbaren Inkonsequenzen des aufgeklärten Bürgers ist der unwillkürliche Stolz auf das eigene Volk. Er kommt auch schon vor den Kriegen Friedrichs des Großen zum Ausdruck. Wo aber sollte man in der ersten Hälfte des 18. Jahrhunderts ein Bild Deutschlands finden, auf das man stolz sein konnte, außer in seiner Geschichte. In seinem Kapitel über die „deutsche Vergangenheit" weist Schimansky nach[44], daß Gottsched aus *nationalen* Gründen ein gewisses Verständnis für die Pflege der deutschen Vergangenheit hatte und in dieser Beziehung den Schweizern nicht absolut entgegengesetzt werden darf. Die Heimatlosigkeit im Übernatürlichen verweist den deutschen Aufklärer auch gegen seine weltbürgerliche Vernunft in die irdische Heimat. Diese rein staatlich oder dynastisch zu fassen, dazu ist er viel zu sehr Bürger. Mit der ebenfalls gesamtdeutschen Vaterlandsidee der Humanisten ist er durch direkte gelehrte Tradition verbunden. Erst in ihrer späteren Entwicklung wird die Aufklärung konsequenter weltbürgerlich. Sogar in Gottscheds berüchtigtem Rezept zur Verfertigung einer Tragödie findet sich der Hinweis auf das Nationale: „Ich suche in der Historie dergleichen Prinzen, die sich zu meiner Absicht schicken *und mein Vaterland insbesondere angehen*"; der Grieche wählt einen griechischen, der Römer einen römischen und der Deutsche einen deutschen Stoff, z. B. Ludwigs XIV. „bey Höchstädt gedämpften Übermuth"[45].

Mit demselben eigenwilligen Blick, den er in seiner Shakespearekritik und -entdeckung bewährt, setzt JOHAN ELIAS SCHLEGEL an dieser Stelle mit seinem Plan, ein Arminius-Drama zu schreiben, gleich sehr entschieden ein. Der Held der frühesten barbarischen Zeit zum erstenmal auf der Bühne der Aufklärung, und durch seinen eigenen Schüler! So war es doch nicht gemeint. Gottsched rät von dem Plan ab.[46] Aber der erst 22jährige Dichter, der bisher an den traditionellen Stoffen des französischen Klassizismus seine Kräfte geübt hat, bleibt seiner Idee treu. Ohne mit seinem Lehrer weiter zu verhandeln, vollendet er das Drama (1740/41). Und Gottsched genehmigt nicht nur eine Aufführung des Dramas durch die Neuberin, sondern er läßt das Stück im vierten Teil der ›Deutschen Schaubühne‹ (1743) drucken und zollt ihm in der Vorrede Anerkennung. Wenn er in der Vorrede zum fünften Band Schlegels »Dido« höher stellt und im »Herrmann« die „Zärtlichkeit" vermißt, so zeigt sich darin allerdings das Gefühl, daß er mit dem nationalhistorischen Stoff einen Geist bei sich eingelassen hat, der seine schön geordnete Bildungswelt schließlich sprengen muß. Dennoch, er hat Schlegels Drama gefördert, genauso wie er Schlegels durchaus nicht in seinem Sinn ausgefallene Shakespeare-Gryphius-Vergleichung zum Druck brachte. Die Hauptsache mag für ihn gewesen sein, daß Schlegels neuer Inhalt die von ihm eingeführte Form des Dramas keineswegs revolutionierte.

Auch abgesehen vom Versmaß (Alexandriner) versucht J. E. Schlegel im »Herrmann« dem Vorbild des französischen Dramas zu genügen. Vorgänge vor der Schlacht, die Schlacht selbst und der Sieg werden auf einen einzigen Tag zusammengedrängt. Das Drama kommt mit wenigen Spielern und einigen Statisten aus. Nicht nur Flavius, auch der politisch-militärische Gegenspieler Hermanns, Varus, tritt auf, ohne daß darum von der Regel des einen Schauplatzes abgewichen wird. Unter Veränderung der geschichtlichen Überlieferung wird eine Liebeshandlung eingeflochten: Thusnelde ist nicht die Gattin, sondern die Braut Hermanns; Flavius, der Bruder Hermanns, liebt sie. Doch darf man auf diese Seite des Stücks nicht allzuviel Gewicht legen. Es ist schon immer aufgefallen, daß der Hermann-Stoff nicht viele brauchbare Motive für ein Drama liefert; auch Kleist erfand ja eine erotische Handlung um Thusnelda. Vor allem aber ist festzustellen, daß die Liebe in der Wertung des Dichters der Pflicht des Vaterlanddienstes durchaus untergeordnet ist. Segests Entschluß, Thusnelde dem Flavius zu verloben, erzeugt in Hermann kein Schwanken. Er geht unbeirrt den Weg des Vaterlandes. Umgekehrt ist Flavius schon durch seine Gesinnung verworfen; sein Entschluß für Deutschland zu kämpfen, nur um Thusnelde zu gewinnen, macht ihn verächtlich. Übrigens fehlt die Liebeserklärung des Flavius im ersten »Arminius« betitelten Entwurf des Dramas[47], auch das ein Beweis für die sekundäre Bedeutung des Privaten.

„Der Schauplatz ist ein Hayn, mit den Bildern des Thuiskon und Mannus." Die Wahl des *religiösen* Schauplatzes ist nicht Zufall, sondern entspricht durchaus dem Gehalt des Stückes. Die Anrufung der Götter durchzieht das ganze Stück, für sie und die Freiheit kämpft man, sie und der „Barden Lobgesang" stärken den Glauben an des Vaterlandes Sieg. Den Göttern gilt der erste Dank des Siegers.

Dies Drama wurde nicht nur gelesen, sondern es erklang auf der Bühne und hielt sich dort bis in die siebziger Jahre des Jahrhunderts als eines der Repertoire-Stücke[48], noch 1769 wurde es ins Französische übersetzt[49]. Mit dem Alexandriner ging es unter; und diese bis heute wirksame Tatsache, daß nämlich »Herrmann« uns als *Werk* verlorenging, verhinderte auch eine richtige Einschätzung seiner *Wirkung*. Schlegels Begeisterung wirkte weiter in der Welt Klopstocks und des jungen Goethe. Für den jungen Klopstock ist Schlegel einer der großen Dichter, von dem man eine Verjagung des „undichtrischen Pöbels" erhoffen kann[50], der „zu früh für die Ehre des deutschen Trauerspiels gestorben"[51] ist. Für Goethes Mutter ist der »Hermann« eines der bleibenden Jugenderlebnisse, sie kann noch 1779 daraus rezitieren.[52] Auch Goethe selbst sieht das Drama 1766 in Leipzig. Der junge Dichter erlebt Schlegel schon wesentlich kühler als Klopstock; er mag gefühlt haben, daß er es besser können wird. Dennoch war, wie Goethe ausdrücklich feststellt, die wenn auch kritische Begegnung mit Schlegels Stück „der Weg auf dem er einige Jahre später zu Goetz von Berlichingen gelangte"[53]. Der Bruder J. E. Schlegels schreibt, der Dichter habe auf den »Herrmann«, „der auch jederzeit sein Lieblingsstück gewesen ist", mehr Mühe verwandt als auf jedes andere seiner Werke. Er habe sich bemüht, der Quelle zu folgen.[54] Diese Behauptung historischer Treue ist nur richtig im Verhältnis zu der viel geringeren Bedeutung, die Gottsched prinzipiell der historischen Wahrheit beimaß. Wichtig aber und durchaus allgemeingültig ist die Begründung, die diesem Streben gegeben wird: „Ein Trauerspiel, das sich auf eine bekannte Begebenheit gründet, zumal *wenn solche für die Leser oder Zuschauer ein wichtiger Teil ihrer Geschichte ist,* macht einen sichrern Eindruck, wenn es soviel möglich der historischen Wahrheit folgt, als wenn es durch allzu häufige und ganz fremde Zusätze seinen Stoff unscheinbar macht."[55]

Es ist hier nicht der Ort, um die Bedeutung, die »Canut« für die Geschichte des deutschen Dramas, besonders durch den Charakter des Ulfo, hat, zu würdigen. Doch zeigt diese andere Entdeckung Schlegels, daß lebendige Menschendarstellung und Geschichtsdarstellung in demselben Drang zur Wirklichkeit begründet sind. »Canut« ist wie »Herrmann« ein nationalhistorisches Drama, für Schlegels Gastnation Dänemark geschrieben und auch ins Dänische übersetzt.[56] In beiden Fällen handelt es sich um die früheste große, bereits mythisch gewordene Nationalerinnerung der betreffenden Völker. Mit Bewußtsein betritt der Dichter auch hier ein neues Feld: „Die alten nordischen Geschichte(n) sind so fruchtbar an Charaktern und an großen Begebenheiten, daß ich dadurch Lust bekam, auf einem Felde Blumen zu brechen, welches die Dichtkunst bisher meistenteils unberührt gelassen hatte. Dieser Wahl der Materie habe ich es vielleicht zu danken, wenn der Canut bei derjenigen Nation nicht ungeneigt aufgenommen worden, aus deren Geschichte er gezogen ist."[57] Es liegt gewiß ein gutes Stück Aufklärung in dem Gedanken, für ein anderes Volk ein Nationaldrama schreiben zu wollen. Aber das Gewicht dieser Feststellung wird dadurch gemindert, daß in Schlegel, wie auch seine Shakespeare-Würdigung zeigt, ein gemeingermanisches Gefühl aufzuleben beginnt. Wenn J. E. Schlegels Bru-

der zur Abwehr der zeitgenössischen Angriffe gegen den leiden-
schaftlichen, „übertriebenen" Charakter Ulfos auf die „nordischen
Altertümer" selbst verweist[58], so ist damit zugleich die dramaturgische Fruchtbarkeit der dänisch-deutschen Begegnung angedeutet.

Nicht nur in seinen Werken, sondern, was für den Gottsched-
Schüler fast noch auffallender ist, auch in seiner *Theorie* bekundet
J. E. Schlegel Sinn für das historische Drama. Er erkennt einmal, daß
historische Treue nicht nur als gelehrtes Bedürfnis, sondern sehr
praktisch eine Forderung des Dramas sein kann, dann nämlich, wenn
die Gegenwart die betreffende geschichtliche Erinnerung unmittelbar
als lebendigen Wert erlebt: „Der Poet soll die Handlung mit ihren
zureichenden Ursachen vorstellen. In denjenigen neuern Geschichten, *an deren Wahrheit uns gelegen ist,* darf er keine Ursache er-
dichten."[59] Gewonnen wurde, wie uns schon bekannt ist, diese allgemein ausgesprochene Erkenntnis an der Erfahrung des national-
historischen Stoffs und überhaupt aus der Einsicht in die nationale
Bedingtheit des Dramas.[60] Noch wichtiger ist ein zweiter Punkt. Die
schon für Gottsched erwiesene Sehnsucht der Aufklärung nach dem
Natürlichen, insbesondere nach „lebendigen Menschen" führt ihn
zu der Erkenntnis vom Wert der Geschichte für das Drama. „Es ist
keine Kunst, seiner Einbildung den Zügel schießen zu lassen, und
sein Hirngespinst alsdann unter dem ersten Namen zu verkaufen,
der einem in das Maul kömmt. Es ist eine lobenswürdige Mühsam-
keit, die innersten Winkel der Geschichte zu durchstören, den alten
Helden wieder lebendig zu machen."[61] „Bey dem Shakespeare...
scheinet überall eine noch tiefere Kenntnis der Menschen hervor-
zuleuchten als bey dem Gryph," dies macht ihm aber die Geschichte
durchaus nicht entbehrlich. Vielmehr offenbart sich „eine große
Regel" für jeden Dramatiker darin, „daß diese Charaktere alle eine
ziemlich große Ähnlichkeit mit den historischen Charakteren haben;
obgleich Shakespear, nach dem Urteile der Engelländer, seine Menschen selber gemacht hat". Auch Gryphius ist dadurch, daß er „der
Wahrheit auf dem Fuße nachgefolgt", als Dramatiker nur gefördert
worden. „Sagt man..., daß er unvermerkt so natürlich geworden,
indem er der Geschichte gefolgt; so sieht man, was es für ein Vorteil
ist, sein Vorbild recht aufmerksam vor Augen zu haben." Das Gott-
schedsche Rezept, daß die theatralischen Personen „zwar die Namen
der historischen Personen führen, aber von jenen ganz unterschieden
sind", wird ausdrücklich abgelehnt.

Es war für einen aufgeschlossenen Geist wie J. E. Schlegel eine
Selbstverständlichkeit, daß er nicht nur mit Gottsched sondern auch
mit den Schweizern im Briefwechsel stand. Was man in der Gottsched-Partei als Verrat empfand, war lediglich das Gefühl dafür, daß
jede der beiden Richtungen, für sich genommen, zu eng war und
schließlich in unfruchtbares Land führte. Wenn wir jetzt von Bodmers „politischen Trauerspielen" zu sprechen haben, so kommen wir

zwar in der Zeit, nicht aber in jeder Beziehung entwicklungsmäßig weiter. Freilich genügt es auch hier nicht, wie das in der Dissertation von Erich Klotz geschehen ist[62], Bodmers Bemühungen damit zu bagatellisieren, daß man auf seinen Tyrannenhaß und seine praktischen moralischen Zwecke verweist. Klotz hat recht, wenn er sagt, daß aufgrund solcher Tendenzen in Bodmers Dramen die Charaktere eines Caesar oder Nero verzeichnet werden. Aber damit sind seine Bestrebungen noch nicht ausreichend umschrieben. Auch bei Bodmers Dramen liegt der Hauptlebensgrund in seiner patriotischen Geschichtsverehrung. Als er sie zu schreiben beginnt, ist er schon über fünfzig Jahre alt; trotzdem produziert er von der Mitte der fünfziger Jahre an etwa ein halbes Hundert Dramen.[63] Den Höhepunkt erreicht diese Produktion in den sechziger Jahren, aber noch Klopstocks »Hermannsschlacht« und selbst der »Götz von Berlichingen« scheinen den unverzagten Schweizer nur in der Meinung bestärkt zu haben, daß er auf dem richtigen Wege sei. Insofern Bodmer seine Dramen als Professor der Schweizer Geschichte und Politik schreibt, kann man ihn einen späten Vertreter des Schuldramas nennen. Wie bei Christian Weise drückt sich schon in der Wahl der Prosa die Konzentration auf das Stoffliche aus. Darin allerdings unterscheidet er sich grundlegend nicht nur von J. E. Schlegel und Gottsched, sondern selbst von Weise, daß er nach seinem eigenen Geständnis nicht „die geringste Prätention auf ihre (der politischen Dramen) theatralische Aufführung machte"[64]. Mag freilich sein, daß er aus der Not eine Tugend machte, daß ihn seine wenig theaterfreudige Heimat zu einer solchen Resignation von vorne herein zwang. In einem Artikel über »Politisches Trauerspiel« in Sulzers Theorie der schönen Künste beklagt er sich darüber, daß die kleinen Staaten oft fürs Theater zu wenig ausgeben, aber er tröstet sich doch leicht mit dem bloßen Leser, wenn dieser nur seinen politischen Ideen entgegenkommt. „Die Leser, die man diesem Drama wünscht, sind populare, patriotische Personen, in deren Gemüter die Privattriebe durch die öffentlichen niedergedruckt" sind. Ist der deutsche Aufklärungsbürger nationaler, weil ihm die Wirklichkeit des absolutistischen Staates wenig am Herzen liegt, so ist umgekehrt Bodmer politischer, weil er mit beiden Füßen auf dem Boden seiner geliebten Schweizer Republik steht. Daher nennt er auch seine Trauerspiele „politisch", nicht national. Er vermag von diesem Boden aus richtig zu erkennen, daß das starke Hervordrängen der privaten Motive im französischen und französierenden Drama nicht in einer allgemein gültigen Forderung der Kunst, sondern darin begründet ist, daß das Volk in der Staatsform des Absolutismus grundsätzlich von der Politik ferngehalten wird. Die Dramen in den Monarchien „zerstreuen das Gemüt und nehmen den Privatmann, nicht nur aus den nationalen, sondern selbst aus den bürgerlichen und wirtschaftlichen Empfindungen und Geschäften heraus." Die größte Rolle spielt in allen diesen Dramen die Liebe. Die üblichen Theaterdichter „lassen die Weiberliebe, und nicht die Vaterlandsliebe spielen, den Untergang von einem Staat abzuwenden oder zu befördern". „Vaterland und Rechte der Menschlichkeit sind zu fremde Dinge geworden, als daß man dafür in Leidenschaft gerate." Solche Gedanken führen Bodmer zu einer echten Begegnung mit dem großen Drama der griechischen Polis. Sein Versuch, in »Karl von Burgund« mit den dichterischen Mitteln von Aischylos' »Persern« einer wesentlichen Erinnerung der Schweizer zum dramatischen Leben zu verhelfen, ist interessant und trotz einer französischen Anregung als ein originelles Unternehmen zu bezeichnen. Originell sind auch seine anderen Versuche, die Züricher und allgemeine Schweizer Geschichte zu dramatisieren, so »Friedrich von Tokenburg«, »Die Schweizer über dir, Zürich«, »Arnold von Brescia in Zürich«, oder schließlich »Die gerechte Zusammenschwörung« (1762), eine Dramatisierung des Tell-Stoffs, die später zur Trilogie verarbeitet, unter dem Titel »Schweizerische Schauspiele« (1775) herausgegeben wurde und über J. J. Zimmermanns *Tell-Drama* (1777) hinweg auf Schillers »Wilhelm Tell« hinweist.[65]

Wie J. E. Schlegel das allgemeindeutsch-historische Drama begründete, so hat Bodmer das im engeren Sinne „vaterländische", partikularpatriotische vorweggenommen. Daß ein direkter Zusammenhang zwischen Bodmer und den späteren Patriotendramen Süddeutschlands besteht, wäre erst nachzuweisen. Die unmittelbare Wirkung seiner Dramen scheint gering gewesen zu sein. In dem bereits erwähnten, 1771 geschriebenen Artikel »Politisches Trauerspiel« leitet Sulzer die Ausführungen des Freundes mit einer Werbung für dessen politische Dramen ein, aber er gesteht auch, daß diese bisher „keine günstige Aufnahme" gefunden haben. Das wird später kaum anders geworden sein, obwohl Bodmer in seinem politischen Schauspiel »Die Cherusken« (Augsburg 1778) den inzwischen modisch gewordenen gesamtdeutschen Armin-Stoff wählte und außerdem hoffen konnte, von der durch Goethes »Götz« erzeugten Welle emporgetragen zu werden. Durch den an so weithin sichtbarer Stelle veröffentlichten Artikel von 1771 wollte Bodmer sein schmählich verkanntes Vorkämpfertum für diese so plötzlich zu Ruhm gelangte Dramenart ins Bewußtsein der deutschen Öffentlichkeit bringen: „Vermutlich wird diese neue Erscheinung (Götz von Berlichingen), die bei allen ihren Fehlern viel Vortreffliches hat, da sie von einem unbekannten Verfasser kommt, gegen den wohl noch niemand eingenommen ist, eine nähere Beleuchtung der ganzen Art veranlassen." Bodmer war sich nicht bewußt, daß gerade der Vergleich mit dem »Götz« den literarischen Tod seiner eigenen politischen Dramen endgültig besiegeln mußte. Auch wir können es uns nicht gestatten, sie im einzelnen zu betrachten. Ihr dramaturgischer und dichterischer Wert ist allzu gering. Bodmers Dramen sind nicht allein durch die Schwäche des Poeten Bodmer, sondern, im Gegensatz zu Gottsched, gewissermaßen grundsätzlich undramatisch, undichterisch, insofern der Akzent mit bewußter Einseitigkeit auf dem historisch-politischen Inhalt liegt. Ihr Zweck ist es, „wichtige, politische und patriotische Gemählde, die zu groß und zu weitläufig sind, nach den Regeln des eigentlichen Schauspiels behandelt zu werden, so vorzustellen, daß sie weit mehr Leben bekommen, und weit größere Würkung tun würden als wenn man sie bloß historisch darstellte". Die politischen Trauerspiele sind für Bodmer nichts weiter als ein *volkstümlicher und politischer Geschichtsunterricht*. Der prinzipielle Unterschied von Dichtung und Geschichtschreibung besteht für den Schweizer nicht.

*

Während in solcher Weise der eigenwillige, aber wenig theaterfreudige Schweizer das Buchdrama des Irrationalismus vorbereitete, bewahrten die Sachsen stets den Kontakt mit dem Theater. Dies verbindet, bei allen Unterschieden, Gottsched und LESSING miteinander. Die Atmosphäre bürgerlicher Empfindsamkeit, die selbst in Lessings Werk (»Miss Sara Sampson« 1755) Macht über das Drama gewonnen hatte, wird in Norddeutschland durch den Siebenjährigen Krieg zerrissen: er verweist das Theater wieder auf die öffentliche Sphäre und fördert damit die Neigung zum Geschichtsdrama. Dies beweisen die Dramen der jung gestorbenen Dichter Brawe und Cronegk. Auch Lessing wird vom heroischen Geiste der Zeit stark berührt. Sein kleines Trauerspiel »Philotas« (1759) muß geradezu als ein Produkt der Kriegskonjunktur bezeichnet werden. Die Gefühlsseligkeit seines bürgerlichen Trauerspiels hat hier dem verbissenen Lakonismus und der forcierten Männlichkeit eines Kriegerstücks Platz gemacht. Ein gefangener Prinz, der gegen einen feindlichen Prinzen ausgetauscht werden soll, beschließt sich zu töten, damit sein Vater keine Rücksicht auf ihn zu nehmen braucht und, im Besitz des feindlichen Königssohns, alles was er will von dessen Vater erpressen kann. Er stirbt nicht für die Freiheit, sondern er opfert sich kaltblütig der Staatsräson: „Jedes Ding, sagt der Weltweise, der mich erzog, ist vollkommen, wenn es seinen Zweck erfüllen kann. Ich kann meinen Zweck erfüllen, ich kann zum Besten des Staates sterben: ich bin vollkommen also, ich bin ein Mann." Aus einem so konfliktlosen Weltbild konnte kein lebendiges großes Drama entstehen. Daher schrumpfte hier die Tragödie zur kahlen Kleinform zusammen und war eigentlich nichts als ein Gegenstück zu den Epigrammen und Fabeln, mit denen sich Lessing gleichzeitig beschäftigte. Die andern dramatischen Pläne, die er damals umkreiste, erreichten nicht einmal diesen Grad der Vollendung. Sie hatten fast alle die Tendenz, im Bilde Roms oder Spartas den heroischen Geist Preußens zu feiern, und Lessing war zu groß, als daß er auf die Dauer die dramatische Unfruchtbarkeit dieses Ansatzes hätte verkennen können. So stand er von seinen Plänen ab und verstummte, nachdem er in den Literaturbriefen auch seinen Zeitgenossen die Hohlheit ihrer Versuche bewiesen hatte. Erst als die Waffen schwiegen, konnte sein großes Lustspiel »Minna von Barnhelm« (1767), das die bürgerlichen und heroischen Motive meisterhaft ins Gleichgewicht brachte, vollendet werden.

In der Zwischenzeit überließ er seinem Landsmann CHRISTIAN FELIX WEISSE das Feld. Dieser war vom Kriegsgeiste wenig beeindruckt. Während Lessing in die Dienste Preußens trat, unternahm Weiße eine Bildungsreise nach Paris und widmete sich auch sonst ganz seinen persönlichen Zwecken und Arbeiten. Als Lessing in die Literatur zurückkehrte, war Weiße der angesehenste deutsche Dramatiker. Aber der Hamburger Dramaturg nahm auf diesen Ruhm wenig Rücksicht; er gebrauchte seine furchtbare kritische Macht zur Zerschmetterung des Nebenbuhlers, und dieser Schlag war bis ins 20. Jahrhundert wirksam. Erst F. Brüggemann hat 1938 nachgewiesen, daß Weißes Tragödie eine wichtige Brücke zwischen dem gottschedianischen und goethezeitlichen Drama bildete.[66] Weiße begann im Jahre 1758 und stand von vornherein jenseits des unfruchtbaren Streites zwischen „französischem" und „englischem" Drama. Während Lessing die Franzosen im Geiste von Roßbach leidenschaftlich bekämpfte und danach mit Schrecken die Formverwilderung bemerkte, welche sein Freiheitsruf bei der jungen Generation erzeugt hatte, bewahrte Weiße Distanz gegenüber den beiden Kulturparteien und bereitete dadurch den Geist, der im nahen Weimar herrschend wurde, vor. Er gehört zu den Dichtern, welche die Formtradition des Rokoko bewahrten und sie der Klassik entgegenentwickelten. Dies wird vor allem deutlich in seiner Stellung zum Vers. Lessings Jambentragödie »Kleonnis« blieb Fragment, »Minna von Barnhelm« und »Emilia Galotti« sind Prosadramen, und erst »Nathan der Weise« (1779) wagt die Rückkehr zum Vers. Weiße dagegen hat wie Wieland u. a. frühzeitig Jambendramen geschrieben. Er begann mit Alexandrinerstücken; schon in ihnen bereitete sich die neue Form des Dramas vor, insofern das Schema der Gottschedianischen Tragödie nicht ängstlich eingehalten wurde. Dann aber erschien nach mehrjähriger Pause die erste bedeutende Jambentragödie der deutschen Literatur: »Die Befreiung Thebens« (1764). Die Erneuerung betraf nicht nur das Versmaß. Die Vertrautenrollen, der schematische Konflikt von Liebe und Ehre, die sklavische Beachtung der drei Einheiten und ähnliche Kennzeichen des gottschedianischen Klassizismus sind verschwunden. Gleichwohl besitzt das Drama eine strenge Form und ist, wie es der Tradition Leipzigs entspricht, auf die Bühne berechnet. Inhaltlich wurzelt es wie Lessings Fragmente und »Philotas« im Siebenjährigen Kriege. Wie dort soll die antike Stoffwelt das konkrete Erlebnis symbolisieren. „Sparta" heißt auch hier Preußen, und es bedeutet dramaturgisch noch keinen Unterschied, wenn diese Macht, die Theben okkupiert hält, von Weiße feindselig beleuchtet wird. Die Überlegenheit des Weißeschen Dramas ergibt sich erst daraus, daß das zeitgemäße kriegerische Thema hier nicht in sentenziöser Verkürzung, sondern in beträchtlicher Lebendigkeit und Hintergründigkeit gesehen wird. Neben dem enthusiastischen Jüngling steht bei Weiße der Vater, welcher die Verantwortung für seinen Sohn, für seine Freunde, für Theben hat und von der Unvernunft seiner besorgten Gattin stärker bedroht ist als von der Macht des siegestrunkenen Feindes. Dieser vernünftige Verschwörer Charon spielt als Freund der thebanischen Feldherrn Epaminondas und Pelopidas eine wesentliche Rolle im Freiheitskampf. Gleichwohl wird die leidenschaftliche Tat seines Sohnes Kallikrates, der als ein zweiter Prinz von Homburg vorzeitig losschlägt, nicht schulmeisterlich entwertet, ja sogar die gewagte Judithrolle der Aspasia ist mit einer Liebe gestaltet, welche für diese Zeit erstaunlich ist und Weiße als — besonnenen — Schüler Shakespeares kennzeichnet. Jugend und Alter, Herz und Verstand bewirken in prästabilisierter Harmonie die Befreiung des Vaterlandes, welche die Götter gewährten.

»Die Befreiung Thebens« ist kein jubelndes historisches Festspiel, wie auch der Hubertusburger Friede für Sachsen kein reiner Anlaß zum Jubel war. Die Dämpfung des letzten Akts durch den Untergang des jungen Paares Kallikrates und Aspasia ist nicht nur ein schulmäßiger Tragödienschluß, sondern entspricht dem Erlebnis Weißes. Die letzten Worte des Siegers gehören der Trauer um diesen Verlust. Individuelle und überindividuelle Motive begegnen sich durch das ganze Stück hindurch, und ihre Antinomie begründet seine Tragik. Alles was Kultur und Humanität ohne die mächtige Sprache des Genies vermögen, hat der Leipziger Honoratior in diesem Geschichtsdrama geleistet.

In eine ganz andere Welt treten wir mit KLOPSTOCKS Hermann-Trilogie (1769, 1784, 1787). Das Besondere, das sie bringt, liegt nicht in dem nationalen Stoff und Gehalt, sondern in dem Versuch, dem Armin-Stoff und -Mythos jene neue, lyrisch-theatralische Form zu geben, die der Dichter „Bardiet für die Schaubühne" nennt. Klopstock schritt zur Darstellung des großen nationalen Gegenstandes erst, als er schon allgemein beliebt geworden war. Während Justus Möser dem bahnbrechenden Versuch J. E. Schlegels einen eigenen aus dem Geist des Niedersachsentums folgen ließ (»Arminius« 1749), besang Klopstock „der sündigen Menschen Erlösung". Klopstock ist mit der einen Seite seines Werks der triumphierende Ausklang der von Luther unterstützten Bibeldichtung. Durch den Geist der Aufklärung war ihre Existenz schon in jenen Jahren bedroht. Wenn die Gottsched-Partei dem »Messias« Schönaichs »Hermann oder das befreite Deutschland« (1753) entgegensetzt, so geht es hier nicht nur um persönliche und formale Fragen, sondern auch um die Entscheidung: biblischer oder nationaler Gegenstand. Schon J. E. Schlegel hatte davon geträumt, das deutsche Nationalepos zu schreiben, ja er hatte die ersten Bücher »Heinrichs des Löwen« bereits vollendet, als ihn das Erscheinen des Messias überraschte und von der Fortsetzung seines Planes abschreckte. Der »Messias« bedeutet: die Kulturkräfte der Tradition sind noch stärker als die der Neuerer. Auch Wielands Bearbeitung des Hermann-Stoffes vermag nichts Ebenbürtiges an die Stelle des »Messias« zu setzen. Endlich aber ereignet sich das Seltsame, daß der Messiasdichter selbst den Armin-Stoff seiner Muse, die doch von der Gottheit zu singen gewohnt ist, würdig findet. Der heldische Schwung des Siebenjährigen Krieges, das Gottesurteil, das in seinem Ausgang über den großen, von Klopstock sooft befehdeten unchristlichen König Preußens ausgesprochen war, die Thronbesteigung Josephs II. mit seinem vaterländischen Programm, die Bemühungen um ein Nationaltheater in Hamburg haben den für alles Gemeinschaftsleben von jeher so empfänglichen Dichter ins Lager der patriotischen Poesie gerufen. Und er will ja nicht nur ein nationales Drama, nicht nur eine nationale Festspielaufführung. Er widmet das Bardiet dem Kaiser und kämpft mit allen ihm zur Verfügung stehenden diplomatischen Mitteln um die Errichtung einer nationalen Akademie der Wissenschaften und der Künste, die nicht zuletzt die Aufgabe der Erforschung und Rühmung der deutschen Vergangenheit haben soll. Trotz dieser Hingabe Klopstocks an nationale Zwecke ist es eine Tatsache, daß ihm persönlich nichts ferner lag, als seiner ursprünglichen christlich-religiösen Mission untreu zu werden. Wie die Romantik will er das Christliche und das Nationale verbinden, *nur ist die stoffliche Ebene einer solchen Synthese, das Mittelalter, noch nicht gefunden.* So zerfallen seine Schauspiele in zwei deutlich getrennte Gruppen: die Hermann-Dramen und die Bibel-Dramen. Deutschtum und Christentum sind *nebeneinander* geordnet. Gegen etwaige Versuche der nationalen Aufklärer, seine Hermann-Trilogie gegen seine biblischen Dichtungen auszuspielen, verwahrt er sich ausdrücklich: Es sind „gleich würdige Gegenstände des Dichters"[67]. Mit Absicht schiebt er in der Ausgabe seiner Werke zwischen die einzelnen Bardiete jeweils ein biblisches Drama. Obwohl das Wort von „Klopstocks Entdeckung der Nation" als eine Übertreibung des Sachverhalts erscheinen muß, sehen wir keinen Anlaß, die von dem Dichter für sich zum Ausdruck gebrachte Überzeugung der *Gleichwertigkeit* beider Sphären anzuzweifeln. In Klopstock bricht die christlich-pietistische Gefühlskultur zu den bisher mehr von der Aufklärung getragenen nationalen Stoffen und Gehalten durch. Daß dieses Ergreifen genetisch sekundär ist, sagt nichts über seine grundsätzliche Stärke und Echtheit aus.[68] Nicht nur der Messias, Adam, Salomo, auch der deutsche Ahnherr Hermann ist der Verehrung und des höchsten dichterischen Preises wert. Ihm will Klopstock ein Denkmal setzen für die verlorengegangenen bardischen. Allerdings scheint es mir nicht richtig zu sagen, durch Klopstock sei der Geschichtsmythus von Hermann geschaffen worden.[69] Einmal ist das Bild Hermanns schon von alters her mythisch gesehen[70], andererseits ist festzustellen, daß sich Klopstock, besonders in den beiden ersten Teilen der Trilogie, redlich bemüht, allen Quellenberichten über Hermann zu entsprechen. »Hermanns Schlacht« wird von einer Tacitusstelle eingeleitet, und in allen drei Teilen der Trilogie bringen die Anmerkungen historische Quellennachweise. Klopstock fühlt sich vielzusehr dem Gegenstand verpflichtet, als daß er es sich erlaubte, mit der Willkür des Aufklärers oder Klassikers über ihn zu „herrschen" und ihn zu einem bloßen „Stoff" seiner formenden Phantasie zu erniedrigen. Er hat schon viel zu *hohe* Gegenstände der christlichen oder nationalen Gemeinschaft gewählt, als daß dies möglich wäre. „Ich glaube, daß ich würdige Gegenstände zu meinen Schauspielen gewählt, und jene als Dichter so gebildet habe, daß *ihre Beschaffenheit nicht verschleiert* ist. Denn ich wollte, daß diese mitherrschte. Wer auch sie erfindet, verfährt nach anderen Grundsätzen. *Die wirkliche Beschaffenheit und die Dichtkunst,* welche diesen Namen verdient, sind ernste Gesetzgeberinnen. Aber wie streng sie auch immer seyn mögen, man gehorcht gleichwohl sogar ihren Winken, wenn man *die Wirkungen kennt, welche sie, vereint, hervorbringen.*"[71] Klopstock hat sein Ziel erreicht. Er hat durch die ehrfürchtige dichterische Bewältigung seines Gegenstandes eine größere oder jedenfalls reinere Wirkung hervorgebracht als alle anderen Bearbeiter des Stoffes vor ihm und nach ihm. Er ist in die Spuren seines Vorgängers in Kopenhagen, dessen »Herrmann« er genau kannte[72], getreten und hat mit seinen namentlich lyrischen Mitteln diesem Stoffe eine Form gegeben, die ihm vielleicht gemäßer war als die rein dramatische, mit der es Schlegel versuchte. Das entschiedene, aber kühle Heldentum von Schlegels Hermann ist nicht mehr wiederzuerkennen in der Flamme von Liebe und Haß und Freud und Leid und Tapferkeit, die in Klopstocks Jünglingen glüht. Dennoch können wir zu der mit Klopstocks Trilogie abzuschließenden Epoche der Hermanndichtung folgendes Gemeinsame sagen. Man wählt den nur durch wenige Überlieferungen umschriebenen Arminstoff, weil er den „Deutschen" nicht in der Kompliziertheit der späteren politisch-militärischen Welt, sondern in der Einfachheit der Frühzeit zeigt. Frühzeit ist für die Epoche so viel wie „Natur" (Rousseau, Hemsterhuis). Und in der Natur wohnt die „Unschuld". Die moralisierende Kontrastierung von Römern und Germanen ist schon in der Darstellung des Tacitus vorgebildet. Im geschichtlichen Schauspiel, so sagt Klopstock im Vorbericht zu »Adams Tod«, bleibt „eine gewisse zarte Widersetzlichkeit der Empfindung übrig," darum wählt er lieber einen Gegenstand der „einfältigen Natur": Adam. Diesen Vorteil aber bietet bis zu einem gewissen Grad auch der Hermannstoff. Die Frage, wie der Deutsche,

31

der Mensch *sein soll* wird im Zeitalter der Aufklärung und des Pietismus mindestens noch ebenso eindringlich gestellt wie die Frage, was er *ist*, und diesem Bedürfnis nach einem idealisierten Geschichtsbild kommt der Gegenstand durch seine Unbestimmtheit entgegen. Man ist zu dieser Zeit noch nicht fähig, das „Klima", die Atmosphäre vergangener Zeiten zu vergegenwärtigen. So fehlt die Voraussetzung, die kurz darauf zur Wahl *neuerer* Stoffe führt, nämlich der Reiz, die noch „lebendige" Vergangenheit, z. B. die Reichsstadt, die katholische Kirche, die Ritterburg, den Kaiser, ins Drama einzubeziehen. Höchstens erfolgt eine Verknüpfung des Stoffs mit der natürlichen Landschaft, so die Verlegung der Hermannschlacht an eine bestimmte Stelle im Harz durch Klopstock. Der Mangel an umfangreichen Überlieferungen über Armin ist noch nicht als Nachteil fühlbar, weil man es ja doch noch nicht verstünde, aufgrund eines solchen Materials das scharf umrissene Bild einer Persönlichkeit zu erkennen und darzustellen.

Klopstock umschreibt die „Theorie" der von ihm geschaffenen Dramenart mit der Forderung, „daß der Bardiet die Charaktere und die vornehmsten Teile des Plans aus der Geschichte unserer Vorfahren nimmt, daß seine seltneren Erdichtungen sich sehr genau auf die Sitten der gewählten Zeit beziehen, und daß er nie ganz ohne Gesang ist"[73]. Es fällt auf, daß jede dramaturgische Bemerkung unterlassen ist, wohl in dem richtigen Gefühl, daß man vom eigentlichen Drama aus einer solchen lyrisch-theatralischen Dichtung nicht gerecht werden kann. Diese grundsätzliche Stellung zu dem Werk hat selbst Lessing eingenommen.[74] Nun scheint sich aber Klopstock im zweiten und namentlich im dritten Teil bemüht zu haben, stärker den praktischen Forderungen der vorhandenen Bühne zu genügen. In der Tacitusstelle vom Streit der Fürsten um die Stürmung des römischen Lagers findet er in vielleicht richtiger dramaturgischer Erkenntnis einen entscheidenden Punkt, um den er den 2. Teil, »Hermann und die Fürsten«, gruppiert. Er entwickelt ein Spiel und ein Gegenspiel, er läßt die Handlung bis zur Entscheidung auf des Messers Schneide tanzen. Gut gedacht, aber man merkt, daß sich Klopstock in einer Sphäre der Dichtung bewegt, die ihm nicht gemäß ist. Die Gesänge wirken schon hier nicht mehr notwendig, und so schränkt er sie im 3. Teil, »Hermanns Tod«, aufs äußerste ein. Dadurch verstößt er gegen den selbstgewählten Gesangcharakter des Bardiets. Gleichzeitig geht er in diesem dritten Stück mit der Geschichte freier um als in den früheren. Dient die erfundene Idee von dem beabsichtigten Römerzug Hermanns noch der selbstverständlichen Idealisierung seines Helden, so ist das Wiedersehn mit Thusnelda schon ein Verstoß gegen die Überlieferung, vor dem er früher zurückgescheut wäre, — dies Drama fällt ja auch schon in die Zeit von Goethes italienischer Reise! Das Gegenspiel ist in »Hermanns Tod« wieder wenig entwickelt, es tritt erst am Schlusse stärker hervor. Klopstock wählt für sein Drama die Ugolino-Form. Hermann ist auf seiner Burg eingeschlossen und die Entscheidung darüber, daß er sterben muß, ist schon zu Anfang gefallen. Auch in seiner Verwundung symbolisiert sich, daß er kein Handelnder mehr ist, — was er in »Hermann und die Fürsten« ausgesprochen sein will. Aber gerade durch diese Zuständlichkeit gewinnt Klopstock den ihm gemäßen lyrischen Ton zurück. Auch das Wiedersehn mit Thusnelda hat nur den Wert, dem ergreifenden, ja rührenden Gesang von Hermanns Schicksal eine noch innigere Stimme hinzuzufügen und ihm alle Bitterkeit zu nehmen. Über dem Ganzen steht zwar noch immer der Plan von Hermanns Römerzug, aber wichtiger als dieser Plan ist die Idee, aus der er entspringt: die Befreiung der von Rom unterdrückten Menschheit, der Humanitätsgedanke, der auch durch die Anwesenheit edler Römer in Hermanns Burg zum Ausdruck kommt. Vorher war es eine jeweils geschichtliche Situation, der die Idee vom „gerechten Krieg" unmittelbar entsprang.

Die lange Abfassungszeit hat bewirkt, daß eine überzeugende gehaltliche und stilistische Einheit der Trilogie nicht erreicht wurde. Dies, und nicht stumpfer Sinn und Unverständnis, dürfte der Grund dafür sein, daß die Trilogie als Ganzes niemals in unserm Gefühl lebte. Schon ein Klopstock-Verehrer der Freiheitskriege beklagt sich darüber, daß Hermanns Tod „von sehr Wenigen gekannt und gelesen ist"[75], er weist nach, daß die ganze Trilogie von der früheren Kritik und Literaturgeschichte kaum beachtet wurde. Der reinste „Bardiet" und zugleich die beste, eigenste dieser Hermanndichtungen ist die erste geblieben. Muncker wundert sich darüber, daß zu Beginn von »Hermanns Schlacht« die Bedrückungen der Römer nicht erwähnt werden, und daß sich Klopstock insbesondere das in den Hermann-Dichtungen oft wiederkehrende Motiv von einer geschändeten Jungfrau entgehen läßt[76]. Aber gerade das bezeichnet Klopstocks Auffassung. Der Kampf ist da, der Kampf ist Schicksal, der „Deutsche" bejaht ihn freudig. Was braucht es da weitere Gründe. Der Knabe kennt nur einen Wunsch, die Bewährung in der Schlacht, und der Greis nur eine Sehnsucht, den Schlachtentod. Steigert sich bei J. E. Schlegel die Vaterlandsliebe bis zum Verzicht auf die Braut, so bedeutete für Klopstock schon das bloße Hereinnehmen des erotischen Motivs eine Entweihung des vaterländischen Gegenstandes. Das geschichtliche Ereignis von Hermanns Schlacht ist so groß und rühmenswert, daß es nicht nur die Herausbildung einer intriguenmäßigen Handlung, sondern selbst die Charakterisierung der einzelnen Personen überflüssig macht. Es kommt nicht darauf an, wie diese einzelnen *sind*, sondern was sie zu dem allgemeinen Siege beitragen, wie sie kämpfen, wie sie die Kämpfer durch Sang anfeuern oder wie sie zu sterben wissen. Auch wie die Römer im Unterschied zu den Deutschen sind, interessiert wenig, nur: daß sie in Deutschland sind und heute besiegt werden müssen. Selbst Klopstocks Flavius hat im Unterschied zu J. E. Schlegels Verräter keinerlei Möglichkeit „interessant" zu werden, denn es interessiert jetzt nur das einzige, wie er sich zu dem Vaterlande in seiner Schicksalsstunde stellt. Auch das Hereinnehmen strategischer Erwägungen wie in »Hermann und die Fürsten« oder eine weitergreifende politisch-humane Idee wie in »Hermanns Tod« würde nur die Wucht des augenblicklichen Ereignisses schwächen. Es ist eine Schlacht, wie es sie in Jahrhunderten nicht wieder gibt, hier gilt nur das Krieger-sein und das Mitkämpfer-sein, die Wut des Kampfes, der Glanz des Sieges und der Schmerz um die Gefallenen. Die *Ein*-seitigkeit solcher Seelenhaltung äußert sich in der durchgängigen Dynamik des Stils. Daß die Prosa zur tatsächlichen nüchternen Prosa absinkt, wie in den späteren Teilen manchmal, geschieht in »Hermanns Schlacht« nicht, vielmehr steigert sie sich oft zu einem Stil des Gefühls, der in seiner Intensität schon auf Kleist hinweist: „Ach mein Vater Siegmar! . . . Wo hat er die Wunde? — — — Wer warf ihm die Wunde? Ist er tot, der sie ihm warf? Ist er tot? . . . Ach mein Vater an diesem Tage . . . du . . . tot! . . . Wer hat ihm die Wunde geworfen? Will mir keiner sagen, wer ihm die Wunde geworfen hat? und ob er tot, tot, tot ist, dieser verhaßteste unter diesem verhaßtesten aller Völker?" In die-sem ersten Bardiet fügen sich die Bardengesänge, die noch fast den dritten Teil des Festspiels einnehmen, organisch ein. Sie machen noch nicht den künstlich bleibenden Versuch, durch immer neue Themen Interesse zu erwecken, sondern sie variieren unaufhörlich (für uns ermüdend) das Thema von Kampf und Sieg und Schlachten-tod.

»Hermanns Schlacht« ist ein geschlossenes sinnvolles Gefüge, mit der Kraft des großen Wiederentdeckers der deutschen Sprache ge-dichtet; es kommt freilich bei Klopstock, wie schon sein Verteidiger in den Freiheitskriegen feststellte, alles darauf an, ob der Zuhörer der „Seele seines Dichtens" offen und „das Werk ganz in seinem eigentümlichen Geiste zu nehmen bereit" ist.[77] Klopstocks Enthusias-mus ergreift den Wert des geschichtlichen Gegenstandes in aller Un-bedingtheit, andererseits verhindert gerade dieser jähe Aufschwung eine *gegenständliche Darstellung der Geschichte. Wie* die Schlacht zu-stande kam, welche Parteien und Menschen sich hier ineinander und gegeneinander bewegten, welche realistischen und idealistischen Kräfte ihr Spiel trieben, ist ganz unwesentlich vor dem Einen, in Ewigkeit Rühmenswerten, daß diese große Befreiungsschlacht ge-schah.

3. DER DURCHBRUCH ZUM GESCHICHTSDRAMA
IN DER VORKLASSISCHEN ZEIT

Bei dem ersten Durchbruch zum eigentlichen historischen Drama, der sich nach allgemeiner Ansicht[78] im »*Götz von Berlichingen*« vollzieht, haben verschiedene Kräfte des Jahrhunderts zusammengewirkt. Der junge Goethe war allen Anregungen seiner Zeit offen, er, „den seine Natur immerfort aus einem Extreme in das andere warf"[79], entnahm den verschiedensten Richtungen der ihn umgebenden Welt Gehalt und Stoff und begnügte sich vorläufig damit, diese einzelnen Gehalte durch dichterische Formung in sich zu klären. Goethe selbst hat dieser Tatsache in Dichtung und Wahrheit durch eine reiche Schilderung der gesamten geistigen Umwelt Rechnung getragen. »Götz von Berlichingen« ist zunächst einmal im Zusammenhang mit dem Freiheits- und Vaterlandspathos des deutschen Bürgers zu sehen, von dessen dramatischen Ausprägungen im vorigen Abschnitt die Rede war. Goethe selbst bemerkt dazu u. a.: „Durch die Hermannschlacht und die Zueignung derselben an Joseph II. hatte Klopstock eine wunderbare Anregung gegeben. Die Deutschen, die sich vom Druck der Römer befreiten, waren herrlich und mächtig dargestellt, und dieses Bild gar wohl geeignet, das Selbstgefühl der Nation zu erwecken.... Friedrich hatte die Ehre eines Teils der Deutschen gegen eine verbundene Welt gerettet, und es war jedem Gliede der Nation erlaubt, durch Beifall und Verehrung dieses großen Fürsten Teil an seinem Siege zu nehmen; aber wo denn nun hin mit jenem erregten kriegerischen Trotzgefühl? welche Richtung sollte es nehmen, und welche Wirkung hervorbringen? Zuerst war es bloß poetische Form... Es ist merkwürdig, Gedichte aus jener Zeit zu sehen, die ganz in einem Sinne geschrieben sind, wodurch alles Obere, es sei nun monarchisch oder aristokratisch, aufgehoben wird. Was mich betraf, so fuhr ich fort, die Dichtung zum Ausdruck meiner Gefühle und Grillen zu benutzen ... was aber von jener Sucht in mich eingedrungen sein mochte, davon strebte ich mich kurz nachher im Götz von Berlichingen zu befreien."[80]

Zu der allgemeinen hier umschriebenen Tendenz des Jahrhunderts treten bei Goethe die besonderen Entdeckungen Mösers und Herders. Man wird sagen dürfen, daß trotz der persönlichen und zunächst sehr wirksamen Nähe Herders, die Einwirkung Mösers auf Goethes Geschichtsbild als solches tiefer und nachhaltiger war. Am wichtigsten ist freilich das beiden Gemeinsame, die intuitiv gewonnene Erkenntnis einmaliger gewachsener Gebilde, der Sinn für individuelles Wesen sei es nun einer Person oder einer Nation. Aber während der schwungvolle ostdeutsche Theologe, die gesamte politische Formenwelt seiner Zeit hinter sich lassend, die späterhin so wirksamen Begriffe der Sprache, der „nordischen Menschheit", der in sich sinnvollen Entwicklungsstufen umkreist, geht der nüchterne westfälische Advokat und Rechtshistoriker von dem Nächsten und Schaubaren aus, von den lebendigen, historisch zu begründenden Einrichtungen seiner Umgebung, und kommt so der Tradition und Wesensart des Frankfurter Juristen und Reichsbürgers unmittelbar entgegen. Möser, der sich schon dagegen wehrt, daß die Verschiedenheit der Rechte in zwei Nachbardörfern beseitigt wird, weil sie so gewachsen seien, weist in seiner konservativen Haltung auf die historische Schule voraus[81], während Herder, zumal der junge, Vorläufer der stärker revolutionierenden eigentlichen Romantik ist. Goethe hat sein ganzes Leben lang in großer Verehrung Mösers gedacht, des „unvergleichlichen Mannes"[82]. Nicht von Herder, aber von Möser führt ein gerader Weg zum späteren Weimarer Goethe, wie er denn auch im 15. Buch von »Dichtung und Wahrheit« erzählt, daß ein Gespräch mit den Weimarer Herrschaften über die »Patriotischen Phantasien« der Anlaß für seine Verwendung im Weimarer Regierungsdienst wurde. Während Goethe später von der allzuleicht ins Formlose führenden Dynamik des Herderschen Denkens mehr und mehr abrückte, blieben ihm Mösers Ideen ein fester Bestandteil seiner politisch-historischen Anschauungen: „Wenn man sonst dem deutschen Reiche Zersplitterung, Anarchie und Ohnmacht vorwarf, so erschien aus dem Möserschen Standpunkte gerade die Menge kleiner Staaten als höchst erwünscht zur Ausbreitung der Cultur im Einzelnen, nach den Bedürfnissen, welche aus der Lage und Beschaffenheit der verschiedensten Provinzen hervorgehen."[83] Die Geschichte hat hier nicht nur die Funktion, idealbildende, tatstärkende *Gegen*bilder zu einer unzulänglichen Gegenwart zu schaffen, sondern sie soll, „das Vergangene mit dem Gegenwärtigen zusammenknüpfend", den Blick öffnen und vertiefen für ein aufmerksames Verständnis des gegenwärtigen Zustandes. „Wir sehen eine Verfassung auf der Vergangenheit ruhen und noch als lebendig bestehen."

Während sich im Osten die Staaten längst gebildet haben, auf deren Macht die politische Freiheit Deutschlands so bald angewiesen sein sollte, versenkt sich hier im Westen der deutsche Geist wieder in das alte Reich, das im Römer Frankfurts, im Münster Straßburgs, in den Burgen und Kapellen ganz Frankens und Schwabens und schließlich auch im Reichskammergericht „noch als lebendig" dasteht. Das hier mit Händen zu greifende Deutschland ist weder das französisch gefärbte offizielle noch das in einem Wolkenhimmel schwebende Deutschland der Hermann-Dichtungen; es ist das „originale" und — das haben die Westdeutschen vor Herder voraus — es ist das

„totale"; es schließt sämtliche Lebensfunktionen in sich ein, auch die politische. Was dem andern frühen Anreger der Zeit, Hamann, an Mösers Schrift »Über die deutsche Sprache und Literatur« (1781) mißfällt, daß nämlich die „ganze Wendung politisch" sei, das bezeichnet gerade eine von Mösers stärksten Eigentümlichkeiten in seiner Zeit, und es ist schon von anderer Seite darauf aufmerksam gemacht worden, daß die deutsche Geschichtsschreibung erst auf einem weiten Umwege über die kulturgeschichtliche Historie Herders und der Romantik zu Forderungen zurückkam, die schon von Möser erhoben und im engeren Rahmen verwirklicht wurden,[84] — eben von seinem Begriffe der „Totalität" aus. Auch der »Götz von Berlichingen« ist ein Ausdruck solcher *totaler Geschichtsdarstellung*. In einer klugen Dissertation aus der Schule von Robert Petsch[85] werden »Götz« und »Egmont« als Formen eines volkhaften Dramas den politischen Dramen des jungen Schiller entgegengesetzt. Diese Auffassung ist als grobe Typisierung gewiß nicht unzutreffend. Aber das, was »Götz von Berlichingen« Neues bringt, was das Stück vom gesamten zeitgenössischen Drama (mit Ausnahme von Bodmers wenig bekannten und dichterisch wertlosen Stücken) unterscheidet, das ist nicht zuletzt die Vergegenwärtigung eines auch politischen Gesamtzustandes, der vom Kaiser und seinen Ratgebern über die Ritter und Städte hinunter bis zu den Knechten und Bauern als alles durchwirkend fühlbar wird.

Die Gestalt des Götz entsprach dem Tatengeiste der befreundeten Stürmer und Dränger, eines Klinger und Lenz, aber Goethe selbst bewahrte ihm gegenüber mindestens denselben Abstand wie gegenüber »Werther«, er ist vielleicht sogar weniger „Konfession" als dieser; und wenn er sich den Stoff auch durch die Erfindung der Adelheid-Weislingen-Handlung näher brachte, so befähigte ihn doch gerade jener Abstand von persönlichen Antrieben, diese Hingabe an einen durchaus eigenmächtigen Gegenstand, der „deutsche Shakespeare" seiner Zeit zu werden und das langersehnte, wirklich national-historische Drama zu schreiben. Goethe war es ernst mit der schlichten Aufgabe, „Götz von Berlichingen in seiner Zeitumgebung zu dramatisieren". Er „las die Hauptschriftsteller fleißig," er versenkte sich ganz in die Welt des 15. und 16. Jahrhunderts.[86] Als ihm die erste Fassung nicht genügte, schrieb er die zweite, mit dem Willen, dem Werk „immer mehr historischen und nationalen Gehalt zu geben, und das, was daran fabelhaft oder bloß leidenschaftlich war, auszulöschen". Er kam soweit, daß er sein „Werk wie ein fremdes betrachten" konnte.[87] Manches Neue blieb äußerlich, so die genaueren Ortsangaben, wenn er etwa statt „eine Herberge" (A), „Schwarzenberg in Franken, Herberge" (B) schreibt. Andere Änderungen aber vertieften das Drama, und zwar gerade auch als historisches. So beschneidet er die Szenen der Adelheid, deren erotische Dämonie ihn mit sich fortgerissen hatte, und er versucht, Weislingen aus der Rolle des Theaterbösewichts in die des historischen Gegenspielers hinüberzuleiten, indem er ihn z. B. mit sehr vernünftigen Gründen den Standpunkt der Fürsten gegenüber dem ritterlichen von Götz verteidigen läßt.

Dem Ideal, ein wirklich historisches Drama zu schreiben, kann sich Goethe nur dadurch nähern, daß er mit Bewußtsein einen Stoff aus einer Zeit wählt, die noch nicht allzuweit zurückliegt. Wie in der Form und in der Wahl des historischen Stoffes so mag ihn auch hierin Shakespeare geführt haben. Erst bei einem solchen Stoff wird die Mösersche Methode, Vergangenes und Gegenwärtiges gegenseitig zu erhellen, möglich. Das überzeitliche Band, das für Shakespeare durch das englische Königtum gegeben war, wird einigermaßen ersetzt durch das Bild der deutschen Reichsverfassung. In derselben Richtung wie die zeitliche Nähe wirkt die räumliche. „Franken ist ein gesegnetes Land"! Man sollte den Heimatton des Dramas als ein Element seiner Lebendigkeit nicht unterschätzen. Es ist verständlich, daß das spätere partikular-patriotische Drama hier seinen Ausgang nimmt. Die zeitliche Nähe erlaubt es dem Dichter, der kernigen Sprache seiner Quelle selbst Eingang ins Drama zu gewähren. Das fiel den Zeitgenossen ganz besonders auf, und Wieland bezeugte es dem jungen Dichter ausdrücklich, das sei „noch keinem in Europa eingefallen"[88]. Hatte man noch in den sechziger Jahren J. E. Schlegels »Herrmann« in den traditionellen Perücken aufgeführt, so ist das nun bei der erstaunlichen historischen Individualisierung der Götz-Dichtung nicht mehr möglich. Die Berliner Uraufführung (1774) versucht sich zum erstenmal in historischen Kostümen und beweist dadurch am stärksten, daß der »Götz« tatsächlich als der erste entscheidende Durchbruch des historischen Dramas zu betrachten ist. Er ist darüber hinaus eine der stärksten Anregungen für die allgemeine Geschichtsbetrachtung jener Zeit, eine Herrschaftserweiterung Mösers und Herders wenn man will, wie es denn auch der Historiker bezeugt, daß sich der Sinn für individuelles Sehen *früher* in der Geschichtsdichtung als in der Geschichtsschreibung entwickelte.[89] Auch ein Möser ist der Überzeugung, daß dem Götz-Dichter „niemand vorwerfen kann, daß er unrichtig gezeichnet, das Kolorit vernachlässigt oder wider das Kostüm gefehlet habe[90]. Eine so allgemein gefaßte historische Wahrheit ist nun freilich dem Dichter das Wesentliche, ganz im Gegensatz zu der traditionellen Auffassung, es komme vor allem auf die Korrektheit der einzelnen Fakten an. Goethe scheut sich nicht, den Tod von Götz um mehrere Jahrzehnte vorzuverlegen, ein Kritiker der Zeit entdeckt es mit Entrüstung.[91] Dem Götz-Dichter kommt es auf die innere historische Wahrheit an.[92] Die Zeitgenossen, das ist das Bezeichnende, diskutieren das formale Shakespearisieren des jungen Dichters hin und her, aber »Götz« als ein *historisches* Drama scheint sie wenig zu interessieren. Das „historische Drama" ist da, aber der *Begriff* davon scheint erst durch Schiller und die Romantik zum Allgemeingut geworden zu sein. Besser erkennt man das Nationale und Volkstümliche des Stoffes sowie seiner Behandlung. Möser selbst lobt das Stück als ein Volksstück und kann auch am besten den Weg bezeichnen, auf dem Goethe zur Geschichte kam: er wählte „ritterliche, ländliche und bürgerliche Handlungen einer Zeit, worin die Nation noch original war". Möser hofft, daß das deutsche Drama auf dem Wege des »Götz« zur Vollkommenheit weiter reife, *einheitlicher* werde, ohne seine Vielfalt zu verlieren, er glaubt in diesem Sinn, „daß es für die Stücke, welche in Shakespeares Manier gearbeitet werden, einen sehr hohen Vereinigungspunkt gebe, wenn wir gleich jetzt noch nicht hoch genug gestiegen sind, um ihn mit unsern sterblichen Augen zu erreichen". Mösers Antriebe und Hoffnungen für ein Nationaldrama gehen gleichsam im Götz-Dichter auf, und Goethe trägt dem Rechnung, wenn er ein Jahr nach der Veröffentlichung von Mösers literarkritischer Schrift (1781) sich ein Urteil über seinen annähernd vollendeten »Egmont« erbittet.

Wie schon aus dem Charakter der Umarbeitung zu schließen ist, dürfte HERDER, dessen entscheidender Brief uns freilich verloren ist, eine Verstärkung des Historischen gefordert haben, — ohne allerdings, in seinem Sinne, allzuviel zu erreichen. Gerade die erwähnte Oberflächlichkeit mancher Änderungen deutet an, daß der konziliante junge Dichter dem gestrengen Lehrer wenigstens äußerlich entgegenkommen wollte, wo er es schon innerlich nicht konnte. Herders Theorie (oder Phantasie) um das Problem Drama und Geschichte erschöpft sich nicht im »Götz«, sondern ist eine geschichtliche Wirklichkeit für sich. Während schon für den jungen Goethe, wie seine weitere dramatische Entwicklung im »Clavigo« zeigt, das Geschichtliche nur eines der möglichen Stoffgebiete des Dramas ist, erhebt es Herder zum einzigen, wenigstens der Tragödie. Er *stiftet geradezu den Mythus des Geschichtsdramas,* der, von der Romantik weitergetragen, im 19. Jahrhundert eine allesbeherrschende Bedeutung gewinnen sollte. Aus der Welt Mösers, dem die Zeit von Götz und Sickingen nur als original-deutsch erscheint, fühlen wir uns schon zu Hegel und Hebbel versetzt, wenn wir bei Herder die Bemerkung lesen: „*Tragische Vorfälle* — bloß für die gärende Zeiten: daher bloß Historie ist Quelle"[93]. Der Wunsch, vor allem neuere Epochen im Drama dargestellt zu sehen, liegt einer solchen Auffassung fern. Im Gegenteil, er betrachtet gerade die weiter zurückliegende Geschichte als den großen Zufluchtsort des tragischen Genies.[94] Vaterländische Stoffe haben natürlich auch für Herder den Vorzug; die weit verbreitete Meinung, daß es in der deutschen Geschichte keine tragischen Stoffe mehr gebe, weist er zurück[95]; doch beschränkt sich sein Nationalgefühl nicht auf Deutschland, es weitet sich ins Germanische. Gerade als „Dichter der nordischen Menschheit" ist ja in Herders Augen Shakespeare unser Dichter, unser Sophokles. Und entsprechend ist „die alte englische, dänische, schwedische und fränkische Geschichte noch immer die Historie unseres Volkes, wenn ich sie nicht historisch und politisch, sondern dichterisch behandele"[96]. Aus dieser Bemerkung, wie aus dem gesamten Geschichtsbild Herders ist zu entnehmen, daß ihm die Idee eines *politisch*-historischen Dramas fern liegt. Er ist hierin das Bindeglied zwischen Klopstock und der Romantik.

Herder verschmäht prinzipiell das Lessingsche „Sondern", das Fragen nach Gattungsbegriffen.[97] Er hat sich dementsprechend über das im Geschichtsdrama vorliegende dramaturgische Problem niemals klar ausgesprochen.[98] Der Akzent liegt für ihn auf der vollen überzeugenden Vergegenwärtigung des geschichtlichen Stoffs. Wir sehen ihn an Klopstocks Gegenstandsehrfurcht anknüpfen, wenn er die folgende Bemerkung des Dichters zitiert: „Der Dichter studiert den Grundriß seiner Geschichte, malt ihn nach den Hauptzügen aus, die er in ihm gefunden zu haben glaubt, und muß uns durch seine mächtigen Künste dahin bringen, daß ich zu der Zeit, da ich ihn lese, und auch noch länger, vergesse, daß es ein Gedicht ist."[99]

Alle derartigen zerstreuten Bemerkungen treten zurück hinter der Bedeutung, die Herders Shakespeare-Aufsatz für die Entwicklung des Geschichtsdramas hat. Wieder nicht dadurch, daß die formalen Probleme des Geschichtsdramas geklärt würden. Merkwürdig und bedeutsam ist der Aufsatz insofern, als in ihm Drama und Geschichte in einen unbedingten Zusammenhang miteinander gebracht werden. Es ist nicht so sehr eine kühle tragfähige „Verbindung" als ein berauschtes Zusammenwerfen und wildes Durcheinandermischen. Aber gerade diese irrationale, ja hymnische Behandlung des Problems scheint für die Zukunft so wirksam geworden zu sein. „Wenn er die Begebenheiten seines Dramas dachte, im Kopf wälzte, wie wälzen sich jedesmal Örter und Zeiten so mit umher! Aus Szenen und Zeitläuften aller Welt, findet, wie durch ein Gesetz der Fatalität, eben die hieher, die dem Gefühl der Handlung, die kräftigste, die idealste ist; wo die sonderbarsten kühnsten Umstände am meisten den Trug der Wahrheit unterstützen, wo Zeit- und Ortwechsel, über die der Dichter schaltet, am lautesten rufen: Hier ist kein Dichter! ist Schöpfer! ist Geschichte der Welt!" Was für Herder Geschichte und Drama verbindet, ja sie geradezu identisch werden läßt, ist sein Gefühl für alles Dynamische. Geschichte sowohl als Drama stellen ein vernunftmäßig nicht zu ergründendes Werden dar, eine große werdende *Welt*. Der Dramatiker ist „Schöpfer" nicht eines Werkes, sondern eines voll lebendigen Geschehens, ist „dramatischer Gott". Das Drama Shakespeares wird erfaßt als ein bloßer Ausdruck seiner Sendung, Geschichte zu geben, wie umgekehrt die Geschichte unter dem Symbol des Dramas gesehen wird.[100] In der germanischen Form Shakespeares ist das Drama dazu befähigt, der historischen Dynamik Körper zu geben! Ein großer Schritt in der Richtung auf Hegel, der dann zum erstenmal die Tragödie mit dem Begriff des Kampfes verbindet, ist geschehen. Das *Drama* erscheint in diesem Mythus als die geeignetste

Form der Geschichtsdichtung: hier liegt wohl die wichtigste Grundlage für die bevorzugte Stellung des deutschen Geschichts*dramas* im 19. Jahrhundert. Für Scott ist eine Übersetzung des »Götz von Berlichingen« nur der Anlaß, um die Welt des Geschichts*romans* zu eröffnen. Deutschland aber will Shakespeare nachholen.

Die Ungeklärtheit der Gedankengänge Herders zeigt sich z. B. darin, daß Herder sogar Shakespeares Komödien vom Standpunkt des geschichtlichen Werdens aus sieht: „Jedes Stück ist History im weitesten Verstande, die sich nun freilich bald in Tragedy, Comedy usw. mehr oder weniger nuanciert – die Farben aber schweben da so ins Unendliche hin, und am Ende bleibt doch jedes Stück und muß bleiben, – was es ist: *Historie!* Helden- und Staatsaktion zur Illusion mittlerer Zeiten! oder (wenige Plays und Divertisements ausgenommen) ein völliges Größe habende Eräugniß einer Weltbegebenheit, eines Menschlichen Schicksals." Wenn den Götz-Dichter jemand „verdorben" hat, dann hat ihn nicht Shakespeare, sondern Herder selbst verdorben. Hätte ihn nicht sein eigenes Formgefühl getragen, so wäre es freilich ein „Traum" gewesen, Shakespeares „Denkmal aus unsern Ritterzeiten in unsere Sprache unserm so weit abgearteten Vaterlande herzustellen", wie es am Ende des Shakespeare-Aufsatzes heißt. Mancher Romantiker hat später diesen Traum mit jenem Los der Verkennung und Wirkungslosigkeit bezahlen müssen, das Herder für den Götz-Dichter erahnt. Herders Gedanken waren, namentlich durch ihren Mangel an dramaturgischer Schärfe, nicht stark genug, um schon zur Zeit ihrer Entstehung den Bann aufheben zu können, den Lessing über das Geschichtsdrama verhängt hatte. Auch sein Anteil am »Götz von Berlichingen« scheint nicht weit über den allgemeinen enthusiastischen Hinweis auf Shakespeares Welt-Drama hinausgegangen zu sein. Goethe verbarg nicht nur den ersten Plan zum »Götz« vor Herder, er mußte auch noch später dessen Kritik überwinden. Herder äußerte sich „unfreundlich und hart dagegen". Aber Goethe wußte seinen eigenen Weg zu gehen: „Ich ließ mich dadurch nicht irre machen, sondern faßte meinen Gegenstand scharf ins Auge."[101] Und so entstand das Werk, von dem Herder später selbst erkennen mußte, daß es auf lange die einzige Dichtung war, die seinem eigenen Ideal eines Geschichtsdramas entgegen kam.

Wir sprachen von der Verständnislosigkeit der Zeit gegenüber dem »Götz« als einem historischen Drama. Auch die Götz-Nachahmungen zeigen, daß man für diese Dramenart noch nicht reif ist. Der Schwung des fridericianischen Sieges und des Sturm und Drangs verliert sich wieder in dem ruhigen Jahrzehnt, das ihnen folgt. Der Alte von Sanssouci verdammt höchst persönlich den »Götz von Berlichingen« (1780). Und Goethe, der inzwischen die Schule des Weimarer Hofes durchlaufen und die erste Fassung der »Iphigenie« geschrieben hat, findet es in der Ordnung, daß ein großer König „die Produktion eines freien und ungezogenen Knaben unerträglich" findet.[102]

Aus dem Drama totaler Geschichtsdarstellung wird das Ritterstück. In ihm überwiegen die abenteuerlichen und bürgerlich-privaten Motive. Es fließt viel Blut, und es fließen viel Tränen. Es kehren immer dieselben Motive des Gifttranks, des Verwandtenmords, der unbarmherzigen schönen Dame, des Meineids usw. wieder.[103] Der Stolz einzelner Adliger bemächtigt sich der Form, so wenn der bayrische Graf Joseph August von Törring die Schicksale seines Ahnen »Kaspar der Thorringer« dramatisiert. Der Horizont, der im »Götz« die ganze Wirklichkeit des Reiches umfaßte, verengt sich auf die oft recht bürgerlich gesehene Welt eines Ritters. Trotzdem sind solche Adelsstücke noch das Beste, da in ihnen wenigstens die Wahrheit eines geschichtlichen Erlebnisses gegeben ist. Wir werden an anderer Stelle verfolgen, wie auf diesem Wege die nicht unbedeutende Bewegung des partikular-patriotischen Geschichtsdramas, besonders in Süddeutschland, zur Entfaltung kam.[104] Im allgemeinen aber ist das Historische und Ritterliche am Ritterstück Schein, bloße Theatermaske. A. W. Schlegel bricht mit Recht in seinem Programm eines national-historischen Dramas darüber den Stab. Wenn im Widerspruch zu ihm gesagt wird, das Ritterstück hätte dem geschichtlichen Drama den Boden bereitet[105], so muß man hinzufügen, was wohl schwerer wiegt: es hat denen, die ein Geschichtsdrama hätten schreiben können, die Freude daran verdorben. „Die Buben haben mich von jeher aus und nachgeschrieben und meine Manier vor den Publico stinkend gemacht", so beklagt sich in einer entscheidenden Zeit seiner Entwicklung, 1780, der Götz-Dichter selbst.[106]

Weniger verständlich als beim Ritterdrama, das sich im Strome flacher Popularität verliert, ist es, daß auch der engere Kreis der *Stürmer und Dränger* nicht fähig war, der Anregung des Götz-Dichters durch Schaffung wirklicher Geschichtsdramen zu folgen. Der Wille dazu fehlte nicht, sehnten sich doch diese Jungen ungestüm nach Größe und Tat, und nicht nur Shakespeare machte ihnen die Welt bürgerlicher Vernünftigkeit und Häuslichkeit unerträglich. Lenz, der als Beispiel für die Richtung stehen darf, kniet förmlich vor den geschichtlichen Gestalten, die Shakespeare zum Leben erweckt hat! „Da steht er wieder auf, der edle Tote, in verklärter Schöne geht er aus den Geschichtsbüchern hervor und lebt mit uns zum andern Male. O wo finde ich Worte, diese herzliche Empfindung für die auferstandenen Toten anzudeuten."[107] Lenz will die „Welt" zu seinem Schauplatze erwählen; das Familienstück überläßt er mit Hohn dem Spießbürger. Das Trauerspiel ist ihm die „Nachahmung einer Handlung" in der Welt der Schlachten und Helden. Die alte Gleichung „Trauerspiel oder Staatsaktion" wird erneuert, aber auch der neuen Liebe für Vorzeit und Vaterland Ausdruck verliehen. Daß trotzdem diese Elemente nicht zu einem Ganzen werden können, verrät schon das Lenzsche Programm selbst. Viel wichtiger als alle Handlung ist ja er, der „immer drauf los stürmt", der „Kerl". „Im

Trauerspiele ... sind die Handlungen um der Person willen da." Es geht im Sturm und Drang nicht um die Geschichte als einen Ausdruck des überindividuellen Lebens, sie liefert nur die Bilder einzelner großer Helden. Und bei diesen Helden interessiert nicht das historische Ziel, sondern das bloße Vorwärtsstürmen, die kriegerische oder revolutionäre Aktivität als solche. Die individualistische Tönung dieses Heldenbegriffes ist so stark, daß selbst das „Schicksal" des Helden, weil es eben der Schnittpunkt von Individuum und Welt ist, im Grunde nicht mehr interessiert. Sehr charakteristisch, daß Lenz an seiner Übersetzung von Shakespeares »Coriolan« in dem Augenblick das Interesse verliert, wo der Held auf Bitten der Mutter seinen Trotz aufgibt, wo also seine Leidenschaft zurücktritt und sein Schicksal beginnt. Das Fragmentarische ist bei solcher Heldenverehrung nicht Zufall sondern Wesen. Auch in dem Plan eines »Cato« interessiert den Dichter nur der im Selbstmord bewährte Freiheitsdrang seines Helden und sein grenzenloser persönlicher Edelmut. Erinnern wir uns an den höchsten Ausdruck dieser individualistischen Heldenverehrung, Goethes »Prometheus«, so ist damit auch schon gesagt, daß diese Richtung im Grunde des geschichtlichen Stoffes nicht bedarf, sie fühlt sich in einer unbestimmteren Welt sogar wohler. Auch die Nähe eines verbindlichen nationalen Stoffes wäre eher beengend. Eine gewisse Bedeutung gewinnt für den Stürmer und Dränger die Stoffwelt der italienischen Renaissance, da glaubt er sein Sehnen nach Heldengröße und Freiheit verwirklicht zu sehen. Aber auch hier zeigt er kein Verständnis für geschichtliche *Welt*. Der Dichter will alles aus sich selbst erschaffen. Schon zu dem eingehenden Studium der Quellen, das Goethe betreibt, kann er sich nicht herbeilassen. Es fehlt die Objektivität im psychologischen und im erkenntnistheoretischen Sinne. Da nun dem Stürmer und Dränger, mit der interessanten Ausnahme Klingers, auch die notgedrungen objektive Tat fehlt, und ihm die metaphysische Vertiefung des Individualismus (»Faust«) im allgemeinen verschlossen bleibt, sieht er sich auf die Sphäre zurückgeworfen, von der er ausging: die bürgerlich-individualistische. So gut wie alle Sturm-und-Drang-Dramen sind eben doch wieder, was man verachtete: Familienstücke. Das gilt sogar für Lenzens einzigen durchgeführten Plan eines Geschichtsdramas, für »Die sicilianische Vesper, ein historisches Gemälde.«[108] Der geschichtliche Gegensatz zwischen Karl von Anjou, der bei Lenz als Philippus von Anjou erscheint, und Peter von Aragon ist nichts als ein Rahmen für die traurige Liebesgeschichte ihrer Kinder Isabella und Xaver. Sie gehen unter durch den Streit der Väter, wie Romeo und Julia. Dabei ist ihr Tod nicht einmal eine geschichtliche Notwendigkeit, sondern ein brutaler Akt Philipps, der rasend vor Schmerz um seinen toten Sohn auch noch die eigene Tochter ersticht. Die »Sicilianische Vesper« mit ihrem Morden ist nur die Begleitmusik zum Toben dieses leidenschaftsgepeitschten Königs. Lenz wühlt in den dampfenden Aschenhaufen, in den Bergen von Leichen, in dem Meer von Blut. Nichts scheint ihn zu dem Geschichtsstoff hingezogen zu haben als eben diese seine grausame Wildheit. Der Sizilianer Procida, der die Vesper inszeniert, ist kein wirklicher Volksführer, sondern ein durch die Untreue seiner Frau halb wahnsinnig gewordenes Individuum. Auch dieses Drama gibt kein historisches Bild und Schicksal, sondern eine Leidenschaftsexplosion, daher auch seine ungewöhnlich geringe Ausdehnung.

Das einzige Drama eines Stürmers und Drängers, das man mit gutem Recht ein historisches nennen darf, ist, soviel ich sehe, KLIN- GERS »Konradin« (1784). Mit Recht ist darauf hingewiesen worden, daß Klinger erst durch sein tätiges Leben als Offizier und Hofmann die für ein historisches Drama unerläßliche Objektivität gewann.[109] Im Vorwort zu seinem in Riga 1786 herausgegebenen »Theater« sagt der Dichter, seine Schreibereien seien ihm nichts anderes als Ersatz für das tätige Leben in der wirklichen Welt, soweit ein solches nicht möglich sei. Von den „individuellen Gemälden" der früheren Zeit rückt Klinger hier ausdrücklich ab. Er weist andeutungsweise auf sein Ringen mit dem historischen Stoff hin. »Konradin« war „schwerer zu schreiben, als zehen wilde Phantasien, wo der unerfahrene Autor alles aus sich selbst nimmt". Indem er den »Konradin« an die Spitze seiner ganzen Dramensammlung stellt, gibt er ihm besonderes Gewicht, was auch berechtigt ist. Das Stück wurde 1791 in Berlin aufgeführt, und noch Otto Ludwig hat es hochgeschätzt.

Der Konradin-Stoff war, wie das Epos von Bodmer, die Dramen von Conz und Werthes und der Konradin-Plan Schillers beweisen, ein Lieblingsstoff der Zeit. Es ist noch ein nationaler Stoff, aber jetzt, im Gegensatz zu »Hermanns Schlacht«, ein Stoff nationaler Enttäuschung. Wie der Glanz der großen Staufer mit Konradin in einer Welt kalter Staatsraison und Diplomatie versank, so sind auch im Deutschland Friedrichs und Josephs die ungestümen Erwartungen der 60er und 70er Jahre enttäuscht worden. Die Gestalt Karls von Anjou als des Gegenspielers von Konradin ist beim damaligen Stand des Geschichtsdramas eine große Leistung. Dieser Herrscher, dem die Welt hellen Heldentums nicht verschlossen ist, schreitet nur mit Widerwillen zu Hinterhalt und blutiger Hinrichtung. Er ist weder von Natur ein Bösewicht noch treibt ihn ein verführerisches Weib zum Bösen. Karl von Anjou ist nicht mehr und nicht weniger als ein kalter Staatsmann, der seiner eigenen Herrschaft und seinem Lande auf dem kürzesten Wege zu Ruhe und Sicherheit verhelfen will. Unter Überwindung „weibischer" Anwandlungen ist er die verkörperte Staatsräson. Während der König der »Sicilianischen Vesper« lärmend und umsichstechend auf der Bühne erscheint, hält er sich bei Klinger zurück. Er verhüllt sich hinter den Formalitäten des Gerichtes. Es wirkt noch etwas ungeschickt, wenn in dem Stück zuerst eine lange Anklage und dann fast derselbe Text wieder als Urteil verlesen wird, aber es zeigt sich darin Klingers bewußtes Bemühen um sprachliche und historische Objektivität. Auch eine Art chorischer Verwendung des Volkes bei Gericht und Hinrichtung dient dieser Absicht. Daß dieses Stück erheblich über dem Durchschnitt der Zeit steht, zeigt ein Vergleich mit Werthes' »Konradin«. Klinger verzichtet auf alles Intriguenspiel, auf alle erotischen Episoden, um den historischen Gehalt groß und würdig hervortreten zu lassen. Bei Werthes dagegen sind Konradin und Karl von Anjous Tochter ein Liebespaar, auch Freund Friedrich muß seine Klara haben. Ein Fluchtversuch soll die dramatische Spannung erhöhen. Gemeinsam allerdings ist beiden Stücken, daß sie dem empfindsamen Bedürfnis der Zeit entgegenkommen. Das Element schöner Rührung ist vielleicht sogar stärker als das nationaler Trauer. Die Kraftmeierei des Sturm und Drang hat sich an der Härte des Bestehenden wund gelaufen und kippt in Empfindsamkeit um. Wie nahe diese beiden individualistischen Seelenlagen beieinander stehen, zeigt ja auch die Goethesche Achse Prometheus—Werther. Konradin als Gefangener, über dem das Schwert des Todes hängt, — das ist in seinem traurigen Stimmungsgehalt ein mehr lyrischer als dramatischer Stoff, und gerade dadurch war er der Zeit lieb. Ob die Mutter Konradins Karl von Anjou um das Leben ihres Sohnes bittet, oder der junge schuldlose König vor seinen Richtern erscheint, oder die beiden Freunde im Turme sich nach der Sonne sehnen, immer ist es kein Geschehen in tragischer Entscheidung, sondern ein bloß unglückliches Los. Das stilistische Mittel, das sich vordrängt, ist der Monolog der Klage; auch das Zwiegespräch der gefangenen Freunde ist nichts anderes. Konradin ist, schon als Jüngling, mehr Opfer als geschichtlicher Gegenspieler, weniger König als *Mensch*. Dem Mangel an geschichtlichem Gehalt im Schicksal des Helden entspricht ein Mangel an dramatischer Antithetik.

Mehr geschichtliche Umwelt als die Konradindramen bringt das Schauspiel »Leben und Tod Kaiser Heinrichs des Vierten« (1784) von J. F. v. Soden, der später auch in einem »Franz von Sickingen« die Welt des »Götz« in verbürgerlichter Form wiederaufleben läßt. Hauptgegenstand ist nicht Heinrichs des Vierten Kampf mit dem Papst, sondern die Empörung des Sohnes. Der Verfasser nennt selbst in der Einleitung sein Stück „das Gemälde eines unglücklichen Vaters." In religiöser Hinsicht stempelt Soden den mittelalterlichen Kaiser zum Vertreter der Toleranzidee. Lessings »Nathan« ist wenige Jahre zuvor erschienen; die dem Geschichtsdrama nicht sehr günstige Humanitätsidee beginnt sich auszuwirken. In gleicher Richtung, aber noch stärker verzeichnet ist das Bild Heinrichs IV. in J. H. Dyk's »Roms Bannstrahl im eilften Jahrhundert« (1788).

Bemerkenswert ist, wie in dieser Zeit der Stoff des germanischen Freiheitskampfes zu Arminius' Zeiten die Rolle des gesunkenen Kulturgutes zu spielen beginnt: »Römer in Teutschland vom Professor Babo mit hochobrigkeitlicher Bewilligung vorgestellt von der

Gesellschaft des Teutschen Meistergesangs« (Memmingen 1781).
Das Drama muß wohl oder übel von einem Aufruhr handeln, aber
erstens, so erfahren wir, ist ein Haupttreiber darin der Römer Kas-
sius, ein persönlicher Feind von Drusus, und zweitens stillt den Aufruhr des jugendlichen deutschen Helden, in dem Augenblick da er
siegreich ist, niemand anders als dessen Vater, welcher dem Drusus
aus persönlichen Gründen dankbar ist. Einen gelungenen Aufruhr
würde die hohe Obrigkeit nicht auf der Bühne dulden, überhaupt
hat man als solider Bürger keine Lust aufzufallen, wie der junge
Dichter im Württembergischen, der im gleichen Jahr »Die Räuber«
veröffentlicht. Eine Wirkung ist dem Stück dadurch gewiß, daß der
Vater seinen Sohn, den er natürlich nicht kennt, in den Armen seiner
Mutter aus Eifersucht ersticht und dies traurige Faktum von den
Barden besungen wird.

*

Von der hier angedeuteten wenig erfreulichen allgemeinen Ent-
wickelung des Geschichtsdramas aus gesehen kommt dem damals
entstandenen »Egmont« Goethes auch als einem historischen Drama
eine hervorragende Bedeutung zu. »Egmont«, in Frankfurt begonnen,
in Rom vollendet, ist die eigenartige und reizvolle Spätblüte des von
Herder und Möser in Goethe erweckten Geschichtsenthusiasmus,
Goethes Abschied vom Geschichtsdrama. Daß das Drama der Weimarer Welt wenig angehört, zeigt die ziemlich kühle Aufnahme, die
es dort erhielt. Auch vom Weimarer Theater verschwand es kurz
nach seiner Uraufführung (1791) wieder für lange Zeit. A. W. Schlegels hohe Meinung von dem Stück ist um die Jahrhundertwende eine
Ausnahme. Anscheinend erst um die Zeit der 48er Revolution wird
»Egmont« wieder positiv bewertet, und zwar als „politisches Drama";
er stellt danach „die Entwicklung eines Volkes zum Staatsbewußt-
sein" dar.[110] Diese einseitige Meinung ersetzt nach dem Niedergang
des historischen Dramas R. M. Meyer durch die ebenso einseitige, das
Geschichtliche im Egmont sei bloßes Beiwerk.[111]

Goethe sah sich vor der Wahl des Egmontstoffes in „der Staatengeschichte sorgfältig um".[112] Ihn beschäftigte damals an geschichtsdramatischen Plänen einerseits ein Caesar-Plan, andererseits die Idee,
die im »Götz« begonnene Dramatisierung der deutschen Geschichte
nach dem Vorbild von Shakespeares Historien fortzusetzen. Es siegt
der mittlere Plan eines »Egmont«. Der Übergang zum Konfessions-
und Ideendrama deutet sich schon in der Stoffwahl insofern an, als
Goethe weiter in die Ferne geht, auf einen allgemein-europäischen
Schauplatz, der ihm nicht aus der Anschauung bekannt war. Wenn
trotzdem nicht die „Gedankenfreiheit" wie nachher bei Schiller,
sondern die Freiheit eines lebendigen Ganzen, eines Volkes und
seiner einzelnen Glieder, das Thema des »Egmont« ist, so erweist
sich darin die echte Verwandtschaft des Stückes mit dem »Götz«. Immer noch steht Goethe auf dem Boden des alten deutschen Reiches,

immer noch geht es um die Verteidigung gewachsener Freiheiten gegen die absolutistische Staatsidee. Wie der Dichter nicht Sickingen sondern Götz zum Helden seines ersten Dramas wählt, so wählt er auch hier nicht den aktiven Träger der Befreiung, Oranien, sondern Egmont, der ihm bei Strada als ein nicht weiter auffallender Mensch entgegentritt. Das ist zunächst weniger ein grundsätzliches Zurückweichen vor dem Politischen als ein Ausdruck jenes konservativen Geschichtsbildes von Möser, in dem nicht nur Albas, sondern auch Oraniens Tat als eine Revolution gegen den alten gewachsenen Körper des Reiches erscheinen kann. Zugleich allerdings eröffnet sich hier die einzige Brücke zu jenem ganz persönlich aufgefaßten Egmont, von dem Goethe später, die Kritiker zurückweisend, sagte: „*Mein* Egmont". In Mösers Weltbild hat auch noch das politisch Inaktive politischen Sinn, eben als Ausdruck der alten freiheitlichen Reichsverfassung. Während die allzu große Wesensverschiedenheit Herders und Goethes zu einer Abkühlung der Jugendfreundschaft führen muß, bildet sich Goethe auch noch in Weimar an Mösers Schriften und liest gelegentlich dem Herzog daraus vor. Noch 1781 schreibt er an Mösers Tochter: „Wie oft hab ich bei meinen Versuchen gedacht: was möchte wohl dabei Möser denken oder sagen." Die Entscheidung zwischen der geschichtlichen Welt Mösers und der Humanitätswelt, in Fortentwicklung Lessings, ist noch nicht gefallen. Das intensivere Studium Spinozas setzt erst 1783 ein, als das Drama in seinem wesentlichen Ideengehalt wohl bereits abgeschlossen[113] und an Möser zur Beurteilung geschickt ist (1782). Der »Egmont« kann noch als ein Ausdruck jener ganzheitlichen Geschichtsdarstellung gelten, die Goethe im »Götz« bewährte. In ihr fügt sich auch das Private viel organischer dem Geschichtlichen ein als bei einer bloßen Hof- oder Staatsintrigue. Weil eben Egmont kein Königssohn und kein königlicher Minister sondern die Seele des Volkes ist, gehört auch Klärchen in seine Welt, wie zu Götz seine Frau. Dies Volkhafte als das Mütterliche der Geschichte scheint im Mittelpunkt des Frankfurter Fragments gestanden zu haben. Das bei der sonstigen dichterischen Entwicklung Goethes in Weimar Überraschende ist nun, daß er gerade vom *Politischen* her sich seinem geschichtlichen Drama aufs neue nähert. Er will, so scheint es, die durch seine neue amtliche Stellung erworbene Einsicht ins staatliche Leben auch dichterisch fruchtbar machen. Anläßlich des bayrischen Erbfolgekriegs macht Goethe im Frühjahr 1778 mit dem Herzog eine politische Reise nach Berlin und damals schreibt er: „Und nun bald in der Pracht der königlichen Städte, im Lärm der Welt und der Kriegsrüstungen ... Ich scheine dem *Ziel dramatischen Wesens* immer näher zu kommen, da michs nun immer näher angeht, wie die Großen mit den Menschen, und die Götter mit den Großen spielen."[114] Noch im gleichen Jahr 1778 sehen wir Goethe am Egmont arbeiten; die Szene Egmont-Oranien, die den Gegenstand nach der historisch-politischen Seite hin wesentlich vertieft, scheint damals entstanden zu sein. Aber wie ihn die kalte Welt des fridericianischen Berlins enttäuscht hat, so scheint er auch in dieser Arbeit zum Politischen kein positives Verhältnis zu gewinnen. Iphigenie, Tasso drängen sich vor. 1781, in dem Jahr, da Möser dem Glauben Ausdruck gibt, man müsse auf dem Weg des »Götz« weitergehen, um dasjenige „Ziel der Vollkommenheit zu erreichen, was die Natur für uns bestimmt hat," nimmt er mit neuer Energie die Arbeit am »Egmont« wieder auf, und er wäre auch bald fertig, „wenn der fatale vierte Akt nicht wäre, den ich hasse und notwendig umschreiben muß[115]." Es ist die Begegnung zwischen Alba und Egmont, und die neue Aufgabe des Dichters besteht wohl darin, in der Gestalt Albas die Züge des aufklärerischen Theatertyrannen zu tilgen, ihn zu dem bedeutenden geschichtlichen Gegenspieler der Niederlande zu machen, als der er in der fertigen Dichtung vor uns steht. Es hat etwas Ergreifendes, wie Goethe aus einer schon veränderten geistigen Welt heraus darum ringt, der ursprünglichen Idee eines historischen Dramas treu zu bleiben, und es geht nicht an, dies Bemühen unter Hinweis auf den Haupthelden zu bagatellisieren. Warum wirft Goethe Alba und Oranien nicht über Bord, wie später in der »Natürlichen Tochter« die politischen Hauptakteure, warum gibt er den Gedanken einer völligen Umänderung wieder auf, womit auch die Beibehaltung der Prosa übereinstimmt? „Nun will ich mich hinsetzen und einen alten Geschichtsschreiber durchlesen, damit Egmont endlich lebendig werde, oder auch, wenn du willst, daß er zu Grabe komme."[116] Soweit die Entstehungsgeschichte des Werkes, zum Beweis, daß es kein bloßes Charakterdrama ist, sondern eine sehr eigenartige und tiefe Verschmelzung bekenntnismäßig-persönlicher und historisch-nationaler Elemente. Durch die kühne Aufrechterhaltung dieser gehaltlichen Spannung, bei einer gleichzeitigen, über den Götz hinausweisenden formalen Zucht, ist dieses Trauerspiel als Bühnendrama wohl das stärkste Goethes. Auch als die große „Tragödie des Unpolitischen"[117] ist es eins der stärksten Geschichtsdramen unseres Theaters. Dem widerspricht nicht, daß zugleich der völlig frei gebildete Charakter Egmonts als solcher einen unvergänglichen Glanz ausstrahlt, daß der bei Strada bedeutungslose Sohn Albas[118] vom Dichter zu einem Werkzeug der Humanität umgeschaffen wird, daß Klärchen stärker und blutvoller hervortritt, als ein Herder verzeihen konnte. Das Schicksal Egmonts, Ferdinands und Klärchens liegt doch in dem Raume, der durch die Volksszenen und die politische Oranien-Alba-Achse gebildet wird.

*

Goethe ist schon in seinen reichen und freien Jugendjahren der Schauende und Gestaltende. Gerade SCHILLER hat die glücklichen Bedingungen für das Wachstum des Goetheschen Künstlertums immer stark empfunden. Ihm selbst gab das Schicksal von seinem ersten Werk an den Kampf, der nicht nur die dichtenden sondern auch die handelnden Kräfte in ihm bewegte und mit seiner Flucht aus Stuttgart keineswegs beendet war. Freiheit ist für den jungen Schiller nicht etwas selbstverständlich Gegebenes und zu Bewahrendes, wie für den Frankfurter Patriziersohn, sondern sie muß im Kampf gegen die stärksten Mächte errungen und bewährt werden. Die harten Jugenderfahrungen, die ihn geradezu zum republikanischen Gegenspieler des Herzogs von Württemberg erhoben, zum Vertreter des Schubartschen Altwürttemberg gegen die absolutistische Regierung, bestimmen Schillers politischen Ausgangspunkt, seinen Sinn für die schicksalshafte Gewalt überindividueller Gegebenheiten. Sie machen ihm die Öffentlichkeit des Theaters zum selbstverständlichen Bereich seines Wirkens und geben seinem Weltbild diejenige Antithetik und Bewegtheit, die zu ihrem Ausdruck notwendig des Dramas bedarf. Im Stift, das ist schon seinen schwäbischen Zeitgenossen aufgefallen, wäre er ein tiefer Philosoph wie Schelling oder ein Priester-Künstler wie Hölderlin geworden. Das Schicksal aber, das ihn in die Karlsschule führte, erweckte die Kräfte in ihm, die ihn zur Gestaltung jenes neuartigen, politisch-idealistischen Geschichtsdramas führten, das den deutschen Bürger entschieden aus der Enge des 18. Jahrhunderts herausführte.

Der Schwung des politischen Wollens hindert Schiller zunächst an der ruhigen Einsicht in das Geschichtliche. »Fiesko«, ein italienischer Stoff wie so viele im Sturm und Drang, gab dem Stück, wie der Dichter selbst sagt, „nichts als den Namen und die Maske"[119]. Wie er die durchaus geschichtslosen »Räuber« auf Dalbergs Rat äußerlich in die Zeit der Bemühungen um einen allgemeinen Landfrieden zurückverlegt, so hat er auch hier einen geschichtlichen Stoff gewählt, der die Tendenz seines Stückes maskieren soll. Zur Rechtfertigung der Freiheit, die er sich im Geschichtlichen gestattet, beruft er sich in der Vorrede auf Lessing. Dennoch geht Schiller im »Fiesko« über Lessing hinaus, indem er die Staatsaktion deutlich in den Mittelpunkt des Geschehens rückt, — ohne freilich die hierbei auftretenden Probleme schon bewältigen zu können. Seine Beschäftigung mit dem bürgerlichen Drama in »Kabale und Liebe« und in der ersten Stufe des »Don Carlos« hat Schiller später selbst als Abirrung von seinem Ziel empfunden. Die Liebe insbesondere, das empfindet er wachsend, kann als etwas bloß Individuelles sein Herz nicht füllen. Er sehnt sich nach dem „großen" Gegenstand, und groß ist für Schiller kein reiner Begriff der Qualität, wie für Goethe, sondern mit der Ausdehnung des Individuums in die Welt der Geschichte notwendig verbunden. Seinen Entschluß zum Umwerfen des ursprünglichen Don-Carlos-Plans begründet er damit, daß es an deutschen Stücken mit „großen Staatspersonen" fehle, und er will jetzt nicht mehr „aufs Geratewohl" mit der Geschichte verfahren. Er betreibt mit

Reinwalds Hilfe ein gründlicheres Quellenstudium. Er beginnt zu fühlen, daß poetische und historische Objektivität zusammengehen, daß von einer bloß aktivistischen, parteiisch-politischen Weltbetrachtung aus in das hohe Land der Tragödie nicht vorzustoßen ist. Jetzt kann er seinem Intendanten gegenüber sogar versichern: „Carlos würde nichts weniger sein, als ein politisches Stück."[120] Das Ziel der historischen Tragödie beginnt aufzuleuchten. Neben den gehässigen Bericht St. Reals treten gerechtere Darstellungen. Das Bild Philipps beginnt sich zu vertiefen. Aus dem Haustyrannen wird der tragische Gemahl und Vater, aus dem willkürlichen Despoten der durch viele Erfahrungen mißtrauisch gewordene und an die Kirche gebundene Staatenlenker. Scheint im »Fiesko« das Staatliche von der bloßen sittlichen Haltung des Fürsten abzuhängen, ob dieser nämlich ein Andreas oder ein Gianettino Doria sein will, so ist Philipp umgekehrt der Repräsentant eines fest begründeten, politischen Systems.[121] Die Einführung der Gestalt des Großinquisitors vertieft den »Don Carlos« geschichtlich ebenso, wie die Einführung Oraniens den »Egmont«. Bemerkenswert übrigens, daß diese beiden, unter so verschiedenen Bedingungen entstandenen Dramen sich stofflich berühren. Es bewährt sich darin die objektive Lebenskraft geschichtlicher Stoffe. Es gibt für die beiden klassischen Dichter des ausgehenden 18. Jahrhunderts keinen besseren Gegenstand zur Symbolisierung ihrer so verschiedenen Freiheitsideen als die große germanisch-protestantische Erinnerung an den niederländischen Freiheitskampf. Auch Schiller, dessen Bewußtsein die Idee nationaler Freiheit noch lange gänzlich fern liegt, der diese Beschränkung des Interesses als entwürdigend empfindet, wählt unbewußt doch dieses wichtige Kapitel der neuzeitlichen Geschichte. Im Gegensatz aber zu Goethe, dem das politische Geschehen nicht das Wichtigste ist, geht Schiller zur Quelle der Politik, an den Hof von Madrid. *Dort* vertritt er die Freiheit der Niederlande — oder vielmehr die „Gedankenfreiheit". Durch die letztere, im Drama entscheidende Verallgemeinerung nun ist der durch die Vertiefung Philipps gegebene geschichtsdramatische Ansatz wieder verdeckt. Posa als reiner, ungeschichtlicher Ideenträger steigt empor. Zwar sichert er dem dramatischen Vorgang die Konzentration auf das Überpersönliche. Carlos darf an der Seite Posas nicht mehr um seine Liebe, er muß *gegen* sie kämpfen, um seiner höheren Sendung würdig zu werden. Aber der Inhalt von Posas Kampf ist die bloße Idee der Gedankenfreiheit, keine in der geschichtlichen Welt konkretisierte Freiheit wie bei Goethe. Gerade im Kontrast zu »Don Carlos« zeigt sich, wie schwer erreichbar der Zeit noch immer die Stufe des Goetheschen Geschichtsdramas ist. »Don Carlos« ist eben doch wieder, was er nach dem erwähnten Brief an Dahlberg nicht hatte werden sollen, ein mehr politisches als historisches Drama, das Dokument eines hohen, idealistischen, zugleich auch politisch aktiv werdenden Liberalismus, das speziell

Schillersche Mitschwingen in der geistigen Vorbereitung der kurz darauf ausbrechenden französischen Revolution. Als das dritte Humanitätsdrama in der Reihe Nathan-Iphigenie ist es zwar verhältnismäßig weit in die Welt des Staatlichen vorgedrungen, der historische Stoff aber wird durch die allgemeine Idee Posas noch ziemlich stark entwesentlicht. Immerhin bedeutet die *tragische* Fassung des Problems auch für unsere Fragestellung einen bezeichnenden und bedeutenden Unterschied zu den beiden anderen Humanitätsdramen. „Sich für die Freiheit zum Menschen erschlagen lassen, das ist am gröbsten ausgedrückt, das Mark seiner Tragödie," so sagt Cysarz in seiner besonders lebendigen Begegnung mit diesem Werk.[122] Indem man sich für die Freiheit erschlagen läßt, ist diese Idee aktiviert. Zugleich aber ist auch die widerstehende Welt äußerer Macht, jenseits jedes aufklärerischen Geschichtsoptimismus, in ihrer furchtbaren und zerstörenden Wirklichkeit anerkannt. Freiheit ist nicht das vernunft- oder gottgeschenkte Ziel humaner „Entwicklung", sondern das in der tapferen „geschichtlichen" Tat des einzelnen Menschen zu Verwirklichende.

Wie verhält sich zu diesem Ideal verantwortungsvollen politischen Strebens Goethes »Egmont«? Natürlich muß Schillers Kritik hier einsetzen. Er findet hohes Lob für die historische Umweltsschilderung Goethes, in den Volksszenen erkenne man „den Niederländer und zwar den Niederländer dieses und keines andern Jahrhunderts". Auch für die frei erfundene Funktion des hochgesinnten Ferdinand hat er Verständnis. Nicht aber kann er es Goethe verzeihen, daß er seinem Haupthelden Egmont „eine Menschlichkeit um die andere beilegt, um ja seinen Helden zu uns herabzuziehen". Schiller glaubt diesem Egmont nicht, daß er ein Volksheld ist, es fehlt im „Größe und Ernst". Eine *solche* Veränderung der historischen Wahrheit lehnt er mit Entschiedenheit als unzulässig ab, und er fühlt sich veranlaßt, das Bild des in jeder Beziehung weniger freien aber verantwortungsvolleren geschichtlichen Egmont zu zeichnen. Der geschichtliche Egmont nur würde in die von Goethe selbst gezeichnete Welt des niederländischen Befreiungskampfes passen: *Sein* Tod allein wäre notwendig. Unwillkürlich also, in seinem Gefühl für Größe, Verantwortung und „Zusammenhang" im Handeln der geschichtlichen Helden, wird Schiller hier gegen Goethe zum Verfechter der historischen Wahrheit. Es drückt sich darin die Tatsache aus, daß Schiller viel selbstverständlicher seinen geschichtlichen Stoff vom Überpersönlichen aus betrachtet, von der Idee, aber auch von der Staatsaktion aus. Während Goethe Abschied nimmt vom Geschichtsdrama, wird es für Schiller erst recht zum Problem – zu einem schwierigen Problem. Im gleichen Jahr, da er dem Egmont Goethes den historischen gegenüberstellt, beansprucht er für sich selbst wiederholt das Recht, die Geschichte als bloßes „Magazin für seine Phantasie" zu verwerten.[123]

Der hier zutage tretende Widerspruch entspringt einer sehr tief gegründeten Spannung von Schillers Wesen, der Spannung zwischen Wirklichkeit und Idee. Schillers Idealismus ist eines der meist umstrittenen Probleme der Literaturgeschichte. Trotz der Meinungsverschiedenheiten läßt sich als Ergebnis so viel sagen, daß man sich heute, besonders dank den Forschungen von Cysarz, Fricke und Benno von Wiese, darin einig ist, daß Schillers Idealismus sehr viel tiefer in die Sphäre der Wirklichkeit eingelassen ist, als wir es seinem theoretischen Programm entnehmen können. Schiller kommt von den »Räubern« und »Fiesko« her, die Anteilnahme an den Bestrebungen der Zeit, die religiöse und politische Wirklichkeitsnähe, die existentielle Auseinandersetzung versteht sich für ihn von selbst, aber die Idealität ist seiner Kunst nicht mitgegeben, und so wird sie der Hauptinhalt seiner theoretischen Forderungen. Die Behauptung eines Kritikers, der Verfasser des »Don Carlos« sei kein Dramatiker, läßt ihn kalt, denn zu tief fühlt er seine antithetische Natur, um über diesen Punkt Zweifel zu haben. Aber die Feststellung, seine Verse seien nicht alle gut, trifft ihn. Ihr trägt er Rechnung. So wenig man aus diesem Beispiel folgern kann, das Drama interessiere ihn nicht, so wenig kann man aufgrund seines idealistischen *Zieles* behaupten, die Geschichte habe für ihn kein Gewicht. Wenn eine Abhandlung über Schillers Geschichtsphilosophie sich auf die theoretischen Schriften beschränkt und das Ganze in Schillers Begriff des „ästhetischen Staates" gipfeln läßt[124], so hat diese Schrift zu dem Problem von Schillers Beziehung zur Geschichte recht wenig gesagt.

Offensichtlich ist zunächst Schillers Zwischenstellung zwischen der Aufklärung, welche die christliche Überweltlichkeit in ihrem unbedingten Vernunftglauben noch erkennen läßt, und jenem Realismus des Gefühls und des Schicksals, der in Kleist durchbricht. Von vorne herein und noch in der Kantaufnahme ragt der Rationalismus stark in Schillers Welt hinein, es ist aber auch das Abweichen Schillers von Kant oft genug nachgewiesen worden. Dabei scheint es mir für unser Problem besonders wesentlich, daß Schiller im Gegensatz zu Kant mit dem deistischen Prinzip der Unsterblichkeit in aller Entschiedenheit bricht, und zwar gerade in jener Zeit zwischen »Don Carlos« und »Wallenstein«.[125] Während für Goethe der Begriff der Unsterblichkeit immer noch eine gewisse Rolle spielt, als Attribut seines Individualitätsglaubens, sieht sich Schiller auf die immanente Welt als den Raum aller Entscheidungen verwiesen. Andererseits verhindert ihn sein mangelndes Individualitätsgefühl, zum Individuum „hinab" zu steigen, zu einem Egmont, Tasso oder Faust, oder gar in die Abgründe des Individuums wie Kleist: „Jeder individuelle Mensch ist gerade um so viel weniger Mensch, als er individuell ist", so sagt Schiller in der Besprechung von Matthissons Gedichten, hierin ein getreuer Anhänger Kants. Schiller fühlt sich ins *Allgemeine* geworfen, von der Überwelt aber zurückgeworfen, und eben dieses

Spiel der Kräfte führt ihn mit Notwendigkeit in das Reich der „großen" Geschichte. Die Geschichte ist der ausschließliche Raum des
menschlichen Strebens, des menschlichen Schicksals, auch Gott hat
keinen anderen Wirkungsraum als sie. Was hier vom Menschen
versäumt wird, das muß er in eben diesem Raum verantworten, vielleicht durch seinen Tod. Wie Schiller selbst im Unterschied zu Goethe
von einer Wirkung seiner Werke niemals abstrahieren kann, so
sind auch seine dramatischen Menschen nicht sich selbst genug, ihr
Schicksal, auch das eines Max, steht in dem allgemeinen Zusammenhang der geschichtlichen Welt.

Das Ineinander von Idee und Geschichte kennzeichnet die große
Pause Schillers zwischen »Don Carlos« und »Wallenstein« schon
äußerlich dadurch, daß die Beschäftigung mit Kant und Schillers
Geschichtschreibung nebeneinander her gehen. Als er sich dann endlich der dramatischen Produktion wieder entschieden zuwendet,
wird diese nicht philosophischer sondern gegenstandsnäher. Er wählt
nicht den einfacheren tragischen Stoff der Malteser, sondern den viel
schwerer zu gestaltenden Stoff des WALLENSTEIN, obwohl er zunächst
nicht einmal weiß, ob er ihn zur Tragödie bilden kann. Wenn das
nicht der Fall ist, so will er „ein würdiges dramatisches Tableau daraus machen"[126], wir können sagen: ein Geschichtsschauspiel. Darin
liegt ausgesprochen, wieviel Eigengewicht Schiller jetzt seinem Stoff
zubilligt. Er hat den Gegenstand ursprünglich deshalb gewählt, weil
er glaubte, sich so die Vorarbeiten für ein Drama ersparen zu können.[127] Bald aber sieht er, daß er „die Arbeit als eine ganz neue
tractieren" muß. Dennoch bleibt er dem Stoff treu, und er ringt
nicht nur um die tragische Form, sondern er, der Historiker des
dreißigjährigen Krieges, bittet noch jetzt Körner um Quellen, „mili-
tairische und politische", die ihm „jene Art von Welt" näherbringen
könnten.[128] Schiller scheint entschlossen, in diesem Drama jenen
Idealismus zu vermeiden, der, wie im »Don Carlos«, den geschichtlichen Stoff nur zu seinem Sprungbrett benutzt. Die französische
Revolution hat ihm nach eigenem Geständnis jede Hoffnung auf
eine Regeneration der Menschheit durch den direkten politischen
Eingriff genommen. Er verzichtet deshalb auf das Politische nicht,
aber er läßt es jetzt ganz *innerhalb* seines geschichtlichen Stoffes
wirksam werden. Auch künstlerisch glaubt er durch seine Bindung
ans Geschichtliche zu gewinnen. Wie sein weltanschaulicher Idealismus sich in der Welt des geschichtlichen Handelns erfüllt, so drängt
sein ästhetischer Idealismus zur Bewältigung des Sinnlich-Konkreten.
Er wäre sonst nicht der große Theatraliker. Die Wirkung soll jetzt
nicht durch bloße Ideen, sondern durch die Idealisierung des Realen
erreicht werden. Wie Schiller Goethe gesteht, ist ihm der andere Weg,
nämlich „das Ideale zu realisieren" unbegehbar. Er nimmt sich daher
vor, „keine andre als historische Stoffe zu wählen". Auch der Künstler also sieht sich mit Notwendigkeit aufs Geschichtliche verwiesen.

Für seine Bindung an den geschichtlichen Stoff des Wallenstein hat Schiller dem Freunde Körner eine ausführliche Begründung gegeben: „Zu diesem bloß objektiven Verfahren war und ist mir das weitläuftige und freudlose Studium der Quellen so unentbehrlich; denn ich mußte die Handlung wie die Charaktere aus ihrer Zeit, ihrem Lokal und dem ganzen Zusammenhang der Begebenheiten schöpfen, welches ich weit weniger nötig hätte, wenn ich mich durch eigne Erfahrung mit Menschen und Unternehmungen aus diesen Klassen hätte bekanntmachen können. Ich suche absichtlich in den Geschichtsquellen eine *Begrenzung*, um meine Ideen durch die Umgebung der Umstände streng zu bestimmen und zu verwirklichen; davor bin ich sicher, daß mich das Historische nicht herabziehen oder lähmen wird. Ich will dadurch meine Figuren und meine Handlung bloß *beleben; beseelen* muß sie diejenige Kraft, die ich allenfalls schon habe zeigen können, und ohne welche ja überhaupt kein Gedanke an dieses Geschäft von Anfang an möglich gewesen wäre."[129] Die bei jedem ernsthaften geschichtsdramatischen Bemühen auftauchende Frage, ob es nämlich möglich ist, so stark in den Stoff hineinzugehen und doch der Form gerecht zu werden, bleibt auch Schiller nicht erspart. Er hat das Gefühl, daß er „auf der Breite eines Schermessers gehe, wo jeder Seitenschritt das Ganze zu Grunde richtet"[130]. Es ist ein jahrelanges Ringen um die Form und manche Klage bezeugt die Schwere dieses Kampfes: „Noch immer liegt das unglückselige Werk formlos und endlos vor mir da." Schiller wurde des Problems Herr, indem er den von Goethe ihm zugeworfenen Rettungsanker ergriff, die Form der Trilogie. Ob diese Lösung ihn selbst voll befriedigte, stehe dahin; auffallend ist, daß er sie ein zweites Mal nicht wieder anwandte. Wir neigen zu der Ansicht, daß ihn das im »Wallenstein« vorgenommene Experiment mit dem eigentlichen Geschichtsdrama nicht vollkommen überzeugte, daß er die Schuld für die Ausdehnung des Stücks in seiner zu großen Hingabe an den Stoff suchte und vor allem *deshalb* in seinen folgenden Stücken von der Geschichte größeren Abstand nahm. Man kann darüber klagen, daß uns Schiller nur den »Wallenstein« als ein im engeren Sinn historisches Drama hinterlassen hat. Richtiger wird es sein, die spätere Form des Schillerschen Geschichtsdramas als seine eigentliche anzuerkennen, denn schon im »Wallenstein« selbst finden sich die Voraussetzungen dazu. Es ist sehr verdienstlich, daß H. A. Vowinkel gegenüber der rein idealistischen Interpretation des »Wallenstein« darauf aufmerksam gemacht hat, wie sehr hier Schiller „der Dichter der Geschichte" ist, aber es geht doch nicht an, Max aus der Welt Wallensteins hinauszukomplimentieren mit der Behauptung: „Diese beiden Welten schließen einander aus."[131] Max macht nur die Ebene deutlicher, von der aus auch Wallenstein letzten Endes gesehen wird.

Im Prolog zum »Wallenstein« wird ausdrücklich Bezug genommen auf den „erhabenen Moment der Zeit", „wo wir den Kampf gewaltiger Naturen / Um ein bedeutend Ziel vor Augen sehn". Das Drama ist wohl, wie diese Worte andeuten, die Auseinandersetzung Schillers mit dem Phänomen Napoleon; es geht ihm aber nicht um eine oberflächliche und womöglich tendenziös zugespitzte Parallelisierung, sondern um das überzeitliche Problem des großen Tatmenschen, wie es nirgends deutlicher als im militärischen Oberbefehlshaber zu Tage tritt. Gewiß erklärt das politische Interesse am Zeitgeschehen nicht zuletzt Schillers Treue zum Wallensteinstoff, aber die politischen Gedanken sollen zu solcher Allgemeingültigkeit hinaufgesteigert werden, daß sie sich eines ähnlichen Gegenstandes der Vergangenheit in seiner vollen Realität bemächtigen können. Was beim »Don Carlos« im Ansatz stecken blieb, geschieht hier: Der Dichter wählt das *historische* Drama, weil er kein politisch-aktuelles Stück schreiben, sondern das Politische als ein *überzeitliches Problem* gestalten will. Zum erstenmal im 18. Jahrhundert tritt ein weltgeschichtlicher Machthaber, und gleich einer, dessen Zeit und Schicksal dem geschichtlichen Bewußtsein noch hell gegenwärtig ist, in den Mittelpunkt einer Tragödie. Früher war der Machthaber nur Gegenpol und Schranke der Bürger oder Idealisten, jetzt ist er eine Welt für sich, eine „kalte" Welt, wie Schiller immer wieder zu verstehen gibt. Sein Gedanke, der Welt Frieden zu schenken, ist keine große Idee in Schillers Sinn. Es handelt sich durchaus um eine pax romana, die vor allem seiner eigenen Herrschaft dienen würde, seiner „Begierde". Gerade hier, bei Wallensteins Zielen, wo Schillers historische Objektivität seinem Helden alles zugute kommen läßt, was seine Schuld mildern kann, zeigt sich, daß es ihm noch ganz fern liegt, seinen Helden zum Vertreter einer historischen Idee zu machen. Wallensteins Selbständigkeits- und Herrschaftsverlangen ist geschichtlich begründet, keine rein persönliche Schuld: „Sein Lager nur erkläret sein Verbrechen". Dennoch kommt seinem Abfall eine mehr als persönliche *Bedeutung* nicht zu, daher muß er ihn auch persönlich verantworten. So wenig also Schiller dem persönlichen Individualismus zuneigt, so sehr kreist sein geschichtliches Denken um das *historische Individuum*. Das historische Geschehen als solches interessiert ihn ebensowenig wie das „kleine" Schicksal des einzelnen. Daß es z. B. im »Wallenstein« zugleich um ein deutsches Schicksal geht, tritt kaum in sein Bewußtsein. Immer handelt es sich bei ihm um den historischen Helden, in seiner Entscheidung zwischen dem „Menschen" und seiner überpersönlichen Leidenschaft oder Aufgabe. Wallenstein ist ein Zauderer, weil er keine verpflichtende historische Idee hat, darum aber ist er auch in hohem Maße Mensch. Darum *muß* Wallensteins Familie und der Freund Max Piccolomini der Welt des Feldherrn angegliedert werden. So kalt Wallenstein als Machthaber ist, so edel ist er als Mensch. Er will menschlich und zugleich mächtig sein; darin liegt seine Tragik.[132] Gerade diese Situation *zwischen* dem Bürgerlich-Gewissenhaften und jenem politischen

Realismus, wie er in Heinrich von Kleists »Hermannschlacht« hervordrängt, bedingt den Charakter von Schillers Geschichtsdrama. Wenn man Wallenstein Max nimmt, nimmt man ihm seine Seele. Aus der gleichen Situation erwächst Schillers Schuldbegriff, der im »Wallenstein« ebenso seinen Platz hat wie noch im »Demetrius«. Mag die „größre Hälfte seiner Schuld" den unglückseligen Gestirnen zuzuschreiben sein, die kleinere bleibt sein eigen und vor allem: sein Abfall ist objektiv „Schuld", tragische Schuld vielleicht, aber kein bloßes historisches Schicksal. In Max entscheidet das Recht gegen sein Machtstreben. Durch das Urteil von Max wird aus Vowinkels tragischem Untergang eines Großen, der „seine Möglichkeiten überspannt"[133], Geschichte, die zugleich Weltgericht ist. Max gehört als Ausdruck einer höheren Welt zu dieser Tragödie ebenso wie die Geistererscheinung zum Barockdrama. Aus dem Verbrechen des „Tyrannen" ist eine unlösliche Verschmelzung von Schuld und Schicksal geworden. Die historische Tat, das strahlt dem Dichter aus Napoleons Bild entgegen, ist ein undurchdringliches Gemisch von Größe und Verbrechen. Auch Max kann an Wallensteins Verhaftetsein in dieser Tatwelt nichts ändern, er kann ihn lediglich in eine Idylle rufen, die des Großen unwürdig wäre und an dieser Tatwelt selbst nichts ändern würde. Daß er „besser" ist, bewährt er nur darin, daß er besser sterben kann. In der geschichtlichen Welt gibt es keine Vollkommenheit.

Schiller kann das Verhältnis zwischen Wallenstein und dem Hof ohne jede Idealisierung des legitimen Herrschers darstellen. Der Ehrgeiz des Feldherrn ist historisch verständlich, ja historisch berechtigt. Aber auch nur historisch. Über dem Hin und Her des Kampfes herrscht die allgemeine Idee der Reinheit, des Rechtes. Ihre Wirksamkeit wird von dem Dichter in dem Abfall von Wallensteins besten Soldaten und zutiefst in der frei erfundenen Max-Thekla-Handlung deutlich gemacht. Ist sonst das Stück ein stark realistisches Geschichtsdrama, so springt es in der Lösung um so deutlicher ins idealistische Drama über. Von der Prosa und der reichen Umweltschilderung des »Lagers« bis hinauf zur Menschlichkeit der Wallenstein-Max-Handlung, — das bezeichnet die gewaltige Spannung, die über dieser Form des Geschichtsdramas liegt. Es ist eine andere Realität und eine andere Humanität als im »Egmont«, aber die *Spannung zwischen historischer Realität und idealer Humanität* selbst haben »Egmont« und »Wallenstein« *nicht nur im Gehalt, sondern bis in die äußere Stoffgestaltung hinein,* gemeinsam, und dies weist ihnen in unserm Zusammenhang ihren besonderen Platz unter den großen Geschichtstragödien an. Doch was sie uns heute, von mehr als einem Ausgangspunkte aus, besonders klassisch erscheinen läßt[134], das mußte sie für das Ideal des Klassizisten zu etwas Vorläufigem stempeln, über das es hinauszukommen galt.

4. DIE KLASSISCHE GEGENBEWEGUNG UND KLEIST

Über die im »Wallenstein« erreichte Stufe hat sich das deutsche Geschichtsdrama im weiteren Verlauf der Klassik nicht hinausentwickelt. Vielmehr zeigt sich in der späteren Dramatik Schillers und noch bei Kleist eher eine rückläufige Bewegung. Wir begnügen uns deshalb damit, in einem kurzen Überblick die Gründe für diese dem Geschichtsdrama abholde Haltung aufzuzeigen. Auf eine eingehende Interpretation wird angesichts der reichen Spezialliteratur über Schiller und Kleist verzichtet.

Schon die Fertigstellung des »Wallenstein« in der aufgewiesenen Form ist gewissermaßen gegen das klassische Programm geschehen, in dem es keinerlei Verbindlichkeit gegenüber dem historischen Stoff gibt. In dem Aufsatz »Über die tragische Kunst« (1792), wo Schiller auf das Problem zu sprechen kommt, unterscheidet er schroff zwischen historischer und poetischer Wahrheit. Die Tragödie ist eine „poetische Nachahmung einer mitleidswürdigen Handlung, und dadurch wird sie der historischen entgegengesetzt". „Sie erhält Macht, ja Verbindlichkeit, die historische Wahrheit den Gesetzen der Dichtkunst unterzuordnen und den gegebenen Stoff nach ihrem Bedürfnisse zu bearbeiten." Es ist möglich, daß selbst „bei grober Verletzung der historischen die poetische nur um so mehr gewinnen kann". Warum dann also so viel Rücksicht auf den historischen Stoff? könnte man den Wallensteindichter fragen.

Der Sturm und Drang bekannte sich zu einer aus dem Stoff organisch entwickelten „inneren Form" des Dramas. Aber nicht nur im »Götz«, selbst noch im »Wallenstein« versenkt sich der Dichter in seinen Stoff und versucht aus diesem selbst, durch behutsame Konzentration und Deutung des Gegebenen, eine gemäße Form zu entwickeln. Der Klassiker dagegen geht von der Form aus, nach seinem Begriffe würde also, wie derselbe Aufsatz Schillers sagt, diejenige Tragödie „die vollkommenste sein, in welcher das erregte Mitleid weniger Wirkung des Stoffs als der am besten benutzten tragischen Form ist". Die besondere Situation der Klassiker, ihr Abwehrkampf gegen die rührsamen und schaurigen Dramen ist offenbar. In dem Streben nach Form wird freilich die Klippe des Formalismus nicht immer vermieden. Selbst ein »Götz« und »Egmont« muß im primären Ansatz als falsch erscheinen, weil hier von stofflichen Dingen,

57

von einem geschichtlichen und nationalen Interesse, ausgegangen wurde. Es ist eine falsche Ansicht, so wird jetzt Herder von Schiller belehrt, „daß die Poesie aus dem Leben, aus der Zeit, aus dem Wirklichen hervorgehen" muß. Es gibt „für den poetischen Genius kein Heil, als daß er sich aus dem Gebiet der wirklichen Welt zurückzieht... und durch die griechischen Mythen der Verwandte eines fernen fremden und idealischen Zeitalters" wird.[135] Vor dem im Griechentum offenbarten allgemeinmenschlichen, überzeitlichen Ideal versinken die nationalen und geschichtlichen Gehalte. Höchste Aufgabe des Dichters ist die Verwirklichung dieses Ideals im schönen Menschentum und in der reinen künstlerischen Form. Der nächste Verwandte des Dramas ist nun nicht mehr die Geschichte, sondern die Plastik. Der Begriff der Bewegung tritt zurück gegenüber dem Streben nach harmonischer Vollendung. Schillers Führer zu einer so aufgefaßten Klassik war Goethe, welcher in den neunziger Jahren längst über die tragisch-dramatische Welt seiner Jugend hinausgeschritten war.[136] Als Schiller ihm seine »Briefe über die ästhetische Erziehung des Menschen« übersandte, fügte er hinzu: „Sie werden in diesen Briefen ihr Portrait finden."[137] Schiller gestaltet in seinen theoretischen Schriften mehr das durch Goethe bestimmte Ideal Weimars als sein eigenes Wesen. Er selbst versucht sich diesem Ideal zu nähern, aber oft durchbricht sein Wirklichkeitssinn jäh die programmatisch aufgebaute Welt, so wenn er etwa Goethes Skrupel, ob seine »Achilleis« auch wirklich griechisch sei, plötzlich mit folgenden Worten erledigt: „Es ist ebenso unmöglich als undankbar für den Dichter, wenn er seinen vaterländischen Boden ganz verlassen und sich seiner Zeit wirklich entgegen setzen soll."[138]

Nicht lange nach »Wallenstein« veröffentlicht Goethe *seine* dramatische Auseinandersetzung mit dem Phänomen der französischen Gewaltherrschaft, »*Die Natürliche Tochter*«. Aus einem Memoirenwerk, also bewußt aus der Peripherie der Ereignisse, wählt er sich seinen Stoff: das durch die furchtbare Zeit bedingte Unglück eines Mädchens. Die individualistisch-biographische Geschichtsauffassung des klassischen Goethe ist hier voll zum Durchbruch gekommen[139]. Von den großen politischen Ereignissen, die im »Wallenstein« in den Mittelpunkt des Dramas rückten, ist in Goethes Stück nichts zu sehen, sie werden nur spürbar als ein fernes grauenvolles Geschehen. Sogar der Bruder Eugeniens, der aktive Urheber ihres Unglücks, bleibt im Hintergrund und wird durch seine Werkzeuge vertreten. „Der Herzog" und „der König" sind zu völliger Passivität verurteilt, und auch von der rührenden Eugenie wäre es nicht denkbar, daß sie, wie vorgesehen, später in der Hauptstadt eine aktive politische Rolle spielen könnte. Eine Vollendung der Trilogie kam unter solchen Voraussetzungen nicht in Frage. Das fertige erste Stück ist im Grunde ein mehrstimmiges Klagelied über das Schicksal Eugeniens. Jede Umweltmalerei ist streng vermieden. Um absolute Allgemeingültigkeit zu erreichen, treten an die Stelle von Namen allgemeine Bezeichnungen: Herzog, Sekretär, Weltgeistlicher usw. „Der Dichter", so lautet das Urteil des späteren Goethe zum Problem des Geschichtsdramas, erweist „gewissen Personen aus der Geschichte die Ehre, ihre Namen seinen Geschöpfen zu leihen."[140] Nicht einmal diese Namen also braucht es unbedingt!

Zu einer ähnlichen Abwendung vom Geschichtsdrama ist Schiller nur in der »Braut von Messina« geschritten. Seine übrigen Dramen schwanken zwischen den beiden Polen des »Wallenstein« und der »Braut von Messina«, wie denn überhaupt sein Dramenstil „ein fortwährend Hin und Her in Gegensätzlichkeiten" ist[141]. Die allgemeine Eigenart seiner späteren Dramen hat er selbst am besten gekennzeichnet, wenn er in einem Brief an Goethe aus seinen Erfahrungen am »Wallenstein« folgendes Facit zieht: „Überhaupt glaube ich, daß man wohltun würde, immer nur die allgemeine Situation, die Zeit und die Personen aus der Geschichte zu nehmen und alles übrige poetisch frei zu erfinden, wodurch eine *mittlere Gattung von Stoffen entstünde, welche die Vorteile des historischen Dramas mit dem erdichteten Drama vereinigte.*"[142]

»*Maria Stuart*« wird manchmal als historisches Drama neben »Wallenstein« gestellt, besonders deshalb wohl, weil hier Schiller, wie im »Wallenstein«, aufgrund eingehender Quellenstudien die Schuld seiner Heldin nicht nur tragisch tiefer, sondern auch historisch gerechter als seine Zeit erfaßte und dadurch spätere Ergebnisse der Forschung vorwegnahm. Volks- und Soldatenszenen zur Vergegenwärtigung der historischen Umwelt werden in diesem Drama ausgespart. Ihre Stelle vertreten einzelne Gestalten, besonders Mortimer und Paulet, welche den Gegensatz zwischen Katholizismus und Protestantismus, Frankreich und England, Stuart und Tudor repräsentieren. Die *dramatische* Antithetik gewinnt durch den parallelen *geschichtlichen* Kontrast eine lebendige Grundlage. Daß Maria Stuarts Kampf um ihr Recht zugleich ein Mittel französischer und kirchlicher Machtpolitik ist, erfahren wir ebenso wie die Gründe der englischen Staatsraison, die, unabhängig von dem persönlichen Urteil der Elisabeth, die Hinrichtung der Stuart erfordert (Burleigh). Trotzdem bedeutet schon diese Tragödie, mit »Wallenstein« verglichen, einen fühlbaren Ruck in der Richtung auf die „Erdichtung eines historischen Gegenstandes," wie sie in der »Braut von Messina« vorgenommen wird.[143] Im Mittelpunkt steht nicht mehr der Machthabende, sondern, der älteren Tradition entsprechend, sein Opfer. Liegt beim »Wallenstein« das Hauptgewicht auf der *Entscheidung* zu einer verhängnisvollen politischen Tat, so steht bei Maria Stuart die Schuldfrage von vornherein im Vordergrund, und diese Schuld selbst ist gerade nicht politischer, sondern privater Natur. Die rein historische, moralisch indifferente Erfassung von Spiel und Gegenspiel, wie sie in dem Kampf zwischen dem Lager Wallensteins und dem Hof als solchem zum Ausdruck kam, weicht hier wieder einer gewissen Schwarzweißzeichnung. Elisabeth verurteilt Maria weniger als politische denn als erotische Nebenbuhlerin. Das Weib, der Mensch ist stärker in ihr als die Königin und genauso in Maria Stuart auch. Wie die frei erfundene Gestalt des Jünglings Mortimer in die „Kälte" der historisch-politischen Welt Glanz und Wärme bringen soll, so entspringt schon die Wahl eines geschichtlichen Stoffes mit zwei weiblichen Helden dem Bedürfnis, dem Reiche männlicher Sachlichkeit nicht verhaftet zu bleiben. Das Historisch-Politische *muß*, nach deutsch-klassischer Auffassung, dem Menschlichen untergeordnet werden, und dies läßt sich bei dem Stoff der schönen gefangenen Mörderin unbedingter erreichen als beim »Wallenstein«, wo ein ausgesprochen politisches Ereignis im Vordergrund steht und sich die Machtmittel der beiden Seiten mindestens die Waage halten. Der Konflikt von Macht und Recht, der eines der zentralsten Themen in Schillers Geschichtstragödie bildet, ist zwar im ganzen des Dramas angelegt, aber nicht ebenso tief durchgeführt wie im »Wallenstein". Mit der Verflachung des historischen Elisabeth-Bildes tritt auch eine Verflachung der Tragik des Stückes ein, und wir können hier rückblickend feststellen, daß »Wallenstein« als Tragödie deshalb die tiefste des Dichters ist, weil hier Schillers humaner Idealismus am entschlossensten ins Historisch-Wirkliche eingesenkt ist. Was in der »Maria Stuart« durch ein freieres Umgehen mit der Geschichte an dramatischer Form gewonnen wurde, ging an tragischem Gehalt verloren. Die Überwindung der irdischen Schwere durch den religiösen Aufschwung in das überzeitliche Reich der Reinheit und Freiheit, wie sie von vorn herein, zumal aber dann im fünften Akt der »Maria Stuart« so gewaltige dichterische und theatralische Gestalt wird, lag dem Klassiker mehr am Herzen als die Darstellung der menschlichen Beschränkung in Zeit und Raum.

Noch stärker durchleuchtet, unirdischer wird die Schwere des historischen Stoffes in der »*Jungfrau von Orleans*«. Was Goethe in seiner Eugenie nicht leisten konnte, geschieht hier. Die reine, heilige Gestalt einer Jungfrau tritt erobernd in die Welt der Männer und des Krieges. Das Gewicht irdischer Macht zerstiebt vor dem Wunder der Gnade. Schillers Idealismus offenbart sich hier besonders deutlich als das was er ist, als Glaube[144]. Die Wahl des religiösen Stoffes ist sinnvoll und notwendig, aber die Wahl gerade des mittelalterlichen Gegenstandes zufällig. Wenn in diesem Drama das Wunder von Gnaden des Theaters lebt,[145] so gilt dies zugleich für die gesamte mittelalterliche Welt, die so lebendig und prächtig vor Augen gestellt wird. Das Historische ist durch das Religiöse überwältigt und zum Schauspiel der Sinne degradiert wie im Barockdrama.

Anders im »*Wilhelm Tell*«. Hier schwingt Schillers Drama zu dem realistischen Typ des Geschichtsdramas zurück, und zwar ebensosehr zu »Götz« und »Egmont« wie zu »Wallenstein«, denn das nationale

Motiv drängt sich hier vor. Auch in der zeitgeschichtlichen Welt ist aus dem rein politischen Thema Napoleon für Deutschland allmählich ein nationales Anliegen geworden. Man sagt nicht ganz zu Unrecht: es geht hier um die Freiheit als ein allgemein menschliches Ideal; wie Schiller zuvor einen französischen, so wählt er jetzt einen Schweizer Stoff. Warum aber gräbt er sich hier viel tiefer in den Geist seines Gegenstandes hinein, warum stellt er sich die Forderung, daß „hier ein ganzes lokalbedingtes Volk, ein ganzes und entferntes Zeitalter, und was die Hauptsache ist, ein ganz örtliches, ja beinahe individuelles Phänomen mit dem Charakter der höchsten Notwendigkeit und Wahrheit soll zur Anschauung gebracht werden?"[146] Uns scheint es nicht ausgeschlossen, daß hier wie in Goethes »Götz« ein süddeutsches Heimat- oder doch Nachbarschaftsgefühl mitschwingt, und daß er *daher* diesem Stoff in seiner räumlichen und zeitlichen Bedingtheit mehr Aufmerksamkeit geschenkt hat. Zwar wählte er hier zu seinem Titelhelden nicht nur eine von Legenden umwobene geschichtliche, sondern sogar eine rein sagenhafte Gestalt. Aber der Held Tell entwertet den geschichtlichen Vorgang nicht, er steht zwar neben, doch nicht über dem allgemeinen Geschehen der Schweizer Befreiung.

Wieder handelt es sich nicht bloß um einen historischen Kampf, sondern um einen Streit zwischen Macht und Recht. Aber indem diesmal das „Recht" zugleich als die spontane Reaktion eines bäuerlichen, „unschuldigen" Menschen wirksam und der „Mörder" von aller Schuld losgesprochen ist, wird die zunächst rein physische Gewalttat zu einem Akt der Sittlichkeit. Die Schweizer Befreiung ist Notwehr, Wiederherstellung der alten rechtlichen Ordnung. Es geht wie in »Götz« und »Egmont« nicht um eine neue Freiheit, sondern um die Erhaltung der alten Reichs-Freiheit. Schiller führt hier die Linie Goethes, von dem er ja auch den Stoff erhielt, fort und vermeidet jede Zuspitzung zur Geschichtstragödie. Tell darf kein bedenkenloser Politiker und Volksführer sein, weil ein solcher unbekümmerter Gebrauch der politischen Macht sittlich ebenso bedenklich wäre wie Wallensteins Abfall. Würde Tell wie Kleists Hermann verfahren, so müßte das Stück in Schillers Weltbild zu einer Tragödie werden, denn *die* Wahrheit darf bei Schiller nie verdunkelt werden, daß auch im politischen Kampf ein höheres, allgemein menschliches Sittengesetz entscheidet.

In die Nähe des »Wallenstein« hätte sich als Geschichtstragödie vielleicht noch »*Demetrius*« stellen lassen. Der Nationalunterschied des russischen und des polnischen Volkes sollte herausgearbeitet werden. Auch sonst wollte es Schiller mit der geschichtlichen Bestimmtheit des Stoffes ernst nehmen, vor allem freilich in der Absicht, die Gefahr dieses Stoffes, das bloß *Abenteuerliche*, zu überwinden: „durch eine anschauliche Darstellung des Lokals, der Umstände, der Zustände, innerhalb deren eine solche Handlung vorgehen kann, damit sie dadurch vor dem Verstande gerechtfertigt werde". Ein ganz neuer Ansatz ist diese Tragödie kaum. Das Hauptinteresse liegt wieder an der historischen Person und ihrer Schuld. Das schuldlose Schuldigwerden ist noch entschiedener betont als im »Wallenstein«. Aber auch hier herrscht die Überzeugung, daß eine auf bloße Macht gegründete Existenz durch das Weltgericht zerschmettert wird. Demetrius will zwar in der Begegnung mit der Mutter des echten Demetrius klug das Menschliche, das zugleich das Sittliche ist, dem Politischen unterordnen: „Bin ich dein Sohn nicht, so bin ich dein Zar; ich habe die Macht, ich habe das Glück." Allein die so geschaffene politische Scheinordnung hält vor der in der Geschichte wirkenden sittlichen Weltordnung nicht stand.

Nur soviel zum klassischen Drama Schillers. Es handelt sich in der Tat immer um eine „mittlere Gattung", die auf das Historische ebensosehr angewiesen ist als sie darüber hinauswächst. Schillers Ideal bedarf, unbeschadet seiner überzeitlichen und allgemeinmenschlichen Gültigkeit, zu seiner Realisierung des Geschichtlichen, aber die Geschichte ist immer nur ein Sekundäres: Bewährungsraum, Gericht, dichterisches Kleid, nicht das eigentliche Sein. Jede Verabsolutierung der Vergangenheit oder der geschichtlichen Entwicklung als solcher liegt diesem klassischen Dichter, ebenso wie Goethe, noch fern. Schon Iffland hat freilich sein Drama als reines Geschichtsdrama mißverstanden.[147] Bezeichnenderweise knüpfte Tieck, bei seiner Forderung nach national-historischen Stücken, vor allem an »Wallenstein« an, aber er hatte, vom *geschichtlichen* Standpunkt ausgehend, an diesem Drama viel auszusetzen.[148] Auch die Schiller-Epigonen verstanden Schillers klassisches Drama oft als Geschichtsdrama und mißverstanden es damit. Noch Korff hat Anlaß, gegen eine Vorstellung von Schiller als dem „etwas antiquierten Dichter historischer Dramen"[149] anzukämpfen. Doch beweist diese Vorstellung auch den großen Beitrag, den Schiller zur *Durchsetzung* des Geschichtsdramas geleistet hat. Mochte sein Drama als Geschichtsdrama der folgenden Epoche nicht genügen, Schiller war zu seiner Zeit doch die künstlerische Großmacht, welche die im 18. Jahrhundert anrüchige „Staatengeschichte" über jeden bürgerlichen und klassizistischen Zweifel hinweg durch sein Werk von neuem zu einem würdigen Gegenstand der Tragödie erhob und damit nicht nur die bürgerlichen Stoffe, sondern auch den antiken Mythus auf die zweite Stelle drängte. Er schuf nicht das eigentliche Geschichtsdrama, aber eine der wichtigsten Voraussetzungen zu seiner Entfaltung im 19. Jahrhundert.

*

Mit HEINRICH VON KLEIST tritt eine Welt, die freilich längst existierte, zum erstenmal selbstschöpferisch in die Geschichte des deutschen Dramas ein, das realistische Brandenburg-Preußen. Eine Welt kriegerischen Ursprungs, welche die Gegenwart und Wirklichkeit stärker erlebt als die Tradition, die Macht stärker als das Recht. Ehe freilich der Dichter diese Welt als seine eigene erkennt und sich dichtend ihr einzugliedern versucht, muß er als ein Wanderer nach künftigen Welten halb Europa und die Abgründe seiner eigenen Seele nach den gültigsten Wirklichkeiten durchsuchen. Der Adelige entdeckt dabei den bedingungslosen Adel seines Herzens und der preußische Offizier Deutschland, aber das Deutschland, das er ersehnt, sucht er in Wien ebenso vergebens wie in Berlin für seinen eigenen Adel die irdische Lebensbedingung und Form. Das stärkste Erlebnis dessen, der aus der Tradition seines großen Geschlechts getreten ist, wird nicht der Glanz der Väter, sondern die politische Tat, nicht die Geschichte, sondern der gegenwärtige Augenblick der Entscheidung, nicht die Reihe der Generationen, sondern der schöpferische Titan. Wenn er schreibt: „Ich trete vor Einem zurück, der noch nicht da ist, und beuge mich, ein Jahrtausend im Voraus vor seinem Geiste," so bedeutet das, daß er das Schöpferische *eines Genies, eines Augenblicks* so stark empfand, daß ihm davor der ganze Verlauf der Geschichte verblaßte. Es ist der naturhaft-mythische, der geschichtslose Geniebegriff, der schon früher im traditionsärmeren Ostdeutschland am stärksten durchbricht (Hamann, Herder), in Kleists Fall aber mit einer bereits sehr mächtigen geschichtlichen Fügung, dem Preußentum, zusammenstößt. Die enthusiastisch bejahte eigene Größe und Bestimmung und die ihr feindliche, aber nicht weniger wirkliche Geschichtlichkeit seines Heimatstaates und seines Geschlechtes — das ist ein Urkonflikt des Dichters. Vor ihm versucht er in die „Natur" der Schweiz, in die „Gemeinschaft" des deutschen Volkes, zum „Wiederhersteller" des Reiches in die Kaiserstadt zu entfliehen, um schließlich überall enttäuscht in die nächste Wirklichkeit Brandenburgs zurückzufinden, — doch nicht wirklich heim. Die im Gefühl sich offenbarende Größe und Ewigkeit der persönlichen Bestimmung im Konflikt mit den geschichtlichen Bindungen, das ist das Thema der Tragödien »Robert Guiskard« und »Penthesilea«. Was am Schluß der »Penthesilea« als *absolut* aufleuchtet, das ist jenes: „und folge diesem Jüngling hier"[150]. Wie bei Schiller vor der im Menschen wirklich werdenden Göttlichkeit der Idee, so versinkt hier vor der Absolutheit des gegenwärtigen Gefühls alles Wirkliche. Das furchtbarste Geschehn wird vor dieser Ewigkeit schließlich zum bloßen „Versehn", eine Station zum göttlichen Heil der Seele, die ihre Bestimmung erfüllt hat. Durch die ganz andere Formung hindurch leuchtet hier doch ein klassischer Glaube auf, in dem sich Kleist mit dem Faustdichter verbunden weiß: Die Seele ist stärker als die Welt! Die „Welt" ist freilich eine andere, eine strenger geschichtliche; diese wird selbst im Mythus aufgefunden. Aber auch von Kleist wird die Geschichte letzten Endes entmächtigt: durch die glühende Ewigkeit des *Augenblicks*. Kleists Geschichtsauffassung ist

keine völlige Negierung der klassischen, sondern eher eine Akzent-
verlegung innerhalb ihres Raumes und eine Ergänzung. Es zeigt sich
hier das Zwingende der geistesgeschichtlichen Situation, die in diesem Fall Klassik heißt, über die individuellen und stammlichen Ver-
schiedenheiten hinweg. Wenn Goethe sagt: „Jeder Zustand, ja jeder
Augenblick ist von unendlichem Wert, denn er ist der Repräsentant
einer ganzen Ewigkeit", so zieht Kleist nur die Folgerungen des
Handelnden aus diesem Weltbild, daß nämlich der Augenblick allein
der Offenbarungsort des Ewigen wird, daß man sich daher „mit seinem ganzen Gewicht, so schwer oder leicht es sein mag, in die Waage
der Zeit werfen" muß[151]. *Die Geschichte als Vergangenheit hat in
beiden Fällen geringe Bedeutung*, man fühlt sich nicht als Glied in
einer Kette, sondern (protestantisch) als unmittelbar vor dem Absoluten stehend. Wenn man immer wieder als einen Vorzug von Kleist
betont, daß ihm die Geschichte kein Erlebnis der „Bildung" war, so
wäre erst zu fragen, ob nicht auch historische Bildung existentiell
sein kann als Ausdruck eines *tatsächlichen* Verbundenseins mit der
Vergangenheit, als Ausdruck echter *Tradition*.

Bei dem geringen Gewicht des Vergangenen in Kleists Geschichtsauffassung ist der Sprung vom mythischen zum aktivistischen Drama
nicht verwunderlich. Wie in der »Penthesilea« die geschichtliche Ge-
bundenheit schließlich durch die Ewigkeit persönlichen Gefühls ver-
nichtet ist, so wird in der »Hermannsschlacht« der Stoff als Geschichte
durch die unbedingte Geltung des großen nationalen Augenblicks
aufgezehrt. Die Geschichte wird nicht so sehr zum Symbol als zur
Allegorie der konkreten Geschichtlichkeit politischen Handelns. Der
seiner heimischen Tradition entfremdete Dichter hat eine andere
Wirklichkeit gefunden: Deutschland. Doch erlebt er das Volk nicht
als Hort des Rechtes und der persönlichen Freiheit wie die Dichter
aus dem Südwesten, nicht als Vergangenheits- und Zukunftsbild wie
die Romantiker, sondern als wilde, ewig gegenwärtige Natur, als
Macht, als Staat. Er erlebt es als Adliger und Preuße. Aus Seele und
Geist wird Blut und Eisen. In dem Führerbild Armin ist viel Junker-
tum, viel Bismarck. Aber Kleist weiß das nicht, denn wie könnte er
sonst seinen Armin in Wien suchen und glauben, seine durch und
durch unösterreichische, zugleich der Reichstradition in ihrem Geist
widersprechende »Hermannsschlacht« werde in der Kaiserstadt nicht
nur aufgeführt werden, sondern sogar große politische Wirkung tun!
»Hermannsschlacht« heißt: Reich als Revolution, — der preußische
Weg. Nie konnte man dafür in dem traditionsgebundenen Wien
Verständnis haben. So ging sein realpolitisch gemeinter Schlag realpolitisch gesehen ins Leere. Dem Drama als Kunstwerk und Bühnen-
stück aber haftete durch seine unmittelbare Beziehung auf die zeitge-
schichtliche Situation der Charakter eines historischen Schlüsselstücks
allzu deutlich an. Erst 1860 erlebte es seine Uraufführung. Das in der
Entwicklung des Realimus und der politischen Tendenzdichtung so

wichtige Werk darf nicht als Geschichtsdichtung betrachtet und damit mißverstanden werden. Klopstocks Bardiet, als ein feierndes Beschwören der Vergangenheit, als Ahnenpreis ist durch Kleists Drama nicht überflüssig gemacht worden, und wenige Jahrzehnte später meldete sich der Niedersachse Grabbe in deutlichem Widerspruch zu Kleist wieder zum Wort über diesen Gegenstand.

Am 1. Januar 1809 kündet Kleist dem Freiherrn vom Stein eine Abschrift der »Hermannsschlacht« an. Er verweist auf die Aktualität des Dramas und fügt hinzu: „Wenn der Tag uns nur völlig erscheint, von welchem Sie uns die Morgenröte heraufführen, so will ich lauter Werke schreiben, die in die Mitte der Zeit hineinfallen." Doch dieser neue Tag war Zukunft, und Kleist nicht der Mann, um aus der Idee oder der Sehnsucht heraus zu dichten, und so kommt nun endlich nicht nur die Geschichtlichkeit als allgemeines Problem, sondern auch die Geschichte als konkrete Vergangenheit in seiner Dichtung zur Geltung. Mit »Prinz Friedrich von Homburg« kehrt der Dichter in den Heimatstaat zurück und bekennt sich damit unwillkürlich zu der Überzeugung von Grillparzer, daß der Dramatiker nicht die politische Substanz einer Zeit zu machen, sondern darzustellen hat.

Ob Kleist bei seiner endgültigen Heimkehr (Februar 1810) das Drama schon im wesentlichen vollendet hatte oder nicht, stehe dahin. Jedenfalls muß es zunächst im Zusammenhang mit dem preußisch-vaterländischen Drama eines Fouqué und Arnim gesehen werden. Kleist selbst hat das Stück gegenüber einem Verleger ein „vaterländisches" genannt[152]. Das Drama ist Kleists Versuch, auf dem Wege der romantischen Staats- und Geschichtsanschauung die in seinem Schicksal zutage tretende Dissonanz zwischen dem persönlichen Wollen und der geschichtlichen Wirklichkeit der preußischen Staatsmaschine zu lösen. Indem man in die Vergangenheit Preußens hinuntersteigt, erblickt man das Bild einer Welt, in der zwar die Menschen ebenso irrten wie heute, in der aber der Staat noch lebendiger, organischer, der Kurfürst ein wahrhaft persönlicher und väterlicher Herrscher war. Fricke macht darauf aufmerksam, daß auch der Kurfürst keine „innerlich wandellose Idealgestalt", sondern tief in das nach einem freundlichen Ziel sich hinbewegende Geschehen verflochten ist[153], und wir finden diese Meinung durch Lugowski nicht widerlegt[154]. Die Versöhnung wird gerade erst dadurch möglich, daß der Mensch „den Staat" und der Vertreter des Staates den Menschen erkennt. Homburg unterwirft sich dem „Gesetz des Krieges", dem Gesetz Brandenburgs, und der Kurfürst darf menschlich sein, nachdem er durch diese Unterwerfung die Innerlichkeit, das tiefe Gegründetsein dieses Gesetzes in den Herzen seiner Untertanen erfahren hat. Beides ist nur dadurch möglich, daß Herrscher und Beherrschter demselben „mütterlichen Grund" Brandenburgs entstammen und Brandenburgs Größe beider Herzensangelegenheit ist. Von dieser Ebene aus ist die bei Schiller unabdingliche Schuld der historischen Person zu einer solchen geworden, die vergeben werden kann, aus dem Trauerspiel wird ein vaterländisches Schauspiel. Nach der Lösung der inneren persönlichen Verwickelung ist der Weg frei zu der Aufgabe, die bezeichnet wird durch die Schlußworte: „In Staub mit allen Feinden Brandenburgs!". Durch die Beseelungskraft der Romantik ist aus dem Staatsmechanismus Schillers ein persönlich-organischer Körper geworden, und ein Bild davon wird, auf ebenfalls romantische Weise, in der Vergangenheit, in der Gestalt des Großen Kurfürsten gefunden.

Trotz all dem wird man, wenn man die Gesamtentwicklung des Geschichtsdramas im Auge behält, den einzigen Mittelpunkt des Dramas nicht im Vaterländisch-Historischen finden. Es ist von der Lösung des Konfliktes aus gesehen sehr einleuchtend, wenn man sagt, nicht der Prinz sei der Mittelpunkt des Dramas, auch nicht der Staat, sondern in ihnen die Geschichte und Größe Brandenburgs. Aber man muß demgegenüber fragen: warum *stellt* dann Kleist Homburg in den Mittelpunkt, wie es auch der Titel ausdrückt, warum wird seiner individuellen Persönlichkeit durch die Natalie-Handlung noch besonderes Gewicht gegeben, warum wählt der Dichter keinen ausgesprocheneren historisch-politischen Stoff? Bei aller Eigenwüchsigkeit steht Kleist im geistesgeschichtlichen Raum seiner Zeit. Auch für ihn ist die „Seele" und ihr Schicksal wenn nicht der, so der eine Mittelpunkt. Das Schauspiel »Prinz Friedrich von Homburg« ist als Geschichtsdrama gesehen wenig welthaltig, und es vermag vor allem dadurch noch so viel Welt zu binden, daß diese Welt zur Seele geworden ist, oder mindestens in einen Raum einbezogen wird, der Seele und geschichtliche Welt als die zwei Brennpunkte derselben Ellipse zwanglos zu verbinden vermag: in die *Familie*. Der Prinz von Homburg wird Neffe des Kurfürsten, wodurch eben gerade der — gleichwohl romantische Humanitätskern auch dieses Stückes zum Ausdruck kommt. Die Richtigkeit der Interpretation bewährt sich in diesem Drama am deutlichsten in der Einordnung der Natalie-Handlung, wie sich an der Stellung zur Max-Thekla-Handlung am klarsten zeigte, daß eine neuere nur geschichtliche Wallenstein-Interpretation willkürlich war.[155] Die heiße Seele Homburgs und die scheinbar so kalte Welt des Brandenburgischen Staates vermag, durch die innigste Verständigung der beteiligten *Menschen*, miteinander versöhnt zu werden, und der stärkste symbolische Ausdruck dafür ist die Verlobung mit Natalie. Wollte man sich in der Kleistforschung, wie Lugowski gegen Fricke vorschlägt, absolut von dem Begriffspaar Subjektivismus-Objektivismus losmachen[156], so würde man sich von Kleist selbst losmachen, der eben gerade in der entschlossenen Durchkämpfung dieses Dualismus zu unserem reinsten und härtesten Dramatiker geworden ist. Gewiß bewährt er einerseits die Gegenwärtigkeit und Sachlichkeit der Sagahelden (Lugowski), zugleich aber hat er die glühende und idealistische Seelenhaftigkeit seiner Zeit, und eben dieses Zusammenprallen der Gegensätze erst macht seine Gestalt und sein Schicksal aus.

Kleist hat auch mit »Prinz Friedrich von Homburg« nicht in die Welt zurückfinden können, an die er geschichtlich gebunden war. Schließlich ist die Lösung des Konflikts in diesem Drama doch nur ein Märchen, — „ein Traum, was sonst?", wie der alte Kottwitz am Ende des Stücks sagt. Der „Trost der Geschichte" bewährt sich ihm nicht, wie doch so manchem Romantiker. Der wahrere Aspekt auf sein Schicksal im preußischen Staat eröffnet sich im »Michael Kohlhaas«, und in seinen Briefen, die in der Frage seiner Entschädigungsforderung zeigen, wie er durch Hardenberg sein Recht und seine Ehre als mit Füßen getreten empfand. Er hat lange gekämpft, aber schließlich entschied er sich doch für den Weg der persönlichen Freiheit jenseits der Welt, den Schillerschen Helden nicht gleich und ihnen doch verwandter als den Helden der Saga.

Wir verfolgten die Entwicklung des Geschichtsdramas von den programmwidrigen und vagen Ansätzen der Aufklärung über die mächtig anregende Vermischung von Drama und Geschichte bei Herder zu den großen Vorbildern eines neuen historischen Dramas in »Götz«, »Egmont« und »Wallenstein«, um freilich bei der Betrachtung der Hochklassik zu sehen, daß jene zukunftweisende Grundlegung des Geschichtsdramas mehr unwillkürlich als zielbewußt geschehen war, daß jedenfalls in der Theorie, meist aber auch in den Werken der eigentlichen Klassik die Freiheit des Künstlers fast absolute Geltung gegenüber dem geschichtlichen Stoff beanspruchte. Geschichte war für den Klassiker prinzipiell keine Größe, die Respekt erforderte, ging doch sein ganzes Streben nach Erfassung und Darstellung der Gesetze und Ideen, die, wenn auch in einer vergangenen Epoche am vollkommensten in die Erscheinung getreten, doch überzeitlicher und allgemeinmenschlicher Wesenheit waren. Mit der Bedrohung dieses Glaubens durch die Romantik, besonders sichtbar in der Einordnung der zuvor verabsolutierten klassischen Griechenzeit in die allgemeine Entwicklung der Menschheit[157], scheinen sich neue, reichere Möglichkeiten für jede Art von Geschichtsdarstellung eröffnen zu müssen.

Während des Siegeszugs der französischen Revolution und der napoleonischen Gewaltherrschaft erschien die Welt der Weimarer Klassik allzu abstrakt und esoterisch. Die Geschichtsdeutung der Aufklärung vollends, die in der Gegenwart den höchsten Punkt der Weltentwicklung erblickte, erwies sich geradezu als falsch, als Götzenglauben, zerschmettert vom Gericht der Geschichte. „Die Vergötterung der neuesten Zeit ist fast erstorben, eine höhere Sehnsucht hat unsern Blick in die Vergangenheit geschärft, und neueres Unglück für die vergangenen großen Jahrhunderte den edleren Sinn in uns aufgeschlossen."[158] Die „Gegenwart" war gleichsam unter den Füßen weggezogen, zumal seit den großen Niederlagen von 1805 und 1806, und wenn zuvor nur der „Visionssinn" einzelner, „erklärbar aus dem tiefen unendlichen Zusammenhange der ganzen Welt"[159] hinter dem Gegenwärtigen ferne Epochen, wie fremde Kontinente, entdeckt und ihren Reichtum geahnt hatte, so wurde nun dies Zurückgreifen zur

Vergangenheit das allgemeine Bedürfnis einer Zeit, die nichts besaß als Vergangenheit und *darum* auch Zukunft, wie sie mit Zuversicht hoffte. Will man das Verhältnis dieser Zeit zur Geschichte wirklich verstehen, so muß man das im 19. Jahrhundert aufs neue entwickelte Distanzempfinden zwischen Gegenwart und Vergangenheit beiseite lassen und sich das Ergreifen des Vergangenen sehr konkret, als wirkliches *Besitz*ergreifen vorstellen. Mit Recht überschreibt R. Benz ein Kapitel seines Romantikbuches[160]: „Die Rückwendung zum Alten". Es geht dem Romantiker nicht um die vergangenen Dinge in dem Sinne, daß vielleicht gerade ihr Vergangensein, ihr Gestorbensein, als nicht mehr verpflichtend, als distanzschaffend für die rein theoretische oder ästhetische Bewältigung, anziehend wäre, sondern um „das Alte", das sich aus der Vorzeit „erhalten" hat. Auch das zeitlich und national Ferne — so etwa die altindische Kultur — wird gesucht und gesehen als Wurzel des Nahen, nicht als abenteuerliche exotische Welt. Der Schwerpunkt des romantischen Interesses aber liegt auf dem Nächsten der Geschichte, als dem unzweifelhaften Besitze der Gegenwart. Nicht mit Unrecht spricht A. Baeumler vom romantischen „Ahnendienst"[161]. Der Lebendige steht in einer unmittelbaren unlöslichen Beziehung zum Dahingegangenen; wenn er ihn ehrt, ehrt er sich selbst, denn er ist letzten Endes, aus genügender Entfernung, wo der Einzelne minder hervortritt, gesehen, eins mit ihm. Diese wenn man will mystische Erinnerung, nicht ein bloßes Wissenwollen — daran fehlte es der Aufklärung ja nicht —, hat die Romantik zu ihren großen Entdeckungen auf dem Gebiet der Geschichte geführt. Es geht, um nur ein Beispiel zu nennen, aus dem Schicksal des Nibelungenliedes eindeutig hervor, daß es nicht einfach durch die gelehrten Bemühungen, sondern erst durch dies zusätzliche ehrfürchtige Besitzergreifen der Romantiker jenen einzigartigen Rang als Nationaldenkmal erhalten hat, den es bis heute behauptet. In dem Aufsuchen der mittelalterlichen Lieder und Epen, der Volkslieder und Volksbücher, der alten Städte, Dome, Gemälde ist diese gegenständliche, auf „Besitz", auf „Bereicherung" ausgehende Richtung der romantischen Geschichtserwecker besonders deutlich zu erkennen. Es sind die ursprünglichen und wahrhaften Restauratoren, denn es galt nichts Geringeres zu restaurieren als das verlorengehende Vaterland selbst, zunächst durch Sammeln dessen, was noch von seiner großen Vergangenheit vorhanden war. „Die Vorzeit und also das Vaterland"[162] hieß die bezeichnende Gleichung, und diese Seite der romantischen Geschichtsauffassung hat wohl die größte, auch politische Wirkung getan. „Wir achten die deutsche Vorzeit und ihre Denkmäler, wir schämen uns nicht mehr, wie ehemals, Deutsche zu sein"[163], mit diesen Worten kann Tieck 1811 das Ergebnis dieser geschichtlichen Bemühungen feststellen. Wir brauchen die Beziehungen zwischen Historie und Nationalbewußtsein nicht weiter zu verfolgen, auch werden wir ihnen in der Dramatik und in der

Dramentheorie der Romantiker wieder begegnen. Dagegen müssen wir hier folgende Überlegung als wesentlich hinzufügen. Die Romantik kommt zum Volksbegriff, indem sie, wie es schon Novalis für den Geschichtsschreiber gefordert hat, „synchronistisch" verfährt; Vergangenheit und Gegenwart werden in möglichste Nähe zueinander gebracht. Das romantische Geschichtsbild ist einer Stadt zu vergleichen, die Bauwerke aus allen Jahrhunderten enthält und eben doch gerade diese Stadt ist, in einem Blick zu überschauen, in einen Raum hineingefügt. Die unendlich differenzierte, spannungsreiche Einheit und Gegenwart dieses Raumes ist dem Romantiker wichtiger als die Entstehung des einzelnen Bauwerks zu einer bestimmten Zeit, vielleicht in Revolution, in Widerspruch zur vorhergehenden Stufe. Es mag allzu schroff formuliert sein, wenn Borries, anknüpfend an die romantische Deutung der Geschichte vom Bild der Pflanze aus, geradezu sagt: „Das Zeitliche wird verräumlicht"[164]; richtig aber ist jedenfalls, daß auch noch beim Romantiker alles Werdende an etwas Ruhendes, von Ewigkeit her Gegebenes angeknüpft wird. Die Geschichte ist nicht bloße Veränderung, autonome unabsehbare Entwicklung, vielmehr schimmert überall jenes Festere hindurch, das man wohl am besten als Ausweitung und Umdeutung des christlichen Offenbarungs- und Vorsehungsglaubens verstehen wird. Damit soll alles das nicht bestritten werden, was über das romantische „Gefühl für den Fluß des Lebens", über den „Sinn für das Leben als organisches Werden"[165] gesagt wurde. Vielmehr bezeichnet es ja gerade die Romantik, daß sie das Entgegengesetzte und scheinbar Unvereinbare miteinander zu verknüpfen trachtet. Ihre organische Auffassung der Geschichte, mit der sich auch ihr Bekenntnis zu Volk und Gemeinschaft nahe verbindet, ist vielleicht derjenige Zug, der am stärksten in die Zukunft gewirkt hat. Man kann aber die romantische Geschichtsauffassung in ihrer bestimmten Eigentümlichkeit, und damit auch die Eigenart ihrer Geschichtsdichtung, nur dann verstehen, wenn man die jeweils nach Entwicklungsstufe oder Individualität schwächer oder stärker betonte aber immer fühlbare mythisch-religiöse Komponente im Auge behält. Das wesentlichste Motiv dieser Art dürfte die romantische *Verehrung für die „Jugend" der Völker*, als der Zeit höchster göttlicher Offenbarung, sein. An die Stelle der Offenbarung des Vollkommenen und Göttlichen in der Schrift oder in der Antike ist zusammenfassend und hinter diese Zeiten zurückgehend die Offenbarung im „Frühling" der Zeiten überhaupt getreten. Zwischen der Liebe zum Volk und zum Christentum kann schon darum kein Gegensatz bestehen, weil beide aus der grauen Vorzeit vererbt sind. Auch das Bekenntnis zum Christentum ist Ahnendienst; ein Dom, ein Heiligenbild, ja der katholische Gottesdienst, sind greifbare Denkmale dieser Frühe, welche unsere Ahnen groß machte, welche nicht irren kann. „Religiöse Menschen sind durchaus historisch."[166] Religion und Geschichte werden nicht geschieden, Mythus und Sage werden in die Geschichte hineingezogen, wie es auch die romantische Geschichtsdichtung zeigt. Nicht erst in einem unterhalb der Mythen liegenden „wirklichen" Leben, das durch Quellenkritik zu erschließen wäre, sondern schon in ihnen selbst faßt der Romantiker die Vergangenheit, die zugleich, als Uroffenbarung, die Folgezeit in sich schließt, wie der Same die Blume. Eben *darum*, weil die göttliche Uroffenbarung der Geschichte bereits ihren Weg gewiesen hat, kann sie sich zwanglos, organisch entfalten. Nicht durch das Wollen der großen Persönlichkeit, in der freien Entscheidung, in dem Jetzt oder Nie des Augenblicks, in jähen Kämpfen, Aufstiegen und Untergängen vollzieht sich die Geschichte, sondern sie *fließt* aus ihrem Ursprung, vielleicht nach einer neuen höheren Welt, vielleicht auch nur in die immer „farblosere Wirklichkeit", die dem „Duft und Glanz der Vorzeit" folgte[167]. Die Geistesgeschichte weiter Kulturräume ist das Thema der frühen romantischen Geschichtsschreibung, weil sie, eher als die politische Geschichte, es erlaubt, Geschichte einigermaßen zu verräumlichen, d. h. als Zustand oder zarte Entfaltung zu sehen, auch weil solche Kulturgeschichte leichter an die Religion angeknüpft werden kann, und zwar fast durchweg an Religion nicht im allgemeinen pantheistischen, sondern in dem besonderen, noch christlich bestimmten Sinn mit den Ideen der Offenbarung und Vorsehung. Wie ein solcher Glaube an eine übernatürliche Bestimmung der Geschichte dicht neben der Vorstellung vom fortschreitenden organischen Werden und Fließen stehen kann, dafür sei als Nachweis auf das Werk verwiesen, dem man wohl als zusammenfassendem Ausdruck der ursprünglichen romantischen Geschichtsanschauung besonderen Nachdruck verleihen darf: Görres' „Wachstum in der Historie". Mit der in Sachen der Romantik besonders verführerischen und besonders irreführenden Methode, einzelne Sätze aus dem Ganzen herauszugreifen, ist es ein Leichtes, diese Abhandlung ihrer spezifischen religiös-romantischen Fundamente zu entkleiden und, etwa auf Hegel hin, zu modernisieren. „Wir suchen einen Weltgeist auch in der Geschichte ... wir forschen nach den Ideen, die sie in den Begebenheiten angedeutet." Die Entwicklung der Geschichte ist „Fortschritt", wird Görres nicht müde zu versichern; die Geschichte entwickelt sich zu immer reineren „Abstraktionen", wie etwa auch mit dem Christentum „eine große Abstraktion in das allgemeine Leben eingetreten" ist. „Durch Abstraktionen geht aller Fortschritt in der Geschichte." Es hat keinen Sinn, sich zurückzusehnen, die Entwicklung geht zu „neuen Ufern", zu einem „neuen Wunderbau", zu einer „neuen Kirche". Der Historiker kann das „Gesetz der Zukunft suchen", doch niemals das Vergangene wiederherstellen, denn es steht fest, „daß nimmer die Natur einen Regressus macht". Betrachten wir nun aber vorbehaltlos den ganzen Aufsatz, zumal den Schluß, auf dem der größte Nachdruck zu liegen pflegt, so sehen wir, wie gerade auch dieser so stark entwicklungsgeschichtlich eingestellte Denker den gesamten Geschichtsverlauf in den Kreis der ursprünglich gegebenen Uroffenbarung hineinzwingt. „Wie die Bildung des Systems mit der Ausbildung der Sonnen selbst begonnen hatte . . ., so hat auf dieselbe Weise auch die Geschichte ihre Sonnenperiode, mit der sie beginnt, es ist eine rein astralische Zeit in ihr, wo sie dem Himmlischen zugewandt, von dem sie ausgegangen ist, noch in solarischem Feuer glüht, und ihre eigne irdische Zeit zuerst abgesprungen ist von einer andern höhern Zeit, die näher der Ewigkeit verwandt erscheint." „Alles . . ., was selbst bei einem einzelnen Volke durch seine ganze Geschichte sich entfalten soll; alles das ist auch wieder symbolisch schon in seiner Mythe angedeutet: denn in ihr ist die Himmelsconstellation unmittelbar ausgesprochen und dargestellt, in der die Nation empfangen und geboren wurde, und damit das Maß von Genialität und Kraft bezeichnet, das ihr zu Teil geworden." „Wachstum in der Historie" ist also nicht einfach Fortschreiten der Entwicklung zu Neuem, sondern Entfaltung des „göttlichen Gewächses", das in der „Unschuld" der Frühe „dem Menschensinne eingepflanzt" wurde. „Alle Geschichte ist nichts als das Wachstum dieser Himmelspflanze." Von einer Autonomie der Geschichte als einer rein welthaften Größe, die auch die Religion dem Gesetz des Werdens und Vergehens unterordnet, ist dieses romantische Geschichtsbild noch ferne. Die Religion wirkt nicht nur in der Geschichte, sondern ist, bei aller Emanation in die Geschichte, ein Sein für sich, wie sie auch „war, ehe die Geschichte war"! Hier liegt der entscheidende Grund dafür, daß in der romantischen Wissenschaft und Dichtung die Religion nicht nur als religiöses Gefühl, als innerster Kern geschichtlicher Ereignisse auftritt, sondern so oft als *Stoff*, in der Wissenschaft der Mythologie und in der Mythendichtung, in der Legenden-, und — zur Geschichte nur erst hinüberdeutend — in der Sagendichtung.

Wenn wir diese allgemeinen Grundzüge der romantischen Geschichtsauffassung[168] im Auge behalten, so verstehen wir leicht, warum die Romantik dem Geschichtsdrama zwar große, weitwirkende Anregungen gab, aber dieses nicht selbst auf die Höhe zu führen vermochte. Schon vom Gesichtspunkt der dramatischen Gattung aus erscheint diese Geschichtsauffassung für ein solches Unternehmen wenig geeignet. Gerade die sehr ausgeprägte und bahnbrechende Fähigkeit des romantischen Schriftstellers, die Geschichte als Zustand festzuhalten, ein breites, stimmungsvolles „Gemälde" einer Zeit zu geben, das Lokalkolorit zu treffen, ist ein gefährliches Geschenk für den Dramatiker. Noch bedenklicher ist das nicht durchgängig aber doch vorwiegend herrschende Mißtrauen gegenüber den Leistungen des menschlichen Willens, gegenüber der frei gewählten Tat, und damit das geringe Verständnis für die ausschlaggebende Bedeutung der historischen Persönlichkeit. Was die Romantiker in dieser Hinsicht von Schiller trennt, trennt sie zu einem guten Teil auch von der großen Geschichtstragödie. Görres etwa glaubt, entsprechend der uranfänglichen Determination seines Geschichtsbildes, daß „es überhaupt in keines Menschen Macht gegeben ist, die Zeit zu bändigen oder vorwärts sie zu treiben gewaltsam in ihrem Gang". Wenn wir uns fragen, was die transzendentale und die organische Komponente in der romantischen Weltanschauung zusammenhält, so dürfen wir gerade an dieses romantische Erlebnis des „Von selbst" erinnern. Ob die Blüte sich unerwartet, „wunderbar" aus dem unscheinbaren Samen entfaltet oder ob im Gang des einzelnen Menschenlebens und der Weltgeschichte geheimnisvolle Fügungen den Finger Gottes verraten, überall geschieht das Beste ohne menschliches Zutun, als Gnade, vor der nur die Anbetung besteht. Das Moment des menschlichen Ringens um Entscheidung, des „Kampfes" ganz allgemein gesprochen, das praktisch seit dem Sturm und Drang, theoretisch seit Hegel eine so große Rolle in der Geschichte des deutschen Dramas spielt, muß bei solcher Einstellung eine bedeutsame, keineswegs nur äußerliche, sondern unter Umständen bis in den Kern des Dramas wirksame, Abschwächung erfahren.

Friedrich Schlegels »Rede über die Mythologie«[169] kommt, von der Feststellung aus, daß unserer *Poesie* ein „Mittelpunkt" fehle, zur Forderung einer neuen Mythologie. Poesie durch Mythologie, das ist hier der Gedanke, denn „Mythologie und Poesie, beide sind Eins und unzertrennlich". In dem nachfolgenden Dialog erfolgt die Anwendung des Gedankens auf die Tragödie. Aber Camilla fragt: „Warum sollte der Inhalt durchaus mythologisch und nicht auch historisch sein?" Anwort: „Weil wir bei einem historischen Süjet nun einmal die moderne Behandlungsart der Charaktere verlangen, welche dem Geist des Altertums schlechthin widerspricht...". Im Erscheinungsjahr des »Wallenstein« lehnt also ein führender Romantiker, mit Berufung auf die Griechen, das historische Drama geradezu ab! Dies Streben nach dem mythologischen Gegenstand als dem eigentlichen Inhalt der Kunst wirkt auch noch nach erfolgter Nationalisierung des Mythusstrebens. Schon Herder hatte die Dichtung auf die Sagen der mittleren Zeit verwiesen, mit den verräterischen Worten: „Dieser Wahn liegt uns näher als der Mythus der Griechen und Römer". A. W. Schlegel spricht dann in den Berliner Vorlesungen die Hoffnung aus, es könnten aus unserer „Nationalmythologie", „aus dieser einen epischen Tragödie eine Menge enger beschränkte dramatische entwickelt werden". Auch in der Übernahme des mittelalterlich-christlichen Gutes, so der Legende, spielt der künstlerisch-phantasiemäßige Wert oft eine recht große Rolle. Es liegt uns fern, den schon von Eichendorff zurückgewiesenen Vorwurf zu erheben, die neue Wertschätzung der Religion durch die Romantiker sei überall „ein bloß ästhetisches Experiment gewesen"[170], doch muß festgehalten werden, daß das programmatische Streben nach einer „*Kunstmytho-*

logie" (Z. Werner) auch sonst wirksam und der Wahl historischer Stoffe abträglich war.[171]

*

Die Behandlung der einzelnen romantischen Dramendichter sei mit einem Hinweis auf LUDWIG TIECKS Anfänge eingeleitet. Gerade auf diesen Dichter kann nämlich F. Schlegel als Musterbeispiel „für den Begriff der mythischen Poesie" verweisen: „Die Genoveva bleibt in dieser Rücksicht eine göttliche Erscheinung"[172]. In der Tat, wie fern steht das Trauerspiel »Leben und Tod der heiligen Genoveva« dem ungefähr gleichzeitig erschienen »Wallenstein« Schillers! Man könnte versucht sein, »Genoveva« unter Hinweis auf Tiecks Calderonverehrung als rein religiöses Drama zu fassen.[173] Man würde aber dabei verkennen, wie wichtig für den Dichter das geschichtliche Bildungserlebnis ist, die Tatsache nämlich, daß das Stück in altdeutscher Zeit spielt. Nur geschieht eben die Aneignung der Vergangenheit auf echt romantische Weise. Es wird nicht durch Quellenkritik ein Bild der Vergangenheit rekonstruiert, sondern es wird ein Stück Vergangenheit selbst, das Volksbuch, überarbeitet in die Gegenwart versetzt. »Genoveva«, so könnte man sagen, ist kein Geschichts- aber ein Vergangenheitsdrama. Übrigens hat Tieck im Vergleich zur Genoveva Maler Müllers auch das rein geschichtliche Element bedeutend verstärkt. Der historische Hintergrund des Kreuzzuges gegen die Araber entfaltet sich in breiten Szenen; Tieck bemüht sich offensichtlich, das „Klima der Begebenheiten" zu treffen. Insbesondere versucht er, durch die Einführung Karl Martells dem Stück welthistorischen Horizont zu verleihen. Und zwar wird dieser wirklich als Herrscher und Heerführer gesehen; sein kühnes Machtstreben, sein wenig freundliches Verhältnis zur Kirche wird nicht vertuscht; dennoch ist er der große Karl Martell, und sein Name wird noch erhöht durch die Prophetie auf die stolze Zukunft seines Hauses. Die Lagerszenen sind von Tieck völlig erfunden[174]; hier, wie ja auch schon bei dem Mittel der historischen Prophetie, läßt sich der große Anempfinder Tieck nicht von Calderon, sondern von Shakespeares nationalem und heroischem Geist leiten. Diese Szenen sind freilich nur der Hintergrund für die Geschichte der heiligen Genoveva; aber sie deuten doch an, daß Tieck anders könnte, daß die Wunderwelt der Legende seinem Wesen durchaus nicht rein entspricht. Zur Stützung dieser Ansicht darf man auf Tiecks ziemlich nüchternes Geschichtsverständnis, wie es sich etwa in seiner Einleitung zu den altdeutschen Minneliedern ausspricht, verweisen. Bei ihm wird man sagen müssen, daß „die Absicht überwiegt"[175], daß der religiöse Stoff hauptsächlich die Aufgabe hat, eine Grundlage für lyrische Stimmungsmalereien zu einer alten, ehrwürdigen Überlieferung abzugeben. Es bedeutet schon etwas, wenn Tiecks naher Freund Solger, übrigens lobend, „das Spielende an der Religion in der Genoveva" feststellt[176]. Auch für Eichendorffs Empfinden herrscht im Octavian, nicht anders als in Schillers »Jungfrau von Orleans« nur eine ästhetische „Schwebereligion"[177]. Und es ist durchaus keine Verleugnung der eigenen Vergangenheit, wenn Tieck später bemerkt, in der Genoveva seien die Wunder „nicht Mittelpunkt und Bedeutung des Gedichts"[178]. Durch eingehende Analysen könnte schon für die damalige Zeit Tiecks Wirklichkeitsnähe erwiesen werden. So überrascht es uns nicht, wenn Tieck später eine große Neigung für das historische Drama bekundete und, wie wir an anderer Stelle sehen werden, sogar zum Verfechter der historischen Wahrheit wurde. Auch plante er, erregt durch die großen geschichtlichen Ereignisse vor und während der Freiheitskriege, einen Zyklus von Schauspielen aus der deutschen Geschichte; und es ist bemerkenswert, daß er diese Bestrebungen an jene älteren frühromantischen, für welche auch die Genoveva ein Zeugnis ist, anknüpft: „Doch sind Plane zu vielen Schauspielen aus der deutschen Geschichte in meiner Seele fertig, und ich werde diese mit besonderer Liebe ausarbeiten, wenn mir Gott noch Leben schenkt (wie sich unsre Vorfahren ausdrückten), um meinen Landsleuten zu zeigen, daß ich mich wohl zu ihnen rechne. Hab' ich doch fast zuerst mit Liebe von der deutschen Zeit gesprochen, als die meisten noch nicht an ihr Vaterland dachten oder es schalten."[179] Von Solger ständig gemahnt, hat er lange an diesen Plänen festgehalten[180]; dennoch sind sie, wie übrigens auch die entsprechenden Dramenpläne F. Schlegels, nicht ausgeführt worden. Tieck gibt dem Zustand des Theaters alle Schuld; wenn er unumschränkter Theaterdirektor wäre, so schreibt er, dann würde er „nichts anders mehr arbeiten"![181] Aber es verhält sich doch wohl so, daß er sich innerlich gestehen mußte, die dramatische Kraft zu einem solchen Unternehmen nicht zu besitzen. Hermann Hettner wird recht haben, wenn er meint, es wären von Tieck doch nur „unerquickliche Versuche" zur Dramatisierung der Geschichte, etwa in der Art seines Freundes Matthäus von Collin, zu erwarten gewesen.[182] Tiecks späteres, nicht immer segensreiches Eingreifen in die Geschichte des historischen Dramas beschränkt sich auf seine Tätigkeit als Kritiker und Dramaturg. Doch ist es gut, auch in unserm Zusammenhang sich des Verfassers anspruchsvoller, romantisch-religiöser Großdramen zu erinnern, da Tiecks Entwicklung den Wandel des Zeitgeistes treulich widerspiegelt: die Entfaltung des späteren, rein historischen Dramas aus scheinbar so andersartigen romantischen Impulsen heraus.

*

Während die meisten Romantiker für Schiller und namentlich auch für seinen »Wallenstein« wenig Verständnis hatten, eiferte ZACHARIAS WERNER nicht nur äußerlich durch die Zweiteilung seiner ersten Dramen und andere technische Mittel, sondern auch durch die Wahl großer historischer Gegenstände seinem Vorbild nach. Werner hätte ja der Zeit nach auch an Tieck anknüpfen können![183] Aber die Wahlverwandtschaft mit dem großen Meister der Bühne war für den geborenen Dramatiker zunächst stärker fühlbar als die Verschiedenheit seiner noch nicht voll entwickelten Weltansicht.

Verhältnismäßig stark auf die Geschichte konzentriert ist Werner in dem Doppeldrama »Die Söhne des Tals« (1803/1804). Das Interesse gilt dem Untergang des Templerordens als einer großen, in der Geschichte wirksamen Gemeinschaft. Daran ändert die spätere Einfügung der Astralishandlung, die zum erstenmal das Wernersche Lebensthema der Heiligung durch die Liebe aufklingen läßt, nichts mehr. Die oft getadelte Passivität der Hauptgestalt, des Hochmeisters Molay, ist nur ein Symptom dafür, daß, wie es romantischer Geschichtsauffassung entspricht, „nicht Helden"[184] die Hauptrolle spielen, sondern daß die in der Geschichte untergehende und, nach der Annahme des Dichters, wieder geläutert auferstehende Gemeinschaft der Kreuzesbrüder im Mittelpunkt steht. Werner, im übrigen verschiedene Möglichkeiten erwägend, ist sich darüber klar, daß der Titel des zweiten Teils unter keinen Umständen »Jakob Molay« heißen darf, er hat mit Absicht den „im Grunde schwachen Charakter Molays" nicht idealisiert[185]. Schon bei der Stoffwahl dürfte das mit dem Ordensgedanken unmittelbar gegebene Motiv der Ichüberwindung ausschlaggebend gewesen sein, wie ja überhaupt bei der romantischen Neigung zum Mittelalter die Bewunderung seiner genossenschaftlichen Verfassung eine große Rolle spielt[186]. Auch Werners religiöse Sehnsucht, die sich schon in diesen Stücken entfaltet, mochte den mittelalterlichen Stoff nahelegen. Freilich zeigt sich im Inhalt dieser Religiosität ein weiter Abstand vom geschichtlichen Vorbild; denn jene Ich-Vernichtung, welche selbst den Verzicht auf die „krüpplichte Unsterblichkeit" zur Voraussetzung jeder höheren Weihe macht und wollüstig den „Brautkuß" des Todes ersehnt (2. Teil, 5. Akt), ist durchaus modern. Doch ist es ein Charakteristikum gerade dieses Wernerschen Stücks, daß neben den Erlebnissen der Seelen und ihrer Ergebung ins Schicksal die planmäßige, in die Geschichte wirkende Tat eine große Rolle spielt, ja daß geradezu das Evangelium der Tat und des Willens verkündet wird. „Ist wohl das große Schicksal / Der Völker etwas mehr, als das Erzeugnis / Des bloßen Menschenwillens?" „Wille, auf den kommt es an." Bewundernd wird auf Cäsar und Alexander geblickt, die Götter waren, für welche die „Welt ein Ball" war. Nur handelt es sich nicht um einen willkürlichen ichhaften, sondern um einen verantwortlichen, gemeinschaftsbezogenen Willen, denn solche Lehre erteilt Adam, der oberste der Brüder vom Tal, in der großen zentralen Szene (2. Teil, V, 3), da Adams Nachfolger, die Kraftgestalt Robert, in die Geheimnisse der neuen Bruderschaft eingeweiht wird. Werner geht in seinem Stück von der damals verbreiteten Annahme aus, der Freimaurerorden sei nichts anderes als die geheime Fortsetzung des Templerordens nach dessen Vernichtung durch König Philipp den Schönen. Der Freimaurerorden ist dargestellt in den Brüdern oder Söhnen des Tals, welche in der Erkenntnis, daß alle Form im Laufe der Geschichte vergehen muß und daß der Tempelorden todesreif ist, selbst den Untergang des Ordens betreiben, besonders durch den Erzbischof von Sens, der in ihrem Auftrag den Prozeß gegen die Templer zu seinem furchtbaren Ende führt: „Wie das unbeugliche Fatum waltet das Tal über dem Gange des Ganzen." *Wie* das Fatum! Es besteht keine unmittelbare höhere Führung wie später im »Kreuz an der Ostsee«. Nur das eine ist unumstößlich, daß die geschichtlichen Formen des ewigen Urstoffs sich wandeln.[187] Im übrigen kommt alles darauf an, daß man den Zufall weise und sinnvoll zu lenken versteht. Das Vertrauen in die Kraft des vernünftigen Willens wird mit dem Optimismus der Aufklärung, die für dies Stück überhaupt noch weithin bestimmend ist, so stark betont, daß das Gefühl für das Tragische geradezu verschwinden muß:

> „Das wirklich Grosse niemals kann's misslingen;
> Was nicht gelingen konnte, war nicht groß."[188]

Der Wille zum unmittelbaren Wirken und Einflußhaben ist bezeichnend für Werner, dem dieses Drama nur „Vehikel" ist, „Vorarbeit zu der *neuen Religion*, die der Menschheit gegeben werden muß"[189] und der nach eigener Angabe „Meister und Mitglied der Warschauer Loge zum goldenen Leuchter"[190] war. Es ist zugleich bezeichnend für den zum Öffentlichen drängenden Dramatiker, der gerne mit der Absicht, Geschichte zu machen, in die Geschichte schaut. Hierin unterscheidet sich Werner nicht unwesentlich von dem Poesieglauben der Jenaer Romantik, und es zeigt eine gute Witterung für diesen Abstand, wenn er in dem Augenblick, da er mit dem romantischen Kreise Fühlung nehmen will, zugleich dem Freunde Hitzig den Auftrag gibt, zu sondieren, ob die Ideen der Brüder Schlegel praktisch gemeint oder nur „eine leere Gasconade" sind, „ob sie würklich glauben und im Ernst so was glauben können, daß auf die Menschheit durch mehreres litterarisches Zeug, von dem man nicht weiß von wannen es kommt und wohin es führt, und was in Lesegesellschaften begraben wird, gewürkt werden könne"[191]. Die Immanenz der Weltauffassung in diesem ersten Stück kommt der allgemeinen Geschichtlichkeit der dramatischen Handlung zugute. Nicht Wunder, sondern der Kampf, die Leistung und das Versagen der Menschen treiben die geschichtliche Handlung voran. Es entfaltet sich, besonders im zweiten Teil, ein weltlich-konkretes, gegensatzreiches Spiel in den Zimmern und Vorzimmern der Großen, die Macht der Intrige und des ehrlichen Wollens, die **Bedeutung** des Augenblicks und des Zufalls in den Ereignissen der Geschichte. Eher der romantischen Geschichtsdarstellung entsprechen die ausführlichen beschreibenden Einlagen des ziemlich undramatischen ersten Teils. Die früheren Ordensmeister etwa werden in der breitesten Form bei einer Besichtigung der Bilder des Meistersaals vorgestellt, die Zeremonien der Meisterwahl erzählt (1. Teil, III, 1), die Gelübde bei der Aufnahme in den Orden ausführlich vorgeführt (1. Teil, IV, 3). In wiederholten Noten weist der Verfasser darauf hin, daß dies oder jenes wirklich historisch ist, etwa so: „Für den Kenner der Ordensgeschichte bedarf es keiner Bemerkung, daß alle diese Züge, sowie auch das oben beschriebene Ritual der Meisterwahl, mit historischer Treue referiert sind."[192] Freilich erweckt dieses Verfahren den Eindruck, daß Werner sehr von außen her das geschichtliche Kostüm zu beleben versucht, wie wir übrigens auch ausdrücklich erfahren, daß er mit diesen Noten „die alte Schule", also die noch weithin herrschenden aufklärerischen Bildungsphilister bestechen wollte.[193] Auch bei der Handlungsführung des zweiten Teils ist, trotz aller Versuche, etwas Wirklichkeitsnahes, Geschichtlich-Mögliches zu geben, wenig Einfühlung in den bestimmten Geist des späten Mittelalters zu fühlen. Fast ist Tieck in seinem legendären Drama noch geschichtlicher. Bezeichnend ist auch, daß nicht ein gesichertes historisches Faktum die entscheidende Rolle im geschichtlichen Hergang des Stückes bestimmt, sondern eben jene Erzählung vom Fortleben der Templer im Freimaurerorden, die Werner selbst als „Hypothese" bezeichnet.[194] Diese Hypothese braucht Werner, um das Geschichtsstück den Freimaurern als Lehrgedicht anbieten zu können. Wenn man überdies in Rechnung bringt, daß im ersten Drama der Einfluß des Wallenstein-Dichters naturgemäß am stärksten wirkte, wird man die aufs eigentliche Geschichtsdrama weisenden Züge dieses Stücks nicht allzu ernst nehmen. Derselben Auffassung scheint im Grunde Werner selbst gewesen zu sein, wenn er zu dieser Frage im Prolog, schon vordeutend auf die späteren Dramen sagt:

> „Was sie gesehn, vermeldet die Geschichte;
> Das Unsichtbare lässt sie dem Gedichte."

Das „Unsichtbare", um dies romantische Kernwort zu wiederholen, und zwar im Sinne von übernatürlicher Führung, wird ausschlaggebend im nächsten Drama Werners, dem »Kreuz an der Ostsee« (1805/6). Hier hat Werner zu dem ihm sehr gemäßen Vorbild Calderons durchgefunden und so ist hier leichter zu erkennen, daß es nicht der historische Gegenstand ist, der dem Dichter am Herzen liegt. Die welt- und dämonenüberwindende Kraft der entsagenden heiligen Liebe wird an einem geschichtlichen Stoff dargetan, der dem Innern des Dichters eigentlich nur insofern entspricht, als mit ihm die Welt für einen Märtyrer-Erlöser-Liebestod gegeben ist! Dieser Eindruck würde sich gewiß noch verstärken, wenn der nicht erhaltene zweite Teil, den wir nur aus einem Bericht E. T. A. Hoffmanns kennen, vorliegen würde. Indem der bekehrte preußische Königssohn Warmio und die polnische Prinzessin Malgona nach ihrer Vermählung nicht die Brautnacht, sondern den Tod durch Heidenhand wählen, werden sie einer höheren Brautnacht entgegengeführt und besiegeln durch ihr Opfer besser, als es die Kraft der Polen und der deutschen Ordensritter vermöchte, den Sieg des Christentums in Altpreußen. Der geschichtliche Vorgang der Unterwerfung Preußens, mit allen seinen militärischen und nationalen Zügen, wird zur bloßen Funktion der Religions- und Liebeshandlung. Das romantische Streben nach dem Überpersönlichen wirkt sich auch hier aus, aber das Allgemeine, um dessen Sieg es hier letztlich geht, ist das »Kreuz«. Demgegenüber will es, wenn man Werners diplomatische Natur bedenkt, wenig besagen, daß er in einem Brief an Iffland, der das Stück aufführen sollte, das „vaterländische Interesse" des Stückes rühmt.[195] Dies bezeugt lediglich die bereits damals herrschende patriotische Stimmung. Ihr sucht Werner Rechnung zu tragen, indem er die deutschen Ordensritter imponierend auftreten läßt, so besonders bei der Errettung Warmios im 2. Aufzug, den er gerade an diesem Punkt, mitten in der Schlacht, willkürlich schließt[196], vermutlich weil er sich dadurch auf der Bühne das gebührende vaterländische Tosen vor der Pause erzwingen will.

Am meisten historisch, in dem Sinne der Erfassung einer bestimmten Eigentümlichkeit, ist der romantische Dramatiker da, wo es um das Bleibende, Zuständliche geht; so meint der Dichter nicht mit Unrecht, noch nie zuvor sei in einem deutschen Kunstwerk der polnische Nationalcharakter so gut geschildert worden[197]. Auch für die landschaftliche Atmosphäre hat Werner aus der Kenntnis Ostpreußens und Polens wirklichen Nutzen gezogen. Und schließlich ist in diesem Zusammenhang Werners Interesse für die altpreußische Mythologie hervorzuheben, von welchem der 1. Akt und der „historische Vorbericht" zeugen. Ob er den 1. Akt wirklich „ganz dem Charakter des rohen Preußenvolkes amalgiert" hat[198], wie es die Absicht einer eigenen Umarbeitung dieses Aktes war, dürfte schon eher bezweifelt werden. Jedenfalls ist all dies nur Einleitung, Umwelt, theatralisch belebende Farbe, welche ein Gegengewicht gegen die ungreifbare Zartheit der inneren Handlung bilden soll. Iffland fand das Stück für die Berliner Bühne nicht geeignet, denn in der Tat: Sein wahrer Mittelpunkt ist der heilige Adalbert, der einst in Preußen als Märtyrer fiel und nun in der Verkleidung eines Spielmanns die Handlung nach dem Willen der göttlichen Vorsehung lenkt. Ihm allein verdanken es die Ordensritter, daß sie durch das wilde Preußen nach Polen gelangten, er allein rettet im Kampf die Deutschen und Polen vor dem Schwert der heidnischen Preußen und er stärkt die Liebenden zur Entsagung. Wo er geht, strahlen die Wunder; von einer *natürlichen* Motivierung, der Voraussetzung eines historischen Dramas, ist gerade an den entscheidenden Punkten der Handlung nichts mehr zu bemerken, aber es wird spürbar, daß solche religiöse Durchleuchtung der Geschichte dem Wesen Werners entspricht.

Viel oberflächlicher verfuhr Werner in dem Schauspiel, das er selbst ein „historisches" nennt: »Martin Luther oder die Weihe der Kraft« (1806). Iffland hatte an den »Söhnen des Tals« Gefallen gefunden und Werners neues Werk, das »Kreuz an der Ostsee«, dringend angefordert, Werner rechnete fest mit einer Aufführung; daher war die Absage Ifflands eine bittere Enttäuschung. Der Berliner Bühnenleiter rügte insbesondere die Verstärkung des religiösen Momentes und empfahl dem Dichter das Stoffgebiet der neueren deutschen Geschichte. Werner sieht sich also von außen auf das historische Drama verwiesen. Er weiß, hier winkt nach den langen Enttäuschungen so gut wie sicher der Erfolg auf dem Theater, und er wäre nicht der spätere Verfasser des »Vierundzwanzigsten Februars« und der berühmte Prediger des Wiener Kongresses gewesen, wenn er dieser Verlockung widerstanden hätte. Wie sehr er aber innerlich dem historischen Drama widerstrebte, dafür ist der lange Antwortbrief an Iffland vom 15. 6. 1805 ein wichtiges Dokument: „Die rein historischen Stücke scheinen... mir erstens nicht tragisch, weil sie in keinen Mythenglauben verwebt, und von allem religiösem Sinn — *der die Quintessenz des Tragischen ist* — entfernt sind, zweitens aber, auch nicht ästhetisch zu sein, weil sie bloß die rohe Wirklichkeit darstellen". Was später „historisch" heißt, heißt hier „rein historisch", denn es gibt für den Romantiker ein anderes, ein mythisch-historisches Drama. Das historische Drama, schon im Realismus, dann vollends im Naturalismus als wirklichkeitsfern empfunden, erweist sich auf dieser Entwicklungsstufe als Vorhut des Realismus. Weil also Religion und Mythus für die Tragödie unerläßlich sind und die griechischen Mythen keine „Volksreligion" werden können, so bleibt dem tragischen Dichter „*jetzt* fast nichts anders übrig, als den *Katholicismus* von seiner ästhetischen Seite, zur *Folie* seiner tragischen Kunstgebilde zu machen. Ich sage mit Fleiß, nur zur Folie...". Im Sinn einer solchen „Kunstmythologie" muß der moderne Tragöde „die Menschen an christliche Mythen *gewöhnen*". Von historischen Stoffen, meint er, kämen am ehesten die biblischen in Frage — wie Werner ja später auch eine Makkabäertragödie geschrieben hat —, und zwar „weil wir Deutsche gar keinen allgemein bekannten historischen Stoff haben". Diese Meinung muß ihn um so mehr leiten, als er einen Stoff aus der neueren Zeit grundsätzlich ablehnt, denn sie ist „der Gegenwart zu nah, um sie in das Dämmerlicht, was dem erhabenen Tragischen so unentbehrlich ist, anders als gewaltsam zu versetzen".

Stärker als alle diese Bedenken ist der Wille Werners, auf die Bühne zu kommen, und so schließt schon dieser Verteidigungsbrief mit einer klaren Kapitulation: „Ich will auch schon einen histori-

schen, ja, um ganz zweckmäßig zu gehen, selbst einen aus der brandenburgischen Geschichte oder der des Hauses Zollern bearbeiten,
wenn er mir nur einigermaßen freien Spielraum gibt." Schon die
hier ausgesprochene Gleichgültigkeit gegenüber der Wahl des historischen Stoffs verrät, wie wenig dem Dichter das historische Drama
liegt, denn die Freiheit des wahren Geschichtsdramatikers liegt nicht
in einer willkürlichen Veränderung eines zufälligen Stoffes, sondern
in der sorgfältigen *Wahl* eines *solchen* Stoffes, dessen wesentliche
Gehalte den eigenen Antrieben entsprechen; nach der Wahl fühlt
er sich nicht mehr durchaus frei.

Über die weiteren Verhandlungen zwischen Werner und Iffland
wissen wir nichts Genaueres. Jedenfalls hat es Werner mit der Wahl
des Lutherstoffes unternommen, die vielleicht am hellsten belichtete
geschichtliche Erinnerung der protestantischen Volkshälfte zu gestalten. Sie wurde damals durch die Werbung für ein Lutherdenkmal
noch besonders gepflegt.[199] Kurz vor der Entscheidung zum Lutherdrama schrieb Werner, er wolle diesmal einen ganz anderen Stoff
wählen als früher; „aber das Göttliche wird immer die Folie sein"[200].
Werner hoffte also durch die Wahl eines *religions*-geschichtlichen
Gegenstandes die notwendige innere Beziehung zu seinem Stoff
finden zu können. Aber gleichzeitig wollte er, wie er seinem nahen
Freunde Scheffner gesteht, den „berlinischen Jesuitenriechern den
Luther, wie einem groben Ast einen groben Keil, entgegensetzen",
denn er war „im Geruche des Katholizismus"[201]. Wie wenig ehrlich
seine sonst beteuerte Lutherverehrung ist, können wir vermuten,
wenn er in demselben Brief Luther einen „wohlmeinenden reforma-
torischen Plumpsack" nennt. Trotz dieser inneren Einstellung hat
Werner alles getan, um es seinen protestantischen Landsleuten recht
zu machen und des Erfolges auf der Bühne von 1806 sicher zu sein.
Er hat die patriotischen Motive des Stoffs, so besonders den Gegensatz zwischen Karl V. und den deutschen Fürsten, herausgearbeitet.
Er hat sich bemüht, Luther als volkstümlichen Helden, an dem ein
Kriegsmann verloren gegangen ist, als gottbegnadete machtvolle Persönlichkeit zu zeichnen. Diese starke Belichtung der führenden Persönlichkeit ist etwas Neues in Werners Geschichtsdarstellung, ohne
daß man deshalb den Einfluß Fichtes so stark zu betonen braucht,
wie Hankamer dies tut[202]. Er hat in den langen Vorbereitungen
(III. Akt) und namentlich in der selbsterfundenen Plenarsitzung des
Reichstages (IV, 1) das Interesse für die alte Verfassung des Reiches,
für würdige Repräsentation, für prunkvolle Züge, für humorvoll
kernige Ahnengestalten sich zunutze gemacht. Er hat nicht vergessen, den schlichten Eltern Luthers eine ausführliche Episode zu widmen (II, 1), und er läßt schließlich nach altbewährtem Muster das
Stück in der Vermählung Luthers ausklingen. Er gab sich also alle
Mühe, auf dem Boden der geschichtlichen und theatralischen Wirklichkeit zu bleiben. Verstärkt wurde dieser Eindruck durch die Auf-

führung Ifflands, welche dem historischen Detail große Aufmerksamkeit widmete. In einem Vorbericht stellte Werner den Reformator als „deutschen Helden" und sein Stück als „Volksschauspiel" vor. Die höchste Aufgabe der Volksbühne, so verkündete er hier, sei „die lebendige Darstellung frommer Helden des Vaterlandes". Der Eindruck ehrfürchtiger historischer Treue sollte besonders dadurch erweckt werden, daß Werner seiner Lutherfigur oft wörtliche Zitate aus den Reden oder Schriften Luthers in den Mund legte. So konnte Fränkel in seiner Apologie des Dramas behaupten, Werners Luther gleiche, soweit das überhaupt in einem Drama möglich sei, „dem historischen Luther in seinem ganzen Wesen"[203]. Fränkel muß aber die Gestalt Luthers, um zu diesem Ergebnis zu kommen, „isoliert von all dem mystischen Treiben, das sich um ihn abspielt, betrachten", und damit wird jene Behauptung selbst zweifelhaft; denn Luther ist ja nicht nur in den historischen, sondern auch in den mystischen Szenen, so besonders in der Schlußszene, zugegen. Es geht nicht an, ihn von Theobald und Katharina zu isolieren. Das Schwanken zwischen historischem Realismus und Mystifizierung, die „Halbheit", welche man diesem Stück mit Recht vorgeworfen hat[204], kennzeichnet auch die Gestalt Luthers. Werner hat in diesem Drama ebensowenig Achtung vor dem geschichtlichen Gegenstand wie in den übrigen, nur wird hier aus Gründen der äußeren Wirkung mehr Geschichtsstoff herangezogen und die Liebesmystik stärker gegen das Ende abgedrängt. Damit aber wird dieser Schluß, als wenig organisch, künstlerisch um so problematischer. Werner gibt in einem brieflichen Kommentar zu dem Werk den Stufenbau: „Heros" Luther, die „universalhistorische" Bedeutung Luthers, und *wichtiger als alle diese geschichtlichen Folgen*" die „Aufstellung der ewig wahren Idee" in den „allegorischen Personen"[205]. Ist dies wirklich der Fall, und wir glauben es Werner, dann ist die Breite der realistisch-historischen Szenen ohne innere Bedeutung. Sie bleiben bloße Auftragsdichtung. Einige Zeit ließ sich die Öffentlichkeit von dem Stück blenden; Werner und Iffland hatten sich nicht verrechnet. Aber schon Tieck dürfte das endgültige Urteil der Geschichte gesprochen haben, wenn er sagt, daß „in der Weihe der Kraft von Werner der große Charakter des Frommen, die weltgeschichtliche Bedeutung des Gegenstandes, die Kraft der deutschen Nation nur entweiht und herabgewürdigt" wurde.[206]

Die Problematik von Werners Lutherdrama ist nicht nur für diesen Dichter selbst, sondern auch für die Einsicht in die allgemeinen Bedingungen des historischen Dramas aufschlußreich. Es zeigt sich hier besonders deutlich, daß eine große historische Erinnerung als ein ehrfurchtgebietender Besitz der Menschheit oder des eigenen Volkes der Freiheit des Künstlers Schranken setzt, die er nicht ungestraft überschreiten darf. Es ist bezeichnend, daß Fränkels Versuch, die »Weihe der Kraft« vom künstlerischen Gesichtspunkt aus zu rehabilitieren, aus der l'art pour l'art-Zeit stammt. Man kann ihn als gescheitert betrachten.

Die „romantische Tragödie" »Attila, König der Hunnen« (verfaßt 1807) knüpft insofern an die Geschichtsauffassung des Lutherdramas an, als auch hier durch einen Heros, der nur das Rechte tut, durch die »Weihe der Kraft«, die alte Welt aus den Angeln gehoben und eine neue geschaffen wird. Das unheilige Gegenspiel ist hier durch Aëtius vertreten, wie in der »Weihe der Kraft« durch Karl V.: „Mein Will' ist Gott". Nur wird hier, zum Vorteil des dramatischen Werkes, die Gegnerschaft des Aëtius bis zu dessen Tode festgehalten, während im Lutherdrama das plötzliche Verschwinden Karls V. nach den breit ausgeführten Szenen in Worms das ästhetische Gleichgewicht des Dramas erheblich stört, was auch Fränkel zugibt[207]. Allerdings ist der Tod des Aëtius zu dieser Zeit, und gar durch den künftigen Richter Romas, Odoacer, frei erfunden, wie denn überhaupt in diesem Drama Werner die ihm und dem romantischen Geschichtsdrama gemäße Freiheit gegenüber der Geschichte wiedergefunden hat. Um ihrer gewiß zu sein, ging er noch tiefer als im »Kreuz an der Ostsee« in das Dämmerlicht der Geschichte zurück. Die Hunnen sind für den Dichter nur der Ausdruck einer unschuldigen Urkraft, welche die verdorbene Welt wieder neu schafft; sie werden von Germanen und Kelten nicht geschieden. Auch das Kulturhistorische, so die Welt des verderbten Rom, ist nur ganz flüchtig und nachlässig gezeichnet. Werner bemühte sich nachträglich noch einige Anachronismen zu beseitigen, damit die „kritischen Hunde" keine Gelegenheit zum Spott haben.[208] Jedoch all das ist nicht wesentlich; denn der größte Anachronismus ist die Gestalt des Attila selbst, so wie sie der mythischen Phantasie des Dichters sich zeigt. Man kann bei der Darstellung der furchtbaren Geißel Gottes manchmal versucht sein, an die gigantischen Geschichtsgestalten eines Grabbe zu denken. Aber wie sehr widerspricht die fast allegorisch festgehaltene Formel von der unbedingten Gerechtigkeit Attilas den naturhaften Geschichtshelden jenes Dramatikers und dem geschichtlichen Urbild eines asiatischen Eroberers in der Völkerwanderungszeit. Auch Aëtius ist durch die Formel „eigner Wille" zu starr umgrenzt, um mehr als eine Figur im dramatischen Spiel zu sein. Zum erstenmal wählt Werner eine weltliche Herrschergestalt zum Zentralpunkt seines Stücks, aber das hindert ihn nicht, alles das in den Stoff hineinzulegen, was er zur Gestaltung seines Helden- und Geschichtsmysteriums braucht. Aus dem von Attila zerstörten Burgundenreich wird die sagenhafte Hildegunde, als unheimliche, rachsüchtige Begleiterin und endlich Mörderin Attilas, in das Stück hereingezogen. Aus der geschichtlichen vergeblichen Werbung um Honoria wird die Todesvermählung und die letzte Heiligung und Entsühnung des sterbenden Eroberers entwickelt. Aus der historischen Tatsache, daß sich Attila durch eine Gesandtschaft unter der Führung Leos I.

zur Schonung Roms bestimmen ließ, wird eine Leitung seiner letzten Schicksale durch Leo abgeleitet und gegen die historische Überlieferung sein Tod nach Italien verlegt. Aber all das zur Gestaltung einer persönlich-religiösen, nicht aktuell-politischen Dichtung! Es mag sein, daß Werner eine Welteroberergestalt zum Gegenstand seines Dramas wählte, weil er es miterlebte, wie eine solche über die Bühne der Welt schritt, und daß er in der Zeichnung der „Welttyrannin Rom" den Freiheitsruf der Zeit mitschwingen ließ. Doch jede Auslegung des Dramas nach Art eines Schlüsselstücks erscheint mir verfehlt, ob man nun wie Hankamer Napoleon mit Aëtius[209] oder, wie früher bei der Einreichung des Stückes, mit Attila gleichsetzt. Wenn man die noch im Lutherdrama deutlich ausgesprochene Kritik an den deutschen Fürsten und die geringe Anteilnahme Werners an der nationalen Bewegung bedenkt, könnte man Attila noch am ehesten als das Wernersche Wunschbild eines gottbegnadeten Welteroberers verstehen. Die Welt, das wäre dann die Meinung, bedarf des Gerichtes und der Erneuerung durch einen gewaltigen übernationalen Herrn, aber seiner Kraft darf die Gerechtigkeit und Weihe nicht fehlen. Schon bei dieser Auffassung aber ist der Rahmen des üblichen politischen Schlüsselstücks mit der eindeutigen Tendenz gegen etwas durch die religiöse Schau auf das Problem durchbrochen, und Werner konnte gegenüber den Bedenken der Wiener Theaterzensur ehrlich der Ansicht sein, das Stück sei politisch „so unschuldig und beziehungslos, daß es nirgend Anstoß erwecken würde"[210].

Wie Deutschland zur Zeit Luthers und Altpreußen zur Zeit der Eroberung durch die Ordensritter, so steht auch Rom zur Zeit Attilas im Zeichen der Krise. Mit dem Auge des begabten Dramatikers hat Werner solche entscheidenden Augenblicke der Geschichte gewählt; das Geschichtsdrama Hebbels, der übrigens Werner im gleichen Atem mit Kleist nennt[211], konnte in dieser Beziehung bei dem romantischen Dichter anknüpfen. Nur handelt es sich bei Werner nicht um den Durchbruch eines jeweils neuen Gehaltes, sondern um den Sieg des einen wahren Glaubens in verschiedenen Weltlagen. Die Weltwende wird im »Attila« besonders deutlich herausgearbeitet. Das Liebesmysterium, die Todesvermählung, blendet oder verwirrt hier nicht den Blick auf den geschichtlichen Vorgang, sondern folgt nur als Gnadennachspiel der an sich selbständigen Geschichtshandlung, welche die Verwandlung des heidnischen Rom in das neue christliche durch den Helden und das Heldenvolk des Nordens unter der Führung Leos I. zum Gegenstand hat. Unmittelbar ehe ihm der Bischof Leo die wahre Braut zuführt und sich die Rache Hildegundes vollzieht, schaut Attila den Sinn seiner geschichtlichen Sendung:

> „Nein, dem Lichte folg' ich; ich atme froh im Licht! —
> Und fall ich — o so wird aus meinem Staube
> Ein herrlich Volk von Helden sich erheben.
> Das alte Rom sinkt seiner Schuld zum Raube,

Ein neues wird durch mich herniederschweben;
Und freudig wird des Höchsten kühner Glaube
In Rittertum, Gesang und Sehnsucht leben."

Attilas Tragik ist es, daß man die „Palme" und das „Schwert" nicht
gleichzeitig führen kann. Darum muß der Heide, wiewohl er der
Hüter des Rechtes, der „Reine" ist, untergehen. Ihm wird die Liebe,
die „Vollendung" im Tode zuteil. Die neue Welt aber ist nicht mehr
zu denken ohne das neue Rom. Der Bischof Leo steht als der Hüter
des Lichts groß neben dem neuen König Odoacer, dem kommenden
Richter des alten Rom, der wie Dietrich von Bern in Hebbels »Nibelungen« die letzten Worte spricht.

Das meiste über Werners Geschichtsdrama ist damit gesagt, denn
es folgt nach dieser Richtung kein neuer Versuch mehr, vielmehr
biegt, wenn wir die für Weimar geschriebenen Stücke außer acht
lassen, die Entwicklungslinie zurück zu jener Art von Calderonschem
Märtyrer- und Legendendrama, wie wir sie schon im »Kreuz an der
Ostsee« und in Tiecks »Genoveva« kennenlernten. Werners Weg
geht in diesen Jahren von der »Weihe der Kraft« zur »Weihe der
Unkraft«, was schon darin zum Ausdruck kommt, daß jetzt weibliche
Figuren in den Mittelpunkt treten und in den entscheidenden Wendungen übernatürliche Wunder die Ohnmacht des Starken offenbaren. Das hindert nicht, daß geschichtlicher, namentlich kulturge-
schichtlicher Stoff, zur Erhöhung der Anschaulichkeit herangetragen
wird, so besonders in den Gerichtsszenen von »Cunegunde die Heilige«. Diese Methode hatte sich in der »Weihe der Kraft« bewährt,
und Werner wollte auch hier ein „ganz aufführbares, populäres und
theatereffektvolles Stück" schreiben[212]. Es ist aber ein Fehlurteil,
wenn Hankamer gerade dieses Stück als einzigen Versuch Werners
heraushebt, in dem er „sicherlich das Historische ernstnehmen"
wollte.[213] Schon die Vorbemerkung sagt es ja ganz deutlich, daß er
sich nicht unter das Urteil der Geschichte, sondern der Legende stellt.
Er bittet die Frommen, zu verzeihen, wenn er etwas an diesen heiligen Geschehnissen habe ändern müssen. Nur in jener besonderen
romantischen Absicht der Wiedererweckung des Bleibenden durch
Bearbeitung einer alten Quelle ist das Stück geschichtlich. In diesem
Sinne schließt auch der Prolog mit dem später (III, 4) als Feldgeschrei
wieder aufgenommenen Wunsche, „daß alte Zeit sei neu!" Han-
kamers Urteil mag durch eine vielzitierte Äußerung Werners bedingt
sein, wonach er die »Cunegunde« „im echt altdeutschen Kolorite"
abzufassen beabsichtigte.[214] Wenn wir aber ebendort weiterlesen:
„so populär als möglich, ohne Mystik", sehen wir schon, daß in der
Ausführung der ursprüngliche Plan stark modifiziert wurde. Noch
in dem fertigen Drama besteht eine Spannung zwischen der gewollt
gemütlichen Knittelversatmosphäre des Anfangs und der viel echte-
ren fast barocken Glut, wie sie besonders seit der Szene zwischen
Arduin und Cunegunde (II, 10) durchbricht und übrigens wie von

selbst die Verwendung des Alexandriners in wichtigen Szenen nach sich zieht! Werners ursprüngliche Absicht, die »Cunegunde« möglichst echt altdeutsch zu gestalten, hängt vermutlich mit seinem Aufenthalt in Coppet zusammen, wo er einige Zeit in nahe Fühlung mit A. W. Schlegel kam. Dieser hatte eben in seinen Wiener Vorlesungen das geschichtliche Drama gefordert und besonders auf die Hohenstaufenzeit hingewiesen (vgl. u. S. 102 f). Und schon sehen wir Werner zu solchen Plänen entflammt. Es mochte ihn gelüsten, das Berliner Spiel mit Luther zu wiederholen; er erbot sich nämlich gegen Goethe, „ein ganz aufführbares und unmystisches Trauerspiel zu machen ... Um bei dem ersten und besten(!) Sujet stehen zu bleiben; was würden Ew. Excellenz wohl zu einer Trilogie historischer Trauerspiele sagen, welche die Katastrophen Kaiser Friedrichs II., seines Sohnes Manfred und Enkels Konradin von Hohenstaufen dramatisch behandelt darstellte?"[215] Gewiß brauchen wir es nicht zu bedauern, daß Goethe die Hand zu diesem Unternehmen nicht bot; denn was Werner wirklich noch zu geben hatte, das gab er in jenen Dramen christlich-barocker Geisteshaltung, in deren Atmosphäre er nicht nur literarisch wie Arnim, sondern praktisch durch seine Beziehungen zum Jesuitenorden und durch seine Konversion in Rom geriet. Die Geschichte ist für Werner ein prunkvolles, oft mit Sorgfalt gearbeitetes Kleid, welches dem Gerippe seines Dramas Leben und Anschaulichkeit verleihen muß. Die Geschichte wird auch deshalb gewählt, weil sie die Auswirkung und Allmacht der gottgeweihten Seele, des Glaubens im widerstrebenden Elemente der Welt zeigen soll: die aktive Offenbarung Gottes. Aber die so entwickelte dramatische Dynamik von Heiligem und Unheiligem[216] muß der Natur der Dinge nach gewaltsam in die Geschichte hineinkonstruiert werden. Eine fruchtbare Verbindung des historischen Stoffs mit der persönlichen Schöpfung des Künstlers gelingt nicht.

*

Wie in Polen, so hatte Zacharias Werner auch während seines Aufenthaltes in Prag dem Slawentum seine Aufmerksamkeit geschenkt und solchen Bemühungen in der »Wanda« Ausdruck gegeben. Hier knüpfte CLEMENS BRENTANOS „historisch-romantisches Drama" »Die Gründung Prags« (1814/15) an. Er steigerte Werners Anregungen und schuf, wie schon der Titel andeutet, geradezu ein böhmisch-patriotisches Schauspiel, wobei er allerdings wiederum an Vorläufer anknüpfen konnte, etwa an Komarecks Nationalschauspiel »Przemysl« (1793). Wie der Aufsatz im Kronos bezeugt[217], hat er alle derartigen Bearbeitungen der Prager Gründungssage gelesen, um sie freilich abzulehnen. Es ist bezeichnend für den Romantiker, daß dies Unternehmen durch unangenehme persönliche Erfahrungen mit den Tschechen und durch das deutliche Gefühl der Artfremdheit nicht gestört werden konnte; denn der Wert einer geschichtlichen Erscheinung liegt nach romantischer Geschichtsauffassung hinter ihr, in ihrem Ursprung, der stets höherer Herkunft ist:

> „Nichts war mir heimisch als mein Himmelszeichen
> Und nur des Landes Vorwelt tief vertraut."

Es kann geradezu als panslawistische Tendenz anmuten, wenn Brentano das Stück der russischen Großfürstin Katharina Paulowna als der „Höchsten slaw'schen Stammes" zueignet. Aber man würde Brentano mißverstehen, wenn man hier an schroffe nationale Grenzziehungen denken wollte. Ohne jeden Bruch mit seiner Gesamthaltung kann der Dichter aus dem Munde des Primislaus das künftige tschechisch-deutsche Zusammenleben im Habsburgerstaate prophezeien:

> „Wird fremde Glorie euren Zepter rauben,
> Dann werdet auf des Nachbaradlers Schwingen
> Ihr zu des Völkerruhmes Sonne dringen."

Einer solchen Auffassung entspricht es, daß die Religion in der »Gründung Prags« wichtig, ja ausschlaggebend ist. Der Gegensatz zwischen dem alten wilden Amazonenstaat und der neuen, von Männern bestimmten Ordnung unter Primislaus ist zugleich der Gegensatz zwischen Heidentum und Christentum. Wiewohl Libussa auch aus sich heraus oder vielmehr durch ihr Offensein für die göttliche Offenbarung den rechten Weg geht, so kann doch das Ziel nur der christlich-patriarchalische Rechtsstaat sein, wie er am Schluß des Stücks durch die erste Rechtsprechung des Primislaus gegründet wird und wie er sich in den folgenden, nicht ausgeführten Teilen gegen den Widerstand der alten Welt bewähren sollte. Libussa, die reine, königliche Heidin, führt wie Attila nur an die Schwelle, zeigt das zarte Wachstum des Wahren und Ewigen in der Geschichte. Neben ihr steht weiter vorwärts weisend die Märtyrerin Trinitas. Aus ihrem Blut erst wird wie im »Kreuz an der Ostsee« der endgültige Sieg des Neuen emporwachsen. Brentanos »Gründung Prags« ist ganz Mythus und wohl dasjenige romantische Drama, das am stärksten der Sehnsucht nach dem Dämmerlicht, nach den „Jugendträumen der Geschichte"[218] Ausdruck gibt. Der Dichter hat wiederholt ausgesprochen, daß es ihm nicht um die historische Wahrheit geht. Ja, er flieht mit Absicht vor ihr. Die mit Legenden durchsetzte „Böhmische Chronik" des Hajek war ihm gerade recht, und er verteidigt den Verfasser gegen „die neuen überklugen Geschichtszeitungsschreiber, die ihn einen alten Fabelhans nennen"[219]. Das Zurückgehen in die sagenhafte Vorzeit ist dem Dichter innerstes Bedürfnis. Er hat hier vollen Spielraum für die künstlerische Gestaltung, da der Gegenstand „selbst auf seiner historischen Stelle in das Reich der Phantasie fällt"[220]. Er fühlt sich hier, und nur hier, in jenem Reiche uranfänglicher göttlicher Unschuld, wo es nichts Unlösliches, schuldhaft und irdisch Verworrenes gibt, denn „wo die historische Wahrheit eintritt, steht der Engel mit dem feurigen Schwerdte bereits vor dem verlorenen Paradies"[221].

Es ist kein Zufall, daß Brentano sich nicht nur gegenüber dem geschichtlich Wirklichen, sondern auch gegenüber den Bedingungen der dramatischen Gattung, zumal in diesem Drama, völlig frei fühlt; denn Drama und Geschichte haben miteinander gemeinsam, daß sie gegensatzreiche, dynamische Entwicklung und kein harmonisch schwebendes Spiel sind. Für den Märchendichter mußten beide Sphären in ihrem Kern unzugänglich bleiben.

*

Bei aller Zuneigung zu romantisch-religiöser Lebensauffassung viel wirklichkeitsnäher ist der Märker ACHIM VON ARNIM. Und so wundert es uns nicht, daß sein Werk von nicht unbedeutenden historischen und dramatischen Neigungen Kunde gibt. Es geht nicht an, seine »Kronenwächter« als den ersten historischen Roman zu rühmen und gleichzeitig seine zum Teil ebenbürtigen historischen Dramen oder doch Kleindramen dem Dunkel der Vergessenheit zu überlassen.[222] Gewiß, Arnim war weit entfernt von einem entschiedenen historischen Realismus. Das zeigen eben seine »Kronenwächter« und die daran anschließende Auseinandersetzung mit den Brüdern Grimm, welche ein Zeugnis für den prinzipiellen Gegensatz zwischen dem wissenschaftlichen und dem künstlerischen Geschichtsvermittler darstellt. J. Grimm spricht von den Geschichtsdichtungen als von „bedeutend aussehenden, automatisch rührsamen Maschinen, denen es nur, man weiß nicht wo, fehlt, um zu leben anzufangen"[223]. Seine Forderung geht auf strenge historische Wahrheit.[224] Arnim aber bekennt sich gegenüber dieser Forderung, die er als eine allgemeine Zeittendenz auch bei Tieck und Steffens feststellen muß, noch leidenschaftlich zu der romantischen Auffassung, „daß alle Geschichte allen Kenntnissen zum Trotz aufgehoben wird, wo die Theorie über sie herrscht. Es ist eine seltsame Zeit, wo keiner sein Haus zu finden meint, sondern es sich aus den Trümmern anderer Häuser zu bauen verpflichtet glaubt"[225]. So deutlich sich hier Arnim gegen den heraufziehenden Historismus des 19. Jahrhunderts wehrt, so kritisch verhält er sich andererseits gegenüber einem Mythendrama in der Art von Brentanos »Die Gründung Prags«. Bei der Betrachtung dieses Stücks stellt er — für unsere Bewußtseinsstufe gewiß mit Recht — fest, daß sich „mythische Stoffe" nur sehr bedingt für das Drama eignen: „Tat und Charakter menschlich fortwirkend und verbindend zeigen sich zu selten."[226] Diese Zweifrontenstellung ist charakteristisch für den nun heraufziehenden Typ des Geschichtsdramatikers, der sich bewußt seine künstlerische Freiheit erhält und doch die geschichtlichen Stoffe wirklichkeitstreu zu entwickeln strebt. Es könnte nun beim ersten Blick auf das dramatische Werk Arnims zweifelhaft erscheinen, ob wir berechtigt sind, seine geschichtsdramatischen Versuche so ernst zu nehmen[227] und ihn in diesem Sinne dem größeren Dramatiker Z. Werner als zukunftweisend gegenüberzustellen; denn auch die Dramen Arnims, und zwar gerade die ausgedehnten, »Halle und Jerusalem«, »Die Gleichen«, auch »Der echte und der falsche Waldemar«, arbeiten so viel mit dem Wunderbaren oder Sagenhaften, sind so stark auf Überwelt und Seelenheil gerichtet, daß man von hier aus geneigt sein könnte, die historisch-dramatischen Bestrebungen Arnims als nebensächlich abzutun. Was hat dieser Sidney, unter den Jerusalempilgern, mit dem historischen Sidney zu tun? Wie rein willkürlich ist die biedermeierliche Abdankung Waldemars! Doch wohl lediglich die Spiegelung von Arnims persönlichem Erlebnis: dem Rückzug auf sein Gut Wiepersdorf nach so manchen Enttäuschungen seiner vaterländischen Tätigkeit. Bei den »Gleichen« hat Arnim nicht nur einen sagenhaften Stoff gewählt, sondern auch noch die geschichtlich feststehende Heimat des von der Sage besungenen Gleichengeschlechtes und den Ausgang der Sage verändert, wogegen schon J. Grimm energisch protestiert. Über den Einzelfall hinausgehend hält es der Freund für nötig, Arnim hinzuweisen auf die „Macht der Wirklichkeit auch in der Poesie, wie in allen andern Dingen, und wie wir sie alle auch in den politischen fühlen und erkennen lernen"[228].

Es soll nicht bestritten werden, daß die christlich-transzendente Seite von Arnims Weltbild kräftig hervortritt und jedenfalls — nicht ohne schmerzliche Spannungen hervorzubringen — als Gegenpol zu seinem historisch-nationalen Realismus wirksam ist, aber es sei auf zwei Punkte hingewiesen, die uns davon abhalten, jene großen Dramen allzu sehr in den Vordergrund zu schieben. Einmal dürfte Übereinstimmung darüber herrschen, daß die Arnim gemäße Kunstform nicht die streng durchkomponierte Großdichtung, sondern die „Stegreifskizze" ist[229]. Daraus erklärt sich bei den Großdramen manches Gezwungene, manche nicht ganz organische Absichtlichkeit. Damit scheint nun als Zweites übereinzustimmen, daß die besonders in den Großdramen geübte Heranziehung des Wunderbaren mit Arnims Programm einer volkstümlichen Kunst zusammenhängt. Überlieferter Glaube und Aberglaube als ein Schatz von Vorstellungen, an welche die Kunst anknüpfen kann; das ist echt romantisch gedacht. Auch Arnim ist in diesem Sinne dem romantischen Bedürfnis nach Kunst-Mythologie nicht abgeneigt. Johannes Schreyers feinfühlige Abhandlung[230] kommt im gleichen Sinn zu der Feststellung, daß Arnims Anknüpfen an die ältere dramatische Technik mit ihren Geistererscheinungen usw. durch „die Rücksicht auf ein naives Publikum bestimmt" ist; auch fällt es ihm auf, daß oft eine doppelte Motivierung störend auftritt, eine übernatürliche und eine realpsychologische, als wollte es der Dichter jedermann recht machen. Bildungsmäßige Anregungen des Wiener Volksstücks ohne wirklichen Zusammenhang mit der Wiener Tradition erklären manche Halbheit. Es ist in diesem Zusammenhang interessant, daß Arnim deutlich den Abstand zum Weltgefühl eines Zacharias Werner empfand.[231] Und Eichendorff, dem man ein sicheres Gefühl für das religiös Echte oder Unechte zugestehen darf, tadelt mit Recht die nicht ganz ehrlichen Katholisierungstendenzen und die „phantastische Mystik" in Arnims großen Dramen.[232]

So verdienen die kleineren, bisher zu wenig beachteten Stücke Arnims eine erhöhte Aufmerksamkeit[233]; und sie sind meistens possenhaft oder historisch oder auch beides zusammen; denn diesen beiden scheinbar widerstrebenden Elementen liegt Arnims betontes und überzeugendes Gefühl für Volk und Volkstümlichkeit zugrunde. Arnims Lustspiele oder Possen gewinnen ihren Charakter durch die warme, liebevolle Durchdringung des Nahen, nicht durch spielerisch transzendierende Auflösung alles Festen. Er hat wirklichen Humor, nicht nur Witz und Ironie wie Brentano. Ähnlich geht sein geschichtlicher Sinn nicht auf übergreifende weltpolitische Zusammenhänge oder auf Geschichtsheroen, vor denen die Bedeutung des einzelnen in ein Nichts zerfällt, sondern auf die unmittelbare persönliche Bewährung in einer bestimmten Situation. In der Vorliebe für die Anekdote[234] trifft sich sein Humor mit seinem Geschichtssinn. Auch die Dramatisierung schlichter Stoffe lag seiner mehr mimisch-gegenständlichen als dramatisch-konstruktiven Natur ausgesprochen. Hier brauchte es weder große Pläne, noch ausführliche Quellenstudien.

»Die Kapitulation von Oggersheim« spielt (nach der Bemerkung des Dichters unter dem Personenverzeichnis) im Jahr 1621. Geschichtliche Vorgänge liegen zugrunde. Der große Krieg ist nicht nur im Hintergrund, wie etwa der niederländische Befreiungskampf in Arnims »Appelmännern«, sondern, wenn man so will, unmittelbar zur Stelle. Fliehende Bürger, ein herannahendes spanisches Heer unter seinem General, Schurken, Prahlhänse und der eine schlichte Held, der die Heimatstadt vor der Zerstörung rettet. Freilich ist alles so possenhaft, ja grotesk aufgezogen, daß man hier kaum von einem Geschichtsstück reden wird. Das Spielchen endet in der fröhlichen Verbrüderung und Verschwägerung der deutschen und der spanischen Seite, wobei von den großen militärisch-politischen Fragen überhaupt nicht mehr die Rede ist. Dennoch nennt es Arnim mit Recht ein „heroisches Lustspiel"; auch der Schafhirt Warsch macht auf seine Weise Geschichte, und im Hintergrund steht, wie in der bekannten Kleistschen Anekdote, auch hier die Überzeugung, daß die geschichtlichen Entscheidungen letzten Endes von der mutigen Tat jedes einzelnen abhängen.

Das ernstere Gegenstück zu diesem Lustspiel ist das nationale Befreiungsschauspiel »Die Vertreibung der Spanier aus Wesel im Jahre 1629«. Diesem Drama liegt, wie dem soeben besprochenen, lediglich eine kleine Erzählung in dem »Theatrum Europaeum« (1662) zugrunde, und es charakterisiert Arnims Gegenständlichkeit, daß, wie er selbst erzählt, nicht so sehr die Geschichtserzählung als das beigefügte Bild die Veranlassung zu der Stoffwahl gegeben hat.[235] Auch hier geht es um eine kleine Stadt und um die mutige Tat eines schlichten Bürgers. Auch hier gibt es Spaß und Liebe trotz des ernsten überpersönlichen Ziels; und zwar sind diese nicht Episode oder unorganische Verbrämung, sondern echter Ausdruck dafür, daß Arnim keine große Staatshandlung, sondern eine schlichte volkstümliche Reaktion auf fremde Unterdrückung gestalten will. Wenn wir im ersten Akt den spanischen Gubernator und Weiberhelden Graf Lozan bei der deutschen Wirtstochter sitzen und Peter Mülder, den deutschen Werber um das Mädchen, aus dem Zimmer weisen sehen, so wissen wir in der Darstellung Arnims: Hier geht es nicht nur um zwei Männer, sondern um zwei Völker. Und wenn dieser Peter Mülder für die schlaue Selbstbeherrschung gegenüber Lozan, für die Verpfändung seines Vermögens an die Generalstaaten, deren Hilfe er für sein Befreiungswerk braucht, für die zähe Vorbereitung des Putsches nicht nur das Mädchen und das Vermögen, sondern auch noch das Bürgermeisteramt bekommt, so beeinträchtigt das nicht die Bedeutung seiner Tat, denn, so scheint der Dichter zu sagen, anders geht es in der Welt nicht zu. Und nicht weniger entspricht es der Wirklichkeit und dem volkstümlichen Empfinden, wenn der vorige Herr der Stadt nicht tragisch-heroisch, sondern humorvoll in seine neue, im wörtlichsten Sinn untergebene Lage befördert wird.

»Die Befreiung Wesels« ist Symbol für die Befreiung Deutschlands, oder anders ausgedrückt: derselbe Geist, der hier im Mikrokosmos Wesel für jeden faßbar, weil aus nächster Nähe, hervortritt, muß in allen Städten, in ganz Deutschland herrschen. Unverkennbar atmet in dem Stück der realistische Tatengeist der Freiheitskriege, der sich von dem eigentlich romantischen deutlich absetzt. Zwar ist auf romantische Weise in dem Traum, der Peter Mülder zur Tat ruft, die übernatürliche Lenkung des Ganzen flüchtig angedeutet, aber es wirkt wie ein Protest gegen die supranaturalistische Weltauffassung eines Werner, wenn das Drama mit den Worten schließt: „Gott hat die Kett' gesprengt, worin die Spanier das freie Wesel legten, doch ihr wart Gottes Hammer. Mensch, hilf dir selbst, so hilft dir Gott!" Hier hat Arnim zweifellos sein bestes nationalhistorisches Drama geschaffen. Und wenn es Brentano mit einer Einschränkung, welche auf die knappe anekdotische Skizzierung zurückzuführen ist, „ganz klassisch" nennt[236], so trifft das besonders im Sinne dieses Typus zu.

Es entspricht dem Sinn für das Nahe und Konkrete in Arnims Geschichtsauffassung, wenn wir ihn an das vaterländisch-preußische Geschichtsdrama nicht nur äußerlich wie Zacharias Werner im »Kreuz an der Ostsee", sondern mit wirklicher Anteilnahme anknüpfen sehen. Er warnt vor dem „hohlen Wortideal Deutschland", da „alles, was für ein Volk geschehen soll, seine zähen Wurzeln aus einer unendlichen Vergangenheit... treibt und ernährt. Nur ein guter Preuße, Bayer, Österreicher usw. wird auch ein guter Deutscher im höchsten Sinne des Wortes werden"[237]. Er glaubt an die Weihe der Abstammung der Fürsten, er wünscht das stille Wachstum des Volkes nicht durch die Einheitspolitik gestört.[238] Zugrunde liegt der romantische Glaube an die Göttlichkeit der geschichtlichen Ursprünge, den wir schon öfters kennengelernt haben; seine Geschichtsverehrung, die sich im übrigen so nahe mit dem Bekenntnis zum Volk berührt, macht ihn mißtrauisch gegenüber einer demokratisch-revolutionären Nationalpolitik. Der preußische Edelmann fühlt sich mit seinem Heimatstaat eng verbunden, und nicht die geringste seiner Aufgaben ist die Schaffung brandenburgisch-preußischer Geschichtsdramen.[239]

Einen schlechten Dienst allerdings erweist man Arnim, wenn man hierbei sein großes Doppeldrama »Der echte und der falsche Waldemar« in den Vordergrund rückt. Denn es kann in diesem Stück nicht nur in dramaturgischer, sondern schon in rein dichterischer Hinsicht von einer Einheit nicht die Rede sein. Von der Zentralgestalt Waldemars lassen sich allein drei oder vier deutlich divergierende Auffassungen feststellen. Die These, daß Arnim in diesem Drama mehrere schon vorhandene Elemente, die zu verschiedener Zeit entstanden, durch eine flüchtige Überarbeitung zusammengefaßt hat, ist teils gesichert, teils sehr wahrscheinlich gemacht.[240] In sich geschlossen ist der erste Teil des Waldemar, wenn man von dem Abschluß, der durch den Plan einer Fortsetzung schon modifiziert ist, einmal absieht. Im getreuen Anschluß an die Geschichte, wenn auch mit dramatischer Konzentration des Ortes und der Zeit, wird zunächst Waldemar auf dem Gipfel seiner Macht gezeigt: Der Friedensschluß mit den drei nordischen Königen, die Anrufung Waldemars als Vermittler durch die früheren Feinde. Der Tradition des vaterländisch-historischen Dramas entsprechend wird Waldemar als der Landesheros, als der große, absolut ideale Herrscher gefeiert. Arnims Stück unterscheidet sich in dieser Beziehung wenig von Fouqué's ungefähr gleichzeitiger Darstellung.[241] Nun aber erfolgt der romantische, allerdings dem mittelalterlichen Stoff nicht ungemäße, Übergang in die Sphäre des Religiösen. An die Stelle der historischen, durch den Wandel der sittlichen Auffassung nicht mehr als solcher empfundenen Eheschuld, tritt die Liebesverschuldung gegenüber Magelone und das tiefe Erschrecken über die beinahe begangene Blutschande. Nun verläßt Waldemar ohne jeden Konflikt mit seinen Herrscherpflichten das Land, um als Pilger das Heil seiner Seele zu suchen. Otto: „Gedenke der beglückten Länder, die deine Weisheit hat geschmückt, wer von den Deinen kann sie schützen?" Waldemar: „Gott mag sie schützen, mag die Welt regieren, wie's sein Wille ist..." (3. Akt).

In deutlichem Gegensatz zu dem Schluß des »Waldemar«, wiederum die starken Spannungen in Arnims Weltbild offenbarend, beginnt der »Falsche Waldemar«. Als ob der Dichter durch die Er-

eignisse von 1806 aus seinen Träumen von Gottes unmittelbarer
Vorsehung geweckt worden wäre[242], beginnt plötzlich Waldemars
Pilgertum problematisch zu werden. Wie diese Partien des Dramas deutlich zeigen, hat sich Arnim aus Geschichtswerken über die
Zustände in der Mark Brandenburg nach Waldemars Verschwinden aufs genaueste unterrichtet.[243] Er hat gesehen, daß Gott nicht
an die Stelle Waldemars getreten ist, daß vielmehr das Land von
den Litauern zerstört und Greuel verübt wurden, die Waldemars
eigene Schuld, derentwegen er auf Wallfahrt ging, tausendfach über-
steigen. Waldemar, von der Pilgerfahrt zurückgekehrt, sieht das
einst väterlich behütete Land verwüstet und selbst die Nonnen den
barbarischen Heiden preisgegeben. Nun bricht er los: „Was ist's,
daß ich ein übereilt Gelübde breche, wenn heilige keuscheste Gelübde ein Spiel des wilden Frevels sind, — nein keinen Augenblick
versäume ich, will mich dem Volke zeigen, sie folgen mir so gern
zum Kampf, hier gilt's das Höchste". Aber die hier angedeuteten
fruchtbaren Motive für das Entwicklungsdrama eines Herrschers
werden nicht durchgeführt. Das ernsthafte historische Drama bricht
ab. In den unorganisch angefügten Singspielpartien sehen wir kurz
darauf Waldemar wild und jünglingshaft um ein Mädchen bemüht.
Er verschwindet auf weite Strecken ganz aus dem Gesichtskreis,
um schließlich voller Verachtung gegen das Volk reichlich unmoti-
viert den politischen Schauplatz zu verlassen und mit der zur rechten Zeit aus der Erde gestampften Magelone seinen Lebensabend
biedermeierlich zu beschließen. Trotz des ungleich geringeren Ni-
veaus in der Sprachgebung ist die Handlungsführung bei Fouqué
zweifellos vorzuziehen. Durch Waldemars Wunsch, das Blutvergießen zwischen den Brandenburgern zu vermeiden, wird hier sein Verzicht auf den Thron klar motiviert. Auch die politische Lage des
Reiches, durch welche das Auftreten des falschen Waldemars bedingt
ist, hat Fouqué viel besser anschaulich gemacht. Man darf Arnims
Dichtung in ihren letzten Szenen nicht mehr von Gesichtspunkt des
historischen Dramas aus betrachten.

Die Rhebockpartien sind ein reines Rüpelspiel.[244] Dieser falsche
Waldemar ist ein auf den Kopf gestellter politischer Betrüger. Schon
Hartmann fiel auf, daß auch der Belehnungsakt Karls IV. „mehr ein
derber Scherz als eine politische Aktion" ist.[245] Durch bloßes Zusam-
menleimen von in sich wertvollen Dramenfragmenten ist hier ein
Gebilde entstanden, welches schon als Ganzes, vor allem aber als
historisches Drama, nicht zu verteidigen ist.

Auch von dem wegen seines geschlossenen Aufbaus öfters ge-
rühmten Trauerspiel »Markgraf Carl Philipp von Brandenburg« er-
wartet man vergeblich eine konsequente Gestaltung historischer
Tragik, obwohl der Stoff in dieser Hinsicht gute Möglichkeiten bietet.
Es geht um die geschichtliche Tatsache, daß der eine Sohn des Großen
Kurfürsten, Carl Philipp, mit einer italienischen Gräfin eine nicht

standesgemäße Ehe schließt, aber durch den Befehl seines Bruders, des regierenden Kurfürsten, von ihr getrennt wird und bald darauf stirbt. Es will wenig besagen, wenn aus der natürlichen eine priesterlich gesegnete Ehe wird, wenn der Tod Carl Philipps etwas vorverlegt und in die Form des Selbstmords verwandelt wird. Eine deutliche, aber wiederum nicht konsequent durchgeführte Neuerung bedeutet es jedoch, wenn die Liebesehe durch *private* Motive zerstört wird. Nicht so sehr die Ehre oder die Staatsräson des brandenburgischen Hauses als die ganz ungeschichtliche persönliche Eifersucht des Herzogs von Savoyen und der ebenso ungeschichtliche Verdacht, die Gräfin habe ihren ersten Gatten ermordet, bewirken die Katastrophe. Die im Stück eröffnete Möglichkeit, der brandenburgische Prinz könnte sich mit Hilfe des Wendenkönigs an die Stelle des kurfürstlichen Bruders setzen, ist nicht nur sagenhaft, sondern wirkt vom Charakter des Prinzen aus durchaus spielerisch, denn man erwartet keine Staatshandlung und nicht einmal Konflikte zwischen Liebe und politischer Pflicht von einem Mann, der sich mit folgenden Worten seinem Liebesschicksal in die Arme wirft:

> „O fänd' ich eine Schöne mir bestimmt,
> Ich könnte mir die große Mühe sparen,
> Das kalte Reich dem Bruder abzunehmen."

Wenn Arnim in diesem Drama besonders gegen Ende mit den Schauplätzen und Motiven des Ritterstücks arbeitet, so ist das nur der Ausdruck dafür, daß hier ein größerer geschichtlicher Aspekt nicht zur Wirkung gekommen ist. Daran kann der preisende Rückblick auf den Großen Kurfürsten, wie er der Tradition des vaterländischen Dramas entspricht, nichts ändern.

Viel besser gelungen, weil wirklich dem Wesen Arnims gemäß, ist das kleine historische „Lustspiel" »Der Stralauer Fischzug«. Hier befindet sich der Dichter nicht nur im Bereich der brandenburgischen Geschichte, sondern auch auf dem geliebten Boden der brandenburgischen Heimat. Hier braucht es keine Mordrequisiten, kein Waffengeklirr in den Burgwinkeln, keine künstliche Nacht, sondern nur ein helles Auge und ein gütiges Herz zur humorvoll-gegenständlichen Erfassung des Nahen. Der auch geschichtlich harmlos verlaufene Konflikt des Kurfürsten Friedrichs II. mit der Bürgerschaft von Berlin und Kölln anläßlich seines Schloßbaues im Jahre 1442 eignete sich sehr gut als Rahmen für ein volkstümlich lustiges Spiel. Dieses selbst hat Arnim in den wesentlichen Zügen erfunden. Trotzdem ist die Wahl des vaterländisch-geschichtlichen Stoffes nicht belanglos. Denn erstens sollten wohl in dem wirklichkeitsnahen Bild des Altberliner Bürgertums gewisse zeitgenössische Bürger und Wortführer erkennen, daß sie mit ihren mehr oder minder ehrwürdigen Ahnen gar manches gemeinsam haben. Zweitens wollte Arnim in dem patriarchalischen Landesfürsten, dem er eine Prophetie auf die große nationale Zukunft des Staates in den Mund legt, die Vergangenheit des Hohenzollernhauses ehren. In lustspielhafter Einkleidung sollte gezeigt werden, daß das Verhältnis zwischen Fürstenhaus und Bürgertum durch kleine Reibereien nicht zu trüben ist und daß es die wakkern Kerle allemal mit ihrem Landesherrn halten. Wie später ein Gutzkow vom revolutionären Standpunkt aus, so schafft hier der konservativ denkende Arnim ein, wie es dann heißen wird, „historisches Lustspiel" zum Zweck der Volksbeeinflussung, wobei aber der Unterschied der ist, daß Arnim aus innerem Bedürfnis in die gute alte Zeit zurückgeht, während vom Jungdeutschen der geschichtliche Stoff meist nur als Mittel gewählt und darum entwürdigt wird.

Auch das einaktige „historische Schauspiel" »Glinde« ist in seiner Art gelungen. Arnim verwertet hier in allen Einzelheiten den geschichtlichen Überfall des Kurfürsten Friedrich von Brandenburg auf Stettin. Der Bürgermeister Glinde will Stettin mit brandenburgischer Hilfe vom Herzogtum Pommern losreißen und seiner Heimatstadt dadurch größere Freiheit, als Voraussetzung künftiger Blüte, erkämpfen. Er tut es nur für die Stadt; und die Persönlichkeit des edlen Kurfürsten zeigt uns, daß Glinde sich aus guten Gründen für ihn entschieden hat. Aber die Ritter, das Volk, auch ein seltsames Zeichen stehen seinem Plan entgegen. Und nun — das ist Arnims eigene Erfindung — geht die Geschichte nicht einfach gewaltsam und blind über den Bürgermeister und sein groß gedachtes Lebensziel hinweg, sondern Glinde erkennt am Ende selbst die Stimme Gottes und des Volkes, des „Rechtes". Er stellt sich dem Kurfürsten, dem er ursprünglich selbst den Weg in die Stadt bereitet hat, in vorderster Front entgegen und bezahlt die Rettung des Rechtes mit dem Tod. Deutlich zeigt sich in einer solchen Umstilisierung des geschichtlichen Geschehens die weltanschauliche Beziehung Arnims zur Historischen Rechtsschule; auch der politische Widerstand des Edelmanns gegen eine absolutistische Staatsführung spielt herein.

Ähnliche Probleme finden wir, nunmehr den brandenburgischen Stoffkreis verlassend, in dem Befreiungs- und Erneuerungsdrama »Marino Caboga«, das wegen der bei Arnim seltenen künstlerischen Abrundung Beachtung verdient. Der junge Edle Caboga will, aus der Fremde zurückkehrend, seiner Heimatstadt Ragusa, die unter der eigennützigen Herrschaft des Adels seufzt, die alten Rechte und Freiheiten wieder verschaffen. Der Unerfahrene fällt sofort einer Intrige zum Opfer und wird gefangengesetzt. Zwischen Scylla und Charybdis, zwischen der Menge, die ihre gewaltsame Hilfe anbietet, und dem Herzog von Ragusa, der ihn gegen Unterstützung seines absolutistischen Staatsstreiches befreien will, geht Caboga den Weg des Rechtes, der ihn nach menschlichem Ermessen in den Tod führen muß. Aber Gott bricht durch ein Erdbeben sein Gefängnis, so daß er frei wird. Seine Feinde werden verschüttet. Gott segnet die Waffen des künftigen Herzogs von Ragusa gegen die hereindringenden Türken und rettet ihm als eine besondere Gnade auf wunderbare Weise die Braut. Das Programm, welches Caboga zur Eröffnung seiner Regierung verkündet, heißt: „Nicht herrschen will ich, keiner soll mir künftig herrschen, als die Weisheit aller, das Göttliche, das Recht, die Gnade, des Geistes schaffend Leben, wie es gedeiht, wenn es sich frei darf offenbaren.." Wieder ist es das Wachstum in der Geschichte, was hier ein Romantiker fordert. Daß damit kein revolutionäres Neuern, sondern viel eher ein Wiedererwecken des guten alten Rechtes gemeint ist, zeigt Cabogas Rede vor den Ratsherrn. Hier heißt es: „Ich dachte nach, was uns so schlecht gemacht, bei aller Quälerei und Aufsicht für das öffentliche Wohl. *Es liegt in dem allgemeinen Vergessen unseres Ursprungs.* Schlagt auf die Bücher der Geschichte: die frühen Väter, die den Staat begründeten, sie waren alle wohl belehrt in strenger Schule allgemeiner Freiheit..."[246] Solchem Bekenntnis zur Offenbarung Gottes in den Ursprüngen der Geschichte liegt der Glaube an die gegenwärtige Führung der Geschichte durch Gott nicht fern. Und dieser Glaube trägt, in merklichem Kontrast zu der »Vertreibung der Spanier aus Wesel«, die Handlung dieses Stücks. Vor Caboga „allein erzitterte der wilde Haufen, ein Engel mähte vor ihm die Lanzen nieder"; er wollte „nur das Rechte", und so half ihm Gott unmittelbar. Wenn man gesagt hat, das Erdbeben wirke „allzusehr als bloßer Zufall"[247], so wäre darauf zu erwidern, daß es in diesem Weltbild keinen Zufall gibt, oder aber man muß die Aufrichtigkeit der hier eingenommenen religiösen Position stark einschränken, wofür, wie wir schon sahen (s. o. S. 89), manches spricht.

Sehen wir auf die gesamte Geschichtsdramatik Arnims zurück, so fällt uns das starke Schwanken der diese Stücke fundierenden Weltanschauung auf. Gemessen an Werner und selbst an Schiller ist zwar das volksmäßige und realistische Element in seinen Dramen entschieden im Vordringen begriffen; dies hat er mit seinem märkischen Landsmann Kleist gemein. Aber die seine Werke stark beeinflussende Beziehung zu einer im engeren Sinn romantischen Geistesrichtung, wie wir sie etwa in Arnims Freund Brentano herrschen sahen, vielleicht auch die Schranken seiner dramatischen Begabung, verhindern eine kräftige Entfaltung seines Geschichtsdramas. Aus dem weiten Kreis seiner Versuche haben nur wenige Stücke bleibenden Wert. Diese aber gehören durchweg einem Typus an, den man mit dem Begriff des *Anekdotendramas* umschreiben kann.

*

Schon in der nationalen Erregung der napoleonischen Fremdherrschaft, nicht lange nach Kleists »Hermannsschlacht«, hat EICHENDORFF ein Hermanndrama begonnen, aber nicht vollendet (1810). Erst zwei Jahrzehnte später erschienen seine großen historischen Trauerspiele »Ezelin von Romano« (1828) und »Der letzte Held von Marienburg«

(1830) – gleichzeitig mit den Hauptwerken Grabbes! Man muß sich vor Augen halten, daß zu dieser Zeit das allgemeine Streben nach historischer Wahrheit schon ganz bedeutend gewachsen war, wenn man Eichendorffs persönlichen Geschichtsrealismus nicht überschätzen will. Mißt man Eichendorffs Dramen an den gleichzeitigen Geschichtsdramen und den gleichzeitigen Forderungen Tiecks (s. u. S. 105 f), so wird man nicht widersprechen, wenn Cysarz das Mythische in dem Geschichtsbild des Spätromantikers stark betont.[248]

Zunächst allerdings könnte es den Anschein haben, als ob Eichendorff durch die Betonung der historischen „Objektivität" in einen entschiedenen Gegensatz zu den anderen Romantikern trete. Schillers Dramen findet er „nicht eigentlich historisch"; es gehe Schiller „um irgend eine philosophische Wahrheit ... sehr verschieden von Shakespeare, der vollkommen objektiv, nie sich selbst in den Zuständen schildert"[249]. Der Objektivitätsbegriff Eichendorffs entspricht aber durchaus nicht dem der kritisch-rationalen Geschichtswissenschaft. Seine begrifflichen Gegensatzpaare heißen nicht Mythus und Geschichte, sondern: Ichhaftigkeit und geschichtliche Objektivität, wobei der Idealist als ichhaft, der Vorsehungsgläubige als objektiv erfaßt wird. So sagt er von Schiller, der „Mangel an Demut" hindere ihn, „sich der Geschichte aufrichtig und unbefangen hinzugeben"[250]. Es ist die eigenartige Doppelstellung dieser spätromantischen Geschichtsanschauung, daß einerseits alles Geschehen, so wie es nun einmal war, als Offenbarung Gottes unendliche Wichtigkeit erhält, andererseits aber das Recht, diese Geschehnisse zu deuten und in der Dichtung umzuwandeln, als selbstverständlich in Anspruch genommen wird, weil sich die letzte Verantwortung des Dichters *nicht auf die empirische Geschichtswirklichkeit richtet, sondern auf einen „verborgenen Plan" Gottes,* den man nur hinter ihr erahnen kann.

Im »Ezelin von Romano« hält sich Eichendorff streckenweise so eng an die Quelle, als dies in dramatischer Darstellung überhaupt möglich ist, z. B. in den Kriegshandlungen des 4. Aktes.[251] Andererseits scheut er sich nicht, ziemlich einschneidende Änderungen vorzunehmen. Wenn z. B. Raumer berichtet, an der Spitze der Bewegung gegen Ezelin sei der Erzbischof von Ravenna gestanden, so scheint dies Eichendorff in seinem christlichen Empfinden verletzt zu haben, jedenfalls ersetzt er ihn durch weltliche Edle.[252] Noch schwerer wiegt es, wenn der Held selbst in eine ganz andere Stellung zu seinem geschichtlichen Gegenspieler, dem deutschen Kaiser, gebracht wird, als es der Geschichte entspricht. Während Raumer ausdrücklich einen andern als Vogt nennt, ist bei Eichendorff Ezelin der Vogt des Kaisers. Der innere Grund für diese Änderung der Geschichte, die übrigens durchaus in der Linie des kritisierten Schiller liegt, ist der Wunsch, das Verhältnis Kaiser—Ezelin recht deutlich aus dem Gebiet der Macht in das des Rechtes zu übertragen. Eichendorff hat, um Ezelins Größe zu erhöhen, neben das Motiv des Ehrgeizes den un-

geschichtlichen Plan einer nationalen Einigung Italiens gestellt (III/3).
Hätte nun Ezelin dem Kaiser keinen Eid als Vogt geschworen, so
hätte der Eindruck entstehen können, als handle es sich hier um das
machtpolitische Ringen zweier gleichberechtigter Helden oder Völker, was Eichendorff ganz ferne lag. Durch diese Umformung des
geschichtlich Gegebenen wird der religiös-sittliche Schwerpunkt des
Eichendorffschen Geschichtsbildes deutlich. Grabbe ist in den gleichzeitigen Hohenstaufendramen wesentlich anders verfahren!

Man darf annehmen, daß im Schicksal Ezelins eine der wichtigsten politischen Voraussetzungen für den Biedermeiergeist, der Sturz
Napoleons, mitschwingt. Nicht umsonst klingt in den Warnungen an
Ezelin immer wieder der Gedanke auf, daß „die Völker" nicht auf
die Dauer vergewaltigt werden können. Es geht dabei aber nicht um
die Widerlegung der imperialen Idee, — vielmehr steht das Recht auch
über den *Völkern* —, sondern um den gottgewollten Sturz des Tyrannen, dessen Herrschaft sich auf der bloßen, recht- und damit gott-
losen Macht aufbaute. Die geistesgeschichtliche Verwandtschaft mit
»Ottokar« ist hier sehr eng, und wie dort ergibt sich die Wahl des
mittelalterlichen Stoffes aus der religiösen Rechts- und Reichsidee
ganz organisch; freilich gelingt dem Österreicher die positive Offenbarung der Reichsidee, durch Aufrichtung der Kaisergestalt Rudolf,
ungleich besser.

Ein Herrscher allerdings mit männlich großen Entwürfen ist auch
Ezelin, nicht nur eine Privatperson. Dies unterscheidet die Stoff-
gestaltung Eichendorffs deutlich von der früheren durch Heinrich von
Collin[253]. Bei Collin liegt Ezelins einziger Lebenssinn in dem Weibe
Bianca della Porta beschlossen, die denn auch die Titelheldin des
Stückes ist. Um sie zu besitzen, opfert Ezelin seine ganze Macht.
Mit ihrem Tod ist auch sein Leben zu Ende. Schon durch das Geschichtswerk Raumers, dem Eichendorff die Ezelingestalt nachgebil-
det hat, ist für den jüngeren Dichter ein größerer politischer Horizont
Ezelins gegeben. Letzten Endes aber sehen wir doch, wie alles Politische durch den religiös-sittlichen Standpunkt des Dichters seines Ei-
gengewichtes beraubt wird. Ezelin fällt nicht durch historische Tragik, sondern durch persönliche Schuld. Nicht eigentlich die immer
zweideutige irdische Macht stürzt ihn, sondern das gottgewollte
Recht. In dem unheimlichen Begleiter Ezelins, Ugolin, hat Eichendorff eine jener romantischen Gestalten geschaffen, welche die Bindung jedes Menschen und der Geschichte an ein höheres Gericht
leibhaftig darstellen.

Mit der persönlich-religiösen Durchdringung des Stoffes dürfte es
zusammenhängen, wenn Eichendorff den Liebeshandlungen, den
Naturstimmungen, überhaupt dem Lyrischen, einen derart breiten
Raum gestattet, daß nicht nur das Geschichtliche zurückgedrängt,
sondern auch der dramatische Zusammenhang empfindlich geschwächt wird. Es ist, als ob der Dichter sich nicht wohl, nicht im

Bereich der Dichtung fühlte, wenn er immer in der geschichtlich-politischen Welt der Pläne und Entscheidungen verweilen würde. Und wirklich ist es auch die Eichendorffsche Welt des Waldes, der Schlösser, der Fröhlichkeit und der Liebe, welche uns dieses Drama liebgewinnen läßt und es zu einer überzeugenden Dichtung macht.

Das einige Jahre später verfaßte Trauerspiel »Der letzte Held von Marienburg« zeigt im stilistischen Gesamteindruck keine grundlegende Wandlung, doch wird der dramatische Aufbau etwas konzentriert und — was in unserm Zusammenhang wesentlich ist — die Geschichtsdeutung bedeutend vertieft. Hier wird nicht irgendein Stoff zur Gestaltung des Tyrannenproblems willkürlich „gewählt". Vielmehr ist für Eichendorff, der selbst von Danzig aus tätigen Anteil an der Wiederherstellung der Marienburg genommen hat, der Stoff das ursprünglich Gegebene. Hier handelt es sich um ein Stück Vaterland, das nicht zum „Beispiel" entwürdigt werden darf, sondern demütiger Verlebendigung, allerdings auch der Deutung bedarf. Und zwar geht es wieder um das nahe Vaterland, entsprechend der Tradition des „vaterländischen" Dramas, in der hier Eichendorff wie Arnim und ehrlicher als der Verfasser des »Kreuzes an der Ostsee« steht. Der Dichter hat sein Stück dem Kronprinzen von Preußen und Heinrich XLIV. von Reuss, zu dessen Ahnherren Heinrich von Plauen gehört, zugeschickt.[254] Auch geht man wohl nicht fehl mit der Vermutung, daß für die Aufführung des Dramas in Königsberg der ostpreußische Stoff ausschlaggebend war. Schon die liebevoll gemalten farbigen Bilder aus der Geschichte der Heimat konnten mit Sicherheit auf eine freundliche Aufnahme rechnen. Das ist wichtig, aber doch nur die eine Seite der Dichtung, denn auch hier war für den Romantiker die religiöse Bedeutung des Stoffs mindestens ebenso wichtig wie die nationale.[255] Es geht auch hier, wie im Ezelin, um die Gerechtigkeit Gottes in der Geschichte. Nun aber wird die Frage viel tiefer, wirklich in die Tragik der Geschichte hinabgesenkt, denn diesesmal steht im Mittelpunkt des Dramas kein verworfener Gewaltherrscher, sondern ein beinahe bis zur Heiligkeit verklärter Held und Meister, und die Frage heißt: wie durfte einem solchen aufrichtigen Diener Gottes das geschichtliche Werk mißlingen? Die Antwort lautet: er lebte dem Ritterdienst am Kreuz; solcher Dienst ist nie vergeblich: das Kreuz ist ewig und „ewig ist das Rittertum". Die Bedeutung Plauens liegt jenseits des Gelingens oder Mißlingens seiner irdischen Pläne, er war ein Fingerzeig Gottes auf das Ewige:

> „Nicht du — der starke Gott hat dich erhoben,
> Ein feur'ges Zeichen, über diese Zeit,
> Dass alle Herzen sich zum Himmel wenden."

Ewig ist das Rittertum fürs Kreuz, aber alle geschichtliche Form desselben ist vergänglich; insofern war Plauens unzeitgemäßes Unternehmen Wahnsinn, zur Vergeblichkeit bestimmt. Und der Freund

Schwarzburg hatte, von der geschichtlich-realen Ebene aus, ohne die höhere Schau auf das „Zeichen" Plauen, nicht unrecht, wenn er den Freund verließ mit der Warnung:

> „Wer darf je sagen von sich selbst, er habe
> Recht gegen seine Zeit? Was ist die Meinung
> Des Einzelnen im Sturm der Weltgeschichte,
> Die über uns ein höh'rer Meister dichtet,
> Uns unverständlich und nach andern Regeln."

Die Geschichte wird anerkannt in ihrem geheimnisvollen und scheinbar oft so ungerechten, zerstörenden Verlauf, ohne daß damit der Glaube an die bleibende Offenbarung und die Führung der Welt durch einen sinnvollen göttlichen Willen aufgegeben würde.

Zu Beginn der Romantik hat Z. Werner ganz ähnlich in dem Drama vom Untergang des Templerordens die Frage gestellt, wie es zu deuten ist, daß einer treu verwalteten Stiftung Gottes, daß gerade dem Frommen und Guten der Untergang bestimmt war. In beiden Dramen siegt das Bekenntnis zur Bewahrung der ewigen Substanz in gewandelter Form, — unter Leiden und Tod der Menschen, über die kein äußeres Wunder Gottes hinweghilft. Während sich aber Z. Werner zu einer didaktischen Zuspitzung dieser Geschichtstragik verleiten läßt, gestaltet sie Eichendorff rein und schließt so die Geschichte des historisch-romantischen Dramas mit einem dramaturgisch nicht durchaus überzeugenden, aber dichterisch tiefen und würdigen Werk ab.

*

Es entspricht dem Übergangscharakter der Romantik mit ihren inneren Spannungen und individuell sehr verschiedenen Ausprägungen, daß wenig Zusammenfassendes über ihren Beitrag zur Entwicklung des Geschichtsdramas gesagt werden kann. Am wichtigsten dürfte es sein, daß von den meisten Romantikern die Vergangenheit ernst genommen und nicht als bloßer Stoff benützt wird. Der Romantiker begnügt sich nicht mit dem allgemeinmenschlichen reliefartigen Umriß der Geschichtshelden, sondern er bemüht sich, den Hintergrund, zeitliche und örtliche Atmosphäre mitzugeben; so entstehen geschichtliche „Gemälde". Es ist zwar verfehlt, von einem „historischen Milieudrama" der Romantik zu sprechen[256], aber so viel ist richtig, daß in der Umweltgestaltung die Romantik die Anregungen des Wallenstein-Dichters am stärksten weiterentwickelt hat; das entspricht ihrem Sinn für das Überpersönliche und Zuständliche. Weniger Verständnis bewies der romantische Dramatiker in der Erfassung der dynamischen Geschichtsentwicklung und ihrer persönlichen Träger. Hieraus erklärt es sich wohl auch, daß trotz großer Neigung zum Nationalen das Politische keine große Rolle spielt. Wie wir es auch in romantischen Romanen, etwa in den »Kronenwächtern«, sehen, steht einem verhältnismäßig realistischen Geschichtshintergrund nicht selten ein stark „konstruierter" Hergang als Vordergrund gegenüber. Die zentrale Säule solcher Konstruktion ist jeweils das Religiöse, dessen starke Betonung das durchgängige Kennzeichen des romantischen Dramas ist[257], und dem gegenüber alles Empirische meist in die zweite Linie rückt. In den mittelalterlichen Stoffen ist dem Romantiker diese Wertordnung von selbst gegeben; ebenso wichtig aber wird bei der Wahl dieser Stoffe die Sehnsucht nach einem „Dämmerlicht", das der Phantasie des Dichters freien Spielraum läßt. So fehlt es selbst beim mittelalterlichen Stoff nicht an vergewaltigender Umdeutung oder Veränderung der geschichtlichen Vorgänge.

Insgesamt darf man sagen: nur selten gelingt dem romantischen Dichter eine bruchlose Überhöhung und künstlerische Durchdringung des Geschichtsstoffes, eine Synthese von Stoffgehalt und persönlicher Idee, und damit das eigentliche realideale Geschichtsdrama, nach dem die Zeit drängte. Es bleibt in dieser Hinsicht bei Ansätzen, von denen uns die Anekdotendramen Arnims und Eichendorffs Plauen-Drama besonders wertvoll erschienen. Die Blüte des Geschichtsdramas, obwohl natürlich ohne die romantische Ehrfurcht vor der Geschichte nicht zu denken, konnte sich erst nach dem Ablauf der eigentlichen Romantik, auf dem Übergang zum Realismus, entfalten. Wie auch auf dem Gebiete der Geschichtsschreibung[258] war die Romantik größer in der Ahnung und Anregung des Kommenden als in dem Durchstoß zur abgeschlossenen Werkleistung. Damit ist aber auch ausgesprochen, daß der Beitrag der Romantik zur Vorbereitung des späteren Geschichtsdramas über das in den dramatischen Werken Gegebene hinausging, ja, man kann sagen, daß romantische Theoretiker in mancher Beziehung das romantische Drama selbst überwanden. Es sollen daher zum Schluß diese vorwärtsweisenden Züge der romantischen Anschauungen vom Geschichtsdrama in einem kurzen Umblick aufgewiesen werden.[259]

Zu den nicht voll zur Auswirkung gekommenen Anregungen ist besonders die Forderung eines national-historischen Dramas zu rechnen. Selbst FRIEDRICH SCHLEGEL, der sich ursprünglich mit seinem Streben nach einem mythologischen Drama dem historischen in den Weg stellte, hat später anders urteilen gelernt. In seinen Wiener Vorlesungen von 1812 bemüht er sich, das Nationale und Geschichtliche in sein damaliges Ideal der christlich-romantischen Poesie einzuordnen. Er anerkennt es hier als die irdische Aufgabe der Poesie, „die einem Volke eigentümlichen Erinnerungen und Sagen zu bewahren und zu verschönern und eine große Vergangenheit verschönert im Andenken zu erhalten". „ Die Schaubühne, wenn sie allgemein wirken soll, muß bei jeder Nation eine auf ihrer Geschichte und Nationalerinnerung als ihrer Grundlage ruhende Richtung ... annehmen." Er versucht trotz seiner Calderon-Verehrung gegen

Shakespeare nicht „undankbar" zu sein, denn wenn er auch die „prosaische Dichtigkeit und historische Umständlichkeit", die manche aus ihm rechtfertigen wollen, ablehnt, so läßt er doch die „episch-historischen Grundlagen" des shakespeareschen Dramas als Ausgangspunkt gelten. Er versucht sogar, „die großen historischen und philosophischen Zurüstungen Schillers" zu rechtfertigen. Das Höchste und Innerste freilich ist ihm nach Calderons Vorbild nicht die Nationalerinnerung, sondern die „Allegorie", d. h. „der ganze Inbegriff der gesamten christlichen Bildlichkeit und Sinnbildlichkeit ... als Ausdruck, Hülle und Spiegel der unsichtbaren Welt, nach christlicher Erkenntnis derselben. Dieses ist der Geist oder die Seele der christlichen Poesie, der Körper und äußere Stoff ist dann die romantische Sage und auch das nationale Leben". Nicht nur durch den Hinweis auf die Sage, sondern vor allem auch durch den Geist-Körper-Vergleich wird hier der Eigenwert des National-Historischen noch sehr stark eingeschränkt.

Bedeutend früher und viel entschiedener hat der Bruder, AUGUST WILHELM SCHLEGEL, der auch auf dem Gebiet der dramatischen Form zu bestimmteren und strengeren Anschauungen gelangte, das, wie er selbst sagt, „träumerische" Poesieideal der Frühromantik durchbrochen und ist damit zur Forderung eines konsequenten national-historischen Schauspiels gelangt[260]. Das Erbe Schillers, dessen »Tell« nicht lange zuvor erschienen war, und Shakespeares, der hier wieder als höchstes Vorbild über Calderon gestellt wird, zeugt, nach den nationalen Katastrophen von 1805 und 1806, in diesem Romantiker fort und wird damit für die Entwicklung des Geschichtsdramas fruchtbar. Wir spüren schon das erregende Erlebnis der später so gewaltig anschwellenden historischen Dramatik, wenn wir in einem Brief A. W. Schlegels an Goethe lesen: „Die klassische Mythologie erscheint fade und abgenutzt ... Was verspricht also eine mächtigere Wirkung als das Andenken großer, wirklich geschehener Taten, politische Würde, patriotische Gesinnungen?"[261]

Die geschichtliche Bedeutung des berühmten Aufrufs von A. W. Schlegel in der letzten Wiener Vorlesung (1808) läßt sich in folgende Punkte zusammenfassen:

1

In Anknüpfung an die geschichtsdramatischen Ansätze Goethes und Schillers wird dem historischen Drama der höchste Rang zugesprochen: „Die würdigste Gattung des romantischen Schauspiels ist aber die historische. Auf diesem Felde sind die herrlichsten Lorbeeren für die dramatischen Dichter zu pflücken, die Goethe'n und Schiller'n nacheifern wollen."

2

Die Würde des historischen Schauspiels ergibt sich daraus, daß es wie kein anderes der Nation dienen kann, durch Verlebendigung der nationalen Geschichte: „In diesem Spiegel lasse uns der Dichter schauen, sei es auch zu unserm tiefen Schamerröten, was die Deutschen vor Alters waren, und was sie wieder werden sollen." Besonders große Wirkung hatte in diesem Zusammenhang der Hinweis auf den Hohenstaufenstoff. Die dichterische Weihe erhält ein solches nationales Unternehmen durch den Vorgang Shakespeares in seinen Historien.

3

Dieses „historische Schauspiel" sei „wirklich allgemein national" und „zugleich wahrhaft historisch". Deshalb ist es zu unterscheiden
a) von den im engeren Sinn romantisch-historischen Versuchen, das Alte durch bloße Überarbeitung zu beleben. Diese „Reste unsrer alten Nationalpoesie und Überlieferung" eignen sich am besten als „eine Grundlage für das wundervolle Festspiel".
b) Von den Ritterschauspielen, „in denen nichts historisch ist als die Namen und andre Äußerlichkeiten... nichts altdeutsch als vermeintlich die Roheit," aber auch von den, nur dem Namen nach „vaterländischen", lokalpatriotischen Stücken; denn „das Ganze", die „unzerstörbare Einheit" der Nation soll in diesen Schauspielen leben und den seit drei Jahrhunderten Deutschland entzweienden inneren Zwiespalt überwinden helfen.

4

Dies Drama empfängt nicht erst aus einem übergeordneten Religiösen Seele und Weihe. Von einem solchen kein Wort! Die Nationalgeschichte ist selbst Gegenstand höchster Verehrung, und die Aufgabe des historischen Dramas ist es, die Deutschen um sie „wie um ein heiliges Panier zu versammeln".

Es ist nur *ein* Beispiel für die starke Wirkung A. W. Schlegels, wenn noch zehn Jahre nach seinen Vorlesungen Tiecks Freund SOLGER eine »Beurteilung der Vorlesungen über dramatische Kunst und Literatur« verfaßt, die selber ein Buch ist.[262] In der Lehre, die hier, im Anschluß an Schlegel, entwickelt wird, ist es das Bezeichnende, daß der Philosoph und Ästhetiker innerhalb des Gesamtbegriffs national-historisch den Akzent vom Nationalen auf das Historische verlegt. Solger stimmt zwar Schlegels Hinweis auf die deutsche Geschichte zu, aber sein eigenes Bemühen richtet sich vor allem darauf, die richtige Behandlung der Geschichte als solcher aufzuweisen. Auch Schlegel hatte gefordert: Das historische Schauspiel sei „wahrhaft historisch, aus der Tiefe der Kenntnis geschöpft, und versetze uns ganz in die große Vorzeit". Aber dies hatte ihn nicht gehindert, die Grenze dieses Strebens zu zeigen; er ehrt Schillers Bemühen, „bis zu wahrhaft objektiven Darstellungen durchzudringen", und gibt doch zu, der Dichter habe im »Wallenstein« „so gewissenhaft nach historischer Gründlichkeit gestrebt, daß er darüber des Stoffes nicht ganz Meister werden konnte". Solger nun scheint es für möglich zu halten, daß der Dichter „sich ganz der wirklichen Ge-

schichte hingibt". „Jede willkürliche Veränderung der historischen Begebenheiten nach angeblich höheren künstlerischen Absichten führt
nur auf unreife Hervorbringungen, in welchen man die Einseitigkeit
des vorausgesetzten Standpunktes und die leere Einbildung, die, um
ihn auszumalen, notwendig an die Stelle des wirklichen Lebens treten muß, sogleich erkennt." Mit diesen Worten ist der traditionelle
Form- und Phantasiebegriff geradezu abgelehnt und ein wesentlicher Schritt zum realistischen Geschichtsdrama getan. Mit welcher
Entschiedenheit der idealistische Standpunkt verlassen wird, sehen
wir etwa daran, daß Solger, im Gegensatz zu Schlegel, den »Wallenstein« unter Schillers Dramen am höchsten stellt, aber es auch hier
noch als „übel" empfindet, „daß der historische Stoff dem Dichter
nicht genügte, daß er immer noch etwas Idealisches dabei haben
wollte".

Um Solger ganz gerecht zu werden, muß man freilich betonen, daß
in seinem Weltbild dieses Verlangen nach dem Einzelnen und Wirklichen von einem ebenso starken Fragen nach der „allgemeinen Welt-
bedeutung" im Gleichgewicht gehalten wird.[263] Es ist gerade das Wesen seiner, wir dürfen sagen mystischen Kunstlehre, daß das Allgemeine und Besondere in der stärksten Spannung gesehen und doch
seine Ineinsschmelzung unbedingt gefordert wird. Das große Verdienst dieses tiefen Ästhetikers ist, daß er zu einer Zeit, da, wie er
mit genügender Schärfe sagt, „mythologische Wolkenkuckucksbur-
gen" errichtet wurden, vor diesem „Modeputz" warnt und entsprechend das anachronistische Streben nach einem mythologisch-religiö-
sen Drama als Irrweg durchschaut. Was A. W. Schlegel in dieser Hinsicht nur andeutet, hat Solger klar ausgesprochen; und er wurde in
seiner Auffassung bestärkt von der heraufziehenden neuen Geschichtswissenschaft, die sich ihm in seinem Freunde Raumer repräsentierte. Die mythologische Tragödie, das ist seine Ansicht, kann
man heute nicht wieder aufrichten; vielmehr hat die neuere Zeit
„immer die bestimmteste Richtung auf das Historische gezeigt", denn
der neuere Mensch „kann die wesentliche Idee des ganzen menschlichen Geschickes nicht bloß als ein zum Grunde liegendes abge-
schlossenes Wesen auffassen, sondern sie auch in ihre Beziehungen
auflösen", sein Sinn geht gerade auf „das scheinbar Zufällige in den
historischen Begebenheiten". In Calderons christlichem Weltbild ist
es allerdings nicht möglich, daß „in dem Einzelnen sich das Göttliche ausdrücke", für ihn ist „Mythologie unentbehrlich". Es fragt
sich nur, wie weit er auf dieser Grundlage „in das Wesen des menschlichen Lebens, den eigentlichen Inhalt des Dramas, überhaupt ein-
dringe". Jedenfalls ist die Meinung, Calderons künstlerischer Wert
sei auf seine religiösen Stoffe zurückzuführen, verfehlt, und die daraus entspringende Dichtung ist nichts weiter als ein künstlicher Versuch, sich durch den christlichen Dichter religiösen Schwung zu geben. Diese Art von Religion dürfte eher die wahre Religion unter-

graben, und zugleich die Kunst, denn es ist, unbeschadet einer *höheren* Einheit von Kunst und Religion, an sich „völlig einerlei, ob man, wie vor einiger Zeit, häusliche Moral und Lebensweisheit aus dem Drama zu schöpfen sucht, oder, wie jetzt, Religion und Glauben". Mit dieser Kritik einer Strömung, deren Gewalt wir im Vorangehenden auf Schritt und Tritt begegneten, und mit dem *Hinweis auf das geschichtliche Denken als Schicksal der neueren Zeit,* hat sich Solger um die Begründung und Durchsetzung des nachromantischen Geschichtsdramas große Verdienste erworben, zumal da sein Freund TIECK diese Ideen aufnahm und kraft seiner amtlichen und gesellschaftlichen Stellung weithin verbreitete. Allerdings in verflachter Form, wofür Solger keine Verantwortung treffen kann. So hat Tieck insbesondere Solgers Forderung nach strenger historischer Wahrheit fälschlich isoliert und damit der Entwicklung des Geschichtsdramas empfindlich geschadet. Solgers Wirklichkeitsbegriff ist durch seine engste Verknüpfung mit dem Göttlichen und Allgemeinen voller Spannungen, kleistisch könnte man sagen — nicht umsonst rühmt Solger diesen Dichter —, und deshalb auch keineswegs dramafeindlich. Schon bei A. W. Schlegel entsprach dem Ideal eines historischen Volksschauspiels die Kritik an jenen breiten romantischen Dramen, welche sich nicht kümmern „um die Zusammendrängung, welche die dramatische Form durchaus erheischt"[264]. Diese Formforderung nun hält Solger in vollem Umfang aufrecht, ja er widmet ihr sogar erhöhte Aufmerksamkeit und sucht zu erweisen, „daß, was im vollen Sinne dramatisch ist, notwendig auch theatralisch sein muß". Bei Tieck aber entsteht ein ganz entspannter, lässiger Wirklichkeitsbegriff; historisch wird in seiner Schule fast gleichbedeutend mit episch, und die Shakespeareschen Historien müssen alle formalen Auswüchse eines solchen Geschichtsdramas rechtfertigen. Sein Ideal des Geschichtsdramas umschreibt er folgendermaßen: „Geht in einem Dichter die Gesamtheit einer großen Geschichtsbegebenheit auf, so wird er um so größer sein, je näher er sich der Wahrheit hält, sein Werk ist so vollendeter, je weniger er störende, spröde Bestandteile wegzuwerfen braucht: er fühlt sich als der Genius der Geschichte, und die Dichtkunst kann schwerlich glänzender auftreten, als wenn sie auf diese Weise eins mit der wahren Wirklichkeit wird"[265]. Wollen wir uns die entsprechende praktische Ausführung vorstellen, so müssen wir etwa daran denken, daß Tieck Schiller tadelt, weil er die Gestalt Wallensteins in den Mittelpunkt seines Dramas stellte, anstatt die Gesamtheit des Dreißigjährigen Krieges darzustellen! Wurden durch die Dramen, welche einer solchen Lehre entsprangen, die Zuschauer gelangweilt, so gab Tieck dem Theater und dem Publikum die Schuld. Bei seiner Verkennung der formalen Bedingungen des Dramas mußte auch das Bekenntnis zum nationalen Geschichtsstoff wirkungslos bleiben, ja in Mißkredit kommen. Es ist, als ob Solger diese Entwicklung geahnt hätte, als er seiner Aufmunterung zu den geplanten Geschichtsschauspielen des Freundes die Mahnung beigab, Tieck solle „einmal mit vollem Anspruch auf die Bühne" arbeiten. „Man muß dem Zeitgeist auf den Leib rücken und ihn nicht immer aus der Ferne hätscheln." Zu einem Geschichtsdrama, wie es diesen Worten entspricht, reichten Tiecks Kräfte nicht aus. Ein Unglück aber für die deutsche Literaturgeschichte war es, daß er sich trotzdem, als Dramaturg und Kritiker, ständig mit dem Geschichtsdrama befaßte, und zwar so eifrig, daß man ihn schon 1827 für den „Begründer der sogenannten historischen dramatischen Schule" halten konnte.[266]

Demgegenüber spricht es für den Wert und die Lebenskraft der Solgerschen Theorie des Geschichtsdramas, daß Hermann Hettner in seinem geistvollen Buch über »Das Moderne Drama«, worin er Tiecks Bestrebungen und fast alle inzwischen aufgetretenen Geschichtsdramatiker scharf kritisiert, mit der größten Achtung auf die „ganz unschätzbare" Schlegel-Beurteilung Solgers hinwies und die oben skizzierte Lehre ausführlich zitierte. Auch für Hebbel ist Solger eine hohe Autorität in dramaturgischen Fragen; ihm erscheint seine »Beurteilung der Vorlesungen über dramatische Kunst und Literatur« „in bezug auf das Verständnis Shakespeares" als *ein wahrer Kanon*"[267] — und welche grundsätzliche Bedeutung hatte Shakespeare jeweils für die deutsche Ästhetik! Hebbel bezeugt ausdrücklich die große stille Wirkung der „Beurteilung", indem er feststellt, diese Schrift sei weit öfter benützt als zitiert worden. Mit Solgers Theorie darf die Grundlegung des deutschen Geschichtsdramas als abgeschlossen gelten.

II. TEIL
AUSBREITUNG, BLÜTE UND VERFALL
DES DEUTSCHEN GESCHICHTSDRAMAS

1. VOM RÖMER- UND RITTERSTÜCK ZUM ‚VATERLÄNDISCHEN DRAMA' DER DEUTSCHEN STAATEN

Wir sind im Gang der Untersuchung wiederholt auf Dramen ge-
stoßen, die, mindestens als Nebenzweck, die Verherrlichung eines
besonderen Teils von Deutschland erstrebten. Man könnte von späteren Voraussetzungen aus dazu geneigt sein, in diesem Falle lieber
von Heimatdramen zu reden. Es handelt sich aber bei diesen Stükken weniger um die Natur- und Stammeslandschaft als um das dy-
nastische, ständische und territoriale Wesen eines bestimmten Staates, und so bleiben wir besser beim Ausdruck der Zeit, die von
„vaterländischen Dramen" sprach. Wollten wir von lokalpatriotischen Dramen reden, so würden wir einen ungerechtfertigten Wert-
akzent setzen. Einmal handelt es sich bei diesen Vaterländern vor
allem um die großen deutschen Staaten, von denen das konkrete
politische Leben noch immer abhing. Zum andern ist der ideelle
Gegensatz zu einem „Vaterland" Bayern, Preußen oder Österreich
meist nicht Gesamtdeutschland oder das Reich, sondern die Eigen-
bestrebung der Persönlichkeiten und Stände bzw. die „Menschheit".
Die in den Einzelstaaten bewahrte oder fortentwickelte politische
und sozialethische Substanz des alten Reiches verhinderte in der gefährlichen Zeit um 1789 die Deutschen an einem Abgleiten in ein
rein ideologisches, geschichtsfremdes Dasein. Selbst eine Schrift wie
die des Aufklärers Sonnenfels »Über die Liebe des Vaterlandes«
(geschrieben 1771) verdient in diesem Sinne Aufmerksamkeit. Sie
macht gegen die herrschende Staatsfeindschaft Front, warnt davor,
die Fürsten ohne Unterschied als Tyrannen hinzustellen und jede
gesetzliche Ordnung grundsätzlich als Sklaverei anzusprechen. Man
kann ganz allgemein sagen, daß die Deutschen des 18. Jahrhunderts,
die ja in der großen Masse auch nach dem Auftreten Herders und der
Romantik noch Aufklärer waren, viel leichter den Weg zur empirischen Wirklichkeit des Landesstaats als zum romantischen Fernziel
eines einigen Deutschland fanden. In diesem soziologischen und
geistesgeschichtlichen Rahmen ist die Entwicklung des vaterländischen Dramas zu sehen.

Am frühesten fand, wie wir bei der Betrachtung von Bodmers
schriftstellerischer Tätigkeit gesehen haben, die deutsche *Schweiz*
zum vaterländischen Drama. Ihr schon in der Wurzel aufs engste mit
dem Freiheitsideal verknüpftes Nationalgefühl kam der Aufklärung

besonders entgegen und erlaubte den schnellsten, unmittelbarsten Übergang. Menschheit und Vaterland standen hier am wenigsten im Widerspruch zueinander. Für Schillers »Tell« lassen sich, wie wir gesehen haben (s. o. S. 26), Anregungen des vaterländischen Dramas der Schweizer wahrscheinlich machen; und seinerseits regte nun dies Drama nicht nur Schweizerdramen Deutscher an, wie z. B. August Klingemanns »Schweizerbund« und »Wolfenschießen«, sondern es befruchtete auch das bodenständige Schweizer Drama beträchtlich. Neben Tell spielt ein anderer Volksheld, Waldmann, Bürgermeister von Zürich, eine große Rolle. Ihm haben u. a. Wurstenberger, Schlönbach, Heinrich Keller Dramen gewidmet. In den »Vaterländischen Trauerspielen« des zuletzt genannten Dichters taucht auch „Karl der Kühne", Bodmers Held, wieder auf. I. F. Gottiker und A. Grob dramatisieren Partien der Schweizer Geschichte aufgrund der Darstellung von Johannes Müller. Es erklärt sich schon aus der staatlichen Sonderentwicklung der Schweiz, daß hier das vaterländische Drama besonders früh und lebendig in Erscheinung treten konnte.

Nur ganz am Rande ist Goethes »Götz von Berlichingen« ein vaterländisches Drama im Sinne der hier behandelten Richtung. Es ist zwar nicht zufällig, daß der Frankfurter Patriziersohn auf dem Wege über einen fränkischen Stoff zum nationalhistorischen Drama gelangte. Aber Franken ist mit seinen Reichsstädten, Bistümern und Ritterburgen kein einzelner Staat, sondern es repräsentiert dem Dichter unmittelbar das Reich, dessen Kernland es ursprünglich war. Wir nannten Götz von Berlichingen ein Drama totaler Geschichtsdarstellung (s. o. S. 37). Indem die Nachahmer Goethes diesen Rahmen verengen, entsteht das Ritterdrama. Die Ritteratmosphäre ist in diesen Dramen weithin nichts als Vorwand zu düsteren, grausigen Handlungen. Doch hat das Ritterdrama, in manchen Vertretern, noch eine zweite Funktion, die es zum Vorläufer des vaterländischen Dramas werden läßt: es dient dem Ruhm der Ritternachfahren, des deutschen Adels.[268] Als Beispiel eines solchen Dramas, noch auf fränkischem Boden, verdient JAKOB MAIERS »Fust von Stromberg« Beachtung.[269] Es handelt sich um ein ritterliches Standesdrama. Jeder Ausblick in die Welt des Reiches fehlt; selbst die Gegenpartei des Helden, das Kloster, wird ausschließlich durch den Klostervogt, der selbst ein Ritter ist, repräsentiert. Die Blutsreinheit des Adels hat in der Fabel des Stücks zentrale Bedeutung. Bestimmte Geschlechter werden gerühmt. Der Verfasser, ein Hofgerichtsrat, scheint das Stück, welches 1782 zum ersten Male in Mannheim aufgeführt wurde, eigens für den Adel der Gegend verfaßt zu haben. Die ganz im französischen Geschmack geschriebenen, pikanten historischen Anmerkungen ergänzen diesen Eindruck. Natürlich ist für die tragische Konsequenz des Götz kein Raum in dieser Welt. Die sich befehdenden Ritter werden durch einen Standesgenossen, der eine Art Gelehrter ist, plötzlich zur Vernunft gebracht. Diese Neigung zum Schauspiel ist auch sonst zu beobachten und entspricht den aufklärerischen Grundlagen dieser Dramengruppe. Insofern kann man im Sinn der Aufklärung sagen: »Fust von Stromberg« ist ein moralisch und staatsbürgerlich verbesserter »Götz«. So vernünftig wünscht sich der Hof den Adel! Von hier aus gesehen erscheint es durchaus nicht seltsam, wenn wir JOSEPH MARIUS BABO, der später das berühmte, bis in die vierziger Jahre des folgenden Jahrhunderts gespielte bayerisch-vaterländische Drama »Otto von Wittelsbach« schrieb, zunächst mit dem Preußendrama »Arno« (1778) hervortreten sehen, das auf dem kurfürstlichen Theater in München aufgeführt wurde. Gab doch König Friedrich, dessen Gestalt im Hintergrund des Stückes steht, das einprägsamste Vorbild solcher Erziehung des Adels zum Staat. Babo nennt das Stück ein „militärisches Drama", es geht um die Offiziersehre unter Vermeidung jeglicher Liebesaffäre, und insofern ist das Stück ein Ausdruck für die im Umkreis des Hofes versuchte Überwindung des üblichen bürgerlichen Dramas. Schon ein Jahr später macht auch das Ritterdrama in dem Stück »Kaspar der Thorringer«[270] von Graf JOSEPH AUGUST VON TÖRRING den entschiedenen Schritt zum landesstaatlichen Ethos. Törring entstammt einem der ältesten bayerischen Adelsgeschlechter, zugleich steht er im Dienst des bayerischen Königs als Oberlandesregierungsrat, später in noch höheren Staatsstellen. „Stolz auf biedere Ahnen" und „vaterländischer Enthusiasmus" zugleich leiten, wie der Vorbericht meldet, den Verfasser bei der Dramatisierung des Aufstands seines Ahnherrn Kaspar gegen den Herzog Heinrich von Landshut. Der geschichtliche Konflikt zwischen den Ständen, zu deren Führer Kaspar berufen wird, und der Landesherrschaft erfährt in dem Stück insofern von vornherein eine optimistische Beleuchtung, als bei beiden Parteien weniger sachliche Differenzen als gewissenlose Persönlichkeiten den Frieden stören, die schlechten Ratgeber des Fürsten, verbrecherische Verschwörer. Der Held ist ein Ausbund von Rechtlichkeit und auch der Herzog bereut, nachdem die Parteien sich gegenseitig geschwächt, im rechten Augenblick seine schlechte Regierung, so daß der Friede zwischen den Ständen und dem Landesstaat leicht möglich wird: quod erat demonstrandum. Bemerkenswert ist in diesem Bayernstück die ausdrückliche Warnung vor einer Anrufung von Kaiser und Reich, die der Geist eines Ahnherrn dem Thorringer erteilt: „Denk an Thassilo, dem ich diente! Denk an Karl, den die Toren der Oberwelt den Großen nennen — denk was war Bayern nachher? Du willst dem Kaiser dich unterwerfen, Thassilos Stamm verleugnen? — Wie junge Vögel aus dem Neste fliegen, damit der Adler dich eher fresse!" Trotz dieses Bekenntnisses zu Bayern liegt dem Grafen jede Servilität gegenüber der Dynastie ganz fern, vielmehr soll am geschichtlichen Beispiel ihre Herkunft ständisch interpretiert, ihr Anspruch von der Leistung abhängig gemacht und ihre Macht durch das Prinzip der Humanität begrenzt werden: „Ihr habt Wahrheit und Gewissen, die

Schranken eurer Macht und das Gefühl der Menschheit kennen lernen, nun wißt ihr alles, denkt daran, und auch auf das, daß ihr ein Wittelsbacher seid, eines Ritters Sohn wie wir, der uns nicht erobert, nicht geerbet hat, nicht als der edelste und der mächtigste, sondern als der beste unser Herzog geworden ist."

»Kaspar der Thorringer« darf schon als politisch-historisches Schauspiel angesprochen werden. An weiblichen Rollen tritt nur die heldische Gemahlin Kaspars hervor. Das traditionelle Liebespaar fehlt. Für die Entwicklung des vaterländischen Dramas scheint das Stück erhebliche Bedeutung gehabt zu haben, es wird später wiederholt gedruckt, so bezeichnenderweise 1811 in Wien. In dem Vorbericht nennt es der Verfasser „ein Schauspiel für Freunde, nie für den Druck". Das Dramendichten war um 1780 unter den Aristokraten förmlich Modesache geworden. Es galt aber ausdrücklich als Liebhaberei für Mußestunden. Und stolz schreibt Graf von Törring an Dalberg, der ihn nach dem großen Erfolg der »Agnes Bernauerin« in Mannheim (1781) um weitere Stücke bittet, „daß auch eines Shakespeares Glorie einem deutschen Edelmann, einem zum hohen Dienste des Staats geborenen Bürger nicht rühmlich seye"[271]. Auch in seiner Behandlung des Agnes-Bernauer-Stoffs zeigt sich Törring als der Edelmann und Staatsdiener, der für die unbürgerliche Gegenpartei echtes Verständnis zeigt. Das Drama blieb bis in die zwanziger Jahre des 19. Jahrhunderts auf der Bühne. Es ist kein Zufall, daß dieser strenge geschichtliche Stoff von einem bürgerlichen Deutschen erst nach der Erziehung durch die Hegelsche Philosophie und nach den desillusionierenden Erfahrungen von 1848 gestaltet werden konnte.

Von Törrings und Babos dramatischen Wettbewerbern im Preis des bayerischen Vaterlands nenne ich nur ANTON NAGEL, dessen »Bürger von Landshut« (1782) großen Beifall fanden und I. W. LENGENFELDER (auch Längenfelder), dessen »Ludwig der Vierte, genannt der Bayer« (1780) im Vergleich mit UHLANDS Bearbeitung des gleichen Stoffes, »Ludwig der Bayer« (1818), diese ältere aber recht langlebige Form des vaterländischen Dramas erhellen mag.[272] Bei Uhland sind die streitenden Helden von vornherein nicht nur Verwandte, sondern auch Freunde und werden nur durch ihre Anhänger zu Feinden. Aber in der Not, des Kerkers der eine, des Thrones der andere, werden beide reif zu der Einsicht, daß die Einheit des Reiches höher steht als alle partikularen Wünsche selbst der Freunde und Verwandten. Die (historische) Annahme Friedrichs zum (einflußlosen) Mitregenten durch Ludwig wird von Uhland als echte Versöhnung in einem deutschen Reich des Friedens und der Menschlichkeit gedeutet. Bayern als solches rückt dabei ganz aus dem Mittelpunkt des Interesses, und es ist selbstverständlich, daß Uhland von der bayerischen Hoftheaterintendanz den Preis für Dramen aus der bayerischen Geschichte, um den er sich mit dem Stück bewarb, nicht erhielt. In dem Preisausschuß saß der alte Babo, der sicherlich Lengenfelders so viel bayerischeres Stück über denselben Gegenstand kannte, und Törring war eben (1817) Staatsminister und Präsident des Staatsrates geworden.

Lengenfelder legt allen Nachdruck auf den *Sieg* Ludwigs bei Mühldorf. Österreich wird, natürlich trotz zehnfacher Überlegenheit, von den gigantenhaft kämpfenden Bayern geschlagen. Trotz äußerster Bedrängnis verschmähen sie vor der Schlacht den Ausweg, sich durch eine Heirat mit dem zweifelhaften Frauenzimmer Margarete Maultasche Tirols Hilfe zu verschaffen; sie lehnen es ab, auf Österreichs Weg groß zu werden. In den shakespearisierenden Volksszenen, denen eine kernige Urwüchsigkeit nicht abzusprechen ist, wird die Treue und Tapferkeit des bayerischen Adels und des Münchner Bürgertums dargetan. Von einer Versöhnung mit Österreich kein Wort. Friedrich der Schöne wird als wenig liebenswürdiger Ritter dargestellt. Ludwig sorgt dafür, daß er nie mehr ausbrechen und Unruhe stiften kann. Insgesamt also eine schlichte, durch keine gesamtdeutschen oder historisch-tragischen Probleme beeinträchtigte Freude an bayerischer Kraft und Größe.

Das vaterländische Drama setzt den Kontakt mit dem Publikum voraus, zu dessen Preis und Erziehung es geschrieben ist. *Es drängt also seinem Wesen nach zum Theater* oder ist, in andern Fällen, nur der Ausdruck eines Theaterbedürfnisses. August Klingemann, der bedeutende Theaterdirektor in Braunschweig, der aber seinen eigenen Stücken keinerlei Bedeutung zumißt, schreibt, weil auch das braunschweigische Theater sein vaterländisches Drama braucht, einen »Heinrich der Löwe« (1803)[273]. Entsprechend sahen wir, wie Uhland, der mit dem schwäbisch-vaterländischen Drama »Ernst von Schwaben« begonnen hatte, mit seinem nächsten Stück einem Bedürfnis des bayerischen Theaters dienen will. Die Vermutung liegt nahe, daß schon Kleist, der, wie früher erwähnt, nach außen hin sein Drama »Prinz von Homburg« als ein „vaterländisches" bezeichnete, unter dieser Flagge leichter auf die Berliner Bühne zu kommen hoffte. Zeitgemäßer und deshalb in der Zeit erfolgreicher als Kleists, wie Arnims, Werners und Eichendorffs preußische Dramen waren Fouqués „vaterländische Schauspiele"[274]. Fouqués »Waldemar der Pilger, Markgraf von Brandenburg« ist ein theatralisch zurechtgestutztes, trivial-romantisches Legendendrama und nur dem Namen nach ein Trauerspiel. Von vornherein ist, wie auch der Titel sagt, Waldemar der zur Beschaulichkeit neigende Büßer, ein Muster von weltentsagender Weisheit und Frömmigkeit. Obwohl sich die politischen Verhältnisse nicht ungünstig für ihn anlassen, verzichtet er im entscheidenden Augenblick auf die Herrschaft, um Blutvergießen zwischen den Brandenburgern zu vermeiden. Fouqués plane, handwerksmäßige, erotischen Motiven abholde Bearbeitung des Stoffs unterscheidet sich sehr stark von der reich nuancierten, poetischen, wenn auch etwas in Verwirrung geratenen Arnims. Wie im »Waldemar«

die außenpolitischen, so werden in »Die Ritter und die Bauern« die innenpolitischen Gegensätze durch eine treuherzige Menschenauffassung und eine süßliche Frömmigkeit harmonisiert. Am besten ist das Schauspiel »Die Heimkehr des großen Kurfürsten« gelungen, das den Überfall des Großen Kurfürsten auf die Schweden in Rathenow behandelt und in dem Siegesjahr 1815 in Berlin aufgeführt wurde. Wie sich schon »Waldemar« darin gefiel, brandenburgische Ritter rühmend darzustellen, so wird hier dem Landrat von Briest ein Denkmal gesetzt, weil Fouqués damalige Gemahlin eine von Briest war![275] Auch Fouqués vaterländisches Drama ist also zugleich Aristokratendrama; doch ist dieser dichtende Baron und Offizier nicht so naiv und gediegen im Boden und im Staat seiner Heimat verwurzelt wie die bayerischen und österreichischen Vertreter des vaterländischen Dramas. Er schweift in seinem Schaffen nach allen Seiten aus, und das vaterländische Drama macht nur einen geringen Bruchteil seiner überreichen Produktion aus.

Der Schwerpunkt des vaterländischen Dramas lag trotz solcher gelegentlicher Ausstrahlung nach Norddeutschland — die Beispiele ließen sich vermehren — in den süddeutschen Staaten. Das Preisausschreiben der bayerischen Hoftheaterintendanz, an dem sich übrigens auch Fouqué mit einem »Hieronymus Stauf« (1819) beteiligte, spricht allerdings bereits für ein Abflauen der Bewegung in Bayern, — dem künstlich Einhalt geboten werden soll. Gehen wir zehn Jahre weiter, so sehen wir in München zwar auch einen Staatsminister, der Dramen schreibt, aber dieser gehört einer ganz andern Geistesrichtung an. Eduard von Schenk, der langjährige Vertraute Ludwigs I., hat nichts mehr mit dem altväterisch-patriotischen Törring gemein. Er pflegt das spätromantisch-christliche und biblische Schauspiel; seine Staats- und Hoferfahrung aber verwertet er nur in der Form des französierenden höfischen Intriguenstücks (z. B. »Henriette von England« 1826), worin ihm sein Freund Michael Beer, der Bruder Meyerbeers, mit seinem »Struensee« (1828) nachfolgt.[276]

Um so reicher blüht das vaterländische Drama in *Österreich*.[277] Dort wird es keineswegs als „lokalpatriotisch" empfunden, weil der große Kaiserstaat das Fehlen des gesamtdeutschen Zusammenhangs leicht vermissen läßt. Zugleich ist Österreich neben der Schweiz das Land, in dem der Geist der Aufklärung, dem das vaterländische Drama Wesentliches verdankt, am längsten festgehalten und am bodenständigsten verarbeitet wurde. Die Romantik andererseits, die dem „vaterländischen" Drama durch Aufrichtung des gesamtdeutschen Ideals und durch ihr mangelndes Verständnis für handfeste Bühnenbelange Abbruch tut, hat in Wien wenig Wirkung.

Betrachten wir den bedeutendsten österreichischen Dramatiker um 1810, HEINRICH VON COLLIN, so scheinen wir weit vom österreichisch-vaterländischen Drama entfernt zu sein. Klassizistisch-antikisierende und romantisch-christliche Tragödien: »Coriolan« und »Regulus«, »Balboa« und »Bianca della Porta«. Sehen wir aber näher zu, so stellen wir fest, daß in allen Tragödien, auch in den christlichen, die Aufopferung fürs Vaterland eine beherrschende Rolle spielt, und Friedrich Schlegel sagt in seinen Wiener Vorlesungen über Geschichte der alten und neuen Literatur (1812) mit Recht, daß H. von Collins dramatische Werke, auch wo „die Gegenstände aus dem Altertum oder ganz fremdartig sind, doch immer durchaus national und wahrhaft vaterländisch bleiben"[278]. Die Richtigkeit dieser Behauptung mag im Vergleich Shakespeares »Coriolan« zeigen, mit dem Collin in seinem gleichnamigen Trauerspiel in Wettbewerb tritt. Shakespeares Held ist ganz der einsame Große, — „als wär der Mensch sein eigener Schöpfer", ohne ihn ist Rom nicht besser als seine Feinde. Seinen Zusammenbruch bewirkt nicht sein schlechtes Gewissen gegenüber der Vaterstadt, sondern die konkrete Bitte der Mutter, „die Natur", vor der er „nicht festre Erd' als andre Menschen" ist. Während bei Shakespeare Coriolans Entzweiung mit seinen Landsleuten drei Akte in Anspruch nimmt, faßt Collin denselben Vorgang in einem einzigen Akt zusammen; denn ihn interessiert nicht schon der große Coriolan als solcher, sondern erst der Coriolan, der mit seiner Vaterstadt gebrochen hat. Rom ist die wahre Größe, doch: „Du bist ein kleiner Mensch!". Um Coriolan zu dieser Erkenntnis und damit zum Bewußtsein seiner Schuld zu bringen, führt Collin im Mittelstück des Dramas in großer Szene, als Coriolans alten Lehrer, die Gestalt des Sulpitius ein, für die es bei Shakespeare kein Gegenstück gibt. Ein Denkmal der österreichischen Abneigung gegen staatenzerstörendes Übermenschentum, wie später Grillparzers, von Grabbes Drama so stark abweichendes, Hannibalfragment (s. u. S. 127 f)! Es war eine geradlinige Fortsetzung des Weges von Heinrich von Collin, wenn sein jüngerer Bruder Matthäus einer der bekanntesten Vertreter der vaterländisch-historischen Dichtung in Österreich wurde. In dem Fragment eines Hexameter-Epos »Rudolf von Habsburg«[279] hatte Heinrich von Collin selbst schon das hervorragendste vaterländische Thema seiner Heimat angeschlagen.

H. von Collin vertritt die stark mit dem übrigen Deutschland kommunizierende Bildungsrichtung innerhalb des österreichischen Geisteslebens, wie er ja auch in der deutschen Literaturgeschichte meist als ein Erbe Schillers und Goethes Erwähnung findet. Schon viel früher und deutlicher hatte das durchschnittliche, zeitgemäße Drama der Kaiserstadt die vaterländische Richtung eingeschlagen. Auch hier in Österreich dichten Hofbeamte und Adelige patriotische Erziehungsstücke, die als Antwort auf die durch »Götz« und den jungen Schiller hervorgerufenen Freiheitsdramen im übrigen Deutschland zu verstehen sein mögen. So schreibt PAUL WEIDMANN, Offizial in der Kabinettskanzlei, das Drama »Stephan Fädinger oder der Bauernkrieg« (1777), in dem es nicht an pädagogischen Ermahnungen zu Vernunft und Friedlichkeit fehlt. In ähnlicher Weise betreibt der

Regierungskonzipist und Zensuraktuar B. D. A. CREMERI vaterländische Erziehungsarbeit durch Dramatisierung österreichischer Stoffe. Den Türkenkrieg Josephs II. (1788—91) begleitet er mit einem »Ernst Rüdiger, Graf von Starhemberg« (1791), den Geist der französischen Revolution bekämpft er mit dem Drama »Der Bauernaufstand ob der Enns« (1792). Dem bayerischen Erbfolgekrieg (1778/79), welcher auch Lengenfelders früher besprochenes Bayerndrama angeregt haben dürfte, trägt von österreichischer Seite I. F. PRIMISSER Rechnung mit seinem »Martin Sterzinger oder der bayrische Einfall in Tirol« (1782). Schon schreibt Wielands Schützling, der Schwabe AUGUST WERTHES, der später durch sein Zriny-Drama und durch persönliche Bekanntschaft Einfluß auf Theodor Körner gewinnen wird, einen »Rudolf von Habsburg« (1785 auf dem Burgtheater). Das Stück ist eines der frühen Jambendramen, was den Prinzipien der alten Wielandischen Schule, die auch in Weimar siegreich blieb, entspricht. Schon in diesem Schauspiel, dem viele Rudolfdichtungen folgen, wird Ottokar von seiner zweiten Gemahlin Kunigunde zum Kampf gegen Habsburg aufgestachelt. Und wie bei diesem Stoff, so kann überhaupt festgestellt werden, daß im österreichisch-vaterländischen Drama, auch noch bei Grillparzer, das Private stets mit dem Staatlichen verbunden bleibt. Die fridericianisch-preußische Sachlichkeit und Staatlichkeit, deren Spuren wir selbst in Bayern wahrzunehmen glaubten, ist in Österreich niemals Ideal gewesen. Es mag dies damit zusammenhängen, daß in einem übernationalen Staat das Herrscherhaus das alleinige einigende Band ist; in ihm aber verbindet sich das Persönliche und das Staatliche aufs engste. A. W. Schlegel verwies in seinen Vorlesungen von 1806 gleichermaßen auf die Geschichte der Habsburger wie der Hohenstaufen. Es darf aber nicht vergessen werden, daß für Wien durch die Kontinuität des Kaisergeschlechts eine ganz andere, viel konkretere Beziehung zur alten Habsburgerzeit bestand als irgendwo in Deutschland zur Geschichte der Hohenstaufen. Hier war nicht nur geschichtliche Bildung, sondern *Tradition*. Österreich bedurfte, wie dies frühe Habsburger-Drama von Werthes andeutet, keiner romantischen Wiedererweckung seiner mittelalterlichen Geschichte. Schon 1779 bietet K. F. GUOLFINGER, Ritter von Steinberg, die erste Bearbeitung des Libussa-Stoffes, welcher freilich, wie allen diesen Dramen, noch starke Elemente des bürgerlichen Dramas anhaften. KOMARECK behandelt denselben Stoff stärker im böhmisch-patriotischen Sinn (»Przemysl« 1793) und verfaßt, neben weiteren Dramen aus der älteren und jüngeren böhmischen Vergangenheit, schon einen »Albrecht Waldstein, Herzog von Friedland« (1789); natürlich nimmt Komareck im Geschmack des vaterländischen Dramas begeistert Partei für seinen Helden, der unschuldig ist und nur der Schlechtigkeit der Menschen seinen Untergang verdankt.

Im Jahre der Not 1805 erreicht diese Richtung, von der wir hier nur einen kleinen Ausschnitt geben konnten[280], ihren ersten Höhepunkt.

Die Atmosphäre, aus der dann auch Schlegels Ausführungen über das national-historische Drama (s. o. S. 102 f) zu verstehen sind, verdichtet sich. 1805 ist das Jahr, in dem der hervorragendste Anwalt des künftigen vaterländisch-historischen Dramas, wie der ganzen patriotischen Kunstbestrebungen, der Tiroler FREIHERR JOSEPH VON HORMAYR, dem bedrängten Staat mit patriotischen Dramen[281] zu Hilfe zu kommen sich beeilt. Hormayrs historische Bedeutung liegt weniger in diesen poetischen Versuchen als in der begeisterten und zugleich besonnenen Stoffdarbietung und Werbung für das österreichisch-vaterländische Drama. Sehr große Wirkungen hatte sein Werk »Österreichischer Plutarch oder Leben und Bildnisse aller Regenten und der berühmtesten Feldherrn, Staatsmänner, Gelehrten und Künstler des österreichischen Kaiserstaates« (Wien 1807/14). Gegenüber der älteren Theorie des österreichischen Patriotenstücks, wie sie in den zahlreichen Vorreden[282] zum Ausdruck kommt, fällt bei Hormayr sein Verständnis für die künstlerischen Belange des Geschichtsdramas auf. Es dürfte der Grund sein für seine Werbung um Heinrich von Collin, den er zum „vaterländischen Troubadour" machen möchte,[283] und für seine nicht zu unterschätzende geistige Wirkung auf Grillparzer. Der erste Jahrgang von Hormayrs Zeitschrift »Archiv« (1810) bringt in dem Aufsatz »Über den poetischen Gebrauch der historischen Stoffe« einen flammenden Aufruf zur „Anwendung der Kunst auf vaterländische Gegenstände". „Keine Sorge kann so leicht des tiefsten und vielseitigsten Nachdenkens würdiger, für Mit- und Nachwelt wichtiger, in beiden belohnender sein als: die Historie und den Chor redender und bildender Künste (Sculptur, Malerei, Musik, Schauspielkunst, und ihrer aller Königin die Dichtkunst) in einem Bunde zu vereinen, und durch diesen der öffentlichen Meinung Herr, dem Vaterlande, dem Gesetz, aus biederen Bürgern ebenso viele begeisterte Parteigänger ... aus der Pflicht zugleich eine Leidenschaft zu machen." Hormayr vergißt über diesem Eifer für den geschichtlichen Stoff nicht, daß sich der Dichter „in Behandlung desselben nur nach den Gesetzen seiner Muse zu richten" hat, ist aber davon überzeugt, „daß in dem Wesen einer Begebenheit und einer historischen Person der einsichtsvolle dramatische Dichter mit dem Geschichtsschreiber unfehlbar zusammentreffe". Im Gegensatz zu dem zwitterartigen Machwerk, dem historischen Roman, geben „Epos und Drama redlich zu erkennen ..., daß sie den historischen Stoff als Dichtung nehmen". Und doch verstärkt der Dichter „durch die Täuschung, daß er etwas historisch Wahres darstelle ... mächtig den Eindruck seiner Dichtung". Die besonnen abwägende Theorie Hormayrs entspricht etwa der Basis, auf der Grillparzer, ein eifriger Leser Hormayrs, nach langem Widerstreben seinen Pakt mit dem vaterländisch-historischen Drama schloß.

Dichterisch etwas bedeutender als Hormayr, dennoch seines geringen Ranges sich bewußt, ist der RITTER VON KALCHBERG, Vertrauter von Erzherzog Johann und durch seine Vermittlung Kurator des Johanneums, zugleich aber innig mit seiner Heimat Steiermark verbunden. Seine 1816/17 in Wien erschienenen sämtlichen Werke sind dem Erzherzog Johann gewidmet und noch immer findet es hier ein Aristokrat notwendig zu versichern, er habe nie der Musen „Dienst zu seiner ernsten Lebensbestimmung" gemacht. Er fängt mit Ritterdramen aus seiner Heimat Steiermark, mit einem vaterländisch-historischen Festspiel »Maria Theresia« an, ahmt eine Zeitlang in den »Tempelherrn« und in »Attilas Tod« den fremden Zacharias Werner nach, findet dann aber aufgrund seiner historischen Studien wieder zu dem alten Felde des vaterländischen Schauspiels zurück. Ja, er unternimmt es, denselben Stoff, den er einst unter dem Titel »Die Ritterempörung« (1792) veröffentlicht hatte, nach seinen „neuen historischen Ansichten" in dem „Dramatischen Gedicht" »Andreas Baumkircher« wieder zu bearbeiten.[284] Dieses Kreisen um einen bestimmten Stoff ist charakteristisch für das vaterländische Drama. In diesem Fall ist es der Ritter aus der Steiermark, dessen beklagenswerte aber nicht unedle Empörung gegen den Kaiser die Anteilnahme des mannhaften, wenig höfischen Kalchberg erweckt. Das Stück ist Hormayr „mit patriotischer Dankbarkeit gewidmet". Aufschlußreich für die in jener Zeit herrschende engste Verquickung von geschichtlicher und vaterländischer Begeisterung ist Kalchbergs Aufsatz »Patriotische Wünsche« (1814).[285] Er bemerkt, „daß alle Menschenklassen, selbst die gemeinsten, von historischen Gegenständen besonders angezogen werden", und geht bis zu der Behauptung: „Wer die Geschichte seines Vaterlandes nicht weiß, nicht die Taten seiner Altvordern kennt, der kann wahre Vaterlandsliebe nicht besitzen, und ohne diese gibt es keine Bürgertugend, keine hohe Selbstverleugnung in Prüfungstagen."

Wir erwähnen aus der großen Zahl vaterländisch-österreichischer Dramatiker um 1815, in deren Chor auch Fremde, wie Theodor Körner mit seinem erfolgreichen »Zriny« (1812) einstimmten, noch die damals in Wien sehr bekannte Romanschriftstellerin Caroline Pichler. Der Text zu einer heroischen Oper »Rudolf von Habsburg« (1814)[286] war eine Auftragsdichtung, die aber beim Hof keine Gnade fand. Vielleicht war ein Grund für die Ablehnung des äußerst ergebenen Werkes die allzu biedermeierlich-familiäre Behandlung der großen Weltbegebenheit. Ottokars größte Schuld ist, daß er über die (natürlich nicht historische) Liebe zwischen seiner Tochter und Rudolfs Sohn hinweggeht. In die Lücke springt Kotzebue mit seinem Trauerspiel »Rudolf von Habsburg und König Ottokar von Böhmen« (1815). Er trägt in einer pathetischen Darstellung dem Geschmack des Hofes mehr Rechnung, ohne freilich auf die beliebte Erfindung eines Liebespaares zu verzichten. Man muß sich darüber klar sein, daß das österreichische Verlangen nach dem vaterländischen Stoffe Nr. 1 und die daraus resultierenden ärmlichen Bearbeitungen Grillparzer vor

Augen standen, als er zur Ausführung des Ottokar-Dramas schritt. Trotz des Mißerfolgs schreibt C. Pichler 1815 wieder ein Habsburger Schauspiel »Ferdinand II. König von Ungarn und Böhmen«[287]. Bezeichnend ist in der Vorrede der österreichischen Dichterin die Bemerkung, die deutsche Geschichte sei meist von Protestanten geschrieben worden; es müsse aber auch die Gegenseite gehört werden. Dies Argument begegnet damals in Österreich öfters, und wird auch gegen die bekannten Klassikerdramen, die habsburgische Stoffe behandeln, geltend gemacht. Stärker aber als die katholische Tendenz ist auch in diesem Stück die vaterländische. Wie wir es später auch in Grillparzers »Ottokar« finden, wird einmal im Dialog geradezu ein Hymnus auf Österreich eingeschaltet.[288] Der aus dem Sturz Napoleons, aus der „Wiederherstellung der sittlichen Weltordnung" zu verstehende, noch in Grillparzers Ottokar-Drama fühlbare Geschichtsoptimismus des Biedermeiers herrscht durchaus:

> „Er wird auch künftig über Österreich wachen,
> Und größer noch und herrlicher es machen."

Manches spricht für den Eindruck, daß M. VON COLLIN, den man in den Mittelpunkt der Bemühungen um ein patriotisches Drama stellen wollte, nicht entfernt so ursprünglich und bodenständig das vaterländische Drama vertritt wie Hormayr oder Kalchberg. Sein erster programmatischer Aufsatz »Über die nationale Wesenheit der Kunst« erscheint zwar 1811 in Hormayrs ›Archiv‹, ein Jahr nach dessen bereits erwähntem Aufruf zum „poetischen Gebrauch der historischen Stoffe". Aber die Problemstellung ist bereits viel romantischer, so daß es nicht wundernimmt, M. von Collins nächstem Aufsatz »Über das historische Schauspiel« in Schlegels »Museum« zu begegnen.[289] Wir sind beim vaterländischen Drama im engeren Sinne bisher nie einem Zyklus begegnet. Dafür ist diese Richtung zu praktisch, zu theaternah. M. von Collin aber unternimmt es, entsprechend der Lehre des ihm befreundeten Tieck, die Geschichte der Babenberger in zehn bis zwölf Stücken zu dramatisieren. Er hat, wahrscheinlich seit 1811, an dem Plan gearbeitet und 1817 sechs dieser Dramen herausgegeben.[290] Auf die Bühnen kamen sie, trotz der überreichlich eingeflochtenen Lobreden auf Fürsten und Volk Österreichs, nie. Der Zyklus gibt eine ganz reliefartige Dramatisierung der österreichischen Geschichte zwischen 1206 und 1246. Nie werden die Vorgänge zum echten dramatischen Konflikt verdichtet, so daß Veränderungen des geschichtlich Gegebenen, vom Schönfärben abgesehen, kaum notwendig werden. Ängstlich wird darüber gewacht, daß sich keine Einzelperson ungebührlich in den Vordergrund drängt. So fehlt dem Zyklus im ideellen und ästhetischen Sinn die „Tiefe". Collins weiteres Abhängigwerden von Tieck, und damit die Entfernung vom eigentlichen vaterländisch-historischen Drama, zeigt sich in der Forderung strenger historischer Treue, die er in dem Aufsatz »Über neuere dramatische Literatur«[291] vertritt, und in dem gegenüber Fouqué geäußerten Plan, auch Dramen aus der gesamtdeutschen Geschichte zu schreiben, „um zu zeigen, daß ihm die Gegenstände des allgemeinen Vaterlands nicht fremd seien"[292]. Umgekehrt hat sich Grillparzer noch sehr viel später zur Pflege des reinen österreichisch-vaterländischen Geschichtsdramas bekannt. Er führte, konservativ und bodenständig wie er war, neben seinen andern dramatischen Unternehmungen die Bewegung des alten „vaterländischen Dramas« fort und krönte sie.

2. GRILLPARZER

Die Literaturgeschichte ist allmählich davon abgekommen, Grillparzer als Klassiker-Epigonen einzuschätzen, aber noch sieht man zu wenig seine Klassiker-Kritik, die, gerade weil sie aus ehrfürchtiger Dankbarkeit stammt, die Richtung seines eigenständigen Kunstwollens vielleicht am schärfsten ausdrückt. Über die Beziehung der deutschen Klassik zum Drama ist selten etwas Besseres gesagt worden als in seinen einfachen Worten über den Dramatiker Goethe: „Das Wunder, immer *über* dem Stoffe zu stehen, vermindert sich doch etwas, wenn er sich weigert, in demselben unterzutauchen. Shakespeare tut es und beherrscht ihn doch."[293] Selbst in der Klassik, die er himmelhoch über die zeitgenössischen Dichter stellt, wittert er etwas von moderner Künstlichkeit, von Nachahmung vergangener Muster, von Unanschaulichkeit, von Reflexion, wodurch alle „Natur" verdorben wird. Er erkennt, daß Goethes vielbesprochene „Objektivität" sich bei der Darstellung auf der Bühne nicht bewährt.[294] Er studiert an erster Stelle die Griechen, Shakespeare, Calderon, Lope de Vega, nicht um sie nachzuahmen, sondern um das Wesen höchster dramatischer Objektivität zu ergründen. Und der so heftige Gegner der Goethekritiker vom Schlage eines Menzel steht nicht an zu sagen, er sei „kein Freund der neuern Bildungsdichter, selbst Schiller und Goethe mitgerechnet"[295]. Ganz selbstverständlich, daß bei einem Mann mit solchen Maßstäben das Drama eines Fouqué oder Tieck einfach deshalb scharfer Ablehnung verfällt, weil es ihm erschreckend talentlos und formlos erscheint — noch ganz zu schweigen von der speziellen Frage des historischen Dramas, über die „Ludwig Tieck und seine Nachbeter ... ihre Albernheiten ausgekramt haben"[296]. Widerlich das Frömmeln eines F. Schlegel oder Z. Werner, töricht der romantische Glaube, es gebe ohne Religion keine Meisterwerke. Als ob sich nicht die Kunst „auf etwas Festeres gründen müsse, als metaphysische und religiöse Ideen sind, auf den Menschen und die Natur nämlich"[297]. So groß ist sein Widerwille gegen „die faselnd-mittelalterliche, selbsttäuschend-religiöse, gestaltlos-nebelnde, Tieckisch und Menzlisch-unfähige Periode", daß er den Vorstoß der Jungdeutschen als Pferdekur gut heißt.[298] Freilich ist von diesen Tagesschriftstellern, die sich mit Politik aufgeputzt haben, wie die Romantiker einst mit Religion, ebenso wenig Positives für die Dichtung zu erwarten. In der Neigung zur „Karikatur", zum „Skizzenhaften", zum „Fratzenhaften" führt ein und dieselbe Linie von Tiecks »Oktavian« bis zu Gutzkows »Nero«. Am schlimmsten aber ist die Literatur im Gefolge Hegels. Sie ist angeblich fortgeschritten, in Wirklichkeit künstlerisch wertlos, ohne daß es die Verfasser bemerken können, da der „maßloseste Eigendünkel" von der Hegelschen Philosophie ausstrahlt.[299] Übertriebene Bildung, „Mißbrauch der Gelehrsamkeit", Vielschreiberei haben das Drama zugrunde gerichtet. Auch Hebbel bildet hier keine Ausnahme, er ist „der denkenden Aufgabe vollkommen gewachsen, der künstlerischen aber gar nicht"[300].

Ein Trümmerfeld des Verfalls also, das ist für diesen skeptischen und aristokratischen Dichter die zeitgenössische Umwelt des Dramas und des ganzen Geisteslebens in Deutschland. Das Gefühl leerer Gegenwart führt ihn zurück zu den überzeitlichen Meistern des Dramas; ihrem Studium gehört ein großer Teil seines geistigen Lebens. Nur *ein* Gegenwärtiges hielt der Einsame trotz aller Enttäuschungen fest und man wird seine Bedeutung nicht leicht überschätzen: das Vaterland Österreich. Hier, so glaubt er, hat sich noch manche Tugend „erhalten", die für die Poesie unerläßlich ist: „gesunder Menschenverstand", „wahres Gefühl", „Bescheidenheit", Demut „vor den unauflöslichen Grundfakten". Hier kann man zwischen Spekulation und Realität noch unterscheiden.[301] Um so schwerer wiegen solche Bekenntnisse, als der Dichter grundsätzlich den Standpunkt klassischer Humanität zu wahren gewillt ist und sich seines Patriotismus beinahe schämt, da die Literatur eigentlich „allen Menschen Gemeingut sein sollte". Er sieht sich an sein Land gebunden, ohne es eigentlich zu wollen, da in seinem Bewußtsein die Absicht überwiegt, die klassische Tradition einer allgemein menschlichen Kunst zu wahren. Bei einer solchen geistigen Zwischenstellung und bei Grillparzers persönlicher Zurückhaltung gegenüber allem Lauten und Modischen ist es leicht zu verstehen, daß die Beziehungen des Dichters zu den Trägern der vaterländischen Kunstbewegung in Österreich nicht immer sehr herzlich waren. Es mochte ihn schmerzen, daß ein so viel geringerer, aber ausgemacht „vaterländischer" Dichter wie Matthäus von Collin am Hofe eine angesehene Rolle spielen konnte, während er selbst kaum in seinen Wünschen als Beamter Entgegenkommen fand. Nicht mehr als kühle Achtung spricht aus der Stelle seiner Selbstbiographie, wo er Collins Verdienst um die Aufführung des »Ottokar« erwähnt[302]. Kein Wunder übrigens, da er die Zurückhaltung der angesehenen ›Wiener Jahrbücher‹ gegenüber diesem Drama bei den damaligen Redaktionsverhältnissen Collin zur Last legen mußte. Auch gegenüber Hormayr, dessen Büchern er Manches zu verdanken hat, wahrt er Abstand, er wünschte lieber, dieser wäre ein wirklicher Geschichtsschreiber geworden als ein „Zwitterding" von Dichter und Historiker[303], mit Widerwillen glaubt er auch festzustellen, daß die Fouqué, Friedrich Schlegel, Z. Werner mit ihrem spekulativen, mystischen, altritterlichen Wesen Einfluß auf ihn gewannen und den Österreicher von seiner historisch-politischen Aufgabe ablenkten.[304] Wir werden noch tiefer gehende Spuren von Grillparzers vorsichtiger, nicht immer positiver Einstellung zu der Richtung des vaterländisch-historischen Dramas kennenlernen. Dennoch bleibt die Tatsache, daß die drei großen historischen Dramen Grillparzers Gegenstände aus der österreichisch-ungarischen Geschichte behandeln, und zwar *folgen* diese Dramen zeitlich den Bemühungen der Pichler, Hormayr, M. von Collin, Kalchberg usw. Grillparzer hat mit einem Teil seines Werkes sich dieser Richtung stofflich, weithin aber auch gesinnungsmäßig angeschlossen und sie künstlerisch auf die Höhe geführt.

Es ist freilich ein langer, hemmungsreicher Weg bis zu seinem ersten vaterländischen Trauerspiel »König Ottokars Glück und Ende« (1825). Der Atmosphäre Wiens entsprach es, daß der junge Grillparzer fast stärkere Eindrücke vom Volkstheater als vom hohen Drama empfing.[305] Die Knaben Franz und Adolf Grillparzer führten „nur Ritterstücke" auf.[306] Gewiß, es kam die Zeit, da der Heranwachsende im Pathos Schillers schwelgte und sich selbst erschüttert in der Tassogestalt Goethes wiederfand, da er sich im Shakespeareschen Witz versuchte. Aber in den grellen Handlungen der »Blanka von Kastilien«, des »Robert, Herzog von der Normandie« ist auch der Anteil des Wiener Volkstheaters durchzufühlen, und in der »Ahnfrau« ist er geradezu entscheidend. In der vielbändigen Weltgeschichte von Guthrie und Gray hat der junge Grillparzer eifrig gelesen; aus ihr hat er sich oft die Stoffe zu seinen Dramen geholt. Aber es war für ihn ein Geschichten- und Fabelbuch wie jedes andere, er verfuhr mit diesen Stoffen ganz willkürlich. Ein Beispiel: Der Gegenstand des Dramenfragmentes »Robert, Herzog von der Normandie« (1808) ist der Kampf der Söhne Wilhelms des Eroberers, Heinrich und Robert, um die Herrschaft in England und in der Normandie. Die geschichtlichen Quellen berichten uns[307], daß der fähige Heinrich den Sieg über den vielleicht gutmütigen, aber trägen und unbegabten Bruder davontrug. Die Unzufriedenheit über Roberts Regierungsweise war so groß, daß die Untertanen sogar seines Stammlandes Heinrich herbeiriefen. Der Dichter macht nun aus diesem Stoff ein traditionelles Stück im Stil des Räuber- und Ritterdramas: der eine Bruder muß ein herrlicher Held und Märtyrer der Freiheit sein, Robert, — weil er unterliegt. Heinrich muß ein schwarzer, finsterer Tyrann und Verräter sein, — weil er siegt. Während geschichtlich Robert von Heinrich in der Schlacht gefangengenommen wird, gerät er bei Grillparzer nur durch einen häßlichen Wortbruch des Bruders in diese Lage. Es fehlt also nicht nur die historische Objektivität, die hier, wie ersichtlich, der tragischen Erfassung des Stoffes nur dienen könnte, sondern auch jede größere geschichtliche Perspektive. Ebenso fehlt in dem gleichzeitig verfaßten Trauerspiel »Blanka von Kastilien«, das sonst deutlich an »Don Karlos« erinnert, der große geschichtliche Gesichtspunkt seines Vorbilds. Selbst der zu Beginn in klaren Worten ausgesprochene fruchtbare Konflikt Fedrikos zwischen Liebe und Vaterlandsdienst wird nicht durchgehalten. Das Stück verliert sich in einer traditionellen Bösewichts- und Maitressenintrige mit einer Reihe von blutigen Morden. Sinn für Staats- oder Völkerschicksale hat der jugendliche Dichter noch kaum; doch wurde dieser wenig später in den aufmerksam miterlebten Ereignissen der Jahre nach 1809 erweckt. Die Fragmente »Spartakus« (1811) und »Alfred der Große« (1812) gehören in die Linie jener Dichtungen, welche während der französischen Fremdherrschaft für den Gedanken der Freiheit warben. Der geschichtliche Stoff dient hier lediglich der Maskierung aktueller politischer Wünsche. Im »Spartakus« wird, ganz im Stil der Römertragödien H. von Collins, das Freiheitsmotiv recht allgemein genommen: ein Kampf der Unterdrückten gegen ihre Zwingherren. Im »Alfred« geht es um das Schicksal eines Volkes, das durch Frömmelei und Kleinmut die Freiheit verloren hat und durch ein jugendliches Freundespaar wieder zu Heldensinn erzogen werden soll. Die historischen Parallelen zur eigenen Zeit sind recht deutlich. Doch scheint des Dichters Wille zur vaterländischen Dichtung nicht übermäßig groß gewesen zu sein. Das zeigt die bei solcher Absicht schon nicht mehr selbstverständliche Wahl ausländischer Stoffe, das zeigt der Verzicht auf die Vollendung der Stücke. Das zeigt auch die Analyse der Fragmente selbst; denn suchen wir hier nach dem Eigentum des Dichters, so werden wir es nicht in den Schillerschen Freiheitstiraden und in den Shakespeareschen Schlachtenszenen finden, sondern in den Liebesszenen, den Mädchengestalten, die schon unverkennbar etwas vom eigentümlichen Reiz seiner späteren Dichtung in sich tragen. Ein biedermeierlicher Hauch liegt über diesen Liebesszenen, zumal im Kreise Emmas, der ländlichen Geliebten des jungen Königs Alfred. Allerdings ist das private Glück schon hier im Zustande der Bedrohung durch eine ganz anders geartete Aufgabe gesehen; Spartakus muß auf seine Liebe verzichten, wenn er sich für den Freiheitskampf entscheiden soll. Auch in dem wenig später verfaßten Fragment »Heinrich der Vierte« (1813) sollte offenbar aus dem Gegensatz des Königs und des Liebhabers die Handlung ihr Leben gewinnen. Schon kündet sich Grillparzers tragischer Grundkonflikt an: die Unvereinbarkeit des persönlichen Glückes oder Friedens mit einer höheren Berufung.[308] Doch ist »Heinrich der Vierte« als Lustspiel, »Alfred der Große« wahrscheinlich als Schauspiel gedacht. Die schließliche Vereinbarkeit der Gegensätze scheint sich für den jungen Grillparzer daraus zu ergeben, daß die Welt des Idylls und der Liebe den Belangen der öffentlichen Welt noch übergeordnet ist und damit die tödliche Unversöhnlichkeit im Schicksal eines Bancban oder eines Rudolf II. vermieden wird. Aus diesen Jugendfragmenten Grillparzers spricht „Zweifel an dem Wert der Tat"[309], wodurch eben die historischen Gegenstände an Bedeutung und Anziehungskraft für den Dichter verlieren. Allerdings, es fehlte nicht an Entwürfen zu historischen Dramen. So ist es bemerkenswert, daß Grillparzer wenig später ein Drama über den Konflikt des österreichischen Herzogs Friedrich des Streitbaren mit Kaiser Friedrich II. plante, über einen Landesheroen also, den kurze Zeit zuvor M. von Collin in seinem Babenbergerzyklus zum Mittelpunkt eines Dramas gemacht hatte. Ein Exzerpt aus Hormayrs »Österreichischem Plutarch« (1814), das den Stoff betraf, beweist schon für das Jahr 1815 die Kenntnis dieser Bibel des vaterländischen Dramas in Österreich. Aber den jungen Dichter scheint die Braut Friedrichs und die Liebe eines Pagen zu ihr mehr gefesselt zu haben als die Regierung des Herzogs. So ist es kein Zufall, daß nicht dieser Stoff, sondern der abenteuerlichere, leidenschaftlichere der »Ahnfrau« den Vorzug bekommt.

Auch die stärkere Hinwendung zur Antike ist nur ein Ausdruck dafür, daß er sich Gegenstände wählen will, die durch ihre Entfernung ein völlig freies Spiel der Phantasie und die Aufnahme jedes individuellen Problems gestatten. So hat er die ohnehin sagenhafte Überlieferung über Sappho noch wesentlich verändert[310], und obwohl er für das »Goldene Vliess« einige Vorstudien zur Argonautensage treibt, so hat doch auch dieser Stoff nur als Symbol eines allgemeinmenschlichen Schicksals für ihn Wert.

Gerade damals, um das Jahr 1820, standen die patriotisch-historischen Kunstbestrebungen auf ihrem Höhepunkt, und es war unvermeidlich, daß Grillparzer von außen gedrängt wurde, ihnen seinen Tribut zu entrichten, Grund genug für Grillparzers hartnäckige Natur, lange das Gegenteil zu tun. Wir kennen eine sehr bezeichnende Reaktion Grillparzers auf Fouqués briefliche Aufforderung von 1819, der Antike den Abschied zu geben und ein „deutsches Heldenlied"[311] zu singen. Der vielseitige Schriftsteller wirbt den berühmt gewordenen Sapphodichter regelrecht, seiner literarischen Richtung beizutreten! Grillparzer vermerkt aber dazu in seinem Tagebuch: „Der Aufforderung Fouqués möchte ich so antworten: Ich verachte euer urdeutsches Wesen nicht, aber ich kann es nicht brauchen. Laßt erst die Nazionalität dem Deutschen aus dem Kopf in die Adern kommen und mit dem Blut umlaufen, gebt mir erst die Gewißheit, daß es bei ihnen nachklinge, wenn ich anklinge, dann sei ein deutscher Stoff mir willkommen, mehr als jeder andere. Ich beneide die Dichter, die nach uns kommen, um den schönen Vorzug, vaterländische Gegenstände würdig behandeln zu können, das heißt so, daß der ganze Zweck der Poesie erreicht werden könne (der dramatischen vornehmlich) und daher die Wirkung nicht bloß sich auf den gelehrt gebildeten Teil der Nation erstrecke, sondern auf die ganze Masse, und überhaupt nicht bloß auf den Kopf beschränkt sei, sondern ins Blut gehe. Solange es aber nicht so weit gekommen ist, will ich das Nazionelle als solches den literarischen Wegmachern und Straßenräubern überlassen, und einstweilen auf der allgemeinen praktikabeln Heerstraße des rein-menschlichen *in seinen durch Jahrhundert lange Gewohnheit beglaubten Formen* meine Zwecke verfolgen. — In wessen Munde glaubt ihr wohl, daß *jetzt* noch eine hochsinnige Rede mehr Wirkung selbst auf das gemeine Volk machen werde; in dem eines römischen Welt-Konsuls oder eines engen Nürnberger Bürgermeisters?"[312] Grillparzer, das zeigt in dieser Äußerung sein Ausblick in die Zukunft, will nicht aus der Sehnsucht heraus dichten, sondern aus der Wirklichkeit, aus der „Existenz", wie er gerne sagt.

Als er sich nach der Vollendung des »Goldenen Vliesses« (1820) endlich mit geschichtlichen Stoffen intensiver befaßt und die Geschichte nicht nur als Anekdotensammlung, sondern als Schauplatz politischer Kämpfe verstehen lernt, da will er zwar wie Matthäus von Collin Tiecks weithin vernehmlichen Ratschlag, ganze Epochen in Dramenzyklen darzustellen, befolgen, aber der Stoffwahl nach schließt er sich an Heinrich von Collins Römertragödien an. Ein „großes dramatisches Gedicht, bestehend aus 5 bis 6 Tragödien"[313], »Die letzten Römer« sollte das Ganze heißen und die bewegte Zeit von Marius bis Augustus umfassen. Die reichen Exzerpte, die uns heute in der Gesamtausgabe zugänglich sind, beweisen, daß Grillparzer auf die Vorstudien zu diesem Plan unendliche Mühe verwendet hat. Die griechischen und lateinischen Quellen des Zeitraums hat er in großem Umfang hingebend studiert. In der Charakterisierung der Hauptgestalten, zumal des Sulla und Marius, war er schon weit gediehen. Die Probleme um Macht und Recht, die ihn damals beschäftigten, ließen sich in diesem Stoff ebensowohl symbolisieren wie im Ottokar- und Bancban-Stoff. Daß er trotzdem in den 20er Jahren die zwei österreichisch-vaterländischen Stücke schrieb, die umfangreichen Römerstudien aber ungenützt liegen ließ, beweist, wie fest dieser Künstler in seiner Zeit und in seinem Raum stand, wie wenig er ein *reiner* Vertreter jener allgemeinmenschlichen Formkunst war, nach der er seinen theoretischen Äußerungen nach oft zu streben scheint und an der er ja auch unbestreitbar seinen Anteil hat.

Grillparzer ist sich darüber klar, daß er mit dem »Ottokar« ein neues dramatisches Feld beschritten hat. Seine Behauptung, er habe hier den „Boden der historischen Tragödie" vor Tiecks albernen Theorien darüber betreten, ist freilich übertrieben. Wie wenig Grillparzer auf dem Gebiet des historischen Dramas bahnbrechend war, wie starke Hemmungen er im Gegenteil gegen diese Dramenart zu überwinden hatte, das gibt er selbst zu, wenn er zur Entstehung des »Ottokar« bemerkt: Ich ging „nur schwer an die Ausführung; ich hatte es nämlich mit einer Form zu tun, die mir durchaus nicht empfehlenswert schien: dem historischen Drama"[314]. Er fürchtete vor allem die formalen Schwierigkeiten, die Gefahr zu großer Weitläufigkeit, der epischen Auflösung. Grillparzer ist dieses Problems Herr geworden, noch besser als Schiller auf einer ähnlichen Entwicklungsstufe, im »Wallenstein«. Dennoch ging Grillparzer vorläufig auf diesem Wege des reinen Geschichtsdramas nicht weiter. Die stofflich naheliegende und auch tatsächlich vorbereitete Fortsetzung des »Ottokar« durch einen »Kaiser Albrecht« wird nicht durchgeführt, sei es nun, wie wahrscheinlich, aus äußeren Gründen, wegen der Zensurschwierigkeiten, oder aus inneren. »Ein treuer Diener seines Herrn« bedeutet schon einen Rückschritt vom Standpunkt des Geschichtsdramas (s. u.). »Des Meeres und der Liebe Wellen« führt nicht nur durch den antiken Stoff in die Welt der »Sappho« zurück. »Der Traum, ein Leben« sowie das Lustspiel »Weh dem der lügt« — für welches die geschichtliche Quelle, Gregor von Tours, lediglich das Handlungsgerippe abgibt — stehen der barocken Tradition des Wiener Volkstheaters nahe und führen auch dem Lebensgefühl nach ganz von der Geschichtstragödie ab. Dazwischen aber plötzlich wieder eine großgezeichnete geschichtsdramatische Skizze: »Hannibal«, neben »Esther« das bedeutendste Fragment Grillparzers. Vielleicht braucht man »Hannibal« nicht einmal ein Fragment zu nennen, da die Szene ein „abgerundetes Ganzes" bildet. Diese Auffassung vertritt A. Ehrhard[315]. Die Szene läßt im Vergleich mit der entsprechenden Stelle in Grabbes »Hannibal« Grillparzers geschichtsdramatische Arbeitsweise besonders klar erkennen[316]. Schon formal mußte einem Dramatiker, der so sorgfältig und ruhig seine Szenen aufbaut, die ungeheuerliche Aktionssucht, zu der Grabbe in allen seinen Dramen neigt, zuwider sein. Welch fruchtbarer Moment: die Feldherrn im Zwiegespräch vor dem entscheidenden weltgeschichtlichen Ringen. Und wie verschieden die Behandlung der beiden Dichter! Bei Grabbe ein kurzes, kaum zwei Druckseiten umfassendes, heftiges Gespräch und schon ertönt Hannibals Schrei: „Schlacht". Die Aufführungen machen daraus die langanhaltende Weitergabe eines militärischen Befehls. Bei Grillparzer eine mit äußerster Ökonomie gearbeitete und gehaltlich ungleich tiefere Großszene. Bei Grabbe will Scipio noch etwas Zeit gewinnen — schuftige Römermethode gegenüber dem unvergleichlichen Helden Hannibal. Bei Grillparzer zwei persönlich gleichwertige Feldherren, aus deren Gespräch jedoch bereits der römische Sieg als eine historische Notwendigkeit hervorgeht. Bei Grabbe der von seinem Volke nicht verstandene, für diese Welt zu große Heros Hannibal, der durch die Zwerge zugrunde geht. Bei Grillparzer wird er besiegt, weil er als ein wenn auch noch so großer Einzelner einem zuchtvoll geschlossenen, in strengster Tradition gegründeten Ganzen nicht gewachsen sein *kann*. Der Zufall, der in den weltgeschichtlichen Vorgängen sein Wesen treibt, kann immer ein Cannae hervorbringen, aber eine Gemeinschaft wie die Roms kann auch durch ein zweites Cannae nicht vertilgt werden:

> „Wenn ich erläge, wird ein andrer Römer
> Vollenden, was der erstere begann.

Wenn Hannibal erliegt, erliegt Karthago –
Wenn Scipio fällt, doch triumphieret Rom!"

Man wird aufgrund dieses Bekenntnisses zum Staatsgedanken, mit dem auch der Gehalt der großen Grillparzerschen Geschichtsdramen übereinstimmt, Oswald Redlich widersprechen, wenn er in seiner sonst so verdienstvollen Abhandlung sagt: „Grillparzer ist eben Individualist durch und durch, in der geheimnisvollen Macht des Individuums sieht er einen unerschöpflichen Quell wechselnden geschichtlichen Lebens"[317]. Das Problem ist viel komplizierter. Die unergründliche und unlenkbare überpersönliche Wesenheit des geschichtlichen Lebens hat Grillparzer so deutlich gefühlt wie nur je einer seiner Zeitgenossen. Aber die ethische Folgerung daraus zieht er nicht in voller Schärfe. Er schwankt zwischen strengem Individualismus und voller, demütiger Hingabe ans Ganze. Er gesteht seinen „Widerwillen gegen alles Öffentliche und Gemeinsame" und nennt dies gleichzeitig einen „Fehler"[318], wodurch ja die Negation auf einer höheren Ebene wieder aufgehoben wird. Oder umgekehrt: „Die Angelegenheiten in Spanien interessieren mich bis zum Lächerlichen... Ich leide überhaupt unter den Weltbegebenheiten. Was geht es mich an? und es ist Unsinn, darüber das nötige Eigene zu vergessen."[319] Geistesgeschichtlich betrachtet zeigt die letzte Äußerung den verzweifelten Versuch, die Lebensform des klassischen Goethe im Zeitalter der nationalen und sozialen Massenbewegungen aufrecht zu erhalten. Psychologisch bestätigt sie Grillparzers Bekenntnis, daß „zwei völlig abgesonderte Wesen" in ihm leben[320], seine Schyzothymie. Unter diesem Gesichtspunkt und in nächstem Zusammenhang mit dem Individualismusproblem ist auch Grillparzers *Schwanken zwischen den „historischen" und den „reinen Empfindungs- und Leidenschaftstragödien"* zu verstehen. Die damit eingeführte Scheidung stammt aus Grillparzers Selbstbiographie, womit bewiesen ist, daß ihm selbst die von uns immer wieder festgestellte Zweisträngigkeit seines Schaffens bewußt wurde. Und zwar als wesentlich; er sagt nämlich dort, die durch das politische System in Österreich verursachte Schwierigkeit bei der Aufführung geschichtlicher Dramen treffe ihn um so härter, als „reine Empfindungs- und Leidenschaftstragödien ... ihr Interesse bei des Dichters zunehmenden Jahren" verlieren[321]. Freilich hieße es die Äußerung zu ernst nehmen, wenn man bei einem Dichter, der seine drei Spätwerke unveröffentlicht liegen ließ, annehmen wollte, durch äußere Rücksichten sei er in den beiden Dramen »Libussa« und »Die Jüdin von Toledo« von seinem damals eigentlichen Felde, dem historischen Drama, abgedrängt worden. Die »Jüdin von Toledo«, in der Hauptsache eine Leidenschaftstragödie[322], ist kein weniger echtes Kind der Grillparzerschen Muse als »Ein Bruderzwist im Hause Habsburg«, das Drama zeigt nur die Wellenbewegung in des Dichters Entwicklung, welche wir schon kennen.

Es geht in der »Jüdin von Toledo« um den historischen König Alfons VIII. von Kastilien, dessen Niederlage gegen die Mauren (1195) von der mehr oder minder legendenhaften spanischen Überlieferung in Romanze und Chronik mit einer sündigen Liebe zu einer Jüdin in Verbindung gebracht wird. Grillparzer hat zwar einige historische Studien zu diesem Gegenstand gemacht, aber diese hatten für das Stück nur ganz geringe Bedeutung[323]. Die wichtigste Quelle für den Inhalt des Dramas ist Lope de Vegas Trauerspiel über denselben Stoff, worin das rein dichterische Interesse an dem Gegenstand sich ausdrückt. Wie schon im Sappho- und Hero-Drama, steht im Mittelpunkt des Grillparzerschen Stücks ein Konflikt zwischen Liebesleidenschaft und höherer Aufgabe. Daß es sich hier um die politische bzw. militärische Aufgabe eines Königs handelt, ändert an der Liebesproblematik selbst nichts Entscheidendes; immerhin hält das Stück einigermaßen die Mitte zwischen den Griechendramen und den historischen Stücken. Dasselbe gilt für die »Libussa«, die aus mehreren nicht in jeder Beziehung harmonierenden Elementen sich zusammensetzt: dem böhmisch-vaterländischen Motiv der Stadt- und Staatsgründung, der Liebeshandlung, welche persönliche Erlebnisse des Dichters verarbeitet, den Märchenelementen und der geschichtsphilosophischen Gedankenwelt. Gerade auch das zuletzt genannte Element führt dazu, daß jede Bestimmtheit der Handlung nach Ort und Zeit aufgehoben wird: man darf sagen, daß Brentanos Libussadichtung fast noch mehr konkrete historische Atmosphäre hat als dieses teils lyrische, teils reflexionengesättigte Alterswerk Grillparzers.

*

Ehe wir uns eingehender mit den drei eigentlichen, österreichisch-ungarischen Geschichtsdramen Grillparzers befassen, ist es notwendig, ein Bild von seiner Geschichtsauffassung und von seinen ästhetischen Reflexionen über das Geschichtsdrama zu gewinnen. Grillparzer ist nicht nur als Dichter, sondern auch als Denker durchaus original. Wenn man sich vergegenwärtigt, daß er zwar manchen älteren Geschichtschreiber las, aber mit der kritischen Geschichtswissenschaft eines Niebuhr oder Ranke noch keinen Zusammenhang hatte, so kann man nur staunen, wie unbefangen der Dichter der Geschichtsphilosophie seiner Zeit gegenüberstand. Ob man dies nun aus seinem Österreichertum oder aus seiner feinfühligen Aufgeschlossenheit für den mehr und mehr vordringenden realistischen Geist des Jahrhunderts erklären will, — jedenfalls durchschaut er die Schwächen der geschichtsphilosophischen Spekulation, besonders eines Hegels, sehr genau. Der Versuch O. E. Lessings[324], Grillparzer mit Hegel in Zusammenhang zu bringen, hat schon früh den Widerspruch R. Petschs[325] erfahren, in der folgenden Zeit widerlegte die Abhandlung I. Münchs mit vollem Erfolg Lessings These. In einer

einzigen Dichtung allerdings hat sich Grillparzer geschichtsphilosophischen Spekulationen hingegeben. Aber diese haben nichts mit
Hegel zu tun, vielmehr entstammen sie jener älteren Schicht rationalistischer und klassisch-romantischer Spekulation[326], in deren Nach-
folge Hegel allerdings auch steht. Während für Hegel die Entwicklung der Menschheit zu immer stärkerer Staatlichkeit ein gottgewoll-
ter Fortschritt ist, erscheint der Staat in Grillparzers »Libussa« nur als
unvermeidliches Mittel, wenn nicht gar als Übel. Das Beste, was dem
Staat des Primislaus verbleibt, ist das Gold der drei göttlichen Schwe-
stern, die Krone, welche die Verbindung irdischer Ordnung und
Macht mit dem Ewigen symbolisiert und die Wiederkunft des goldenen Zeitalters verheißt. Selbst G. Müllers vorsichtiger Vergleich mit
Hebbel: die Libussa-Tragödie fange „in die Einzelseele Konflikte der
historischen Lage auf"[327], ist, wie mir scheint, mißverständlich. Geht
es doch in der »Libussa« nicht um *geschichtliche* Epochen, die gleichberechtigt einander ablösen, sondern um mythische Weltzeitalter.
Keine immanente menschlich-geschichtliche Entwicklungslinie, auf
der ein einzelner Punkt als „historische Lage" festgehalten wird, sondern der ganze Kreis — der Heilsgeschichte, so könnte man geradezu
sagen: aus dem Göttlichen durch die Welt ins Göttliche. Freilich erscheint es mir zweifelhaft, ob man die »Libussa« mit ihren, wie ersichtlich, stark romantischen Gedankengängen als Inbegriff von Grillparzers Weltbild fassen darf, als seinen »Faust«, wie so oft gesagt
wird. Die übrigen Zeugnisse für seine Geschichtsauffassung sind erheblich zurückhaltender und nüchterner. Was dem Dichter an der
Geschichtsphilosophie Hegels dünkelhaft erscheint, das ist gerade der
Anspruch auf Ergründung des Weltgeistes, die Meinung, die göttlichen Gedanken nachdenken zu können. Zu tief ist Grillparzer von
der Unerklärlichkeit aller Geschichte überzeugt, als daß er irgend-
eines Menschen Deutung als endgültig anerkennen könnte. Besonders wehrt er sich gegen den zeitgemäßen Gedanken, man könne aufgrund der Kenntnis des Vergangenen das Zukünftige meistern. Er
trennt den Politiker streng vom Historiker, was damals — ehe Bismarck gegen Mommsen recht behielt — etwas bedeutet. Auch Hegel,
so meint er in einem Epigramm, kann höchstens die Musik zu einem
vorhandenen Text schreiben. „Ihr seid die Totenbeschauer der Geschichte", so wendet er sich gegen die eine Seite, die Polyhistoren und
Materialkrämer. „Wenn ihr aus der Geschichte Gott studiert, / Ist die
Aussicht eine geringe", so ruft er skeptisch der ganzen „Historischen
Schule" zu.[328] Den einen fehlt jeder Sinn fürs Ganze, die andern verwechseln „Gott", d. h. oft genug ihre eigenen Vorstellungen, mit der
Wirklichkeit. Nicht nur die Geschichtsphilosophie, schon das, was
die Leute „Geschichte" nennen, ist ja nur „Werk des Menschen".
„Die *Begebenheiten* mögen wohl allerdings das Werk des Weltgei-
stes sein, aber die *Geschichte?* Was ist denn die Geschichte anders
als die Art, wie der *Geist* des Menschen diese ihm undurchdring-

lichen Begebenheiten aufnimmt?"[329] Es besteht kein Anlaß, dieser Geschichte einen „Heiligenschein" zu verleihen.[330] Das ist jetzt allerdings Mode geworden, „historisch, nur historisch, ruft's hysterisch"[331]. Die Geschichte zeigt in der Hauptsache nicht das Göttliche und Rechtliche, sondern Leidenschaften, Irrtümer aller Art. Die Lieblichkeit des Vergangenen ist Illusion. Die Geschichte ist nur ein Wirkliches, Bedingtes wie die Natur. Die geschichtlichen Veränderungen erfolgen mit Notwendigkeit wie die Änderungen des Wetters, aber sie sind unerklärlich und dem Zufall unterworfen wie diese. Es gibt nur eine „Macht der Begebenheiten", keine sogenannte „Macht der Geschichte", insofern man ja unter Geschichte unser „Wissen von den Begebenheiten" versteht. Die Steigerung des historischen Wissens ins Unermeßliche ist sogar eine große Gefahr, denn die „innere Konzentration", die für jeden schöpferischen Vorgang unerläßlich ist, wird dadurch erschwert; „im Mangel dieser Konzentration liegt ... der Fluch der Zeit".

Warum aber studieren wir dann Geschichte? „Weltgeschichte (Menschengeschichte möchte ich sie lieber nennen)"[332], so schreibt schon der junge Grillparzer, und wie bei Schiller, so sind es auch bei dem österreichischen Dramatiker zuerst anthropologische Interessen, die ihn zur Geschichte führen. Wie die Tagebücher Grillparzers zahllose Charakterstudien aus seinem täglichen Umkreis enthalten, so dienen auch die historischen Studien dem Bedürfnis, viele Menschen in ihrer Eigentümlichkeit und darüber hinaus *den* Menschen kennenzulernen. Er stößt dabei weiter und tiefer in die Wirklichkeit vor als Schiller[333]. Sein politisches Interesse und andrerseits die Unmöglichkeit, die Seele der politisch Verantwortlichen in seiner eigenen Zeit unmaskiert zu sehen, mußte ihm den Wert der Geschichte noch erhöhen. „Ich bin kein Politiker, aber die Politik der Jahrhunderte, welche man Geschichte heißt, und die Natur des menschlichen Geistes, der sich gleichbleibt trotz aller anscheinenden Verschiedenheit, war das angestrengte Studium meines nun 57jährigen Lebens."[334] Diese Worte stammen aus dem Jahre 1848 und geben die Begründung für sein kühles Verhältnis gegenüber den Fortschrittshoffnungen der zeitgenössischen Revolutionäre des Geistes und der Straße. Das in vielen Generationen Bewährte scheint ihm besser als das Neue, das ein einzelner erdenkt. Das Recht ist besser als die Macht, durch die jede Leidenschaft entfesselt wird und ein allgemeines Chaos entstehen kann. Manches Alte hat sich für immer bewährt; es ist, und hier können wir an »Libussa« anknüpfen, ein Geschenk der Götter. Es gibt allgemeinmenschliche zeitlose Güter. Trotz dieser Betonung des Bleibenden, Überzeitlichen, die sich aus seinem Studium *des* Menschen ergibt, hat Grillparzer eine sehr deutliche Abneigung gegen alles Anachronistische. Immer tadelt er streng die Nachahmung alter Muster als ein schon der Tendenz nach sinnloses Unternehmen. In Rom hält er sich von den deutschen Künstlern zurück, weil ihre mittelalterliche Tracht und überhaupt ihre „abgeschmackte Nürnbergerei" ihn abstößt.[335] Das Bleibende und das Vergangene sind ihm nicht dasselbe. Wenn er sich gegen Ausdrücke wie „die neue Zeit" wehrt, so nur deshalb, weil damit ausgedrückt zu werden pflegt, daß alles, was „alt" ist, zerstört werden darf. „Immerwährender Wechsel auf den alten Grundlagen ist das Gesetz alles Daseins"[336], so heißt Grillparzers, an den alten Goethe erinnerndes, zusammenfassendes Bekenntnis zu dieser Frage.

Bei dem erstaunlichen Realismus, den Grillparzers Geschichtsauffassung zeigt, ist es verständlich, daß dem Dichter die Behandlung historischer Stoffe zunächst wenig empfehlenswert erschien. Wo der Geschichtsverlauf in Thesen und Antithesen erscheint, da ist der Weg zum Drama nicht mehr weit. Die fürs Drama unerläßliche ideelle Formung, die Konzentration der Begebenheiten, ist dort bereits vorgebildet. Vor Grillparzer dagegen lagen die geschichtlichen Stoffe in der ganzen Dichtheit und Unübersehbarkeit des Empirischen. Die „prosaische Verstandeskälte", mit der er unwillkürlich alles durchdringt, ist ihm verhaßt; er fürchtet sie, weil er seinem Bewußtsein, seinem Kunstprogramm nach von der Goethezeit herkommt und in der frei schaffenden Phantasie die Quelle aller Poesie erblickt. „Ich erschrecke oft vor mir selbst. Das Wirkliche erhält über das Ideale ein so furchtbares Übergewicht, daß alle Poesie darüber zugrunde geht."[337] Mit der für Grillparzer charakteristischen übertriebenen Selbstkritik wirft er nach der Vollendung des »Ottokar« diesem Werk solche Mängel: Kälte, Berechnung usw., vor. Wie auch andere dieser Übergangsgeneration zwischen Idealismus und Realismus ist er sich seines Eigenwertes noch nicht gewiß.

Aus Grillparzers Festhalten am klassischen Formbegriff folgte die strikte Ablehnung jener Solger-Tieckschen Lehre, der Geschichtsdramatiker habe „der völlig treuen Wiedergabe der Geschichte" nachzustreben. Diese Zumutung ist ebenso lächerlich wie das ältere Dogma von „der getreuen Nachahmung der Natur", denn Geschichte ist „Natur in Handlung".[338] Ein historisches Drama, das nach solcher Vorschrift verfaßt ist, bringt nichts Neues gegenüber der Geschichte, es ist nur etwas langweiliger als diese. Während die Fanatiker des historischen Dramas die Geschichte zum einzigen Stoffgebiet der Tragödie erklären, weil sie, als Ausfluß des Weltgeistes, allein die „nötige Tiefe und Würde" habe[339], glaubt der Dichter die Stoffwahl als bloßen „Zufall" bezeichnen zu können.[340] Der strengste idealistische Formbegriff und die nüchternste Geschichtsbetrachtung dicht nebeneinander! Kein Wunder, wenn Grillparzer nach dem mühsamen und, wie er fühlt, nicht wohlgelungenen Versuch, theoretisch die Beziehung der Geschichte zum dramatischen „Gesetz der Kausalität" aufzuweisen, über die Geschichtstragödie ausruft: „Ein gefährliches Feld! Man muß auf: siegen oder sterben gefaßt sein, wenn man es betritt."[341] Aus dieser Äußerung spricht ein Ernst, der die gelegentlichen formalistischen Äußerungen zur Stoffwahl als vorläufig erweist. Dagegen greift Grillparzer sicherlich sehr tief in sein eigentümliches Wesen, wenn er zwischen dem Ottokar- und dem Bancbandrama ins Tagebuch schreibt: „Ich weiß, daß ich es nie erreichen werde, nach was ich strebe in der dramatischen Poesie: das Leben und die Form so zu vereinigen, daß *beiden* ihr *volles* Recht geschieht. Man wird es vielleicht nicht einmal ahnen, daß ich es gewollt, und doch kann ich nicht anders."[342] Volle Wirklichkeit und strenge Form, „ein Mittelding zwischen Goethe und Kotzebue", wie man es im Drama braucht![343] Shakespeare und Lope de Vega näher dem eigenen Streben als alle moderne Bildungsdichtung, die deutsche Klassik nicht ausgenommen! Von diesen Gesichtspunkten aus erschließt sich der künstlerische Sinn von Grillparzers Ringen um das historische Drama. Die Geschichte ist für ihn nicht totes Wissen, nicht göttliche Offenbarung, sondern *Leben*, ein Wirkliches, das er „schauernd durchlebt".[344] Aber dieses Lebendige mit all seinem Selbstwert soll zugleich einem Gestaltungswillen sich fügen, dem schon die Trilogieform des »Wallenstein« als „schlechte Form" erscheint, da durch sie das Drama „an Wirklichkeit und Prägnanz verliert"[345]. Wenn ein Fouqué in die »Zauberwelt« seine Zuflucht nimmt und andererseits keine einheitliche dramatische Handlung aufbauen kann, so entstammt das eine wie das andere derselben Unfähigkeit, ein lebendiges Ganzes zu erschauen und zu bilden.[346] Absolute historische Wahrheit im Sinne der Gelehrten für irgendeine Dichtung zu fordern, ist zwar Unsinn, aber Wirklichkeitsnähe ist zugleich ein ästhetisches Erfordernis für den Dramatiker. Er wählt historische Stoffe „vor allem..., um seinen Ereignissen und Personen eine Konsistenz, einen Schwerpunkt der Realität zu geben, damit auch der Anteil aus dem Reich des Traumes in das der Wirklichkeit übergehe. Wer würde auch einen erdichteten Eroberer ertragen können, der ein erdichtetes Land mit erdichteten Heldentaten eroberte."[347] Und dennoch ist die „eigene Zutat das Interessante" — weil nämlich die Geschichte gar keine feste Wirklichkeit gibt: „Über welchen Charakter irgendeiner historischen Person ist man denn einig? Der Geschichtsschreiber weiß wenig, der Dichter aber muß alles wissen."[348] Die Handlungsführung, die Charakterisierung, die Vergegenwärtigung — alle diese Aufgaben des dramatischen Künstlers sind auch beim Geschichtsdrama ausschlaggebend. „Unabhängig von der historischen Wahrheit" bleiben Schillers Geschichtsdramen Meisterwerke.[349] Warum aber hat sich der Dichter dann im »Ottokar« so große Mühe mit der historischen Treue gegeben? Diese Frage, die sich Grillparzer selber in der Selbstbiographie vorlegt, ist entscheidend; und sehr bezeichnend wieder für die eigenartige Mischung von theoretischem Idealismus und praktischem Realismus ist die unentschlossene, lavierende Antwort: „Ich habe es [das Studium der Quelle] nur ... als eine Kuriosität angeführt, obgleich anderseits das den Schluß bildende und in seinen Wirkungen *bis in die Gegenwart reichende* Faktum, die Gründung der Habsburgischen Dynastie in Österreich, *der Wahrhaftigkeit der Ereignisse ein patriotisches Interesse* verlieh."[350]

Während also vom rein künstlerischen Gesichtspunkt aus ein gewisses Schwanken zwischen Neigung und Abneigung gegenüber dem historisch Wirklichen festzustellen war, erschließt sich hier vom Außerkünstlerischen her ein fester Boden: der Staat, dem sich Grillparzer unbedingt verbunden fühlt. In bezug auf Österreich-Ungarn und die Habsburgische Dynastie wird die geschichtliche Wahrheit aus einem bloß Tatsächlichen zu einem Wert, zu einem Gegenstand der Verehrung. Die österreichisch-ungarische Geschichte ist keine tote Vergangenheit, sondern eine in jeder Einzelheit interessierende und verpflichtende „Gegenwart". „Kaiser Albrecht wie er war", „ohne viel Hinzufügung von Erdichtungen" — so wollte er den Habsburger auf die Bühne stellen[351], und so hieß überhaupt Grillparzers Programm, wo es um die Geschichte seines Vaterlandes ging. Es handelt sich hier nicht um devote Rücksichten gegen Staat und Herrscherhaus — die Wahrheit hätte für solche Zwecke niemals ausgereicht! —, sondern um eine unwillkürliche Achtung vor dem Ahnenbesitz, vor dem historischen Lebensgrund, in dem Grillparzer mit einer solchen Zähigkeit wurzelte, daß ihm darüber das Verständnis für den Weg des deutschen Gesamtvolkes verschlossen blieb. Er erkannte die Wucht und die Zukunft der nationalen Einigungsbewegungen, aber er war ihr Gegner, weil er wußte, daß eines ihrer sicheren Opfer das geliebte Österreich-Ungarn sein würde.[352] Erst von dieser Erwägung aus erkennt man den Sinn der zunächst zufällig erscheinenden Tatsache, daß von den verschiedenen geschichtsdramatischen Plänen kein einziger zur Vollendung gedieh, der einen Gegenstand außerhalb Österreich-Ungarns behandelt hätte. Nur hier im Heimatstaat war das erregende Erlebnis, das auch für den Geschichtsdramatiker Voraussetzung zu allem Schaffen ist, *zwingend.* Trotz der zwei Jahrzehnte, welche die Ottokar- und Bancbantragödien von der Vollendung des großen historischen Alterswerkes trennen, begehen wir keine Willkürlichkeit, wenn wir diese drei vaterländisch-historischen Dramen nun in einem Zusammenhang besprechen.[353]

*

> „Wenn sonst im Reich der *Möglichkeit* die Muse
> Sich Bild und Gleichnis sucht, so haben wir gewagt,
> Die *Wirklichkeit* euch diesmal vorzuführen,
> Nicht bloß zum allgemeinen Sinn des Schönen,
> Zum *vaterländ'schen* Sinn zugleich zu sprechen;
> Ein schweres Wagnis!"[354]

Der Gründer der habsburgischen Dynastie im Kampf gegen seinen mächtigen Feind! Eine Wirklichkeit, die damals jedem Wiener so vertraut war, als es nur je eine geschichtliche Gestalt oder ein Ereignis sein kann, ebenso repräsentativ für das alte Österreich wie Fridericus für das junge Preußen. Wenn der Schüler Grillparzer eine »Rede zum Lobe Rudolfs von Habsburg« als Aufsatz zu verfassen hatte, so war er damit keine Ausnahme; und natürlich steigerten die geschichtlichen Veröffentlichungen Hormayrs und seines Kreises noch das Interesse für den großen habsburgischen Ahnherrn. Auch die Bühne hatte sich längst des Stoffes bemächtigt.[355] Die bereits erwähnten Bearbeitungen von Caroline Pichler und Kotzebue fallen in eine Zeit, da Grillparzer schon dramatisch tätig war. Auf die Wiener Aufführung des Kotzebue-Dramas bezieht sich Grillparzer selbst;[356] auch der Operntext der befreundeten Dichterin dürfte Grillparzer nicht unbekannt geblieben sein. Kotzebue und Caroline Pichler beschränken sich, wie Grillparzer, auf die Darstellung des Kampfes zwischen Ottokar und Rudolf. Caroline Pichler führt wie Grillparzer die Belehnungsszene auf dem Theater vor und legt, offenbar unter dem Eindruck der Rückkehr Napoleons von Elba, auf die frevelhafte Erneuerung des Kampfes besonderes Gewicht. Die Parallelisierung Ottokars und Napoleons, die Grillparzer bis zu einem gewissen Grad für sein Drama zugibt[357], erscheint bei Kotzebue und Caroline Pichler noch stärker als bei ihm selbst; man kann diese Stücke als geschichtlich verkleidete Festspiele zur siegreichen Beendigung der Freiheitskriege auffassen. Auch von einer andern Seite schloß »Ottokars Glück und Ende« für die Landsleute Grillparzers unmittelbar an Bekanntes an: das Stück bildete die ungefähre geschichtliche Fortsetzung von M. von Collins Babenberger-Zyklus. Selbst der allgemeine Rahmen für die *Auffassung* des Stoffes ist gegeben, was nur moderne Originalitätssucht als künstlerischen Nachteil buchen wird. Der habsburgische Herrscher ist selbstverständlich kein bloßer Gegenspieler Ottokars, er steht auf einer ungleich höheren Stufe; er ist der Wahrer des göttlichen Rechtes. Ottokar muß als der Gewalttätige notwendig fallen, wie es etwa auch in Caroline Pichlers »Rudolf« heißt:

> „Wir ziehen zum gerechten Kriege,
> Wir ziehen zum gewissen Siege,
> Gott ist mit uns, es weicht der Feind."

Nicht einmal mit der primitiven Tradition, preisende Partien über den Heimatstaat einzuschieben, hat Grillparzer gebrochen. Berühmt geworden ist die Ottokar-von-Horneck-Szene, die vom rein ästhetischen Standpunkt aus natürlich „nicht unentbehrlich"[358] ist, dennoch aber zur tragenden gehaltlichen Schicht des Dramas gehört, genauso wie der Schlußchor des Ganzen: „Heil! Heil! Hoch Österreich! Habsburg für immer!" — dem Caroline Pichlers Schlußworte: „Österreich kann nicht untergehen", entsprechen.

Es liegt uns fern, durch den Aufweis solcher Beziehungen die persönliche Leistung Grillparzers herabsetzen zu wollen. Wir betonen im Gegenteil diese Einfügung in die konkrete Lebensgemeinschaft deshalb, weil sie bei den großen deutschen Dramatikern eine höchst seltene Eigenschaft ist. Der Strömung des Persönlichkeits- und Geniekultes, mit welcher seit dem Sturm und Drang der Aufstieg des deutschen Dramas so eng verbunden ist, stand der Österreicher Grillparzer verhältnismäßig fern; auch wurzelte kaum ein deutscher Dramatiker in einem Boden, wo der theatralische Vorgang, als Wechselwirkung von Dichter und Öffentlichkeit, so selbstverständlich war. Es ist für das Verständnis des Werkes und der eigentümlichen Leistung des Dichters nötig zu wissen, was ihm als selbstverständliche, vorkünstlerische Atmosphäre gegeben war. So hat, um eine der besten Grillparzer-Arbeiten erneut zu nennen, Ilse Münch geistesgeschichtlich sicher ganz recht, wenn sie das Tragische im »Ottokar« oberflächlicher nennt als in anderen Dramen Grillparzers und die Dichtung „dem Typus des Schuld- und Sühnedramas" zuordnet.[359] Aber es bleibt doch die Gefahr, daß man mit solchen Begriffen an der Seele des Stückes vorbeigeht, für welche eben das Richtende und Siegende, die Ordnung der Welt, nicht ein abstraktes Sittengesetz, sondern der habsburgische Kaiser war, der Ahn *des* Herrschers, dessen Heere aufs neue gegen die Gewalt gesiegt hatten und in alle Zukunft siegen würden: „Wenn nun zugleich aus dem Untergange Ottokars die Gründung der habsburgischen Dynastie in Österreich hervorging, so war das für einen österreichischen Dichter eine unbezahlbare Gottesgabe und setzte dem Ganzen die Krone auf."[360]

»Ottokar« erinnert an Eichendorffs fast gleichzeitig entstandenen »Ezelin«, motivisch sowohl als im biedermeierlichen Lebensgefühl, das freilich in beiden Fällen nicht so ausgeprägt ist wie in Pichlers Rudolfdrama. Schon auf den ersten Blick aber zeigt sich, daß Eichendorff dem positiven Herrscherbild Grillparzers, Rudolf, nichts an die Seite zu stellen hat, was wiederum ein Ausdruck dafür ist, daß es Grillparzer nicht nur auf das Schicksal des Frevlers ankommt, sondern ebenso sehr auf seinen Überwinder und überhaupt auf das Ganze des historisch-politischen Vorgangs. Man könnte einwenden, Grillparzers geringes politisches Interesse am Stoff äußere sich darin, daß er die drei Frauengestalten ziemlich weit in den Vordergrund rückt. Nur mit geringem Recht, denn dazu ist erstens zu sagen, daß dies schon in Grillparzers Hauptquelle, der österreichischen Reimchronik Ottokars von Horneck der Fall ist. Zweitens haben ja Kunigunde und die wichtigste Frauengestalt, Margareta, als Fürstentöchter zugleich eine politische Bedeutung. Berta dagegen, die am wenigsten in die Staatshandlung verflochten ist, tritt sehr in den Hintergrund. Die kleinste Rolle aber hat Katharina Fröhlich, die Braut des Dichters, die als Bürgerkind von Wien dem Kaiser Blumen überreicht. Gerade in dieser absolut episodischen und scherzhaften Einmischung des Privaten zeigt sich, wie fern dem Dramatiker die übliche Bereicherung historischer Stoffe durch erotische Zutaten liegt.

Da gehen Pichler und Kotzebue wesentlich großzügiger vor. Sie versehen Ottokar und Rudolf mit je einem Kinde, natürlich passenden Alters und passenden Geschlechts, so daß ein Liebespaar daraus wird. Und nun ergeben sich, wie leicht ersichtlich, durch den Streit der Väter ergreifende Situationen. Gegenüber einem solchen Verfahren wiegt die, natürlich freie, Charakterisierung Margaretas als einer Art Schutzengel von Ottokar nicht schwer.

Ähnlich steht es mit dem Charakter Ottokars, von dem die Tschechen sofort nach der Aufführung des Stückes behaupteten, er sei durch Grillparzer ungebührend herabgesetzt worden, und der später in dem »Ottokar« des Deutschböhmen Uffo Horn (Prag 1843) mit Nachdruck gefeiert wurde. Während seines Prager Aufenthaltes gedachte Grillparzer, wie das Tagebuch erzählt, mit Schmerz der Vorwürfe, die seine „unschuldig gemeinte" Ottokar-Dichtung erfahren hatte. Er bat im Stillen vor Ottokars Grabmal um Verzeihung, wenn er „ihm irgendworin Unrecht gethan haben sollte"[361]. Ein solches ehrfürchtiges Verhalten zeigt, daß Grillparzer sich mindestens an die Wirklichkeit halten *wollte,* daß er sich gegenüber dem geschichtlichen Gegenstand verpflichtet fühlte und ihn nicht als bloßes Exempel betrachtete. *Daher* war er „fleißig und notierte und exzerpierte in ganzen Massen". „Um nicht ohne Not eigene Erfindungen einzumischen, fing ich eine ungeheure Leserei von allem an, was ich über die damalige österreichische und böhmische Geschichte auftreiben konnte."[362] Und wie steht es mit dem Erfolg dieser Bemühungen? Während Scherer noch den Standpunkt vertrat, Grillparzer habe Ottokar zu schwarz gemalt[363], ergaben Vergleiche mit den geschichtlichen Quellen, daß sich Grillparzer sogar bemühte, allzu schwarze Flecken vom Bilde des böhmischen Königs zu tilgen.[364] So beseitigt z. B. Grillparzer die durch mehrere Quellen belegte grausame Tötung des Benesch, andererseits vergegenwärtigt er deutlich Ottokars Willen zur kulturellen Verbesserung seines Landes, ein Motiv, das sich der Dichter, wie Redlich versichert, aus keinem historischen Werk um 1820 holen konnte. Redlich, der hervorragende Biograph Rudolfs von Habsburg, kommt zu dem Gesamturteil, daß „die Intuition des Dichters auf Grund des eindringenden Studiums jener Zeit eben diese Zeit und ihre Gestalten tiefer und wahrer erfaßt und beurteilt hat, als es die Historiker vor und zu Grillparzers Zeit getan haben". Grillparzer hat das „geschaut, was die Historiker erst nach ihm erforscht haben"[365]. Es wiederholt sich also bei Grillparzer derselbe Vorgang wie bei dem Wallenstein- und Maria-Stuart-Dichter!

Natürlich kann all das nur beweisen, daß Grillparzer sich bemühte, so *weit wie möglich* der geschichtlichen Wahrheit gerecht zu werden. Es war, wie der Dichter in seinem sehr aufschlußreichen Bericht in der Selbstbiographie schreibt, bei der „Masse der Begebenheiten ... unmöglich, jeder einzelnen ihr Recht widerfahren zu lassen".[366] Die Auslese und Verstärkung der Motive, die Bildung einer

„ununterbrochenen Folge des nach einander Vorgehenden", welche bei der Gegenwartsform des Dramas unerläßlich ist, mußte gewisse Veränderungen des Stoffes verursachen, besonders bei einem Dramatiker, dessen Formgewissen so streng war, daß selbst der Gedanke eines Vorspiels als einer unzulässigen Ausweitung verworfen wurde. Schon die „höchst wichtige" Konzentrierung der Zeit — es handelt sich um einen geschichtlichen Vorgang von 27 Jahren — bedingte eine nicht unwesentliche Umbildung der Geschehnisse, denn, wie Grillparzer selbst feststellt, die Zeit „gehört auch unter die Motive: Empfindungen und Leidenschaften werden stärker oder schwächer durch die Zeit".[367] Auch die Charaktere gehen nicht völlig unverändert in die antithetische Form des Dramas ein; sie müssen „dem Übertriebenen nähergebracht werden"[368]. Mag Ottokar auch historisch echt sein — der Gegensatz der Charaktere Ottokar und Rudolf, so wie er im Drama erscheint, ist jedenfalls stilisiert.

Gleichzeitig aber darf die dramatische Form nicht starr sein, sie muß sich der so lebendig empfundenen „Wirklichkeit" organisch anpassen. Gerade darin liegt das Problem, das „schwere Wagnis", daß das historische Drama für den Sappho-Dichter zugleich eine neue „Form" ist.[369] Die größere Zahl von Personen, der häufigere Szenenwechsel, repräsentative Aufzüge, kurz, die größere Lebendigkeit und Buntheit, die aber doch die Sinnhaftigkeit und Kontinuität des Vorgangs nicht zu sprengen vermag — das ist kurz zusammengefaßt das Ergebnis von Grillparzers Ringen um eine *gemäße*, ebensowenig formlose wie formalistische Dramatisierung der Geschichte. Das in der Geschichte des Dramas so seltene Gelingen dieses Ringens, die Vollendung der Synthese von dramatischer Form und geschichtlichem Stoff, macht »König Ottokars Glück und Ende« zu einem Gipfelpunkt des deutschen Geschichtsdramas.

Das Trauerspiel »Ein treuer Diener seines Herrn« behandelt einen Stoff aus der ungarischen Geschichte und gehört damit ebenfalls zu den „vaterländischen" Dramen im Sinne der österreichischen Patrioten. Es verdankt sogar seine Entstehung unmittelbar dem Ersuchen des Oberhofmeisters Graf Dietrichstein an Grillparzer, ein patriotisches Festdrama für die Krönung der Kaiserin Karoline Augusta zur Königin von Ungarn (1825) zu schreiben.[370] Es bezeichnet Grillparzers Stellung zu Hof und Staat, daß er zwar nach langem Zögern diese ehrenvolle Auftragsarbeit „einem höchst subordinierten Schriftsteller" überließ, „dessen loyale Anspielungen sehr beklatscht wurden,"[371] dennoch aber ein Stück schrieb, das seine bei dieser Gelegenheit betriebenen ungarischen Geschichtsstudien verwertete und seinem Bekenntnis zu Ordnung und Monarchie Ausdruck verlieh. Nach den schlimmen Erfahrungen, die der Dichter beim »Ottokar« mit der Theaterzensur gemacht hatte, entschieden bei der Stoffwahl diesesmal nicht innere Gründe, sondern er wählte, wie er selbst gesteht, denjenigen Stoff, der ihm „die wenigsten Zensurschwierigkeiten darzubieten schien".[372] Bei der großen Bedeutung, die für das Gelingen eines echten Geschichtsdramas gerade der Stoffwahl zukommt, ist es kein Wunder, daß das Stück trotz seines großen Theatererfolges nicht nur dem Dichter „kein inneres Bedürfnis befriedigte", sondern auch objektiv einen gewissen Abfall von der Höhe des »Ottokar« darstellt. Nicht so sehr im österreichisch-vaterländischen Sinne. Vielmehr ist das Stück der stärkste Ausdruck einer monarchistischen, unbedingt antirevolutionären Rechts- und Staatsgesinnung, wie sie dem österreichischen Patrioten der Zeit entsprach. Gerade dadurch, daß hier das Königtum nicht mehr durch einen starken und gerechten Rudolf von Habsburg, sondern durch einen schwachen, wenn auch „treuen Diener" und durch eine leicht beirrbare Königin vertreten wird, und also im Zustande furchtbarster Bedrohung steht, erstrahlt das eindeutige Bekenntnis zu ihm doppelt hell: auch in seiner Knechtsgestalt behält es, nach des Dichters Auffassung, göttliche Weihe. Es entsprach doch nicht ganz der Wahrheit, wenn Grillparzer später, in Erwiderung der Vorwürfe, die dem Stück gemacht wurden, die Gesinnungen Bancbans und seine eigenen scharf voneinander trennen wollte.[373] Man hat das Stück in die Tradition der Fürstenspiegel gestellt[374] und andererseits vermutet, daß es auf die Ungarn belehrend einwirken sollte: der *Ungar* Bancban als Vorbild der Rechts- und Königstreue![375] Beides mit einem gewissen Recht. Schon der abstrakte Titel, dann der Rahmen, die Stellung einer Aufgabe, weist, wie bei »Weh dem der lügt«, in die Tradition des volkstümlichen Lehrstücks zurück. Das lehrhafte, jedenfalls aber das allgemeinmenschliche Interesse, überwiegt das historische.[376] Die verpflichtende Eigenbedeutung des Stoffes ist gering, denn einmal entstammt dieser nicht dem Kernland der Monarchie, zum andern handelt er von einer mit anekdotischen Zügen durchsetzten geschichtlichen Episode, nicht von einem für das Schicksal Österreich-Ungarns entscheidenden Ereignis, wie die beiden andern vaterländischen Dramen. Nicht als Gegenstand der Ehrfurcht, nur als Stoff zur Unterhaltung war die von Grillparzer gewählte Begebenheit in Österreich bekannt.[377] Die theatralisch unterhaltende Absicht war denn auch bei der Abfassung des Stückes nicht unwesentlich und verband sich mit der politisch-lehrhaften. Grillparzer litt damals unter dem „Gefühl einer inneren Insuffizienz"[378], welches durch die geringe Beachtung, die sein »Ottokar« bei der literarischen Kritik fand, genährt wurde. Er glaubte, wie uns das Tagebuch berichtet, „eine Abnahme an intensiver Kraft der Phantasie" bei sich zu bemerken, und er strebte bewußt nach Effekt, weil er „gewissermaßen probieren wollte, wie weit sich die Spannung noch treiben lasse". Man wird von diesem Gesichtspunkt aus das Grelle des Dramas, namentlich die nicht sehr Grillparzersche Gestalt Ottos von Meran, begreifen müssen.

Dem etwas artistischen und allgemeinmenschlich lehrhaften Charakter des Dramas entspricht die Tatsache, daß Grillparzer sehr frei mit den geschichtlichen Fakten verfährt. Die Rechtsidee wird so gesteigert, daß die nationalen Gegebenheiten des Stoffes noch stärker verdeckt werden als im »Ottokar«. Diese bestehen darin, daß die der Abstammung nach deutsche Königin von Ungarn durch unlautere Begünstigung ihrer Verwandten einen ungarischen Aufruhr hervorruft, in dessen Verlauf sie umkommt. Der ungarische Dichter Joseph Katona, der 1816 diesen Stoff dramatisierte, hatte gerade den Nationalunterschied der handelnden Personen als wesentlich herausgearbeitet. Auch Grillparzer wollte ursprünglich diesem Faktor Rechnung tragen. Otto und seine Begleiter sollten in deutscher Tracht erscheinen, und die Heftigkeit des lebenslustigen, siegesgewohnten Tirolers sollte durch seine Verständnislosigkeit gegenüber den keuschen ungarischen Frauen stärker motiviert werden. In der endgültigen Fassung hat sich bei Grillparzer die offizielle österreichische Auffassung, für welche die Nationalitätenfrage tabu war, durchgesetzt.

Am stärksten zeigt sich die Veränderung des Stoffes in der Gestalt Bancbans. Die geschichtlichen Tatsachen werden hier geradezu auf den Kopf gestellt. Die Quelle erzählt, daß sich der Palatin Bancban trotz seiner Treue zum König nach der Vergewaltigung seiner Frau den Verschwörern anschloß und selbst die Königin tötete, nachher aber vom König Verzeihung erhielt.[379] In dieser Form erscheint die Begebenheit bei den früheren Bearbeitern des Stoffes Hans Sachs[380] und Katona. Bei Grillparzer aber wird der Mörder oder doch Richter der Königin zu ihrem Beschützer erhoben. Um das möglich zu machen, muß auch das Verbrechen Ottos und der Charakter der Königin im Vergleich zur Überlieferung stark gemildert werden.

Ein geschichtliches Drama also ist »Ein treuer Diener seines Herrn« kaum mehr zu nennen und auch ein vaterländisches nur mit Einschränkung, insofern das Bekenntnis zu Thron und Staat in stärkster Verallgemeinerung und didaktischer Zuspitzung erscheint. Grillparzer ist von der Linie des Geschichtsdramas abgewichen, für die Augen seiner Zeitgenossen auf immer. Nach seinem Tod aber erfuhr man, daß diese Dramenart auch den Alternden beschäftigt und auf einen neuen Gipfel gelockt hatte.

Das Drama aus dem Nachlaß »Ein Bruderzwist in Habsburg«, um 1848 vollendet, geht in seinen Anfängen auf die 20er Jahre zurück, in denen die beiden soeben besprochenen Dramen entstanden und die überhaupt für das historische Drama in Deutschland besonders fruchtbar waren. Wenn wir einem Bericht Hormayrs trauen dürfen, so beabsichtigte der Dichter, nicht nur die Nachfolger des ersten Rudolf, sondern alle habsburgischen Herrscher bis auf Ferdinand II. zum Gegenstand seiner Dramatik zu machen.[381] Ganz abgesehen von der Undurchführbarkeit eines solchen Unternehmens aus Zensurgründen, mochte sich dem Dichter vielleicht auch vom künstlerischen Gesichtspunkt aus eine symbolische Verkürzung empfehlen. Dem ersten Rudolf folgt in einer so ganz anderen Zeit der so ganz andere zweite Rudolf, ein Sinnbild für die Bedrohung, die Tragik, in die Österreich-Ungarn und seine Dynastie seit der Reformation geraten war und noch geraten würde. Zwischen »König Ottokars Glück und Ende« und »Ein Bruderzwist in Habsburg« liegt Grillparzers Erlebnis der sich steigernden nationalen und demokratischen Revolutionen, der ungeheuren und vielleicht unwiderstehlichen Gewalt der „Zeit", welche der eigentliche aktive Gegenspieler des tatenscheuen Rudolf ist. Die goldene Frühzeit Habsburgs ist versunken, der Lärm der neuen Zeit, die Bitterkeit seines jetzigen Schicksals hat alle Flitter weggeblasen, wie die großen Worte, die dem Ahnherrn noch zur Verfügung standen, bei dem „stillen Rudolf" verschwunden sind. Und dennoch glaubt der vaterländische Dichter an die Zukunft der habsburgischen Dynastie und des Staates, der mit ihr identisch ist. Ja, leidenschaftlicher wird das Bekenntnis zum Kaiserhause, da es durch „die Zeit, die wild verworrene neue" in Gefahr geraten ist. Es ist keine gleichberechtigte, gottgewollte „neue Zeit", wie bei Hebbel. Es handelt sich um einen der ständig wiederholten Versuche des Chaos, den Kosmos zu zertrümmern. Habsburg aber bleibt trotz aller Stürme, jetzt wie damals, unverletzlich geborgen in der ewigen Ordnung und sich selber treu:

> „Mein Haus wird bleiben, immerdar, ich weiss,
> Weil es mit eitler Menschenklugheit nicht
> Dem Neuen vorgeht oder es begleitet,
> Nein, weil es, einig mit dem Geist des All
> Durch Klug und scheinbar Unklug, rasch und zögernd,
> Den Gang nachahmt der ewigen Natur
> Und in dem Mittelpunkt der eignen Schwerkraft
> Der Rückkehr harrt der Geister, welche streifen."

Wie »Ottokars Glück und Ende« spielt »Ein Bruderzwist in Habsburg« in einer Zeit großer geschichtlicher Entscheidungen. Europa befindet sich am Vorabend des 30jährigen Krieges, der in der Gestalt des unternehmungslustigen Obersten Wallenstein schon in das Drama hereinragt, den aber der Kaiser, ohne dazu fähig zu sein, vermeiden will. Allerdings ist dieser Hintergrund nur flüchtig skizziert, was der Historiker Redlich ausdrücklich bedauert. Grillparzer hat nicht so viel Sinn für „die allgemeinen historischen Tendenzen" wie Hebbel.[382] Er ist in der Darstellung lebendiger Gestalten größer. Trotzdem ist »Ein Bruderzwist in Habsburg« nicht nur das, was man ein Charakterdrama zu nennen pflegt. Bei der Grazer Aufführung des Trauerspiels (1872) erhoben sich nach dem im 4. Akt erfolgenden Tod Rudolfs die Zuschauer, um das Theater zu verlassen; auch nach Richtigstellung ihres Irrtums interessierte sie der 5. Akt wenig.[383] Dieser Vorfall zeigt, wie das Stück *nicht* aufgefaßt sein will. Die Zuschauer verstanden nicht das im 5. Akt zur Aussprache kommende Mehr, welches das Drama der Persönlichkeit Rudolf zum Geschichtsdrama »Bruderzwist« macht. In derselben Linie liegt der Verzicht auf das seit dem Sturm und Drang beliebte, dramatisch bewährte Motiv der *zwei* feindlichen Brüder. Grillparzer wollte zwar zunächst nur Rudolf und Matthias auftreten lassen, dann aber fügte er, der Wirklichkeit gemäß, den dritten Bruder Ferdinand und den Neffen Leopold hinzu.[384] Erst so erschien ihm das Haus Habsburg, der Titelheld, ausreichend repräsentiert.

Trotz organischer Ausgliederung der Form war natürlich auch in diesem Stück eine zeitliche Konzentration aus technischen Gründen nicht zu vermeiden, besonders im 1. Akt, der Motive des Zeitraums von 1581 bis 1617 zusammenfaßt, und gegen Schluß, wo als ein Symptom der kommenden Zeit der Prager Fenstersturz (1618) in das Todesjahr Rudolfs (1612) vorverlegt wird. Dagegen hält sich der Dichter mit den zahlreichen, auch den untergeordneten Personen möglichst streng an die Quellen. Nur die Namen Prokop und Lucretia sind erfunden.[385] Es spricht für Grillparzers Bemühen, die Vorstellungen seines geschichtlichen Helden kennenzulernen, daß er sich während der Arbeit verschiedentlich mit astrologischen Werken befaßte. Die Astrologie-Szene machte ihm besonders zu schaffen und scheint wiederholt zum Abbruch der Arbeit geführt zu haben, worin sich die Problematik eines solchen „historisch überholten" Motivs ausdrückt. Es bezeichnet aber Grillparzers tiefe Erfassung des Geschichtsdramas, daß er die Astrologie weder wegließ, was rein psychologisch das Einfachste gewesen wäre, noch in roher geschichtlicher Form einführte, wodurch die Charakterisierung Rudolfs in ihrer Einheitlichkeit gestört gewesen wäre, sondern tief in das Bild seines Rudolf hineinarbeitete.

Man ist sich darüber einig, daß Grillparzers Rudolf-Gestalt der geschichtlichen Wirklichkeit so weit entspricht, als dies bei einer Dichtung überhaupt möglich ist.[386] Redlich sagt, er habe auch in diesem Fall richtiger als die zeitgenössischen Historiker das Bild seines Helden gezeichnet.[387] Wie der Schritt des Beamten Grillparzer von der Bibliothek zum Archiv führte, so drang er hier, durch intensives Quellenstudium, fast noch leidenschaftlicher als im »Ottokar« in die Seele seines geschichtlichen Helden ein. Zu dieser gesteigerten Bemächtigung der Geschichte befähigte ihn der Umstand, daß diese Gestalt und überhaupt der ganze Stoff noch mehr als Ottokar seinem eigenen Innern entsprach. Aus Grillparzers Bemerkung, der »Ottokar« sei ein „berechnetes Werk"[388], dürfen wir so viel entnehmen, daß der Gegenstand eine beträchtliche *Distanz* zu den persönlichen Problemen des Dichters hatte. Er war hier nur der Gestalter eines überpersönlich Gegebenen. Bei »Ein Bruderzwist in Habsburg« dagegen besteht eine Ähnlichkeit, fast möchte man sagen Identität von Dichter und Geschichtsfigur, — wie wir ja auch schon die zwanglose Parallelisierung der Umwelt, der Bürgerzwiste von 1618 mit denen von 1830 oder 1848 beobachten konnten. Rudolfs Bedürfnis nach Ruhe und Kontemplation bei gleichzeitiger Einsicht in die Gefahr solcher Haltung, sein Zurückschrecken vor klaren Entscheidungen, seine Zurückhaltung gegenüber den Fragen des Tages im Blick auf das Ewige, bei gleichzeitigem Wissen, daß auch das Nichttun geschichtliche Bedeutung hat, insofern es dem Entschlossenen das Feld überläßt und Ursache größter Verwirrung sein kann; seine Liebe zur Tradition ohne gewalttätiges Festhalten an ihr — all das sind auch Züge aus Grillparzers eigenem Charakter und Schicksal. Man wird es sogar aussprechen müssen, daß den Dichter seine eigene psychische Gefährdung für die Problematik des psychopathischen Kaisers hellsichtig machte.

Die schwerste Aufgabe des Geschichtsdramatikers, nämlich die, den objektiv gegebenen Eigenwert des Stoffes und die eigene innere Erlebniswelt miteinander zu versöhnen, war also bei diesem glücklich gewählten Gegenstand vollendet zu leisten. So gelangte hier der Dichter in den eigentümlichsten Bereich seiner Seele, zu einer Dichtung entschieden tragischer Prägung, während im »Ottokar« der vaterländische Optimismus das Erlebnis des Tragischen zurückgedrängt hatte. In diesem Persönlichen aber gestaltet er wiederum ein Allgemeines: das tragische Schicksal des Habsburgerstaates, dessen Ende er prophetisch ahnt und dennoch nicht wahrhaben will. Als *Tragödie* bedeutet »Ein Bruderzwist in Habsburg« einen neuen geschichtsdramatischen Gipfel, während man formal dem Drama wohl kaum dieselbe Vollendung wie dem »Ottokar« zusprechen kann: eine leichte, aber doch fühlbare Lockerung der dramatischen Kontinuität, eine gewisse Schwächung des Dialogs durch die Reflexion ist nicht zu bestreiten.

*

Wir haben schon durch den verhältnismäßig breiten Raum, den wir Grillparzer widmeten, seine überragende Bedeutung für das deutsche Geschichtsdrama betont. Es könnte sich die Frage erheben, ob wir dazu berechtigt sind, da doch nach unsern eigenen Feststellungen nur zwei Dramen entschieden „historisch" sind und auch diese keinen bedeutenden Platz auf der Bühne außerhalb Österreichs errungen haben. Der Hinweis auf die geringe Zahl verliert dadurch an Gewicht, daß hierin zweifellos die äußeren Verhältnisse sehr stark hemmend gewirkt haben. Da das erfindungsreiche Wiener Publikum aus jedem historischen Drama ein politisches Schlüsselstück machte, waren die Zensurbehörden dazu gelangt, historische Dramen fast ohne Ausnahme abzulehnen. Nur durch die persönliche Vermittlung des Kaiserpaares war der »Ottokar« auf die Bühne gekommen und er verschwand rasch wieder, als sich tschechische Kreise durch ihn verletzt fühlten. Wie sollte da »Kaiser Albrecht« entstehen, der nach Charakter und Schicksal nicht in der gleichen Weise wie Rudolf I. verklärt werden konnte und sollte, und also kaum jemals die Zensur passieren würde? Die Ablehnung von »Ein Bruderzwist

Habsburg« war absolut sicher, man brauchte ihn gar nicht erst vorzu-
legen, da er unrühmliche Zustände im Kaiserhause behandelte und
in der Religionsfrage eine josephinische Auffassung vertrat. Wenn er
trotzdem vollendet wurde, so war schon das ein Wunder, das Werk
selbstlosester Künstlerschaft und Heimatliebe.

Sogar über den Erfolg von »Ein treuer Diener seines Herrn« konnte
sich Grillparzer nicht freuen, da gleich nach der Aufführung der Kaiser das Manuskript kaufen und damit das Drama aus der Welt verschwinden lassen wollte. In der Tat, Grillparzer war „belehrt, daß
historische Stoffe zu behandeln in den österreichischen Landen höchst
gefährlich sei"[389]; und er zog die Folgerungen daraus! Er empfand
die Hemmung um so schmerzlicher, als er von Herzen vaterländisch
gesinnt und zugleich ein wahrhaft theatralischer Dramatiker war,
der den Vorteil eines überpersönlich gültigen Stoffes wohl kannte.

Mit Grillparzers ausgesprochenem Österreichertum berühren wir
schon den Grund für den geringen Erfolg seiner Geschichtsdramen
in Deutschland. Er war sich klar darüber, daß er nicht hoffen konnte,
für seinen „durchaus österreichisch gehaltenen Ottokar einen Platz
auf den übrigen deutschen Bühnen zu finden"[390]. Aber „das Unbe-
achtetbleiben desselben von Seite der Kritik und der Bessern in
Deutschland"[391] muß ihm doch unerwartet und sehr enttäuschend
gewesen sein. Seine damals unternommene Reise nach Norddeutschland wird man auch von diesem Gesichtspunkt verstehen müssen,
er wollte innere Fühlung gewinnen. Dennoch gab es für ihn in dieser Frage keine Reue und keine Neuorientierung. Er konnte sich keinen andern Lebensboden denken als seinen Heimatstaat, was ihm
die Deutschlandreise nur verstärkt zum Bewußtsein brachte. „Man
kann mir einwenden, ich hätte mich über die engen österreichischen
Verhältnisse wegsetzen und für die Welt oder doch für Deutschland
schreiben sollen. Aber ich war nun einmal eingefleischter Österreicher und hatte bei jedem meiner Stücke die Aufführung, und zwar in
meiner Vaterstadt, im Auge."[392] Und diese selbe Vaterstadt wies die
Geschenke des großen Sohnes zurück! Hier erschließt sich die Tragik
Grillparzers, sein Schicksal, zwischen der reichen, traditionsgesättig-
ten, aber unerträglich eingeengten Theaterwelt Wiens und dem freie-
ren, aber zugleich einsameren, lyrischen oder abstrakten Bildungsdrama Deutschlands wählen zu müssen. In den Geschichtstragödien
mindestens hat er sich für Österreich-Ungarn entschieden und mit
diesem Staat ist auch ein Stück vom Leben dieser Dramen versunken.
Oder leben sie, eben durch die Verewigung des Konkreten und Nächsten, wie die Dramen der Griechen und Shakespeares erst recht? Der
Vergleich mit den anspruchsvollen Denkspielen, die Hebbel in Wien
geschaffen hat, dürfte für die zweite Auffassung sprechen. Die lie-
bende Anschauung führte tiefer als die kühn konstruierende Idee,
denn Tiefe und Abstraktion sind, obwohl man es in Deutschland
glaubte und oft noch immer glaubt, nicht dasselbe.

3. DIE DRAMATISCHE HISTORIE DER RESTAURATIONSZEIT. IMMERMANN

Die hier gemeinte Richtung des Geschichtsdramas ist viel weniger scharf abzugrenzen als das „vaterländische Drama", dessen geistesgeschichtliche und soziologische Basis ziemlich eindeutig zu fassen war. Gemeint ist das Drama des frühen Historismus, das aus der romantischen Mythen- und Wunderatmosphäre auftauchend — ohne sie immer ganz zu verlassen — mit einer oft übergroßen Stoffbegeisterung zur Fülle des historisch Tatsächlichen greift. Man könnte auch vom „episch-historischen Drama" oder, um den Zusammenhang mit der Historienmalerei anzudeuten, mit einem Ausdruck der Zeit vom dramatisch-historischen „Gemälde" reden. Wenn wir „Historie" sagen, so wollen wir damit die Richtung keineswegs einfach in den Bereich eines unselbständigen Shakespearisierens verweisen. Diese neue „Historie" hat in dem neuen Geschichtsbewußtsein, mehr als in irgendeinem dramaturgischen Vorbilde, ihren Grund. Tiecks Theorie knüpft bei Wallenstein an, wünscht aber einen nach der historischen Seite hin gesteigerten Wallenstein. So entsteht die geschichtlich ziemlich treue aber meist gestaltlose Bandwurmdramatik, die später mit gutem Grund Hebbels Abscheu hervorruft. Indem der alte Tieck, d. h. einer der bedeutendsten Erzähler der Biedermeierzeit, sich mit dem Drama befaßt, bahnt sich in dieser Gattung selbst der Siegeszug der erzählenden Dichtung an, der nach 1848 trotz aller Versuche, die dramatische Form zu restaurieren, an sein Ziel gelangt und den traditionellen Primat des Dramas zerstört.

Es ist anzunehmen, daß nicht nur Shakespeares Historienzyklus, sondern auch die antike Form der Trilogie das deutsche Großdrama des 19. Jahrhunderts, das als entwicklungsgeschichtliche Einheit zu betrachten ist[393], befruchtet hat. Das Beispiel eines gelungenen geschichtlichen Großdramas war immer wieder Schillers Wallenstein-Trilogie. Und darum kommt ihr eine besondere wirkungsgeschichtliche Bedeutung neben Tiecks unermüdlichen Hinweisen auf Shakespeares Historienzyklus zu. Wir erwähnen, um dorthin den Zusammenhang aufzuweisen, nur die Cevennen-Trilogie ISAAK VON SINCLAIRS, die im Briefwechsel Sinclairs mit Hegel eine gewisse Rolle spielt und deren dritter Teil in Weimar, kurz vor Jena und Auerstedt, aufgeführt wurde.[394] Wie im Wallenstein ist hier ein Stoff aus der neueren Geschichte gewählt: der Camisardenaufstand in Südfrankreich (1702–04). Die Freiheitsbegeisterung des Stückes entspricht der durch Napoleons Siegeszug hervorgerufenen deutschen Nationalstimmung; doch wählt der Verfasser, wie Schiller wenige Jahre zuvor, einen Stoff aus der französischen Geschichte. Es versteht sich, daß Sinclair stilistisch von seinen großen Zeitgenossen, besonders von den Romantikern und Schiller, stark abhängig ist. Es bleibt, da er auch für das theatralische Bauen wenig Sinn hat, nichts als der in einzelne Szenen auseinandergebrochene historische Vorgang. Die Darstellung ist sehr quellentreu bis zur wörtlichen Übernahme.[395] Solche Annäherung an den Positivismus ist für die Richtung der Historie durchaus typisch. Übrigens ist auch in diesem Fall festzustellen, daß Tieck der Deformation des Geschichtsdramas Vorschub leistete. Sinclairs Trilogie findet in der Vorrede zu Tiecks »Aufruhr in den Cevennen« Anerkennung.

Die prinzipielle Trennung des Dramatischen und des Geschichtlichen, wie sie — nach dem mythisch verworrenen Shakespeare-Aufsatz Herders — von der Klassik, in Lessings Linie, vertreten wurde, wird von Tieck nicht nur eingeschränkt, wie etwa in der glücklichen Synthese A. W. Schlegels, sondern aufgegeben; sonst würde er nicht, sehr mißverständlich, Shakespeare geradezu als Historiker feiern: „Es dürfen sich diesem Dichter wohl selbst, was Verständnis des Ganzen und wahre Auffassung von Zeit und Menschen betrifft, nur wenige Geschichtsschreiber an die Seite stellen lassen."[396] Doch ist bei all dem festzuhalten, daß diese Hingabe an den geschichtlichen Stoff noch nicht, im Sinne des Positivismus, absolut ist. Es bleibt auch bei Tieck ein Rest von jenem mystischen Geschichtsrealismus, den wir bei Solger feststellten, fühlbar. In allem Einzelnen ist das Ganze, *deshalb* gibt es nichts „Nebensächliches" in der Geschichte. Es wird, mit Tiecks Worten, „im kleinen wie im großen das ewige Gesetz" wahrgenommen. Diese Gesinnung liegt auch der biedermeierlichen Sammlerfreude, der Achtung vor dem Einzelnen und Kleinen zugrunde, sie hat also tiefere, epochale Bedeutung. Doch mußte sich dieser Zug gerade im Drama verhängnisvoll auswirken.[397]

Die dramatische Historie hat von der Romantik den gesamtdeutschen Gesichtspunkt übernommen. Doch ist der nationale Gedanke für sie bei weitem nicht so konstituierend wie für das „vaterländische Drama" der partikularpatriotische. Es fehlt dieser Richtung der konkrete Boden eines Nationalstaates, eines Nationaltheaters. A. W. Schlegels Theorie eines „allgemein nationalen" Dramas war doch nur der Traum eines Fremdlings in der unter ganz anderen Bedingungen stehenden Theaterstadt Wien. „Wirklich" war für diese Richtung, der die tatsächlichen Staaten Deutschlands recht wenig bedeuteten, nur die Geschichte; diese behielt, auch abgesehen von dem 1815 so jäh in den Bereich des Traums verwiesenen Nationalstreben, größtes Gewicht.

Eine in diesem Zusammenhang recht bezeichnende Zeiterscheinung ist das dramatische Werk des zum Kreis um Tieck gehörigen WILHELM VON SCHÜTZ. Nach zwei romantisch-historischen Dramen aus der Kreuzzugszeit[398] versucht er den von Tieck geforderten Über-Wallenstein in seinem Schauspiel »Graf von Schwarzenberg« (1819). Schwarzenberg spielt in Brandenburg eine ähnliche Rolle wie Wallenstein in Österreich, er ist der Katholik im protestantischen Lager. Trotz seiner Treue zum Kurfürsten wird er vor Gericht gestellt und verabschiedet. Der spätere Konvertit Schütz erfüllt schon hier die uns bekannte österreichische Forderung, das Zeitalter der Religionskämpfe von der katholischen Seite aus darzustellen; später wirft er in einer besonderen Schrift über Maria Stuart (1839) Schiller Quellenfälschung vor. Auch das Drama »Karl der Kühne« (1821) bezeugt die katholischen Neigungen von Schütz. Der gewalttätige Ritter Karl wird von den frommen Schweizern besiegt, als er innerlich schon bereit ist, der Friedensbotschaft des heiligen Vaters das Ohr zu öffnen. Das Stück schließt im Stil des österreichisch-vaterländischen Dramas mit einem Preis auf Habsburgs Zukunft. Die beigefügte Abhandlung trägt den Titel »Über das vaterländisch-historische Drama«. Schütz versucht hier, wohl aus Opportunitätsgründen, an das vaterländische Drama in Österreich Anschluß zu gewinnen. Doch ist es nur eine äußere Assimilation. Schon M. von Collin lobt an dem Drama ganz andere Züge, die auch tatsächlich wesentlicher sind: es sei „das erste Beispiel eines durchaus im großen Sinne nach welthistorischen Ansichten aufgefaßten Stoffes", der Verfasser habe den „geschichtlichen Stoff mit einer bisher in Deutschland ungewöhnlichen Treue beibehalten"[399]. Dies entspricht auch dem in der Vorrede gegebenen Programm, das mehr literarhistorische Bedeutung hat als das stümperhafte Drama selbst. Schütz unterscheidet — ein Zeichen der Zeit, die zum realistisch-historischen Drama drängt — das „historische Drama" vom weit verbreiteten „pseudohistorischen", das in irgendeiner phantastischen Vergangenheit spielt. Und der „organische Stoff" des „ächt historischen Dramas" liegt in „der Geschichte der durch das Christentum zusammenhängenden Menschheit", zumal unseres Vaterlandes, da „Deutschland der Mittelpunkt für alle geschichtlichen Ereignisse im erwähnten Zusammenhange von Völkern ist". Im nationalen Geschichtsdrama ist Deutschland den Engländern und Spaniern unterlegen, denn die Verhältnisse dort „gewährten dem Dichter im wirklichen Leben fertig gewordene Gebilde, die ihn der Notwendigkeit überhoben, zu willkürlichen Erfindungen zu greifen". Solcher Theorie entspricht der europäische Horizont, den Schütz mit der Geschichte Karls des Kühnen erstrebte.

Tiecks kunstzerstörende Vermischung von Drama und Geschichte findet sich bei Schütz in gesteigerter Weise wieder, er sucht „in gerader Richtung auf die Schönheit des Dramas zu gelangen, ohne dessen poetische Wahrheit von der Wahrheit im Wirklichen zu trennen". „Der Dichter erkennt (in der Geschichte) nur ein schon vorhandenes Drama wieder, will es nur so unverändert wie möglich nachsingen." Er bekämpft zwar F. Schlegels Bestreben, Mythologie zu schaffen, das Mythische hat sich im Fortgang der Geschichte „tiefer zurückgezogen in das Innere der Taten und Schicksale unserer Helden". In diesem wohlverstandenen Sinn aber gibt es „historische Mythik", und die Einsicht muß wachsen, „daß mehr oder weniger alles vollständig Historische auch ein Mythisches sei, und umgekehrt". Die Weitläufigkeit und die mangelnde Einheit des Aufbaues liegt, anders als bei der Tragödie, im Wesen der dramatischen Historie begründet, insofern „statt einen einzelnen Moment aus den Schicksalen des tragischen Helden zum Drama zu erheben, sie dessen gesamtes Schicksal in seiner Totalität ergreifen will". Ausdrücklich, durch den Hinweis auf die deutsche Malerei, wird gerechtfertigt, daß in dem Drama »Karl der Kühne« „der Hintergrund über die Figur gesetzt" ist. Das eben ist „dramatisch"! „Das Drama der Historie, als Gegensatz von unheilbringendem Handeln und erschütterndem Schicksal einer einzelnen tragischen Person, muß, vielleicht mit Verlust der tragischen Kraft, an dramatischer (!) gewinnen, je näher es seine Bühne dem Mittelpunkt eines reichen vielseitigen und regen Lebens mehrerer Völker Staaten und Individuen aufschlägt." An anderer Stelle nennt der Verfasser sein Drama vorsichtiger ein „Mittelwesen von Drama und Epos ... welches die Keime zu mehreren einzelnen Dramen in sich schließt". Die Vorrede ist eines der deutlichsten Zeugnisse für die (literarhistorisch äußerst wirksame!) ästhetische Begriffsverwirrung, in die aufgrund von Solgers mißverstandenen Gedanken die Theorie des Geschichtsdramas geraten ist. Schützens Drama selbst ist ein langgezogenes künstliches Gebilde: häufiger Szenenwechsel, eine Schlacht nach der anderen wie wenig später bei Grabbe, bombastischer Stil.[400]

Mehr Geschmack, und Geschmack genug, um rechtzeitig sein dramatisches Schaffen abzubrechen, hatte, FRIEDRICH VON ÜCHTRITZ, der Freund von Tieck und Immermann, Glied des Düsseldorfer Künstlerkreises. Trotz zeitweiliger Erfolge auf der Bühne mit seinen Dramen »Alexander und Darius« (1826)[401] und »Ehrenschwerdt« (1827) entsagt Üchtritz frühzeitig der Laufbahn eines Dramatikers, um sich künftig andern literarischen Arbeiten, besonders einem großen historischen Roman aus der Reformationszeit[402] zu widmen. Das historische Drama als vorübergehende Sphäre jugendlicher Dichter wird typische Erscheinung in einer Epoche mit wachsenden epischen Neigungen und Bedingungen. Üchtritzens »Trauerspiele« (1823) sind bemerkenswert als Zeugnisse einer aristokratischen, schon etwas dekadenten Biedermeierhaltung gegenüber dem geschichtlichen Leben. In »Rom und Otto III.« wird ohne jede romantische Apotheose der Untergang von „des großen Otto letztem Sproß" (und Epigonen!) dargestellt. Der Kaiser in seinem gebrochenen Wesen, die raffinierte

Römerin Crescentia liegen dem Dichter mehr als der Herzog Konrad, der, im Unterschied zu den kernigen niedersächsischen Gestalten Grabbes, unter seiner Hand zur Karikatur des deutschen Eisenfressers wird. Die letzten Worte des Kaisers geben die biedermeierliche Lehre: „Sie sollen einen tücht'gen / Nachfolger mir erwählen — der fein ruhig / in Deutschland bleibt, und seine Deutschen mehr / als seine Träume liebt." Zugrunde liegt das Motiv von der Eitelkeit der Welt, das noch stärker und überzeugender in dem Revolutionsdrama »Rom und Spartakus«, einem beachtenswerten Werk, aufklingt.[403] Spartakus will, als ein wahrer Edler, nur frei werden, um in seiner heimatlichen Hütte zu leben. Die Umstände stellen ihn an die Spitze der Sklaven, die ihn aber, als er wirklich herrschen will, wieder stürzen, ihn und sich selbst vernichtend. Sie waren's nicht wert, daß man für sie kämpfte (V/4), — aber was ist überhaupt wahrhaft wert? „Nicht nur Kronen und gewonnene Schlachten, auch die Hütte am Hämus ist nur ein Lächeln wert, wenn man das Leben erst überstanden hat ... hast einen unruhigen Tag gehabt. Die lange Nacht wird dir wohltun." Auch Roms Sieg und Ordnung werden nur als vorläufig verstanden. Absolut ist nur das Nichts, wie später in Büchners »Dantons Tod«. Shakespearisierend werden Prosa und Jamben gemischt. Es bezeichnet aber die stilistische Selbständigkeit von Üchtritz, wenn in der Desillusion des Dramenschlusses nur Prosa steht, während auf der Höhe von Spartakus' Bahn viel schöne Jambenreden zu hören sind. Einer übertriebenen Hingabe an den geschichtlichen Stoff huldigt Üchtritz nicht. Auch nach der Art der Stoffe gehört er nur am Rand der hier bezeichneten dramatischen Richtung an. Doch mag er die Vielseitigkeit des Geschmacks von Tieck, seinem Schutzherrn, beweisen und auf den andern eigenwilligen Schüler Tiecks, seinen größeren Freund Immermann, vorausweisen.

ERNST RAUPACHS Verhältnis zu Tieck ist sehr kompliziert. Tieck hat ungünstig kritisiert, Raupach hat trotz seiner Machtstellung geschwiegen. Beide sind verbunden durch den gemeinsamen Freund Raumer. Und zweifellos ist Raupachs Hohenstaufenzyklus ohne die in diese Richtung gehenden Bemühungen Tiecks und anderer Romantiker nicht zu denken, wenn er auch von diesen als der Geist empfunden werden mochte, der, einmal gerufen, nicht wieder loszuwerden war. Ganz im Sinne von Tiecks einseitigem Standpunkt rühmt Raumer Raupachs Trauerspiel »Kaiser Heinrich VI.« als vortrefflich, „weil es, die Vergiftung des Helden ausgenommen, streng historisch sei, und weil die Geschichte bei weitem poetischer gestalte, als die meisten Poeten erfinden könnten"[404]. Raupachs Werk ist zu verstehen im Rahmen der das ganze 19. Jahrhundert kennzeichnenden Säkularisierung und Vergröberung romantischer Ideen; es ist ein literarisches und theatralisches Vorspiel der preußischen Reichsgründung. Der manchmal unecht katholisierenden aber im ganzen doch viel tieferen Mittelalterauffassung der Romantik steht

Raupach ebenso fern wie ihrem hohen Ideal eines zugleich volkstümlichen und dichterisch erhabenen Nationaldramas. Raupach ist
der streng protestantische, in der russischen Umgebung Petersburgs
doppelt gehärtete Preuße, der, unter Verachtung alles romantischen
Unendlichkeitsstrebens, die Forderung der Zeit nach einem volks-
erzieherischen Historienzyklus aus der großen Vergangenheit
Deutschlands nüchtern, stramm, gewissermaßen befehlsgemäß, aus-
führt. Vorangegangen ist ihm Wilhelm Nienstädt, der Erzieher des
Prinzen Albrecht von Preußen, mit seinem zyklischen Drama in sieben Abteilungen »Die Hohenstaufen« (1826). Nienstädt hat Raumers Geschichtswerk getreulich dramatisiert, wohl zur Belebung seines Geschichtsunterrichts. Raupach übernimmt nun den an sich
keineswegs leichten Auftrag, dasselbe Stoffgebiet für das Berliner
Hoftheater zu bearbeiten. Das Unternehmen gelingt dank der großen bühnentechnischen Gewandtheit Raupachs und seiner engen
Zusammenarbeit mit dem Generalintendanten Graf von Redern, mit
dem er durch fast zwei Jahrzehnte (1824–42) eine so gut wie unein-
geschränkte Herrschaft über Spielplan und Schauspieler des Theaters
ausübt. Es geht in dem aufstrebenden Preußen wohl nicht zuletzt
darum, mit dem berühmteren Burgtheater in Wien zu wetteifern,
wozu denn eben Stoffe von allgemeiner nationaler Bedeutung besonders geeignet erscheinen, weil diese in Österreich nicht gern gesehen
werden und auf das nichtpreußische Deutschland Anziehungskraft
ausüben. Der »Briefwechsel zweier Deutscher« des Schwaben Pfizer,
der die preußische Lösung der deutschen Einheitsfrage befürwortet,
erscheint mitten in der Zeit der Hohenstaufenaufführungen. Raupach
dient in seinen »Hohenstaufen« energisch der gesamtdeutschen Idee.
Dies darf nicht vergessen werden, wenn man den Gründen seines
großen Erfolgs nachfragt. Es ist schon aufgefallen, daß Raupach, im
Unterschied zu Grabbe, nirgends den bekannten Grafen Friedrich
von Zollern in seinem Zyklus auftreten läßt, was doch, im Stil des
älteren vaterländischen Dramas, Anlaß zu Huldigungen für die Hohenzollern gegeben hätte. Diese Tatsache mag darauf zurückzuführen sein, daß Friedrich Wilhelm III. derlei nicht liebte, was sich besonders bei der Aufführung von Fouqués »Heimkehr des großen
Kurfürsten« erwiesen hatte.[405] Solche theatralische Ovationen lagen
überhaupt wenig im Charakter des protestantischen Hofes, während
für das vaterländische Drama in Österreich ein barockrepräsentatives
Element eigentümlich blieb. Raupachs Dramatik sollte beweisen, daß
man in Berlin bereit war, selbstlos der Bestimmung des deutschen
Volkes zu dienen, der National*idee*, nicht nur bestimmten, zufällig
gewordenen und anfechtbaren Zuständen; bezeichnend ist besonders, daß der Gedanke der Revolution von oben, als der einzig vernünftigen, in seinen Stücken öfters Ausdruck findet.

Raupach nennt das Theater ausdrücklich „eine Schule der Volks-
bildung" und er bekennt, daß diese seine Auffassung vom *Theater*

zu einem wesentlichen Teil die Wahl eines „Stoffes aus der vaterländischen Geschichte" bestimmt hat.[406] Nicht so sehr, das darf man hinzufügen, seine Liebe zur Geschichte selbst. So ist denn auch Raupachs Werk mehr ein nationalpolitisches Erziehungsdrama als ein Geschichtsdrama. Die mittelalterliche Geschichte wird in einer Weise modernisiert, daß von ihrem Wesen kaum mehr etwas übrig bleibt. Man konnte aufgrund eines umfassenden Nachweises von Raupachs Anspielungen auf die Gegenwart zu dem Gesamturteil kommen, „daß der Dichter gar keine mittelalterlichen Zustände zeichnen wollte"[407], was den gelehrten Eifer Raupachs, der sich gerne als Petersburger Geschichtsprofessor gab, allerdings unterschätzt. Doch ist richtig, daß bei Raupach die Geschichte keine ehrwürdige verpflichtende Substanz ist wie für die Romantiker und meist auch sonst für die älteren vaterländischen Dramatiker. Die Geschichte ist wieder eine Exempelsammlung, ausdeutbar, anwendbar, „unsere beste Lehrerin"[408]. Raupach fordert eine Darstellung der deutschen Geschichte von Heinrich I. bis zum Westfälischen Frieden in 70 bis 80 Bühnenstücken, und er führt selbst die Dramatisierung der Hohenstaufenzeit durch: in 16 Stücken, von denen 13 in Berlin aufgeführt werden. Aber in nichtdeutschen Stoffen kann er seine Lehren ebensowohl verkörpern, was seine Cromwell-Trilogie zeigt. Und diese Lehren entstammen eben doch wieder, obwohl sie auf dem Wege eines Schillerepigonentums als allgemeine Ideen maskiert sind, der bestimmten Situation der preußischen Monarchie, welcher er dient. So widmet er folgerichtig den Zyklus Friedrich Wilhelm III. mit den Worten: „Ein Werk, in dem ich versucht habe, eine Reihe heldenmütiger Fürsten darzustellen, deren Streben dahin ging, dem deutschen Reiche eine festere Verfassung und der Christenheit eine größere Glaubensfreiheit zu geben, wem hätte ich dieses Werk füglicher widmen können als einem Herrscher, der sich stets als Schutzherr der später errungenen Glaubensfreiheit erwiesen und an der Wiedergeburt und Neugestaltung Deutschlands in unseren Tagen entscheidend teilgenommen hat." „Festere Verfassung" geht auf den Anspruch der Monarchie gegenüber den Liberalen, „größere Glaubensfreiheit" geht auf die Auseinandersetzungen Preußens mit der katholischen Kirche. Behauptet oder verheißen aber wird die „Neugestaltung Deutschlands" durch die preußische Monarchie, die gerade in den Jahren, da die »Hohenstaufen« aufgeführt werden, dem Vorwurf völliger „Reaktion" ausgesetzt war. Raupach steht in der tendenziösen Behandlung der Geschichte den jungdeutschen Dramatikern gar nicht so fern, wie es scheinen könnte. In den Parteikämpfen nach 1830 geht auf beiden Seiten das Ideal innerlich treuer Geschichtsdarstellung zugrunde. Raupach ist, eben weil er eine ernst zu nehmende deutsch-politische Persönlichkeit war, wie kein anderer Dramatiker geschmäht worden, besonders durch Heine, und für lange zum Prototyp des banausischen Bühnenschriftstellers gemacht wor-

151

den. Doch waren die meisten seiner Gegner keine größeren Dramatiker. Man muß, um ihm gerecht zu werden, sich vor Augen halten, daß der andere Bühnengewaltige der Zeit Adolph Müllner hieß, und daß die Werke des größeren Dichters Grabbe, der eben damals (1830) auch Hohenstaufendramen herausgab, ihrer theatralischen Form nach wirklich problematisch waren. Ohne die Vielgeschmähten, das hat man schon früh erkannt, hätte es noch mehr der „Trivialitäten und Spielereien aus dem Französischen" gegeben, die damals die deutsche Bühne gänzlich zu überfremden drohten: „Er ist der einzige, der die Würde des Kothurn hält."[409] Raupach hatte an der Erhaltung und Weiterentwicklung des „hohen", des historischen Dramas in Deutschland entscheidenden Anteil, — mag man nun diese Entwicklung begrüßen oder beklagen.

Als südwestdeutscher Raupach darf JOSEPH FREIHERR VON AUFFENBERG, der ebenfalls sehr fruchtbar war, genannt werden. Er stand in enger Verbindung mit dem Karlsruher Theater. Dort und auf den benachbarten süddeutschen Bühnen hat er bedeutende Theatererfolge errungen.[410] Er streut im Unterschied zu Raupach in seinen historischen Stücken gerne Huldigungen an das heimische (badische) Herrscherhaus ein, so in seinem »König Erich« (1820); auch widmet er ihm, trotz starker Zuneigung zum Liberalismus, manches seiner Stücke. Aber er ist zu wenig bodenständig, um im Sinne des „vaterländischen" Dramas, zu wenig praktisch und konsequent, um in der Art von Raupachs historisch-politischem Lehrdrama sich mit der Bühne fest zu verbinden. Er ist ein abenteuernder, etwas unechter Nachfahr der Goethezeit und da kam ihm die unbestimmte Form des Historienzyklus gerade recht. Dafür ist die »Alhambra« (1830), von ihm selbst als sein „Hauptwerk"[411] bezeichnet, Zeugnis. Über 50 000 Verse, über 1 500 Seiten, ein charakteristisches Denkmal dieses papierenen Zeitalters! Die Einteilung des Ungetüms als Trilogie mit Vorspiel will wenig bedeuten, da schon die einzelnen Stücke den Rahmen eines Dramas völlig sprengen. Auffenberg nennt das Werk vorsichtig „ein Epos in dramatischer Form". Seinen Inhalt bildet die gesamte Entwicklung des Islam von seinen Anfängen bis zur Eroberung Granadas und, damit nicht genug, läßt er noch das umfangreiche „dramatische Gedicht" »Der Renegat von Granada« folgen, in dem einer der späten maurischen Aufstände dargestellt wird. Bezeichnend für die oberflächliche Art dieser Geschichtsdichtung ist es, daß Auffenbergs Wissen nicht originalen Geschichtswerken, sondern historischen Romanen, meist französischen Ursprungs, entnommen ist,[412] und daß der romantische Apparat der Visionen und Geister sich unerquicklich mit den historischen Absichten des Werkes vermengt. Man mag vermuten, daß für Auffenberg der exotische Reiz des Stoffs größer war als der historische, was des Dichters spätere, abenteuerliche Reise nach Granada nahelegt und einem allgemeinen Zug der nachromantischen Epoche entspricht.

Sehen wir von solchen zerfließenden Erscheinungen der dramatischen „Historie" auf ihren größten Vertreter Grabbe hinüber, so wird die oft besprochene Ungestalt von dessen Werken verständlicher. Wir ahnen, wieviel Anspannung in dieser Epoche des sterbenden oder doch erblassenden Idealismus ein unruhiger, dem Neuen offener Geist wie Grabbe aufbringen mußte, um noch *die* Form zu verwirklichen, in der uns seine Werke erhalten sind.

*

Am Rande der hier beschriebenen Richtung steht IMMERMANN, der gerade durch sein Bewußtsein, in einem Zeitalter der Epigonen zu leben, einer der Originalsten wurde. Allerdings weniger als Dramatiker, woraus sich die Einbeziehung dieses Bedeutenden unter die Kleinen rechtfertigen mag. Immermanns Dramatik zeigt die vielseitigsten geistigen Bezüge. Von den drei frühen »Trauerspielen«, die 1822 erschienen, gehört jedes einem der traditionellen Dramentypen zu. »Petrarca« ist ein die Problematik des Tasso stark vergröberndes, mit nihilistischen Gedanken und Ehebruchsmotiven arbeitendes Künstlerdrama. Der Goethe gewidmete »Edwin« ist, trotz der Buntheit seines Stils und Inhalts, im Grunde ein Ideendrama um das Problem von Revolution und Legitimität. »Das Tal von Roncevalles« gehört zum Typ des romantischen Vergangenheitsdramas (vgl. o. S. 74). In einer deutlich an Tiecks »Genoveva« gemahnenden Technik, auf der Grundlage eines lyrisch-romantischen Christentums, dramatisiert hier Immermann die Rolandsage. Auch das Antikisieren fehlt nicht, so in dem 1822 abgeschlossenen Trauerspiel »König Periander und sein Haus«.

Die Wahl des der jüngsten Vergangenheit entnommenen und also recht aktuellen Andreas-Hofer-Stoffes dürfte weniger historischen Interessen als dem Bestreben des Dichters entsprungen sein, endlich mit einem Drama auf die Bühne zu kommen. In der Vorrede zum »Trauerspiel in Tirol« (1827) bekennt Immermann, es sei immer sein Bestreben gewesen, „ein versammeltes Volk durch das laut gewordene Gedicht zu erfreuen", und nicht nur den „einsamen Leser". Der theaterwillige Dichter tut alles, um den wehrhaften Volkshelden zu einem sanften Untertanen des Kaisers zu machen. Damit Hofer seinen Aufruhr gegen die Franzosen trotz des Friedens, den der Kaiser schloß, erneuert, muß schon ein Engel erscheinen und ihm das Grafenschwert, sein Herrschaftssymbol, wiederbringen. Der Schluß verklärt Hofer in christlich-romantischer Weise zum Märtyrer. Eine schaurig rührende Liebesgeschichte wird eingeflochten, das Motiv der Volkserhebung möglichst zurückgedrängt. Trotz solcher Zugeständnisse an Zensur und Volksgeschmack wurde das Stück zunächst nicht aufgeführt. Als Immermann einige Jahre später eine Umarbeitung des Dramas unternimmt, bricht er mit der romantischen Herein-

153

nahme des „Wunderbaren", obwohl er auf der andern Seite nicht bereit ist, die dramatische Kunst einem unkünstlerischen Geschichtsrealismus auszuliefern. Mit dieser entschiedenen Zwischenstellung hat der Dichter in seinem »Andreas Hofer, Sandwirt von Passeyer« (1833) festen Grund unter die Füße bekommen, und diese Entwicklung ist über den besonderen Fall hinaus geschichtlich bedeutsam. Ich „tilgte", so schreibt er in der Vorrede, „die klein-sentimentalen Motive, welche der früheren Arbeit schadeten, und *wagte, das Werk auf ehrliche historische Füße zu stellen.* Ich halte überhaupt viel von der Geschichte; nur steht sie für mich kaum zur Hälfte in den Kompendien geschrieben. Der besitzt ihr Geheimnis nicht, dem sie nicht zur wunderbaren Fabel wird. Dannecker in Stuttgart hat ein Basrelief gemacht: ‚Die Tragödie, von der Historie Unterricht empfangend'. Diese ist mittlere Größe, jene einen Kopf länger. Ich sagte zu ihm, die Schülerin scheine neben der Lektion in der oberen Luftschicht noch allerhand zu vernehmen, wovon die Lehrerin nichts wisse. Er versetzte, ich hätte seine Meinung getroffen"[413]. Nach der durch Tiecks Lehre entstandenen ästhetischen Verwirrung auf dem Felde des Geschichtsdramas ist das künstlerische Mißtrauen gegenüber dem historischen Stoff in Tiecks Umkreis ein Ereignis. Gegenüber der ersten Fassung ist »Andreas Hofer« zugleich *dramatischer und historischer.* Das Ganze wird verkürzt, die einzelnen Szenen aber werden vergrößert, um den häufigen Szenenwechsel zu vermeiden. Die Monologe werden eingeschränkt, überhaupt die Redseligkeit der Personen. Andreas Hofer wird stärker in den Vordergrund gerückt. Die schon damals kritisierte Engelserscheinung und die romanhaften Episoden, besonders die Elsi-Handlung, werden beseitigt. Dafür wird der historische Gehalt vertieft, so besonders durch Prosaszenen, die das kräftige Milieu des Tiroler Aufstands vergegenwärtigen, und durch das ganz neue Auftreten des „Kanzlers", in dem man Metternich erkannte. Durch Vermeidung von Nebenmotiven, so der Uneinigkeit im Tiroler Lager, und von übertriebenen Motivierungen ist das Drama erheblich straffer geworden. »Andreas Hofer« erlebte in dieser Gestalt manche Aufführung und der uns schon bekannte Tiroler Freiherr von Hormayr, Mitorganisator des Aufstandes, begrüßte es begeistert. Schon früher hatte dieser Immermann zu einem vaterländischen Drama aus der Geschichte Bayerns, dem er damals diente, begeistern wollen;[414] und vielleicht entstand diese Neubearbeitung eines verwandten Stoffes als Ersatz dafür. Sie verherrlichte Hormayrs Heimat und diente doch zugleich dem gesamtdeutschen Gedanken. Immermann war sich bewußt, mit der Bearbeitung eines Stoffs aus der jüngsten Vergangenheit bahnbrechend gewirkt zu haben. Insbesondere weist er auf die kurz danach erfolgte Wahl des Napoleon-Stoffes durch Grabbe hin.

Zwischen den beiden Fassungen des Hoferdramas erschien das Trauerspiel »Kaiser Friedrich II.« (1828). Das Drama mag als Ergänzung der gleichzeitig entstehenden Hohenstaufendramen Grabbes aufgefaßt werden.[415] Doch blieben gegenüber Immermanns früherem Plan nicht nur zwei Barbarossa-Dramen (und ein abschließendes Konradin-Trauerspiel), sondern auch die zwei ersten Stücke der geplanten Trilogie von Friedrich II. unausgeführt. Immerhin wird durch die Tatsache, daß auch Immermann solche großen Zyklenpläne hatte, demonstriert, wie stark und wie allgemein die Idee eines Hohenstaufen-Großdramas damals herrschte.

Gehaltlich ist »Kaiser Friedrich II.« durch den katholisierenden Geist des Düsseldorfer Künstlerkreises bestimmt. Der Konvertit Schadow hat in freundschaftlicher Zuneigung für die Berliner Kunstausstellung 1828 ein Bildnis des Dichters mit einem Lorbeerzweig und mit einer Rolle, die das Hohenstaufendrama darstellt, gefertigt. Doch ist zu bemerken, daß die Kirche, für die hier gesprochen wird, scharf von der politischen Kirche geschieden ist, was sich mit Immermanns Sehnsucht nach einer neuen Kirche berührt. Diese neue Kirche repräsentiert der „Erzbischof", der die Blumen pflegt und, unbekümmert um die Händel der Welt, nur der Reinheit und dem Frieden dient. Der intrigante „Kardinal" dagegen repräsentiert die Kirche, wie sie oft in der Wirklichkeit ist; er schürt aus persönlichem Ehrgeiz die Feindschaft zwischen Kaiser und Papst. Der Kardinal (Octavian) und der Erzbischof (von Palermo) sind geschichtlich in der entsprechenden Rolle überliefert, auch die Reinigung Friedrichs von dem Verdacht der Ketzerei vor dem Erzbischof ist historisch bezeugt. Raumer hatte überdies betont, daß Friedrich II. „im höheren Sinne immer noch Christ blieb"[416]. Trotzdem mochte der Ausgang für manche Zeitgenossen das Werk zum Konversionsstück stempeln. Am freiesten verfuhr der Dichter, wie üblich, in der Liebesgeschichte, überhaupt in der häuslichen Handlung, die gleichwohl, wie der Dichter klagt, sich mit der politischen zu keiner Einheit verbinden ließ.[417] In der Gestalt der schönen Selbstmörderin Roxelane, die im Glauben an Mohammed stirbt, kam Immermann dem exotischen Bedürfnis der Zeit entgegen. Die kultur-historischen Farben des Stücks sind im übrigen gering; sein Schwerpunkt liegt in Dialogen gedanklicher oder lyrischer Art. Massenszenen werden im Unterschied zu Grabbe vermieden. Auch in seinem stilistischen Wesen erinnert das etwas blasse Drama an die Historienbilder der Düsseldorfer Schule.[418]

Aus der ungewöhnlich heftigen Kritik an Raupach kann man schließen, daß Immermann schon deshalb von einer weiteren Ausführung seines Hohenstaufenplans abstand, weil er mit diesem unmusischen aber erfolgreichen Vielschreiber auf der Bühne nicht konkurrieren wollte und konnte. Überdies waren dem Dichter grundsätzliche Zweifel aufgestiegen, ob die mittelalterlichen Stoffe für das Drama geeignet seien: „Sie schweben alle in einer unglücklichen Mitte zwischen Sagen- und historischen Gestalten, vertragen daher weder eine mythische, noch eine historische Behandlung."[419] Ganz im Sinne dieser

Erkenntnis tritt nun an die Stelle der romantischen Idee einer zugleich historischen und mythischen Hohenstaufenhistorie in 6 Stükken: einmal die historische Trilogie »Alexis« (1832), zum andern die mythische Trilogie »Merlin« (1831). Eine doppelte literarhistorische Bedeutung kommt diesen Dramen zu. Einerseits bezeichnen sie, ungefähr gleichzeitig mit so verschiedenen Werken wie Goethes »Faust« und Auffenbergs »Alhambra« vollendet, den Kulminationspunkt des deutschen Großdramas. Andererseits sind sie ein Zeugnis für das *Auseinanderfallen des mythischen und geschichtlichen Erlebens*, deren Zusammengehen seit Herder die innere Quelle des Geschichtsdramas gewesen war. Das Drama des späteren Historismus, durch Hegels Geschichtsmythus vorläufig noch verdeckt, beginnt mit dieser Spaltung, die das historische Drama äußerlich fördert und innerlich in Frage stellt, am Horizont zu erscheinen; ebenso das reine Mythendrama, welches das Mythische als bloßen Stoff mißzuverstehen in Gefahr ist.[420] Nicht zufällig steht dieser Differenzierung das in so mancher Richtung scheidende (kritische) Revolutionsjahr 1830 Pate. Denn der Geist dieses Jahres hat den bis dahin in den verschiedensten Gestalten fortdauernden Glauben an die gegebenen Inhalte und Formen der Vergangenheit zweifelhaft gemacht, ganz gleich ob es sich dabei um die Antike oder um die klassische Dichtung, um das deutsche Mittelalter oder um die alte Kirche, um die monarchische Staatsform oder um die aus der Renaissance überkommene Heroenverehrung handelte. Der immer sehr zeitempfindliche Immermann erlebte, aufs tiefste berührt und trauernd, den Zusammenbruch der Werte, der hier geschah. Er hatte das Gefühl einer allgemeinen „inneren Verwesung", die dadurch um so furchtbarer wurde, daß die Zeit sich in „ein so hübsches Modekleid zu werfen" wußte.[421] Doch fand er in diesem Verlust einen neuen tröstlichen Besitz: das Volk, das nun freilich nicht mehr nach romantischer Weise in seinen mythischen Ursprüngen, sondern in seiner natürlichen Gegenwart als Heimat und Volkstum gesehen wurde. Es ist bekannt, daß Immermann auch außerhalb des Dramas in der dichterischen Erschließung dieser Substanz bahnbrechend wirkte. (Oberhof).

Die Tragödie »Alexis« lebt von der Spannung zwischen dem *großen* Peter und dem Volk in seiner ewigen Jugend, vertreten durch Peters Sohn Alexis. Peter will die große vollkommene Welt, die er geschaffen, erhalten um jeden Preis, auch gegen sein eigenes Herz durch Opferung des Sohnes. „Unfertiges ward in die Welt gewirkt; / drum dauert sie. Doch große Männer wollen, / daß alles fertig sei," so sagt Gordon, der weise Greis. In der Frage der Thronfolge zeigt sich die Unmöglichkeit, dem Gang der Geschichte zu entrinnen. Da Peter sich ihm nicht beugen will, weigert er sich, einen Nachfolger zu ernennen; aber er weiß, daß er gerade damit sein Werk am sichersten zerstört und so ruft er verzweifelt: „Es sei das Chaos anerkannt / in seiner allerhöchsten Machtvollkommenheit". Er geht als ein Verwand-

156

ter der „heldischen Pessimisten" Danton und Hannibal, in den Dramen Büchners und Grabbes, stolz seinen Weg zu Ende ohne Hoffnung und Glaube. Dem gegenüber hat Alexis, vielleicht gerade weil er der Kleinere ist, die Gewißheit: „Sterblich ist Peter, doch das Volk lebt ewig!"

Immermann hat diese tragische Ausformung des Stoffs ohne wesentliche Untreue gegenüber der Überlieferung durchführen können.[422] Und als das Stück aus politischen Gründen vom Berliner Hoftheater abgelehnt wurde, konnte sich der Dichter gegenüber dem Intendanten aufrichtig auf die, hier mit der dramatischen zusammengehende, historische Objektivität des Werks berufen: „Allerdings ist der große Mann, welcher mich begeisterte, abweichend von der allgemeinen panegyrischen Art, in welcher man uns denselben hin und wieder auf den Brettern zu zeigen pflegte, aufgefaßt worden; ich konnte die Schatten des Gemäldes nicht hinweglassen, die Beimischung des Unnatürlichen, die an seinem gewaltigen Schaffen und Wirken haftet, nicht verhüllen, sollte das Gemälde wahr und bedeutend werden. Aber die Poesie trägt, nach meiner Ansicht, ihren Helden den Zoll der Bewunderung nur dadurch ab, daß sie dieselben so tief und allseitig, wie die Natur sie hingestellt hatte, nachzuschaffen versucht."[423] Wenn er im weiteren Verlauf des Briefes darüber klagt, daß dem Dramatiker durch die Politik gerade die *neuere* Geschichte, „die ergiebigste Quelle kräftiger und wirksamer dramatischer Gebilde", versperrt wird, so ist das aus Immermanns uns schon bekannter Entwicklung zum realistisch-historischen Drama besonders verständlich. Als er einige Jahre später das Liebesdrama »Ghismonda« (1837) zur Aufführung einreicht, betont er im Begleitschreiben, daß „diese Arbeit sich ganz außerhalb der politischen Sphäre halte"[424]. Es ist also anzunehmen, daß ihn, wie Grillparzer, die Erfahrungen mit der Theaterzensur von der Abfassung weiterer Geschichtsdramen abgehalten haben.

Immermanns Bedeutung für das Geschichtsdrama liegt vielleicht ebenso stark in seiner Lehre wie in seinem Werk. In seinen Briefen, seinen Kritiken und in den Memorabilien befaßt er sich immer wieder mit dem Gegenstand[425]; und seine Einflußsphäre war bedeutend. Er hat wesentliches Verdienst an der *Überwindung der einseitigen Lehre Tiecks*, durch die das deutsche Geschichtsdrama in die Gefahr gekommen war, völlig in eine Sackgasse zu laufen und in seinem eigentlichen Sinn mißverstanden zu werden.[426] Immermann hat trotz großer Pietät gegenüber der Goethezeit die innerlich notwendig gewordene Abtrennung des realistisch-historischen Dramas vom romantisch-mythischen bejaht, gleichzeitig aber den klassischen Anspruch der Form aufrecht erhalten. Wenn sich der junge Hebbel, so in der Frage des „realistisch-pragmatischen Elements"[427], wiederholt auf Immermann beruft, so zeigt dies das Weiterwirken seiner Ideen an wichtigster Stelle.

Grabbes Ausgangspunkt ist die von Tieck befürwortete episch-historische Art des Geschichtsdramas. An Tieck schickt Grabbe sein wildes und weitläufiges Erstlingswerk »Herzog Theodor von Gothland«. Es ist scheinbar ein historisches Drama, ja schon ein Kriegs-Drama wie die meisten Stücke Grabbes; es fehlt nicht an Feldherrn, Soldaten, Grafen, Königen, Zweikämpfen und Schlachten. Aber Grabbe selbst schreibt später darüber: „Gothland ist in der Handlung eine Erfindung, obwohl ich, eh' ich ihn begann, aus angeborener Liebe nordische Natur und Geschichte studiert habe." Das Drama will also nur ganz allgemein „nordisch" sein, im Sinn von leiden-schaftlich, shakespearisch (vgl. o. S. 24). Auch Tieck sagt in seinem berühmten Brief über Gothland nichts vom Stoff. Er erkennt das Drama als die Konfession eines großen aber äußerst gefährdeten Dichters, und er schreibt diesem mit sehr tiefem Verständnis die Worte: „Sind Sie ... jung ..., so möchte ich in Ihrem Namen erbangen, denn wenn Ihnen schon so früh die echte poetische Hoffnungs- und Lebenskraft ausgegangen ist, wo Brot auf der Wanderung durch die Wüste hernehmen? Ich möchte Sie dann warnen, diesem Zerstö-rungsprozesse des Lebens nachzugeben." Wir sind hier unmittelbar an dem Punkt angelangt, wo Grabbes Geschichtsverehrung einsetzen muß. Die Geschichte ist ihm Rettung aus dem Nichts, vielleicht das einzige Brot auf der Wanderung durch die Wüste. Die Religion, die idealistische Sittlichkeit, die überlieferte Form der Gesellschaft, die eigene Persönlichkeit, — all das kann ihn nicht erfreuen und tragen, aber aus der Vergangenheit der Menschheit strahlen einzelne lichte Sterne, die zeigen, daß vielleicht nicht ein wert-volles aber ein star-kes, heroisches Leben möglich ist.

Grabbe interessiert sich lebhaft für die Politik wie Grillparzer, aber da ihm eine bedeutende politische Heimat versagt ist, empfindet er nur das Negative der Biedermeierzeit: „Mit Napoleons Ende ward es mit der Welt, als wäre sie ein ausgelesenes Buch". „Das Gemeine, in der Sicherheit, daß ihm nicht mehr der Kopf abgeschlagen werden kann, erhebt gleich dem Unkraut das Haupt."[428] An der offiziellen Politik vermißt er das Genie und die Tatkraft, und die jungdeutsche Opposition ist ihm zu niedrig, zu anarchisch. Auch diese Stellung zwischen den Parteien der Gegenwart bedingt Grabbes Hingabe an

158

die Geschichte. Es ist nicht einfach eine Flucht in die Geschichte, sondern ein Suchen nach dem Gültigen und Hohen in der Zeit des Epigonentums, der Buchkultur, der feigen Mittelmäßigkeit, über die Grabbe so oft seinen Hohn ausschüttet. Grabbes Geschichtsauffassung hat zweifellos mit der romantischen das Motiv der Sehnsucht gemeinsam, aber die Idealisierung oder Verabsolutierung der Vergangenheit als solcher liegt ihm ferne. Eine Epoche braucht nicht ideal zu sein, wenn sie nur kühn und groß ist, wenn sie nicht so eng, so nichtig wie die eigene ist. Eine sittliche Weltordnung zeigt die Geschichte nicht; mit diesem Glauben bricht Grabbe entschieden:

> „Der Mensch erklärt das Gute sich *hinein,*
> Wenn er die Weltgeschichte liest, weil er
> zu *feig* ist, ihre krause Wahrheit kühn
> sich selber zu gesteh'n!"[429]

„Groß" sein heißt also gewiß nicht gut und gerecht sein, wie Grillparzers Rudolf von Habsburg meint. Wenn Grabbe seine Helden, etwa Heinrich VI., rücksichtslos über Leichen gehen läßt und immer wieder in grausamen Bildern zu schwelgen scheint, so treibt ihn dazu nicht einfach seine persönliche, perverse Natur, sondern die Idee, daß Geschichte nur mit Blut gemacht werden kann, daß sie wild und furchtbar ist wie die Natur selbst. Die Großen der Geschichte können nicht unantastbar und allmächtig über der Erde schweben wie Gott. Wir Könige, so sagt Heinrich VI. zu seiner Gemahlin, „bedürfen der Verräter, der Spione, / der Henker und des Schwertes, uns zu schützen". Groß-sein heißt auch nicht der Repräsentant eines übergeordneten Ganzen sein. Das Bild einer festen, in einer Tradition und in einem Staate zusammengeschlossenen, verehrungswürdigen Gemeinschaft suchen wir bei Grabbe vergebens. Zwar tritt uns das *Volk* oft entgegen: als Masse, als Heer, als bäuerliches Urvolk, als Stamm. Man darf behaupten, daß dem einsamen Niedersachsen in seiner Gegenwart nichts wirklicher und tröstlicher war als das einfache Volk. Es hat nach seiner Ansicht „stets die richtige Ansicht, das wahre Gefühl," im Gegensatz zu dem „Haufen ästhetischer Individuen"[430]. Wie Grabbe sich öfters in seiner Heimat gesundzuwandern suchte und wie er zweimal von seinen Irrfahrten und Schiffbrüchen dorthin zurückkehrte, so sind auch in seinen Dramen die Volksszenen wohl das Originalste und künstlerisch Höchste.[431] Aber das Volk ist nur Natur, daher eben gerade Stamm, Bauer, Heer, chaotische Masse, es ist *geschichtslos*. Es ist der *Stoff*, den die Heroen sich zusammenballen und in den Schlachten gegeneinander werfen, es ist der Boden, aus dem die Geschichtshelden aufsteigen und in dem sie wieder versinken, aber es ist nicht selbst Held. „Ich liebe die Despotie eines Einzelnen, nicht Vieler."[432] Der Geschichtsheld ist nicht Ausdruck eines Volkes; das Volk ist vielmehr, rein als solches, ihm entgegengesetzt. Nicht nur der Aetna, dessen Macht der große Kaiser Heinrich anerkennen muß, auch das Volk hat die übergeschichtliche, überstaatliche Ruhe und Ewigkeit der Natur. Um diese Wahrheit scheinbar zu widerlegen, läßt Gothland die Hütte und die Felder eines friedlichen Bauern zerstören (III/2). Auf diesem Hintergrund vollzieht sich der Untergang Heinrichs VI.: „Vater Aetna nährt uns alle, und ob der Normann oder der Hohenstaufe Sicilien beherrscht, heute abend tanzen unsere Landmädchen doch." — „Der Kaiser ist doch zu erschrecklich." — „Wird sterben — Unsere Saaten wachsen immer wieder. — Treibe die Schafe aus!" Trotz der Erregung durch die Julirevolution führt Grabbe den Plan eines Robespierre nicht durch und im »Napoleon« stellt er die (sinnlos) „tätige" Masse dar, um ihre Überwindung durch Napoleon zu zeigen. Auch die Hoffnungen des Volkes auf eine liberalere Herrschaft können nur durch eine neue freiwillige Kursänderung des großen Napoleon der Verwirklichung näher gebracht werden. Bei der Darstellung der karthagisch-römischen Auseinandersetzung wählt er den einsamen Hannibal zum Helden, ohne auf der andern Seite der Größe des alten römischen Volksstaates gerecht zu werden. Hermanns Volk sind Bauern, die bei all ihrer Tüchtigkeit am liebsten vor dem Spundloch liegen und nach der Schlacht, ohne auf Hermanns weitere Pläne zu hören, nach ihren Höfen zurückdrängen.

Der Träger der geschichtlichen *Bewegung* ist nach Grabbes Auffassung ausschließlich der große· Mann, *daher* wird dieser ins Übermenschliche und Titanische gesteigert. Nicht durch die Bindung an einen göttlichen Auftrag, an ein Ganzes, an eine geschichtliche Idee, sondern durch sich selbst sind diese Heroen groß, durch ihre märchenhaften Fähigkeiten, die Grabbe nie müde wird zu beschreiben, und durch ihr Glück. Der Versuch J. F. Schneiders, bei Grabbe Einflüsse der Geschichtsauffassung Hegels nachzuweisen, ist, wie auch Benno von Wiese neuerdings feststellte, durchaus abwegig. Grabbe hat hie und da etwas von Weltgeist und Idee gehört, aber er erlebt die Geschichte niemals als Entwicklung der Idee. Eher wäre an eine Wirkung Rankes zu denken, über dem er wie ein „Tiger" her war.[433] Die wirklichkeitsnahe und doch gläubige Haltung dieses Historikers muß dem vom Nihilismus bedrohten Dichter eine tiefe Bestätigung seiner Sehnsucht nach einem positiven Sinn der Welt gewesen sein. Während der Zeit dieser fieberhaften, anscheinend durch mehrere Monate sich hinziehenden Beschäftigung mit Ranke schreibt er an Immermann: „Ihre Äußerung, daß Sie von den Menschen so wenig im Ganzen halten, hat mich beschäftigt und frappiert... Nein, das Bessere wiegt über, es kämpft in der ganzen Geschichte und hat bis jetzt immer zuletzt gesiegt."[434] Man sieht, das ist nicht die Problemstellung Hegels und Hebbels, sondern noch immer die Schillers, welchen Grabbe ja auch, nachdem er seinen Jugendnihilismus zurückgedämmt hatte, am höchsten von allen Dramatikern stellte.[435] *Getragen* wurde er vom Idealismus dieser Geschichtsauffassung nicht, aber Grabbe hat mit Schiller das Interesse für das geschichtlich Große, das Kreisen um die historische Person gemeinsam. Seine Helden haben ebenso ihren Mittelpunkt in sich selbst wie Wallenstein, nur werden sie umgekehrt *gewertet*. Gerade nur in der Bindungslosigkeit, im Widerspruch zu Recht und biederer Bürgerlichkeit entsteht das geschichtlich Große. Der Große muß Revolutionär sein, aber nicht weil er wie bei Hegel ein Instrument der *Weltentwicklung* ist, sondern weil er er selbst sein muß. So hat bei Grabbe, im Unterschied zu Raumer, auch ein Heinrich der Löwe immer Recht, ob er nun seinen Lehnsherrn in der größten Not im Stich läßt oder ob er brennend und mordend über die Stadt Bardewick herfällt. Barbarossa ist der blasseste Geschichtsheros Grabbes, weil er dem Stoff nach am meisten Ausdruck einer überindividuellen Größe, des altdeutschen Reiches, sein muß. Betrachten wir aber die andern Heroen Grabbes: Marius, Sulla, Heinrich VI., Napoleon, Hannibal, Hermann. Sie sind durchweg nicht nur Sterne erster Größe, sondern Männer aus eigener Kraft, Neuerer, Eroberer. Auch ein Alexander der Große und selbst Christus sollten in diesem Pantheon der Geschichte nicht fehlen (Fragmente von 1835). Es ist das Erlebnis Napoleons, das in dieser Geschichtsauffassung nachwirkt. Grabbe lebt, wie seine Briefe zeigen, noch ganz im Banne dieses Gewalthabers, der Tag von Austerlitz ist dem einsamen Dichter mehr als alle bürgerlichen und kirchlichen Feste. In Napoleons Namen und nach seiner Methode will er seine buchhändlerischen Schlachten schlagen, schon lange ehe er seine Gestalt im Drama selbst beschwört. Die Quellenstudien über Napoleon haben ihm eher das Bild dieses Halbgottes verdunkelt. Gleichwohl schafft er ihm auch im Drama seinen eigenen mythischen Kreis: Die schwierige innenpolitische Lage Napoleons wird verschwiegen, die Koalition der Mächte wird ebenso in die zweite, untergeordnete Schicht gerückt wie die Strategie Gneisenaus. Alles das könnte Napoleon nichts anhaben, wenn nicht seine eigenen Leute einen Fehler gemacht hätten. Grabbes Helden fallen nie durch die geschichtliche Entwicklung, sondern durch ein Schicksal, welches blinde Natur ist: durch Schlachtenunglück, durch Krankheit, durch die Niedrigkeit des gewöhnlichen Menschen, durch wirtschaftliche Mächte. Die Problematik des Grabbeschen Dramas als *Tragödie* beruht darauf, daß von einem Werte-Konflikt[436] nicht eigentlich die Rede sein kann. Die Werte-Vernichtung zwar erfolgt in dem Untergang des Großen, aber der Wert des Vernichtenden ist nicht ebenso deutlich wie der Wert des Vernichteten. Und selbst der Held ist Natur, darum eben muß er ein Revolutionär oder Eroberer sein, nur wird er durch die äußerste Steigerung eben dieser Naturhaftigkeit zu etwas Wertähnlichem. Die gigantische *Größe* und die daraus sich ergebende Fallhöhe muß die ideelle Begründung des Konflikts und der Katastrophe ersetzen. Der Held ragt ins Übergeschichtliche. So kann Napoleon nach seiner letzten Schlacht sagen: „General, mein Glück fällt — Ich falle nicht." Aber die Geschichte als solche ist ein *bloßer Kampf physischer Kräfte,* ein Meer das ziellos dahin und dorthin wogt, Wind und Wetter, die nur hin und wieder zu dem erhabenen Schauspiel eines Gewitters sich verdichten. *Deshalb* spielt die *Schlacht* bei Grabbe die durchweg beherrschende Rolle. Sie ist bei ihm nicht bloß Ausdruck tieferliegender historischer Kräfte, sie ist die Geschichte selbst. Grabbes Helden sind oft Feldherrn, und es gibt keine einzige Hauptgestalt in seinen Geschichtsdramen die nicht zugleich Feldherr wäre. Der Repräsentant der Preußen und das einzige mögliche Gegengewicht gegen Napoleon ist für ihn Blücher. Schon Gneisenau, von einem Politiker gar nicht zu reden, kommt als eine zu geistige Erscheinung nicht zur Geltung; der dritte Protagonist ist Wellington, der englische Oberbefehlshaber. Wie Immermann ausdrücklich bezeugt, hat Grabbe das Genre der Bataille-Stücke erfunden.[437] Immermann fügt hinzu: „Die Schlacht ist eigentlich epischer Natur", und hat damit nicht ganz Unrecht; aber für Grabbe gewinnt sie eben dadurch eine ungeheure Dynamik, daß sie der *eigentliche Ort geschichtlicher Entscheidungen* ist, nicht nur ein Schauplatz heldischer Kämpfe. Und was entscheidet die Schlacht? Vor allem natürlich die Kraft des Feldherrn sowie seines Heeres, das aber nur aus seinem Geiste lebt: Der als ziemlich feige charakterisierte „Berliner" im »Napoleon« stürzt sich wie ein Achilleus in die Schlacht, nachdem er einen Zug aus Blüchers Pfeife geraucht hat! Nur eines tritt noch zum Spiel der physischen und subjektiven Kräfte: der *Zufall.* Napoleon kam nicht deswegen nach St. Helena, weil die Völker und Staaten Europas gegen ihn aufstanden, auch eigentlich nicht, weil Blücher und Wellington so schneidig waren, er hätte noch einmal seine „Zuchtrute" über „Europa, den kindisch gewordenen Greis" schwingen können, wenn eben nicht der Zufall in der Schlacht gewesen wäre: Grouchy hat einen Fehler gemacht. „Daß das Schicksal des großen Frankreichs von der Dummheit, Nachlässigkeit oder Schlechtigkeit eines einzigen Elenden abhängen kann!", so hadert Napoleon gegen das Schicksal, und dieses subjektive Urteil erfährt, um mit Hebbel zu reden, keine „Korrektur" durch das Drama im ganzen. „Mit Napoleons Ende ward es mit der Welt, als wäre sie ein ausgelesenes Buch." Und so war es bei Sulla, Heinrich VI., Hannibal und bei der soviel geräuschloseren Absetzung Hermanns auch. Also kann diese Vernichtung des Heros nichts weiter als ein Zufall, ein sinnloses Naturereignis sein. Eine Tragödie entsteht allenfalls dadurch, daß eben dieses Andere, Gewöhnliche auch notwendig ist. Zwar wird nicht einmal *diese* Form des Tragischen durchgängig geachtet. Im »Hannibal« erscheint das entgegenstehende Gewöhnliche, der König Prusias, in vollkommen satirischer Bagatellisierung, aber im allgemeinen wird Grabbe durch seine unwillkürliche Sympathie für Volk und Masse vor dieser völligen Zerstörung des geschichtlichen und zugleich tragischen Gleichgewichtes bewahrt.

Zu Grabbes Helden gehört der Untergang ebenso wie ihre gigantische Größe. Gerade deshalb weil sie stets in Gefahr sind von dem wilden Meer der Geschichte verschlungen zu werden, müssen sie so riesenhaft und laut werden. Es gilt, die Wogen des Meeres zu überschreien! Hinter ihrer hastenden Tätigkeit lauert das Nichts, wie hinter Grabbes dramatischer Lebendigkeit die Auflösung aller dramatischen Form. Kaiser Heinrichs Todesklage: „O wär ich lieber nimmermehr geboren!" steht heimlich hinter allen Geschichtshelden Grabbes, und gerade durch diese nihilistische Beleuchtung seiner Heroen gewinnt Grabbe die Möglichkeit, sie einem allgemeinen Vorgang doch wieder einzuordnen, gewinnt er seine Objektivität. Im Blick auf das allgemeine Weiterfließen der Geschichte erkennt man, daß auch die Geschichtsheroen „Stückwerk waren innerhalb eines dauernden Geschehens"[438], daß es letzten Endes nichts gibt als ein undurchdringliches naturhaftes Geschehen. Grabbe deutet, wertet ungewöhnlich wenig, er verbirgt sich hinter dem Geschehen, er verzichtet auf Sentenzen, wie er auf eine klare ideelle Struktur seiner dramatisch-historischen Handlung verzichtet. Er ist in diesem Sinn der objektivste Geschichtsdichter unter den großen Dramatikern, darum freilich auch als Dramatiker problematisch, da es ja kein Drama ohne eine Stellungnahme des Dichters zu den dargestellten Ereignissen gibt. Selbst Büchner nimmt in »Dantons Tod« mehr Stellung. Diese Ideen- oder Geistlosigkeit kommt namentlich in Grabbes Dramenschlüssen zum Ausdruck. Nichts Absolutes leuchtet in ihnen auf, wie sonst bei der Tragödie. Grabbes Geschichtsdrama lebt aus einem bäuerlichen und niedersächsischen Realismus, der lieber auf die Kunst verzichtet als daß er „konstruiert" und sich von den mit den Händen zu greifenden Wahrheiten entfernt. Es stilisiert im einzelnen, die Helden, die verschiedenen Milieus und Vorgänge, aber das Ganze wird nicht gedeutet, und gerade auf dieser volkstümlichen Dingnähe und Unmittelbarkeit beruht der Reiz von Grabbes Dichtung.

*

Grabbes Geschichtsdrama zeigt nicht viel Entwicklung. Schon in seinem ersten geschichtsdramatischen Versuch, »Marius und Sulla«, der in zwei Fragmenten erhalten ist, erkennt man ganz das Gesicht seines späteren Dramas. Grabbe wählt denjenigen Augenblick der römischen Geschichte, da zum erstenmal gewaltige Individuen sich über die im Senat repräsentierte Volkseinheit erheben und, auf die physische Kraft des Heeres gestützt, die Geschicke des Staates lenken. Daß dies nur durch die allgemeine Nichtswürdigkeit der Römer möglich ist, veranschaulicht der Dramatiker in außerordentlich lebendigen Volksszenen. Er ist sich bewußt, daß er in dieser Hinsicht nicht so leicht übertroffen werden kann,[439] und gibt sich daher ohne Widerstreben der Technik breiter Milieuschilderung hin. Dies zeigt die

Entwicklung von Fragment A zu Fragment B deutlich.[440] Er will zugleich zeigen, daß er sich „vielleicht auf historischen Blick versteht"[441]. Das Stück ist Grabbes Experiment mit dem Geschichtsdrama. Fragment B scheint ihn im ganzen befriedigt zu haben, er schickt es seinem Verleger zur Veröffentlichung, unter Hinweis auf Schillers Demetrius. Daß das Drama nicht vollendet wurde, scheint mir nicht nur äußerlich, durch den Übergang zum Hohenstaufen-Stoff, sondern auch durch Grabbes Geschichtsauffassung bedingt zu sein. Der ironische Verstandesmensch Sulla ist nicht der Typ eines Grabbeschen Geschichtsheroen. „Jetzt herrscht noch Marius vor, aber dieser Heros, zerschmettert durch Sulla, — das ist effektvoll."[442] *So* weit interessiert ihn das Stück, und während er daran schreibt, sucht er sich noch auf echt Grabbesche Weise mit dem Sieger Sulla in Beziehung zu setzen: „Der Sulla selbst wird ein höchst kurioser Kerl: er soll das *Ideal* (vergiß nicht, das Ideal, sonst wär' es sehr wenig) von mir werden."[443] Aber kann Sullas Verzicht auf die politische Macht für einen Grabbe verständlich oder gar vorbildlich sein? Man höre den von dem Dichter skizzierten Schluß des Dramas: „Sulla ruft ... lächelnd seine Gemahlin Metella zu sich, gibt ihr den Lorbeerkranz in die Hand, mit der scherzhaften Bitte, die Speisen mit seinen Blättern zu würzen und ladet sie ein, mit ihm auf seinem Landgute bei Cumae in heiterer Ruhe und Abgeschiedenheit zu leben." Das ist ein zeitgemäßer Versuch mit der biedermeierlichen Geschichtsauffassung, aber kein Gegenstand für den Macht-Enthusiasten Grabbe, dessen Hannibal sich noch in der Verbannung überlegt, was es alles in Kleinasien zu erobern gäbe, wenn nur er Prusias wäre. So heißt es denn bald: „Friedrich II., mein Liebling von je, könnte höher stehen als Sulla."[444] Eine grobe Änderung des geschichtlichen Bildes von Sulla kommt für Grabbe, der stets vom Stoff ausgeht, nicht in Frage, und so entledigt er sich des Machtverächters durch die Herausgabe des Fragments.

Inzwischen hat das Hohenstaufen-Fieber den Dichter ergriffen. 1826 ist Wilhelm Nienstädt's Zyklisches Drama in sieben Abteilungen »Die Hohenstaufen« erschienen und fast gleichzeitig beginnt Raupachs Lorbeer zu sprießen. Grabbe, dem das Mächtige immer imponiert, auch in der Literatur, wittert eine Chance. In dem Aufsatz »Über die Shakespearo-Manie« (1827) bekennt er sich plötzlich zu der Idee eines nationalhistorischen Dramas, die bereits Mode geworden ist: „Das deutsche Volk ... will in der Tragödie eine ungestörte Begeisterung fühlen, es will Treue und tiefe Empfindung finden, es will ein nationelles und zugleich echt dramatisches historisches Schauspiel, es will auf der Bühne das Ideal erblicken, welches im Leben sich überall nur ahnen läßt, es will keine englische, es will deutsche Charaktere, es will eine kräftige Sprache und einen guten Versbau." Grabbe unterzieht sich zunächst treu der hier gestellten Aufgabe. Er will die Hohenstaufen „in sechs bis acht Dramen ... verherrlichen",

er sieht darin sein eigentliches Lebenswerk. „Und welcher National-
stoff! Kein Volk hat einen auch nur etwas gleich großen." Seltsam
aber, wie sich schon in demselben hier zitierten Brief die Grabbesche
Eigenart zeigt, alles Geschichtliche räumlich und handgreiflich werden zu lassen: „Und wie soll fast jeder irgend bedeutende deutsche
Fleck verherrlicht werden; im Sonnenschein soll unser ganze deutsche
Süden liegen, Adler über Tyrols Bergen schweben und die See um
Heinrichs des Löwen Staaten brausen, wie eine Löwenmähne."[445]
Nicht so sehr die Ganzheit des Reiches interessiert Grabbe, als seine
natürlichen, besonders landschaftlichen und stammlichen Grundlagen. Der Streit zwischen Kaisertum und Papsttum wird nicht in
seiner historischen und tragischen Bedeutung dargestellt. Grabbe folgt
zwar trotz seiner sonstigen Unkirchlichkeit der romantischen Tradition, er gibt dem Papste Größe und Weihe, aber Barbarossas Reichs-
politik wird als ein verfrühter Versuch, die Priesterherrschaft zu ver-
tilgen, bagatellisiert. Für den Kampf der Staufer um die Erhaltung des
Imperiums hat Grabbe keinen Sinn. Auf des Papstes Frage „Du ge-
währst / Mir all' die äussern Ehrbezeugungen, die mir gebühren?",
antwortet Grabbes Kaiser Friedrich: „*Gern* und *leicht!*" (III, 1).

Ungleich tiefer und historisch richtiger wird der Kampf Barbarossas
gegen Heinrich den Löwen erfaßt. Die bei Raumer nicht vorgebildete
Erhebung Heinrichs des Löwen zum vollberechtigten Gegenspieler
des Kaisers scheint zwar nicht Grabbes persönliches Werk, sondern
ältere, vor allem niedersächsische Tradition zu sein. Von August
Klingemann, den Grabbe als Braunschweiger Theaterdirektor kennen-
lernte und durch dessen »Faust« sein eigenes Drama »Don Juan und
Faust« Anregungen empfing, war, wie schon erwähnt, eine historische
Tragödie, »Heinrich der Löwe« (1808) verfaßt worden, und K. W.
Böttiger hatte eine Biographie Heinrichs des Löwen (1819) geschrie-
ben, die Grabbe gut kannte; ihr entstammt z. B. der prophetische
Blick Heinrichs auf die Zukunft des welfischen Hauses in England.[446]
Das Verdienst Grabbes ist nun aber, daß er diese niedersächsische
Lokaltradition in das romantisch-gesamtdeutsche Bild des Raumer-
schen Hohenstaufenwerkes einzufügen sich bemüht. Barbarossa und
Heinrich der Löwe sollen sich die Waage halten, die Notwendigkeit
des Kampfes dieser beiden Helden, die verwandt und ursprünglich
Freunde sind, macht das Drama »Kaiser Friedrich Barbarossa« zum
„ernsten Schicksalsdrama"[447], zur „Tragödie". Neben den bloßen
Kampf der Heroen tritt in diesem Drama ausnahmsweise deutlich
der überindividuell-historische Gegensatz. Freilich weniger ein Gegensatz des Reiches zu einer übermächtigen Partikulargewalt als ein
solcher zwischen dem schwäbischen und dem sächsischen Stamm. Die
Schwaben (als das südlichere Volk!) halten es in Italien ganz gut aus,
während den Niedersachsen dort alles zuwider ist. Grabbe versucht
auch die Schwaben in ihrem Eigenwert hervortreten zu lassen. F. J.
Schneider bemerkt mit Recht, daß die „Wesenserfassung der stäm-

mischen Eigenart im »Barbarossa« geradezu Kategorie des künstlerischen Gestaltens wird"[448]. Aber es liegt eben im Wesen einer derart realistischen Erfassung des Ethnischen, daß sie nur als Heimatkunst dichterische Wirklichkeit werden kann. Vor der prachtvollen Vergegenwärtigung der Niedersachsen, zumal in den Gestalten Wilhelm und Landolph, tritt alles andere in den Schatten. Ihnen und Heinrich dem Löwen gilt des Dichters bildende Anteilnahme, ob er will oder nicht. Von der Gegenseite gilt Immermanns Urteil über das Werk: „Die historische Reflexion herrscht durchaus vor." Diese aber war im Unterschied zu Hebbel niemals die starke Seite Grabbes; er „lebte und litt", wie Immermann durch persönliche Beobachtung feststellte, „mit den historischen Personen"[449], wo aber diese Liebe nicht vorhanden war, da vermochte der „naive" Künstler auch nicht zu gestalten. Wenn Grabbe das dem „vaterländischen" Drama gemäße Mittel der preisenden Prophetie benützt und auf diese Weise die Hohenzollern und Habsburger verherrlicht, so zeigt er, durch die Wurzellosigkeit dieses Verfahrens in seinem Fall, nur noch deutlicher, daß ihm der Barbarossastoff nicht so sehr eine Herzensangelegenheit als ein Auftrag, ein Versuch mit dem obligaten und allgemein beliebten Stoff der Tieck-Schule war. Denselben Eindruck erweckt das formale Kleid: Jamben, ja Reime neben der Prosa. Der realistische Dichter bewegt sich nur gezwungen darin und scheint sich in den Prosaszenen viel wohler zu fühlen. Noch in einer anderen Beziehung ist »Barbarossa« für Grabbe ein vergeblicher Versuch mit der romantischen Tradition. Er stellt Heinrich von Ofterdingen gleichberechtigt neben Barbarossa: „Beiden / gehorcht die Welt — denn was der Kaiser schafft /, das kann der Dichter zaubern" (IV, 1). Ob der Dichter auch *mächtig* sei, das ist eine Kernfrage des politischen Grabbe; man kann sagen: Er wollte ursprünglich ein Napoleon der Literatur werden. Aber F. J. Schneiders Urteil, daß bei ihm „Künstler und Helden einander völlig gleichgestellt"[450] seien, ist in solcher Allgemeinheit doch unrichtig. Auch dieser romantische Glaube an die Macht der Poesie trug ihn auf die Dauer nicht. Im »Hannibal« später hat nicht der Held, sondern der viel niedrigere und leichtere Scipio einen Dichter bei sich (Terenz), und dieser Dichter selbst spielt eine ziemlich klägliche, einflußlose Rolle. Ja, schon im »Barbarossa« seufzt der Dichter, der nicht mit den Rittern in die Schranken treten kann: „Ach träumen ist der Dichter Los," und Blondel im »Heinrich VI.« erlebt die Verwandlung zum Handelnden: „Laß die Reime und Gedichte, biet alle Tatkraft auf" usw. Nicht dem Dichter, nur dem Handelnden gehört Grabbes höchste Bewunderung.

Heinrich VI. beherrscht das nach ihm benannte Stück viel klarer als Barbarossa den ersten Teil, und schon durch diese Konzentration auf einen Giganten kam der Stoff dem Dichter entgegen. Wenn man nach dem anläßlich des »Hannibal« geäußerten Urteil, es sei ihm nichts „fataler als Schauspiele, wo alles sich um einen Götzen dreht"[451], Grabbes Dramen interpretieren will, so tut man ihnen Gewalt an. Er hat oft gesehen, woran es ihm fehlt; er fühlt, daß er Gegengewichte gegen seinen Götzen haben *sollte*. Aber »Hannibal« selbst zeigt deutlich genug, wie stark in Wirklichkeit Grabbes Titel-figur als „Götze" fungiert und die Gegenspieler überragt. Heinrich VI. ist in eine Geschichtswelt mit vielen Gestalten hineingestellt: da ist der sterbende Löwe, der gefangene König Richard Löwenherz, nor-mannische Fürsten usw. Aber keine darf ihm gleich sein. König Ri-chard verläßt ihn mit den Worten: „Heut hab' ich viel von dir ge-lernt, mein Kaiser." (III, 1). Wie Heinrich VI. für Grabbe über der Re-ligion seiner Zeit steht und das kirchliche Weihnachtsfest nur dazu benützt, seinen Sieg feiern zu lassen (V, 1), so kann ihm auch kein geschichtlicher Gegner widerstehen. Symbolisch ist dafür der Schau-platz, an dem sich Heinrichs letztes Schicksal erfüllt: „Hoch am Aetna" (V, 3). Nicht an den Menschen und Staaten nur an der Natur selbst findet der Kaiser seine Grenze:

> „Wie klein sind wir — Nichts Gröss'res doch als die
> Natur — Auf jenem Berge muss ich stehen,
> dass er mich trage an des Himmels Höhen!"

Diese Mythisierung seines Helden, welcher auf der andern Seite wieder eine bunte Entfaltung des Gewöhnlichen, Milieuhaften in farbigen Volks- und Kriegsszenen entspricht, ist Grabbes Eigentum. Anders steht es mit dem realpolitischen Charakter Heinrichs VI. Zwar mag es sein, daß Grabbe das Stück nicht mehr ausgeführt hätte, wenn ihm dieser Charakter nicht *mehr* entgegengekommen wäre als der Barbarossas. Wenn man aber meint, Grabbe habe den geschicht-lichen Heinrich VI. selbständig zu einem Realpolitiker umgeschaf-fen[452], so verkennt man Grabbes Ehrfurcht vor der Geschichte. Grabbe erfindet Nebenfiguren, welche in das geschichtliche Milieu hinein-versetzen, aber er gestattet sich keine einschneidenden Veränderun-gen der Hauptcharaktere[453] und im allgemeinen auch der Haupt-fakten, von gewissen Konzentrationen räumlicher und zeitlicher Art natürlich abgesehen. Nicht erst in der modernen, schon in der Rau-merschen Geschichtsschreibung ist Heinrich VI. der kalte und grau-sam unheimliche Realpolitiker, wie er bei Grabbe erscheint. Er ist gegenüber dem ritterlichen Barbarossa dadurch gekennzeichnet, daß „an die Stelle edler Festigkeit eine grausame Folgerichtigkeit des Ver-standes, an die Stelle freier Kühnheit des Gemütes frühzeitig eine krampfhafte Leidenschaftlichkeit eintrat, welche nicht selten die Schranken schlau berechneter Selbstbeherrschung durchbrach"[454]. Grabbe hätte Heinrich VI. lieber nicht vollendet — wie »Marius und Sulla« —, als daß er sich artistisch über das geschichtlich überlieferte Bild Heinrichs VI. hinweggesetzt hätte. Wir betonen dieses Beispiel, weil es zeigt, daß man es sich heute, durch die reine Werkinterpreta-tion, manchmal doch zu leicht macht. Was Viëtor für »Dantons

Tod« so vorbildlich durchgeführt hat, die Interpretation des Dramas unter Berücksichtigung der historischen Quellen, ist für Grabbe noch nicht geleistet.

Aus Grabbes Geschichtsauffassung ist nicht schwer zu ersehen, warum er den Hohenstaufenzyklus nicht weiterführte. Es ist weniger die Abneigung gegen den alten als gegen den mittelalterlichen Stoff; die so stark gemeinschaftsgebundene und traditionsreiche Welt des Mittelalters lieferte ihm, von Heinrich dem Löwen und Heinrich VI. abgesehen, nicht die riesenhaften Revolutionäre oder Eroberer, die der auf Originalgenies eingeschworene Dichter darzustellen begehrte. „Die Hohenstaufen setze ich nicht fort. Sie sind zu klein für die Zeit."[455] „Was geht uns jetzt Konradins, des Sekundaners, Ermordung an."[456]

In jeder Beziehung im Mittelpunkt der Grabbeschen Geschichtsdichtung steht das Drama »Napoleon oder die hundert Tage« (1831), auf das wir schon im ersten, zusammenfassenden Abschnitt wiederholt zu verweisen hatten. Hier ist Grabbe zu der eigentlichen Form seines Geschichtsdramas durchgestoßen. Das Kleid des Jamben- und Reimdramas ist ebenso abgeschüttelt wie der Traum mittelalterlicher Ritter- und Sängerherrlichkeit. Es wäre nicht richtig, Napoleon ein nationalhistorisches Drama zu nennen. Daß Blücher des letzte Wort behält, will nicht viel sagen, und was sagt er! „Wird die Zukunft eurer würdig — Heil dann! — Wird sie es nicht, dann tröstet euch damit, daß eure Aufopferung eine bessere verdiente." Da spricht kein nationalhistorischer Enthusiasmus, sondern die Enttäuschung der Restaurationszeit. Auch die Tatsache, daß Grabbe bei Ausbruch der Julirevolution den schon vollendeten »Napoleon« zurückhielt und noch einzelne Veränderungen anbrachte, will wenig besagen. Napoleon wurde vermutlich stärker als der „Sohn der Revolution" herausgearbeitet und sein (zu später) Wille, die Revolution zu vollenden, hinzugefügt. Aber die Hauptsache bleibt eben doch er, der Heros; er ist der dramatische und historische Mittelpunkt und alles andere ist letzten Endes nur Milieu: das Meer, in dem der Stern des Göttlichen versinkt, — um einmal wieder aufzugehen, wie Grabbe richtig prophezeit (Napoleon III). Die Ewigkeit des großen Geschichtshelden ist auch das Grundthema dieses zeitnahen, historisch-realistischen Dramas.

Grabbe hat sich nach der Vollendung des »Napoleon« von seinem Freund und Verleger Kettembeil das durch den Polenaufstand aktuelle Kosciusko-Thema anraten lassen. Aber trotz der Erfolgsaussichten wurde dies Drama nicht vollendet. Er kann sich für „die europäischen Juden, die Polen," die sein Freund so schätzt, nicht erwärmen.[457] Überdies muß nach seinen Maßstäben Kosciusko als zu klein erscheinen. Das Drama an sich wäre nicht schlecht, schreibt er, „obgleich der Mann ein bornierter Kopf war". Aber auf den Mann und auf seinen welthistorischen und überzeitlichen Glanz kam es eben dem

Dramatiker Grabbe doch an, nicht nur auf die Aktualität des Gegenstandes. So heißt das nächste Drama nicht »Kosciusko« sondern »Hannibal«.

Grabbe hat am »Hannibal« (1835) sehr bewußt gearbeitet; er hat ihn „dreimal zu Boden geworfen, um ihn wieder anders aufzurichten"; er wollte dem „Wesen der dramatischen Kunst" entsprechen[458]. Es gelang ihm, den Umfang seines Stücks auf die Hälfte des »Napoleon« zusammenzudrängen. Aber der Wert dieser Konzentration wurde dadurch wieder aufgehoben, daß das Ganze in kleine und kleinste Szenen auseinanderbrach. Der mehr und mehr verfallende Dichter, der nach Immermanns Beobachtung auch redend „nur noch von so vielen Dingen als möglich den flüchtigsten Schaum abnippen" wollte[459], konnte seine Handlung nur in der äußersten Atomisierung der Geschichte geben. Das Drama wird hier schon fast zum Filmdrehbuch. Auf Immermanns Rat wurden schließlich die Akte und Szenen wie in einem Roman mit Überschriften versehen, um sie „auch äußerlich als das zu bezeichnen, was sie sind: eine Reihe bedeutender Bilder aus jenem großen Kampfe"[460]. Grabbes Kunst bewährt sich wieder am höchsten in der Schilderung des historischen Milieus. Berühmt und zu seiner Zeit durchaus original sind die Szenen, in denen Karthagos Händlergeist mit dem Scharfblick des Hasses veranschaulicht wird. Der Dichter hat hier, nach eigenem Zeugnis, persönliche Erlebnisse verarbeitet, wie er auch in dem satirischen Bild des Prusias einen Konkurrenten auf dem Gebiet des Geschichtsdramas, von Uechtritz, treffen will. Trotzdem ist es wohl zuviel, hier von „Geschichtsfälschung" zu reden.[461] So drastisch, so sehr „gegenwärtig" die Krämerszenen sind, den Kern „treffen" sie, wie manche Karikatur, vielleicht doch besser als eine blasse Objektivität. Auf eine intuitive Erfassung des geschichtlichen Kerns aber kommt es Grabbe an, so gut wie dem Götz-Dichter. Schon dem Marius-und-Sulla-Fragment fügt er den programmatischen Satz bei: „Der Dichter ist vorzugsweise verpflichtet, den wahren Geist der Geschichte zu enträtseln. Solange er diesen nicht verletzt, kommt es bei ihm auf eine wörtliche historische Treue nicht an." Grabbe ist mit jedem seiner Heroen durch das Medium seines Genie-Bewußtseins persönlich verbunden. So nur kann es zu der Parallelisierung Hannibal-Grabbe, Prusias-v. Uechtritz kommen. Aber in diesem Persönlichen geht Grabbes »Hannibal« nicht auf. Die Notwendigkeit, Hannibal „menschlich zu machen", kann zwar nur durch das Medium des Persönlichen geleistet werden, denn „er steht in der Geschichte wie eine kalte Mythe; nur Napoleon hat nach Montholon etwas anderes in ihm geahnet". Doch Hannibal ist kein bloßer Name, mit dem Grabbe seine persönliche Konfession schmückt oder tarnt, er ist eine hoch über dem Dichter stehende eigene Wirklichkeit, die zum *Dienst* verpflichtet: „Hannibal ist ein großes Licht, und ich bin ein nicht ganz unbekanntes Schwefelhölzchen, das ihn anstecken hilft"[462]. Durch die zeitgemäße Betonung der nationalen und revolutionären Elemente schuf Grabbe im »Napoleon« gegen seinen Zentralhelden und Zentralwert noch ein merkbares Gegengewicht. Derartige Rücksichten fallen bei dem Stoff aus der alten Geschichte weg. Hannibals Wert steht unvergleichlich höher als die Mächte, die ihn stürzen. Das Drama ist der prägnanteste Ausdruck für Grabbes Heroenverehrung und Geschichtsauffassung. Hannibal ist ein „Riese"[463], ein Einsamer, der ebensosehr durch seine eigene Vaterstadt wie durch die Römer zugrunde gerichtet wird. Karthago kann nicht zerstört werden, solange er noch da ist, aber es ist verloren, als Hannibal verbannt wird. Um zu zeigen, daß die karthagische Größe eben nichts anderes war als Hannibals Größe, verlegt der Dichter, unter außergewöhnlich starker Veränderung der historischen Tatsachen, den Untergang Kathagos in die Zeit vor Hannibals Ende. Auch die Prusias-Szene, die hier an der Stelle des Schlußwortes von Blücher im »Napoleon« steht, beweist die zentrale Stellung Hannibals. Sie zeigt, daß Hannibals eigentlicher Feind nicht Rom, sondern das Gewöhnliche, Gemeine ist, dasjenige, was allem Großen in der Geschichte den Nacken bricht. Die Szene ist keine satirische Entgleisung, sondern von Grabbes Geschichtsauffassung aus gesehen durchaus sinnvoll, in seinem Sinne ein tragischer Abschluß des Ganzen. Wie mit dem Ende Heinrichs VI. und Napoleons ist mit Hannibals Tod „die Welt ein ausgelesenes Buch". Mit ihm versinkt der verkörperte Sinn seiner Geschichtsepoche im Meer des Nichts oder, wie Grabbe selbst sagt, *„im unermeßlichen Chaos des Gemeinen"*[464].

Eine eigenartige Parallele im Schicksal Kleists und Grabbes ist es, daß sie beide vor ihrem Untergang in ihre Heimat zurückkehren und aus dem Geist und der Kraft der Heimat ihr letztes Drama schaffen. Dagegen tut man Unrecht, Grabbes »Hermannsschlacht« (1836) mit Kleists leidenschaftlichem Nationaldrama gleichen Titels zu vergleichen. Was schon im Barbarossa nicht durchaus überzeugend aufrechterhalten wurde, der gesamtdeutsch-nationale Aspekt, das hat hier Grabbe noch weiter zurückgedrängt. »Hermannsschlacht« ist im Grund ein Stück Heimatkunde, wie schon die Szenen um Heinrich den Löwen in den »Hohenstaufen«, — eine Parallele zu der gleichzeitig aufblühenden epischen Heimatdichtung Westfalens. „Unsere Hermannsschlacht vollendet sich nun unter den Bergen und Wäldern ihres Vaterlandes."[465] Grabbe lokalisiert die Schlacht bis ins einzelnste in der Umgebung seiner Vaterstadt, die Germanen sind Bauern, wie er sie aus der eigenen Anschauung kennt. Sie sind mit jener ganzen Kunst des Nahen und Volkstümlichen dargestellt, in der Grabbe von keinem deutschen Dramatiker übertroffen wird. Keine Spur von patriotischer Idealisierung! Dadurch hat er den geschichtlichen Vorgang vielleicht richtiger erfaßt als manche frühere Bearbeiter des Stoffs, — wie ja auch Niebuhr vom Verständnis des niedersächsischen Bauern aus zu einer tieferen Erkenntnis Alt-Roms gelangte. Selbst Thusnelda ist nicht nur Walküre im Kampf, sondern ebenso eine niedersächsische Großbäuerin, die mit den Knechten und Mägden auf der Tenne speist und gleichzeitig das Vieh im Auge behält. Den Unwillen des Volks erregen ausschließlich die fremde Rechtsprechung und die wirtschaftliche Ausbeutung, und Hermann rät den Römern, es noch schlimmer zu treiben, denn nur so kann er die Menge hinter sich und zum Kampfe bringen. Für die höheren Motive seines Kriegs hat das Volk keinen Sinn. Wie stets bei Grabbe geschieht eine sinnvolle geschichtliche *Tat* erst durch die überragende Kraft seines Helden. Dennoch läßt sich nicht verkennen, daß der Dichter in diesem Drama die Spannung zwischen dem Führer und seiner geschichtlichen Umwelt zu vermindern sucht. Einmal sieht Grabbe die Germanen bzw. die Bauern seiner Heimat liebevoller, humorvoller als die Krämer Karthagos. Zweitens hat er in Varus einen eisernen, ehrliebenden Kämpfer gezeichnet, der bis zum letzten besonnen und tapfer der Übermacht standhält, der als ein ebenbürtiger Gegenspieler Hermanns gelten kann, und schließlich hat er die Bedeutung Hermanns als eines selbständigen Geschichtsheroen noch dadurch zurückzudrängen gesucht, daß er in einer eigens angefügten Schlußszene durch das Sterben des Augustus den Untergang Roms symbolisiert: Die Germanen und Christus werden darüber triumphieren. Doch läßt sich nicht übersehen, daß diese Szene, in der Hermann gewissermaßen durch den Weltgeist abgelöst wird, kein organischer Abschluß des Ganzen, sondern nur ein hegelianisches Einsprengsel ist. Die Entwicklung zu einem neuen Typ des Geschichtsdramas war dem untergehenden Dichter nicht mehr vergönnt. Hermann ist für Grabbe doch zu sehr die bewegende Kraft des Vorgangs, trotz allem zu groß, als daß er so leichthin die Vereitelung seines weiteren Kriegsplanes gegen Rom durch die Bequemlichkeit der Menge hinnehmen könnte, wie dies im Drama der Fall zu sein scheint. Es ist innerlich unmöglich, daß Grabbe seinen Helden im Ernst sagen läßt: „Da Varus und seine Römer tot sind, und ihr nicht Lust habt den Sieg weiter zu verfolgen, so lad' ich euch zum Schmaus in meinen Hünenringen ein." Hinter diesen Worten steckt Grabbes abgründige Eulenspiegelei, aber diese wurde in der vorliegenden Fassung des Dramas nicht mehr Gestalt. Ist Grabbe demnach in der Frage des Dramenschlusses zu keiner befriedigenden, dem Ganzen des Stücks gemäßen Lösung mehr gekommen, so entspricht die Rückkehr zum Bataillen-Stück um so mehr seinem Wesen. Hier ist, von dem exponierenden „Eingang" und dem „Schluß" in Rom abgesehen, das ganze Drama zur Schlacht geworden. Die drei Schlachttage und -nächte ergeben die dramatische Einteilung. Noch einmal peitscht Grabbe zwei Heere gegeneinander und läßt aus ihrem Zusammenstoß die geschichtliche Entscheidung erstehen.

Am Beispiel des »Hannibal« wurde dargestellt, wie Grabbe vergeblich darum rang, der dramatischen Form gerecht zu werden. Es wäre unsachliche Schönfärberei, wenn wir nicht noch dieser formalen

Problematik, der Kehrseite von Grabbes historischer Aufgeschlossenheit, unsere Aufmerksamkeit schenken wollten. Grabbe hat, als er sich der Tieckschen Richtung des historischen National-Dramas anschließen wollte, sehr wohl die dramatische Schwäche dieser Richtung erkannt. In diesem Sinn ist der Aufsatz »Ueber die Shakespearomanie« (1827) zu verstehen. Wenig liebenswürdig gegen den früheren Gönner, aber sachlich zutreffend stellt der junge Dramatiker fest: „Tieck, stets mit Liebe zur dramatischen Kunst hingeneigt, seinem Genie nach mehr zur erzählenden Dichtkunst hingewiesen, fand wohl im Shakespeare den Mann, in dessen Namen und Geiste er auch bei eigener theatralischer Unwirksamkeit, selbstkräftig auf dem dramatischen Felde schaffen konnte." Grabbe meint mehr die Tieck-Schule als den englischen Dichter, wenn er in bewußter Übertreibung schreibt, „kein Mittelpunkt, keine Katastrophe, kein poetisches Endziel" lasse sich in Shakespeares Stücken erkennen. Gegen diesen undramatischen Geist wird Schiller aufgerufen: „Keins seiner historischen Schauspiele ist ohne dramatischen Mittelpunkt und ohne eine konzentrische Idee." In dieser Stellung zur Dramaturgie Tiecks verrät Grabbe den Blick des Dramatikers, aber es läßt sich doch nicht übersehen, daß sein Programm mehr ein Wunschbild als ein für ihn begehbarer Weg war. Grabbe gibt später der Bühne alle Schuld dafür, daß er auf der Stufe des romantischen Buchdramas stehen blieb. „Als Drama der Form nach," so schreibt er zum »Napoleon«, „habe ich mich nach nichts geniert. Die jetzige Bühne verdient's nicht." Aber in Wirklichkeit ist es doch so, daß Grabbes dramatische Formkraft nicht stark genug war, um dem wachsenden epischen Geiste des Jahrhunderts Widerstand leisten zu können. Es ist die Zeit, da Immermann vom Drama zum Roman übergeht und, wie Grabbe selbst äußert, alles was „wahres Dichtertalent fühlt . . ., sich dem Epos und der Lyrik in die Arme" wirft.[466] Grabbe, der sich, wie schon Immermann erkennt, „durch die Grenzen seiner Natur genötigt, mehr auf die Darstellung der äußerlichen Konflikte beschränken mußte"[467], konnte die Form des klassischen Dramas nicht weiterentwickeln wie Grillparzer und Hebbel. Sein nicht zu bändigender Empirismus zerbricht die Form des Dramas; jede Gestalt, jede Szene neigt ihm dazu, eine autonome Größe zu werden. Zwar erkennt er ganz richtig: „Es müssen auch Unterlagen da sein, worauf die Hauptpersonen stehen." „Allen scharfe Züge zu geben ist leicht"[468] — für den anschaulich bildenden dingnahen Künstler nämlich, der Grabbe ist; aber die Subordination des Details bereitet ihm unüberwindliche Schwierigkeiten. In der Tat hat Grabbe in seinen Milieuschilderungen etwas vom Naturalismus vorweggenommen, zu dessen Vorbildern er ja gehörte. Zum erstenmal in der Geschichte der deutschen Dichtung rückt die Massenszene in den Mittelpunkt des Dramas.[469] Die Zeit zieht herauf, da, wie auch Büchners und Hebbels Drama zeigt, die Bedeutung des einzelnen von den geschichtlichen Mächten ausgelöscht zu werden droht. Daß der Dichter diese Entwicklung so stark wie nur einer seiner Zeit fühlt, das zeigen eben seine reichen Milieuschilderungen. Dennoch bleibt das Entscheidende seine Reaktion auf dieses allgemeine Erlebnis des Jahrhunderts. Er stellt, wie später Nietzsche, gegen den Naturalismus den heroischen Idealismus seiner Übermenschen. Ihre Tat und ihr Opfer erhebt die Geschichte über den bloß naturhaften Ablauf, durch sie dringt noch in die vom Nichts umlauerte Welt des Allzumenschlichen, des Gemeinen, ein göttlicher Lichtstrahl. Aus dieser Polarität von Heros und Welt und nicht so sehr aus der Gegensätzlichkeit historischer Personen, Mächte oder gar Epochen lebt die Grabbesche Dichtung auch als Drama. Die Übersteigerung des Helden ist ein verzweifelter Versuch zur Aufrechterhaltung des goethezeitlichen Gleichgewichts: Die Versachlichung und Vermassung der modernen Welt soll der Übermensch kompensieren. Würde nicht aus dieser Spannung dem Grabbeschen Geschichtsdrama immer wieder der dynamische Antrieb zuteil, so wäre die Auflösung des Dramas in die bloße epische Schilderung besiegelt. Als der künstlerisch nicht ebenso vollendete und ideenmäßig schwächere aber dafür vielleicht wahrere, weniger konstruierte Versuch eines Geschichtsdramas über dem Abgrund zwischen Idealismus und materiellem Naturalismus nimmt Grabbe neben Hebbel seine eigenberechtigte Stellung in der Blüte des deutschen Geschichtsdramas ein.

*

Wohin die Entwicklung führen mußte, wenn die allgemeinen Kräfte der Geschichte in gleicher Weise abgewertet wurden und dabei der Glaube an das Genie verloren ging, das zeigt BÜCHNERS Drama »Dantons Tod« (1835). Es ist erschütternd zu sehen, wie der junge, durch die eigenen Mißerfolge enttäuschte Revolutionär die grande révolution eifrig und ehrfürchtig studiert, und ihm daraus kein anderes Evangelium als das des Nichts entgegenstarrt. Er sucht in der Geschichte Bestätigung für seinen Kampf und neue Kraft, findet aber „das Gegenteil von der Aufforderung zum politischen Handeln"[470]. Vor der in der Geschichte waltenden blinden Zwangsläufigkeit enthüllt sich jedes idealistische Wollen als sinnlos, jede Größe als Schein: „Ich fühlte mich wie zernichtet unter dem gräßlichen *Fatalismus der Geschichte*. Ich finde in der Menschennatur eine entsetzliche Gleichheit, in den menschlichen Verhältnissen eine unabwendbare Gewalt, allen und keinem verliehen. Der einzelne nur Schaum auf der Welle, die Größe ein bloßer Zufall, die Herrschaft des Genies ein Puppenspiel, ein lächerliches Ringen gegen ein ehernes Gesetz, es zu erkennen das Höchste, es zu beherrschen unmöglich. Es fällt mir nicht mehr ein, vor den Paradegäulen und Eckstehern der Geschichte mich zu bücken."[471] In demselben Jahr, da Grabbe die weltgeschichtliche Größe Hannibals dem Chaos des Nichts und des Gemeinen entgegenstemmt, wählt Büchner einen der kurzlebigen Revolutionäre der Pariser Blutherrschaft zu seinem Helden, — soweit man bei ihm überhaupt noch vom Heldischen sprechen kann.[472] Schon in dieser Stoffwahl zeigt sich, daß Büchner noch radikaler mit der idealistischen Tradition bricht als der niedersächsische Dramatiker. Zwar liebt auch Grabbe den revolutionären Helden, aber nur den *selbst* zu einer geschichtlichen Welt werdenden großen, Büchner dagegen wählt einen ganz in seine Umwelt verflochtenen Massenführer, über den die Geschichte alsbald hinwegschreitet. Und selbst vom Schicksal dieses Helden zeigt er nicht auch die Zeit des Glanzes, wie Grabbe in allen Fällen, sondern nur die Tage des Untergangs. Schon die Tatsache dieser rein subjektiv bestimmten Auswahl aus der großen Stoffwelt jener Epoche warnt uns davor, Büchners, in der Quellenbenützung bewiesene, Objektivität zu überschätzen. Es ist bekannt und durch Viëtors Veröffentlichung[473] bequem in den Originaltexten abzulesen, wie häufig Büchner wörtliche Zitate aus den Quellen seinen Personen in den Mund legt. „Aus den wirklichen, den überlieferten Äußerungen heraus will er die Menschen, Lagen, Stimmungen der Vergangenheit fassen, um sie wirklich und wahr vor Augen stellen zu können."[474] Büchner lehnt die „Idealdichter", besonders Schiller, ab, weil sie keine „Menschen von Fleisch und Blut gegeben haben". Der Dramatiker „macht vergangene Zeiten wieder aufleben, und die Leute mögen dann daraus lernen, so gut wie aus dem Studium der Geschichte", „seine höchste Aufgabe ist, der Geschichte, wie sie sich wirklich begeben, so nahe als möglich zu kommen. Sein Buch darf weder sittlicher noch unsittlicher sein als die Geschichte selbst"[475] — so schreibt der Dichter nach Hause, um dem Vorwurf zu begegnen, er habe absichtlich das Gemeine und Unsittliche dargestellt. Aber auch diese Beweisführung widerlegt die Tatsache nicht, daß die Darstellung des Gemeinen gesucht wurde, weil das Büchners Weltanschauung entsprach. Es *mußten* die Pariser Dirnen in dem Stück auftreten, nicht wegen des geschichtlichen Vorgangs, sondern wegen des ethischen Materialismus, zu dem sich Büchner eindeutig bekennt. Es ist gerade der künstlerische Vorzug des Dramas, daß es eine Wertordnung, ja eine Metaphysik hat. Büchner leistet, was Grabbe niemals vollkommen gelingt: Er gliedert von einem festen Standpunkt aus alle Einzelheiten des geschichtlichen Vorgangs seinem Drama so ein, daß eine geschlossene Welt entsteht. Er verfährt aber dabei mit dem Material möglichst wenig gewaltsam, denn — diesen Sinn hat seine Objektivität — es soll am Beispiel der Geschichte *aufgewiesen* werden, daß seine Weltanschauung zu Recht besteht. Gerade durch dieses Ziel gewinnt er den künstlerischen Abstand zu seinem Stoff.

In dem untergehenden Danton tritt Büchner schon in den Quellen ein Mensch entgegen, der nicht mehr handeln will, der aus irgendwelchen Gründen lieber sterben als um die Herrschaft kämpfen will. Aus diesem an sich subjektiven Zustand entwickelt nun Büchner seine nihilistische Geschichtsauffassung und Metaphysik. Nach Mignet sagt Danton: „Das Leben ist mir zur Last, man mag es mir entreißen, ich sehne mich danach, es abzuschütteln." Im Drama heißt die entsprechende Stelle: „Das ist mir der Mühe zuviel, das Leben ist nicht die Arbeit wert die man sich macht, es zu erhalten." Scheinbar das Gleiche, aber man beachte: das subjektive Urteil „das Leben ist *mir* zur Last", steigert sich zu der allgemeingültigen Feststellung: „Das Leben ist nicht die Arbeit wert", — es ist nicht einmal die Arbeit wert, geschweige denn den Kampf und das häßliche Blutvergießen. So wie hier wird »Dantons Tod« allenthalben durch geringfügige Veränderungen und Hinzufügungen zum Evangelium des Nihilismus stilisiert. Es lohnt sich für den einzelnen kaum zu leben, es lohnt sich aber noch viel weniger, in Hingabe an das Wohl der andern zu leben, denn — die Menschen haben Genuß vom Unglück! Ohne Unglück würde sie die Langeweile umbringen. Für eine derartige Meinung Dantons hat Büchner, wie Viëtor bemerkt, keine geschichtliche Unterlage mehr und gerade mit ihr nimmt er am entschiedensten „jeder politischen Tat das moralische Fundament"[476]. „Es gibt nur Epikuräer, und zwar grobe und feine, Christus war der feinste", so erklärt Danton, und sein Gegenspieler Robespierre steht nicht so sehr dadurch unter Danton, daß er hemmungsloser mordet, sondern weil er dieses Vergnügen durch sittliche und soziale Erwägungen begründen will. Büchner stilisiert ihn völlig zum doktrinären und moralistischen Revolutionär, aber er erhebt ihn damit nicht. Robespierre beseitigt den Gegner mit der Begründung, daß ein Revolutionär in führender Stellung sich die Lasterhaftigkeit und das aristokratische Ästhetentum eines Danton nicht leisten kann, ohne die Revolution selbst zu gefährden. Aber diese Begründung hat für Büchner, ganz abgesehen davon, ob sie ehrlich gemeint ist, rein objektiv kein Gewicht, — weil eben die ganze Revolution, die ganze Geschichte ein Spiel des Zufalls und sinnlos ist. In vorletzter Schicht wird von Büchner noch einmal eine Fanfare der Revolution geblasen: „Wenn einmal", so sagen die Revolutionäre nicht lange vor ihrer Hinrichtung, „die Geschichte ihre Grüfte öffnet, kann der Despotismus noch immer an dem Duft unserer Leichen ersticken." In der letzten Schicht aber gilt Viëtors Feststellung, daß die Dichtung „keine aktivistische Tendenz" hat, sondern „eine große religiöse Wahrheit aufzuzeigen" bemüht ist, daß es sich um ein „durchaus individualistisches Drama" handelt.[477] Die religiöse Wahrheit heißt: „Das Nichts ist der zu gebärende Weltgott", und für die Beziehung der Menschen zueinander gilt das gleich zu Anfang ausgesprochene Wort Dantons: „Wir sind sehr einsam", dem das Schlußwort eines Robespierremonologs entspricht: „Ich bin allein". „Wir wissen wenig voneinander. Wir sind Dickhäuter, wir strecken die Hände nacheinander aus, aber es ist vergebliche Mühe." Ganz selbstverständlich, daß sich vor dieser Unmöglichkeit überindividuellen Lebens der Mensch in die Erotik, ja in die Sexualität flüchtet, um wenigstens hier, am äußersten Rande der Gesellschaft, den Wert des Menschseins zu fühlen. Die erotische Welt, die ständige Gegenwelt zur geschichtlich-politischen im 19. Jahrhundert, dringt sehr stark in »Dantons Tod« ein, auch sie löst das Drama als ein geschichtliches auf, die vollkommensten Szenen empfangen aus ihr den Inhalt. Kein Wunder, daß Büchner in »Leonce und Lena« und »Woyzeck« sich ganz anderen als geschichts-dramatischen Aufgaben zuwendet.

»Dantons Tod« ist die äußerste Grenze des nachromantischen Historiendramas, der Umschlag der Geschichtsreligion in eine negative Metaphysik. In seiner radikalen Wahrhaftigkeit zeigt das künstlerisch so bedeutsame Werk des begabten hessischen Dramatikers am eindringlichsten, daß sich die Blütezeit des deutschen Dramas ihrem Ende nähert. Eine Weiterentwicklung des Geschichtsdramas konnte nur noch im erneuten Anschluß an die idealistische Tradition geleistet werden, — mit allen Gefahren einer solchen „Restauration" (Hegelianer s. u.).

5. GESCHICHTSDRAMA
UND JUNGDEUTSCHES AKTUALITÄTSSTREBEN

Betrachtet man die Wortführer der neuen antibiedermeierlichen Bewegung, die Pariser Emigranten, so scheint ein Geist aufgekommen zu sein, der jedes Verständnis für das geschichtliche Drama unmöglich macht. „Andere Menschen und Völker, die Ehrgeiz haben, suchen etwas zu werden, der echte Deutsche sucht etwas gewesen zu sein", so spottet Börne, der sich stolz „den gegenwärtigsten aller Menschen" nennt, „die sich je in den Straßen von Paris umhergetrieben haben"[478]. „Modern" wird zum Schlagwort auch für die Kunst. Das Volk der „großen Revolution" und der Julirevolution wird vor allem deshalb zum Vorbild, weil es seine Vergangenheit abzuschütteln und mit allen „katholischen" Traditionen zu brechen versucht. Für Heine ist sogar Uhland, wegen seiner Mittelalterverehrung, katholisch. Sein scharf geführter Federkrieg gegen die Romantik, gegen die idealistische Philosophie, gegen die „Schwäbische Schule" ist nicht nur ein literarischer Kampf, sondern zugleich ein Kampf gegen die Vergangenheit, zu der sich Uhland, auch und gerade wo er Neues erstrebt, bekennt. Für die frühe Entfaltung des Geschichtsdramas gibt es in Frankreich keine gleichwertige Parallele; wo sich aber später, vor allem unter dem Einfluß Schillers und Scotts, ein geschichtliches Drama in Frankreich entwickelt hat, da hört Heines Respekt vor dem französischen Geiste auf. Victor Hugo, so sagt er, „hegt eine krankhafte Scheu vor den brausenden Strömen der Gegenwart und geht nicht gern zur Tränke, wo das Tageslicht in den frischen Fluten sich abspiegelt. ... Zuweilen erfaßt mich der schauerliche Gedanke, dieser Victor Hugo sei das Gespenst eines englischen Poeten aus der Blütezeit der Elisabeth, ein toter Dichter, der verdrießlich dem Grabe entstiegen"[479].

Auch die jungdeutschen Dramatiker lehnen das bestehende Drama, besonders die von Tieck geförderte Richtung ab.[480] Trotzdem darf man sagen, daß ihr Eingreifen für die Entwicklung des deutschen Dramas nicht ganz wertlos war; insbesondere ist es ein Verdienst dieser jungen Generation, der Zusammengehörigkeit von Drama und Theater wieder entschieden Rechnung getragen zu haben. Bestimmend ist für ihren Weg zum Theater zunächst der Wille, nach außen zu wirken: das Theater soll ein Instrument der liberalen Lehre werden. Die „Tendenz" wird ausdrücklich gutgeheißen. Indem nun aber diese Schriftsteller den unverbindlichen Bereich der journalistischen Kritik verlassen und das Wagnis des Dramas, sogar auf den Hofbühnen, auf sich nehmen, gewinnt die Welt, die sie zu verändern streben, mit ihren Traditionen und sonstigen Bedingungen doch wieder Einfluß auf sie. Eduard Metis dürfte zwar im Recht sein, wenn er den eigentlichen Beitrag der Jungdeutschen zu unserer Dramengeschichte im „sozialen Drama" sieht[481]; Gutzkow ist in dieser Richtung vielleicht das bedeutendste Zwischenglied zwischen Lenz und Gerhart Hauptmann. Um so auffallender sind die mannigfachen Beziehungen auch der Jungdeutschen zum historischen Drama. Sie spiegeln im Fernen und oft Widerstrebenden die mächtige und anhaltende Lebenskraft, die dieser Dramenrichtung im Deutschland des 19. Jahrhunderts eigen war.

Mit einem besonderen Recht kritisiert Laube, der spätere langjährige Leiter des Wiener Burgtheaters, das „antiquarische Experimentieren" des Dramaturgen Tieck.[482] Und Robert Prutz (s. u. S. 185 ff) kann es als einen ersten Schritt zur Erneuerung der dramatischen Poesie begrüßen, daß „jüngere Schriftsteller das romantische Dogma von dem Vorzug der unaufführbaren Stücke von sich ablehnen", sich „der praktischen Bühne zugewendet" haben.[483] Kämpften so die »Ritter vom Geist« auf der einen Seite gegen die Flucht des Geistes ins romantische Lesedrama, so stoßen sie andererseits, auf ihrem Weg zur praktischen Bühne, mit den konkreten Traditionen der Hoftheater zusammen. Hier berührt sich ihr Kampf mit dem allgemeinen Anliegen der eigentlichen Geschichtsdramatiker, und es ist im einzelnen nicht immer leicht zu entscheiden, wo das Geschichtsdrama ehrlich erstrebt und wo seine Unterdrückung nur aus propagandistischen Gründen gegeißelt wird. Schon in dem Jahr, da der Bundestag den großen Schlag gegen das junge Deutschland führt (1835), fordert Ludolf Wienbarg ein historisches Drama, das „zugleich einen zeitgeschichtlich-nationalen Charakter" trägt; das Beispiel des »Götz« zeige, daß ein solches Drama große Massenwirkungen hervorbringen könne.[484] Noch aufschlußreicher sind in dieser Beziehung die Äußerungen Laubes. Er klagt bitter über die „unbeschreiblich mannigfaltigen Hindernisse", welche sich an den Hoftheatern einem Stoff aus der Nationalgeschichte entgegenstellen; es sei nicht bloß der Reiz „der leicht wirksamen Staatseinheit", das Dreiste und Geistreiche, was die französischen Stoffe so beliebt mache, sondern einfach die Tatsache, daß *die deutschen Stoffe eine doppelt schwierige Zensur zu bestehen haben*"[485]. Besonders empört ihn eine in Preußen gültige Bestimmung, wonach nicht nur Mitglieder des regierenden Hauses, sondern auch Verwandte derselben, selbst wenn längst gestorben, nicht auf die Bühne gebracht werden dürfen. Er betrachtet es als eine Unmöglichkeit, „daß die historischen Figuren der Nation von der Teilnahme dieser Nation ausgeschlossen" sein sollen. Und nicht ohne Berechtigung weist er auf die revolutionierende Wirkung eines solchen unorganischen Eingriffs der Zensur ins geistige Leben eines Volkes: „Entweder dieser Schlag wirkt total lähmend ... oder er gestaltet die ohnedies regsamen Neigungen der Zeit, sich von der Geschichte völlig zu lösen ... Das geschichtliche Drama verschwindet, und das Drama der Gegenwart voll hundertfacher, zuerst unscheinbarer Spekulationen der radikalen Geschichtslosigkeit steigt drohend empor."[486]

Schon der Theologiestudent Laube hat eine „große historische Tragödie in fünf Akten" »Gustav Adolf, König von Schweden« verfaßt.[487] Das nach dem Muster Schillers und Shakespeares geschriebene Stück hatte, kurz vor der Julirevolution auf dem Breslauer Stadttheater aufgeführt, vorübergehenden Erfolg, der zwar Laube zur Ausführung eines zweiten derartigen Dramas, »Moritz von Sachsen«, ermutigte, ihn aber doch nicht von seiner Eignung zum Dramatiker überzeugte. Erst die Bühnenerfolge seines Mitkämpfers Gutzkow und die häufigen Theaterbesuche in Paris (1839/40) veranlaßten Laube, es aufs neue mit dem Drama zu versuchen. Nun aber ist sein Ziel nicht mehr die große historisch-politische Tragödie, sondern das mit starken Elementen des bürgerlichen Dramas durchsetzte *höfische Intriguenstück* nach französischem Muster und das Künstler- bzw. Literaturdrama. Die drei Dramen »Monaldeschi«, »Struensee« und »Graf Essex« haben das Motiv der gefährlichen Liebe zu einer hochgestellten Dame gemeinsam, den Reiz des Abenteuerlichen, des Zwielichts von Eros und Politik. Laube betrieb keine großen Quellenstudien und nahm Veränderungen des geschichtlich Gegebenen nicht schwer. Die Geschichte hat hier lediglich die Aufgabe, Variationen für das eine reizvolle Thema zu bieten. Struensee- und Essexdramen gab es schon lange, und Laube gesteht, daß er vor Dramenstoffen, die bei mehreren Generationen Erfolg hatten, großen Respekt hegt. Es handelt sich also um bloße „Stoffe" (im Sinne der formalistischen Ästhetik), nicht um bestimmte verehrenswürdige geschichtliche Inhalte. Laube rechtfertigt seine Dramen, wie viele Bühnenschriftsteller der Zeit, stets in ausführlichen Vorreden, und in der Vorrede zu »Struensee« versucht er, die altbewährte Verbindung von Liebe und Politik ideell zu begründen, aus der Praxis also eine Theorie zu machen. Es sei nicht undeutsch, so argumentiert er, „eine politische Tragödie in der ihr innewohnenden Intriguenform zu versuchen". Familienhafte Stoffe seien dem Deutschen besonders ans Herz gewachsen, sie seien „innerlichst national", die Schauspieler spielten sie am besten. Iffland wird in diesem Sinne „vollkommen deutsch" genannt und als eines der Vorbilder für das deutsche Nationaltheater festgehalten. Entsprechend wird in Laubes Tragödie Struensee als unpolitischer, verschwärmt liebender Jüngling dargestellt, zu dem die geliebte Königin mit Recht sagen darf: „Weh uns! Dies ist ein bürgerlicher Träumer, in dessen Kraft wir alle uns getäuscht" (III, 4).

In gleicher Weise, vom historisch-politischen Drama wegführend aber origineller ist Laubes Versuch, das Künstler- oder genauer *Dichterdrama* aktueller und nationaler zu gestalten. Vorangegangen war Gutzkow mit seinem sehr erfolgreichen »Richard Savage«, wie überhaupt in dieser Richtung, die in der Mitte der Vierzigerjahre ihren Höhepunkt erreicht, Gutzkow und Laube sich aufs engste berühren.[488] Das Künstlerdrama gewinnt, wie dies schon in seinem Anfang bei Goethes »Tasso« der Fall ist, seinen Sinn als eine Form der *Selbstdarstellung* des Künstlers. Die Geschichte gibt zunächst nur die Namen und die allgemeine Situation, etwa die des Hofes. Im Laufe der Zeit nimmt die Dramenart bis zu einem gewissen Grade historische Gehalte in sich auf, sie entwickelt sich zu einer Art unpolitischen Geschichtsdramas und blüht besonders dort, wo das politisch-historische Drama den stärksten Hemmungen der Zensur begegnet: in Wien (Grillparzer, Halm, Mosenthal und besonders Deinhardstein). Als eine sekundäre Form der Dichtung, als Dichtung über Dichtung, ist es ein bezeichnendes Genre dieses so ausgesprochen literarischen Zeitalters. Die nächstliegenden nationalen Erinnerungen gehören der Kunst, besonders der Dichtung, und so kann Laube behaupten, „daß unsere Literaturgeschichte fast in ganzer Bedeutung des Wortes unsere Nationalgeschichte geworden ist, daß in den Schicksalen unserer Poeten der uns allen gemeinschaftliche Funke zu suchen sei, welcher anderswo so schwer zu finden ist, ja welcher anderswo nicht einmal gesucht werden soll, weil man es für unanständig hält, vornehme Personen dem Beifall der Nation preiszugeben"[489]. Die jungdeutschen Schriftsteller machen sich die große Beliebtheit der Literatur im damaligen Deutschland zunutze. Man schlägt, wie Börne von seiner Literaturkritik sagt, den Sack und meint den Esel. Die Literaturdramen sind, eben wegen der minder aufmerksamen Zensur, oft tendenziöser als die im gebräuchlicheren Sinne historischen Dramen der Jungdeutschen. Es geht auch hier um die persönlichen Probleme der Dichter, doch liegt im Vergleich mit dem früheren Künstlerdrama jetzt der Akzent noch stärker auf den gesellschaftlichen Bedingungen des Künstlertums. So zeigt Gutzkow in »Richard Savage«, wie ein abenteuerlicher, etwas phantastischer Dichter durch die Schuld seiner Umwelt, besonders seiner hochgestellten Mutter, zugrunde geht. Vielleicht wollte Gutzkow mit dieser Gestalt aus dem England des frühen 18. Jahrhunderts seinem jung gestorbenen Freund Büchner ein Denkmal setzen. Dafür spricht, daß er eine zweite Hauptfigur ins Drama einführt, die seinem eigenen Ideal eines nüchternen wehrhaften Literaten entspricht, den Journalisten und Lustspieldichter Steele. Das Zurückgehen in die Vergangenheit wurde möglich, weil Gutzkow einen Punkt der englischen Geschichte wählte, der in der Tat manche Ähnlichkeit mit der deutschen Gegenwart bot. Doch zeigt sich in der ganz unhistorisch und tendenziös ausgestalteten Figur des Savage die Kompromißhaftigkeit des Stücks in geschichtsdramatischer Beziehung. Im »Urbild des Tartuffe«, einer erfolgreichen Komödie (Uraufführung 1845), versuchte Gutzkow dem historisch Gegebenen wenigstens äußerlich Rechnung zu tragen. So nahm er in der zweiten Auflage, statt Lamoignon, La Roquette als „Urbild", weil dies der Geschichte entsprach. Doch ersparte ihm diese oberflächliche Rücksicht nicht die stärksten Angriffe wegen geschichtlicher Untreue, besonders seitens Paul Lindaus und der Franzosen. Im Vorwort zur dritten Auflage gab Gutzkows selbst zu, das Stück habe „seine nächste Veranlassung aus dem Geist und den Kämpfen der damaligen Zeit" genommen; gemeint waren die Zustände am Hofe Friedrich Wilhelms IV., wo Frommsein zur Modesache geworden war. Schon durch die Lustspielform war von vornherein angedeutet, daß der geschichtliche Inhalt Nebensache sei.

Im gleichen Jahr wie diese Literaturkomödie erschien Laubes »Gottsched und Gellert« (1845). Gegenüber Gutzkow zeigt sich in Stoffwahl und Behandlung Laubes mehr nationale Richtung. Mit Gellert will Laube das Herz des deutschen Biedermannes ansprechen, für die aktivistischeren Deutschen fügt er den Reichsoffizier Cato ein, der eine Schrift »Pro patria« verfaßt hat und einen Prinzen für die Idee der deutschen Einheit gewinnt. Komische und satirische Wirkung erreicht er mit der Gestalt Gottscheds. Dem Vorwurf Kurandas, er mache in dem Stück tendenziöse Anspielungen auf Tagesereignisse, widerspricht Laube zu Unrecht.[490] Das Ganze ist also ein auf den Theatereffekt berechnetes Konglomerat verschiedener Elemente. Eine Beziehung zum historischen Stoff besteht kaum. Diese Beziehung aber, die überhaupt die Voraussetzung für ein überzeugendes Geschichtsdrama ist, war für die jungdeutschen Aktivisten in einem besonders engen und strengen Sinne notwendig, da sie nicht etwas Allgemeineres und Tieferes von Zeit und Welt darstellen wollten, sondern die bestimmten Bedürfnisse des Tages. Wenn Prutz bei Schiller feststellt, er finde „stets solche Zeiten heraus, die den damaligen analog" seien[491], so gilt das viel ausgesprochener für die jungdeutsche und die ihr nachfolgende revolutionäre Dramatik als für den idealistischen Dichter.

Besser als in »Gottsched und Gellert« ist das *Prinzip der historischen Analogie* in Laubes sehr erfolgreichem Stück »Die Karlsschüler« (1846) erfüllt. Kampf und Not des jungen Schiller ließen sich ohne Zwang mit der jungdeutschen Situation vergleichen; denn Schillers Gegner, der fürstliche Absolutismus, bestand noch immer. Laube beherzigte in diesem Stück die Kritik Kurandas; er vermied Zeitanspielungen äußerlicher Art. Dennoch ist in der zwiespältigen, revolutionären und zugleich rührseligen Schillergestalt Laubes wenig von der wuchtigen Größe des Räuberdichters wiederzufinden. Weniger wesentlich ist die Umstellung des Datums der Räuberaufführung, deretwegen Laube in der Einleitung sich rechtfertigt. Sie erschien aus Gründen der Komposition, zur Gewinnung eines wirksamen Abschlusses, notwendig. Im Unterschied zu »Gottsched und Gellert« und seinen meisten anderen Dramen, verzichtet hier Laube weitgehend auf das Mittel der Intrigue. Er erstrebt für sein Stück, mit dem er einem neuen großen Nationaldrama den Weg bahnen will, Wahrhaftigkeit, Natürlichkeit; denn „in dem natürlichen Stile allein können wir meines Erachtens leben und mit dem Leben Größe wiederfinden" (Einleitung). »Die Karlsschüler« stehen auf der Grenze zwischen Künstlerdrama und politisch-historischem Nationalschauspiel. Laube versucht dem Herzog dadurch geschichtlich Tiefe zu geben, daß er ihn die französische Revolution voraussehen läßt (IV, 3). Indem Karl Eugen gegen den jungen Dichter einschreitet, glaubt er dem Chaos, das die Welt erfüllen wird, zu wehren. Gegen den Fürsten wird die Stimme des Volkes, als Geist des „Vaterlandes", aufgerufen, und mit dem Vaterlande marschiert gut jungdeutsch: „der Weltgeist", die „Zukunft".

Auch ein zeitgemäßes Nationalstück, aber schon fast eine Parodie des Künstlerdramas ist die Darstellung des jungen Goethe in Gutzkows Festspiel für die Goethefeier 1849 »Der Königsleutnant«. Schiller der Demokrat, Goethe der Aristokrat und Höfling! Getreu dieser jungdeutschen These wird nicht der Götzdichter in den Mittelpunkt dieses Festspiels gestellt, was nach dem Vorgang der »Karlsschüler« besonders naheliegen mochte, sondern — kritiksüchtig, originalitätssüchtig — der Rokokoknabe Goethe, eine Hosenrolle. Die obligate nationale Gesinnung von 48 verkörpert nicht der Dichter, sondern der Vater Goethes und der vaterlandsbewußte Franzose Thorane. Der Prolog, welcher bei der Frankfurter Festaufführung gesprochen wurde, stellte die Möglichkeit einer Fortsetzung in Aussicht: »Der deutsche Goethe«, doch ist es zweifelhaft, ob Gutzkow ein solches Stück ernstlich plante. In dem Literaturdrama »Lorbeer und Myrte« (Uraufführung 1856) kehrt Gutzkow zur französischen Literaturgeschichte zurück, wo ihm vom deutschen Publikum seine anekdotische, lustspielmäßige Geschichtsbehandlung nicht übel genommen wird. In der durch das Erscheinen des „Cid" verursachten Auseinandersetzung zwischen Corneille und Richelieu werden für Gutzkow beide historischen Größen zum harmlosen Theaterspielzeug.

Gutzkow hat überhaupt starke Neigung zum sogenannten *historischen Lustspiel*. Es wäre denkbar gewesen, daß sich aus den Anekdotenspielen Arnims (s. o. S. 96) frühzeitig diese Genre entwickelt hätte. Aber, soviel ich sehe, finden sich erst in dem 1837 erschienenen »Briefwechsel Michael Beers« mit Immermann grundsätzliche Erwägungen über diese Dramenart in Deutschland. Immermann äußert sich recht positiv zu Beers Vorschlag: Man habe „gleich festen Boden unter den Füßen", der König biete für ein solches Lustspiel die kompositionelle Spitze. Aber Immermanns eigene Pläne in dieser Richtung (Graf Heditz, der Pastetenbäcker Fimmel unter Heinrich VIII.)

kamen nicht zur Ausführung. Wahrscheinlich hatte er noch zu viel Respekt vor der Geschichte, um sie in solcher Weise zu benützen, denn er erkennt: „Die fruchtbarste Anschauung für dieses Genre wäre freilich die Meinung der Memoiristen, daß die großen Dinge in der Welt durch sehr kleine Motive herbeigeführt werden."[492] Bekannt wird das historische Lustspiel besonders durch Scribes »Glas Wasser« (1840). Auch in Deutschland entstehen nun mancherlei glückliche Versuche in dieser Dramenart, so Bauernfelds »Ein deutscher Krieger«, und R. von Gottschalls »Pitt und Fox«. Weniger gelungen scheint Laubes »Statthalter von Bengalen«. Die glücklichste Hand hat Gutzkow; das zeigen seine bereits erwähnten Dichterlustspiele, am meisten aber sein übermütiges Geschichtslustspiel »Zopf und Schwerdt« (Uraufführung 1844), das sich bis ins 20. Jahrhundert auf der Bühne hielt. Gutzkow dramatisiert hier eine Geschichtsanekdote, die aus dem historischen Hintergrunde, dem Hofe Friedrich Wilhelms I., ihren nationalen und zugleich lustspielhaften Reiz gewinnt. Die völlig unhistorische Einführung Ekhofs, der sich als langer Kerl des Soldatenkönigs versucht und zu den Komödianten weggejagt wird, entspricht der jungdeutschen Vorliebe für die doch einzig selbsterlebte Sphäre des Theaters und der Literatur, und zeigt zugleich Gutzkows Unbekümmertheit in bezug auf die historische Wahrheit. Natürlich fehlt es bei der Darstellung dieser fürstlichen Welt nicht an allerlei boshaften Anspielungen. Noch im deutsch-französischen Krieg hat Gutzkow, allerdings mit sinkender Kraft, versucht, das Feld des historischen Lustspiels anzubauen: im »Gefangenen von Metz« (1870). In dem kurz zuvor (1869) aufgeführten Lustspiel mit dem mißverständlichen Namen »Der westfälische Friede« ist das Historische nichts weiter als eine exzentrische Liebhaberei der Menschen, was es im Grunde auch für Gutzkow immer war.

Um so bezeichnender ist es, daß sich Gutzkow nach rein tendenziösen Geschichtsdramen wie »Nero« und »Saul« (1835 und 1839) ernstlich um das historische Drama im traditionellen Sinn zu bemühen scheint: mit »Wullenweber« (1848) und mit »Philipp und Perez« (Uraufführung 1853). Es sind keine wesentlichen und originellen Leistungen Gutzkows. *Bedeutsam aber ist die bloße Existenz dieser Dramen in der so ausgesprochen unhistorischen Welt Gutzkows, weil sie deutlicher als alles andere die Lebensmächtigkeit des Geschichtsdramas zu jener Zeit beweist.* Am aufschlußreichsten ist hierfür die Tragödie »Wullenweber«. Als Gutzkow dieses Stück schrieb, war er eben Dramaturg in Dresden geworden, und er scheint es als das erste Erfordernis seiner neuen Stellung betrachtet zu haben, ein solides historisches Nationaldrama von seiner Werkstatt ausgehen zu lassen. Früher hat Gutzkow behauptet: Poesie hat „keine Selbstzwecke mehr, sondern dient den Interessen der Parteiung"[493]. Er hat gegen den Aberglauben gekämpft, daß Poesie mit Tendenz unvereinbar sei. Jetzt schreibt derselbe Mann: „Wahrer Feind des wirklichen Gedeihens der echten historischen Muse ist die Tendenz ... Was tat man? Man nahm, um für die Gegenwart gewisse Sätze zu beweisen, Charaktere der Vergangenheit und entkleidete sie ihrer Naivität".[494] Der Meister des anekdotischen Geschichtsdramas lobt jetzt Schiller wegen seiner „Fernhaltung vom rein Anekdotischen." „*Das anekdotisch Interessante* wird immer die Klippe des historischen Dramas sein." Er erklärt die Tendenzpoesie aus der Unfreiheit der Zeit — er muß sie schon entschuldigen! Das „moderne" Drama scheint schneller überholt worden zu sein als das alte geschichtliche! Die Parole heißt plötzlich: wirkliches Geschichtsdrama, unter Ablehnung der Mischprodukte, „die zwischen dem entweder rein biographischen oder rein geschichtlichen ... Standpunkt hin und her schwanken". Und, wie es A. W. Schlegel und Tieck gefordert hatten, ganz national muß das Geschichtsdrama sein, nicht „angedämmert von Lokalschwärmerei" wie das Uhlandsche; er erwartet sich von seinem Stück „eine patriotische Befriedigung des Lesers". Im „Vorwort zu Wullenweber", aus dem wir zitierten, kapituliert also das radikal-liberale Jungdeutschland vor der historisch-nationalen Bewegung, das „moderne" Drama kapituliert vor dem „historischen". Das beweist nicht die ehrliche Wandlung Gutzkows, sondern lediglich die Macht der geschichtsdramatischen und überhaupt der historischen Richtung in Deutschland, — die sich Gutzkow nun, schnell das Steuer wendend, gegen seine alten Feinde zunutze machen will. Denn wie verträgt sich mit dem wahren historischen Geiste schon die folgende Forderung der Kapitulationsurkunde selbst: „Wir müssen auf den ersten deutschen Theatern die Fürsten in der ganzen Treulosigkeit und Heuchelei schildern dürfen, die ihnen in der deutschen Geschichte überwiegend eigen war, sonst kann es der Muse des historischen Dramas im vaterländischen Chaos nicht heimisch werden."

Tendenziös in solchem Sinne sind zweifellos auch Wahl und Deutung des Wullenweber-Stoffs. Gutzkow ergreift mit seinem Helden, dem Lübecker Bürgermeister, die Partei der Städte gegen die Fürsten. Die Städte verkörpern die Freiheit und zugleich die allerdings freie Einheit des altdeutschen Reiches, welche beide in Gefahr sind, von den Fürsten ausgelöscht zu werden. Gutzkow gibt eine Interpretation der Reformation, die schon deutlich auf Lassalles »Sickingen« vorausweist:

> „Ein freies Deutschland! Frei nur durch sich selbst!
> Die Städte durch die Städte! Eine sich
> Der andern schwesterlich gesellend! Markus
> Der Traum will schwinden! Fürstenmacht,
> Den Bürger hassend und den Kaiser hassend,
> Die Lutherlehre nützend nur als Vorwand,
> Um aus dem Reichsverbande sich zu lösen." (III, 9)

Trotz solcher Stellen, die sich vor allem gegen Preußen richten mögen, das von Raupach, in durchsichtigen historischen Verkleidungen, als Hort der (protestantischen) Freiheit gepriesen worden war, unterscheidet sich »Wullenweber« wesentlich von den eigentlichen Tendenzdramen Gutzkows. Das Stück vermeidet aus dem Zusammenhang fallende allzu deutliche Anspielungen. Es entfaltet den Kampf Wullenwebers in einer breiten Handlung, die an Geschehnissen und Personen sehr reich ist, und schon durch diese Stoffülle einen historisch objektiven Eindruck hinterläßt. Neben Wullenweber tritt sehr bedeutend sein Freund und Feldherr Markus Meyer hervor, der lieber für Wullenweber und die deutsche Freiheit stirbt, als daß er sich mit der Frau, die ihn liebt, auf den dänischen Königsthron setzte. Auch diese, Tiecks Forderungen entsprechende, Vermeidung eines allzu monarchischen Vordergrunds soll den Eindruck des Historischen erhöhen. Aber schließlich ist alles doch Maskerade. Gutzkow ist Dramaturg in Dresden, im Dresden Tiecks. Da kann der Wolf nicht gleich die Zähne zeigen. Er wählt den frommen Schafspelz der „Historie"; so meinen die guten Leute, ein neu bekehrtes Schäfchen Tiecks komme herein. Sie merken ohne Voreingenommenheit: es hat sogar Talent. Und so wird man ihm bald wieder eine Gelegenheit geben — zum Beißen. Daß er das nicht verlernt hatte, bewies Gutzkow kurz darauf in dem schon besprochenen Festspiel zum hundertjährigen Geburtstage Goethes.

Das Zeitalter der Reformation ist auch sonst eine beliebte Domäne der tendenziösen Geschichtsdramatiker in den vierziger Jahren. Sie sind nicht nur im Kreise der eigentlichen Jungdeutschen anzutreffen. So schrieb damals R. von Gottschall, der spätere Verfasser harmloser historischer Bildungsdramen, einen revolutionären »Ulrich von Hutten« (1843). Das Drama mag die erste Anregung für das Sickingendrama Lassalles, mit dem Gottschall bekannt war, gewesen sein. Ähnlich weist Gottschalls »Robespierre« (1845) auf Griepenkerls allerdings wesentlich tiefere Bearbeitung desselben Stoffs voraus (s. u. S. 192 f). Immer sind es also, dem jungdeutschen Analogieprinzip entsprechend, die revolutionären Epochen, welche diese liberalen Dramatiker um 1848 zur Darstellung locken. Doch bietet das Reformationszeitalter den besonderen Vorteil, der in Deutschland immer stärker werdenden Verbindung der Nationalidee mit dem Freiheitsgedanken (nationalliberale Partei!) zu entsprechen.

In diesem Zusammenhang verdient das seinerzeit sehr bekannte Drama des Literarhistorikers ROBERT PRUTZ »Moritz von Sachsen« Beachtung. Die Frage heißt hier: Wie ist die Reformation vom nationalen Gesichtspunkt aus zu beurteilen? Taten die Fürsten recht daran, sich gegen Kaiser und Reich zu empören? Prutz versucht, im Unterschied zu Lassalle, — in der pädagogischen Form eines persönlichen Entwicklungsdramas — das Ja für diese Frage klar zu erweisen. Der junge Moritz von Sachsen ist der begeisterte Freund Karls V., er hält seine eigenen Verwandten für Verbrecher, weil sie sich am Kaiser und damit an Deutschland vergehen. Aber er muß im Lauf der Zeit erkennen, daß er einem schlechten Zwecke diente, einem Absolutismus, der keine Achtung der menschlichen Freiheit kennt und zugleich Deutschland an Spanien auszuliefern droht. So nimmt er die persönliche Schuld der Undankbarkeit gegen den Kaiser auf sich und erkämpft gegen diesen die Freiheit. Daß er, um diesen Zweck zu erreichen, Besitzungen des Reiches an Frankreich auslieferte, wird erwähnt und gerechtfertigt, denn: „Mehr ist Freiheit, als ein Fetzen Land".

Robert Prutz ist stärker als die eigentlichen jungdeutschen Dramatiker von Hegel beeinflußt. Das Drama besitzt einen historischen Horizont, wie wir ihn bei Gutzkow und Laube vergeblich suchen. In der großen Schlußauseinandersetzung zwischen Karl V. und Moritz von Sachsen zeigt sich volles Verständnis für die Epochentragik, unter deren Gesetz die feindlichen Freunde stehen. Karl V. repräsentiert mit Würde die alte Epoche, er entsagt der Regierung, als er den Sieg der neuen Zeit (Reformation) als unausweichlich erkennt, ja er segnet in Ehrfurcht vor dem Gott der Geschichte in dem protestantischen Moritz die neue Zeit: „Es bleibt der Geist, der heute mich entthront! — Und also segn' ich dich." Moritz richtet sich selbst, wegen der grausamen Folgen seines anfänglichen Irrwegs, er stirbt wie ein Held Schillers, um seine Schuld zu löschen. Zugleich aber weiß er, daß er „die deutsche Freiheit gerettet" hat und damit das „Vaterland", denn die Freiheit ist immer das Erste, und die Quelle auch der Kraft des Vaterlands.

Eine Erscheinung wie Prutz zeigt, daß die Grenzen zwischen den Jungdeutschen und den Hegelianern, als „Junghegelianern" fließend sind. Prutz hatte seiner Bildung und Weltanschauung nach durchaus die Möglichkeit, die hegelianische „Höhe", die relativ tendenzfreie Geschichtsdichtung eines Griepenkerl oder Mosen zu erreichen. Wenn dieser Schriftsteller trotzdem von Mosen als Tendenzdramatiker bezeichnet und neben Gutzkow und Laube gestellt werden kann, so ist das aus Prutzens bewußtem Streben nach zeitgemäßer Wirkung zu erklären. In den »Dramatischen Werken« (1849) gibt er dem »Moritz von Sachsen« eine Einleitung bei, in der er sich ausdrücklich zu diesem problematischen Umgang mit der Geschichte bekennt und sie gleichwohl traditionsgemäß dem Dramatischen zuordnet. Die erste Ausarbeitung (1835), so berichtet er hier, war nach Shakespeare-Manier gearbeitet. In ihrem Mittelpunkt stand der Mittelpunkt des Zeitalters: Karl V. (eine Historie im Sinne Tiecks!). Als er das Theater und vor allem die Geistlosigkeit des Publikums kennenlernte, da arbeitete er das Stück im zeitgemäßen Sinn um (1841/42); er flocht die obligate Frauenrolle hinein und wählte statt des „alten grauköpfigen Kaisers" den jüngeren Moritz von Sachsen als Held. Doch auch der war ohne Änderung des geschichtlichen Bildes nicht zu gebrauchen. „Moritz war ehrgeizig, verschlagen, hinterlistig, er war ein Intrigant im großen Stil — aber um des himmelswillen, wie kann man diesen Intrigant zum Helden eines Stückes machen, was beim Publikum gefallen soll? Nein, hier muß alles ins Schöne gemalt werden." „Weg also auch mit dem historischen Moritz!" Der Dichter entschuldigt diese Veränderung mit dem „dennoch geschichtlichen Drama" — der eigenen Zeit! Es „ging die Stimmung, die ihn unmittelbar umgab, von der er selbst bis zum innersten Blutstropfen sich bewältigt fühlte, über in sein Stück; die Helden des 16. Jahrhunderts verwandelten sich ihm in Personen der Gegenwart. Sehr undramatisch ohne Zweifel (!)". In dem Aufsatz »Über das deutsche Theater«, den er ebenfalls »Moritz von Sachsen« voranstellt, *wertet* er im gleichen Sinne von der Idee des *historischen* Dramas aus. Über das Drama Schillers und Goethes sagt er: „Wie gering in Wahrheit ist auch hier das historische, das eigentlich dramatische Element!" Ebenso wehrt er sich dagegen, daß das sogenannte soziale Drama eine neue Epoche der dramatischen Kunst herbeiführen werde. „Diese Raritäten, die man uns als funkelnagelneue Tendenzstücke verkaufen will," sind „im Grunde nichts weiter ... als der alte ifflandische Jammer, neu aufgekratzt und mit einigen modernen Redensarten versehen." Das große Drama muß in einem tieferen Sinne politisch sein, und — es braucht Zeit. Es ist die Frucht der Zukunft, „welche in ihrem dunklen Schoße gewiß auch einen hellen Tag der Freiheit und des vollen historischen Daseins für uns verbirgt". Immer waren die Blütezeiten des Dramas solche im *ganzen* große Epochen. Es besteht kein Grund, sehnsüchtig dem klassischen Drama nachzutrauern, das selbst nur eine „Aussaat" so großer Zukunft war. „Epigonen? Nein, vielmehr Progonen sind wir: Progonen einer künftigen reifen und freien Zeit."

Mit dem Schema große Zukunft — kleine Gegenwart hält Prutz den Ablaßzettel für alle Tendenzsünden in Händen. Er gefällt sich, etwas eitel, in der Rolle des literarischen Protagonisten der Freiheit, die ihm durch das Bühnenschicksal des »Moritz von Sachsen« über Nacht zugefallen ist. Das Drama war nämlich 1844 am Berliner Hoftheater aufgeführt, dann aber plötzlich verboten worden, mit der uns schon bekannten Begründung, es dürften Personen, die mit dem königlichen Hause verwandt seien, nicht auf die Bühne gebracht werden. Der Vorfall wurde ein Paradestück für die liberale Propaganda. Prutz entfernte in einer Neubearbeitung die mit den Hohenzollern verwandte Gestalt des Markgrafen Albrecht von Kulmbach, aber, trotz seines Gesuchs, gelangte das Stück auch in dieser Form nicht wieder auf die königliche Bühne. Aus der Angelegenheit war wohl inzwischen eine innenpolitische Prestigefrage geworden. In den »Dramatischen Werken« von 1849 veröffentlichte Prutz seinen gesamten Schriftverkehr mit dem Ministerium des königlichen Hauses über diese Angelegenheit und versah ihn mit einer streitbaren Einleitung. Man sieht aus allem: der Kampf, der ihn bekannt und in der revolutionären Zukunft einflußreich machen soll, ist Prutz mehr als sein Künstlertum, dessen Grenzen dem scharfsinnigen Kunstkritiker vielleicht sehr bewußt sind. Im Gegensatz zu den hegelianischen Dramen steht freilich sein Werk selbst höher als die mit ihm verbundene Absicht. Dies gilt auch für Prutzens Drama »Erich der Bauernkönig«. Erich will die Bauern befreien und stürzt dadurch das Land in den Bürgerkrieg. Er wird von allen verlassen und schließlich von einem der unfreien Bauern ermordet, für deren Befreiung er gekämpft hatte. Prutz ist, was auch seine Beurteilung des Publikums zeigte, im Grunde Aristokrat. Dennoch sucht er erfolgshungrig den Beifall der Masse, die er verachtet.[495] Er ist, trotz besseren Wissens, Epigone der Jungdeutschen. Er überläßt die große Kunst, welche die Hegelianer stolz selbst verwirklichen wollen, der Zukunft und deklamiert in Schillers Jambenton die zeitgemäße Idee der Freiheit. Er ist ein Redner, kein Bildner, und will auch nichts Höheres sein. Darin liegt eine Gefahr für die Dichtung als Kunst, — aber noch nicht die größte!

Eben wegen ihres bewußten und erklärten Dienstes an der Zeit, wegen ihres Verzichtes auf den Anspruch großer Dichtung war die Dramatik von Prutz, wie die von Laube und Gutzkow, aufrichtiger, ungefährlicher für die Kunst als manches literarische Produkt der Hegelianer oder der späteren Bildungsdramatiker. Während jene Stücke erst in der raffinierteren Tendenzhaftigkeit ihrer Geschichtsdarstellung und in der Unerfülltheit ihres künstlerischen Anspruchs durchschaut werden mußten, wurden die jungdeutschen Werke von Anfang an als das genommen was sie waren, und ihr Einfluß auf die deutsche Dichtung wurde wie die Zeit, der sie gedient hatten, rasch überwunden. Doch ging auch, wegen des Mangels an hohem Streben, kein großer Dramatiker aus dieser Richtung hervor, wenn man nicht, was kaum zu rechtfertigen wäre, Büchner ihr zuzählen will.

Wenn im folgenden wenige Beispiele einer auf Hegels Philosophie beruhenden Geschichtsdramatik herausgestellt werden, so soll keineswegs behauptet werden, daß damit Hegels Bedeutung für die Geschichtsdramatik des 19. Jahrhunderts erschöpfend zum Ausdruck gebracht sei. Schon die aktualistisch-jungdeutsche Dramatik, und zwar nicht nur eine Randerscheinung wie Robert Prutz, zeigt sich von Hegel beeinflußt: durch ihre enge Verknüpfung von Tat und Geist, durch die Rangerhöhung, die sie dem Politisch-Sozialen gegenüber der einstigen Kulturgesinnung der frühen Goethezeit verlieh.[496] Doch ist bei den Jungdeutschen, wie kurz darauf bei Marx und Kierkegaard, das Gesamtgefüge der Hegelschen Philosophie so wenig verwirklicht, daß von ihrem Einfluß abgesehen werden konnte. Auch die hier zusammengefaßten Geschichtsdramatiker spiegeln, wie natürlich, nicht den ganzen und reinen Hegel wider, aber sie sind in wesentlichen Zügen, vor allem in der Auffassung der Geschichte als einer Entwicklung des Geistes, ihm verpflichtet und bieten so für das Streben Hebbels den allgemeinen literarischen Hintergrund.[497]

Die Jungdeutschen fügen sich äußerlich den Formgesetzen des Dramas, weil sie nach Theatererfolg streben. Die Geschichte in ihrem Eigenwert, in ihrer breiten Fülle kann sie dabei nicht stören; der geschichtliche Stoff wird beschnitten und verändert, bis er der besonderen theatralischen Absicht gefügig ist. Die hegelianischen Dramatiker aber überwinden von innen heraus die Gefahr des Epischen, die dem Geschichtsdrama von Anfang an mitgegeben war. Wenn die Geschichte keine bloß äußere, jedem Zufall unterworfene Welt ist, wie für Grabbe, Büchner und Victor Hugo, wenn sie andererseits auch nicht in ihrer „Vollständigkeit" verehrt wird wie von Tieck, sondern aller Nachdruck auf dem Sinn, auf der „Idee" der geschichtlichen Vorgänge liegt, so folgt für die dramatische Geschichtsbehandlung von selbst, daß die Durchgeistigung und Konzentration des geschichtlichen Stoffs nicht nur möglich, sondern innerlich notwendig wird. Es ergibt sich damit nach den Einseitigkeiten der „Historie" und des tendenziösen Geschichtsdramas „auf einer höheren Stufe" die Rückkehr zum geschichtlichen Ideendrama. Die zunehmende Geltung Schillers, wie sie vor allem an seinem hundertsten Geburtstag zum Ausdruck kam, ist zu einem wesentlichen Teil Hegel und seinen Schülern zu verdanken[498], und die Wiederaufrichtung dieses Vorbilds hat die größte Wirkung auf die künftige Form des deutschen Dramas ausgeübt. Man will, das tönt aus fast allen Aufsätzen und Kritiken der Zeit, das von Schiller und dem jungen Goethe begonnene Werk weiter- und höherführen. Man kann sich das neue Drama nicht anders vorstellen als geschichtlich, denn die Geschichte selbst wird, in einer seltsamen Wechselwirkung, mit den Kategorien des Dramatischen und Tragischen gedeutet: Herders Mythos von der Geschichte, die „Drama" ist, lebt noch immer und erfährt in Hegels Philosophie seine tiefste begriffliche Begründung. Aber was uns als Wiederbelebung und zweite herbstliche Blüte des alten großen Traums vom Geschichtsdrama sichtbar wird, erschien den Zeitgenossen als Verheißung eines neuen, die Klassik übertreffenden Dramas. Wir heute spüren im zunehmenden Gewicht des historisch-gelehrten und philosophischen Elements schon den kommenden Niedergang des Geschichtsdramas. Fr. Th. Vischer aber meinte von seiner Zeit: „Uns fehlt noch das historische Drama."[499] Das bisherige historische Drama sollte verblassen vor dem neuen, großen aus Hegels Geist. Dieser wenig gerechtfertigte Glaube an sich selbst und an die Zukunft der deutschen Dichtung verbindet die Hegelianer denn doch wieder mit den Jungdeutschen und trug ihnen bei dem tiefer blikkenden Grillparzer den Vorwurf des Eigendünkels ein.

In ihren Äußerungen allerdings setzen sich die Hegelianer sehr entschieden von den Jungdeutschen ab. W. R. GRIEPENKERL, — ein wirklich begabter Dichter, aber nicht stark genug, um, wie Hebbel, die gewaltigen Spannungen der Zeit in sich zu versöhnen — hält in der Mitte der vierziger Jahre viel besuchte Vorträge, in denen er gegen die Jungdeutschen und für eine künstlerische und religiöse Vertiefung des deutschen Dramas eintritt: „Hier greift jene Zerfahrenheit und Zerrissenheit der literarischen Charaktere in Deutschland ein, die seit 1830 nicht aufhört zu lärmen. Mit diesem Strom kam jene junge Generation, die bis auf den heutigen Tag Drachenzähne sät, die wie Pilze aufschießen, und eine gesunde Vegetation der Kunsttätigkeit vergiften. Nicht die hochthronende Gottesbegeisterung finden wir hier, sondern einen hohläugigen und scheelen Blick, der Gift und Galle speit auf eine Welt, die der wahre Künstler mit ewiger heiliger Menschenliebe umspannt."[500] Gegen französierende Spottlust und Witzelei setzt er die Ehrfurcht und die Liebe, ob sie sich nun im Pathos oder im wahren Humor ausdrücken mögen, in ihre Rechte. Der geschichtliche Prozeß wird nicht tendenziös vom Standpunkt einer der kämpfenden Mächte aus betrachtet, sondern in seiner Mischung von Recht und Unrecht, als ein tragischer. Wollte Heine den Untergang des persönlichen Heldentums voraussehen, weil „die Völker, die Parteien, die Massen selber ... die Helden der neueren Zeit seien"[501], so hat für Griepenkerl, bei aller Betonung der überpersönlichen Mächte, die Hegelsche Philosophie ein tieferes Verständnis für das Verhältnis von persönlich bestimmtem Heldentum und göttlich bestimmter Geschichte erschlossen. „Das tragische Individuum will etwas und erstrebt etwas, was dem Göttlichen nicht gerade abgekehrt ist; es hat eine organische Wechselbeziehung zum göttlichen Geiste, es verwirklicht eine göttliche Idee in der Sphäre der endlichen Erscheinung der Geschichte." Der Kampf der Parteien ist in der tragischen Beschaffenheit der Welt begründet: die „letzte und höchste Stufe des Tragischen als des Kampfes zwischen einseitig berechtigten sittlichen Mächten resultiert aus dem innersten Wesen der Geschichte. Die ganze Geschichte vollzieht ihren Fortschritt unter der Fahne dieser Idee des Tragischen"[502]. Besonders beschäftigt den Dichter das Problem der Theodizee. Er sieht, daß alle Veränderung, auch die geschichtlich notwendige, und alle Größe zugleich dem Bösen und Zerstörenden verhaftet ist. Aber der Beruf des Tragikers besteht eben darin, noch in den entfesselten Kämpfen und grausamen Untergängen Gottes Stimme zu vernehmen. „Laßt diese ewigen offenen Gräber der Geschichte euch nicht schrecken, haltet stand im Sturm, ihr Jünger der Kunst. Seht, auf dem Gottesacker liegt das Gotteshaus! Gehet hin und prediget; sagt, ihr hättet mitten im Sturm die Stimme des Herrn gehört. Man wird euch glauben, so ihr wahre Apostel seid!"[503]

Bei einem solchen Enthusiasmus kann es dem Dichter nicht darum gehen, die Geschichte sklavisch „abzuschreiben". Dagegen wehrt sich Griepenkerl so entschieden wie Hebbel[504], und er fragt: „Nimmt denn nicht die Kunst einen Läuterungsprozeß mit der Geschichte vor, indem sie einen Vorwurf aus ihr in den Mittelpunkt einer Idee konzentriert?"[505] Nicht die tausend Kleinigkeiten der Geschichte interessieren, die Intriguen, Anekdoten, Episoden, das tausendfarbige Spiel der geschichtlichen Oberfläche, des Persönlichen und allzu Persönlichen, des Zufälligen. Wirkliche Kunst entsteht erst, indem der Dichter „die Idee, die in der sinnlichen Wahrheit des Lebens sich oft verhüllt, daraus hervorstrahlen läßt, wozu allerdings eine solche Wendung des sinnlichen Stoffes gehört, daß dieses möglich ist. Für das Geschichtsdrama liegt diese Wendung in dem Aufsuchen eines Punktes, in dem die Geschichte selbst sich wendet, in der Erfassung des fruchtbaren geschichtlichen Momentes"[506]. Von diesen Einsichten aus ist es nicht mehr weit zu der grundsätzlichen Betonung der Epoche, unter völligem Verzicht auf die Episode, wie sie Hebbel in seinem Drama der Kulturstufenkonflikte verwirklicht, zu einer umfassenden dramatischen Darstellung der großen Wendepunkte der Menschheitsgeschichte. Zu solcher Konsequenz jedoch gelangte Griepenkerl nicht, wie auch schon seine Theorie vom Tragischen selbst widersprüchlich und unzusammenhängend bleibt, entsprechend dem musikalischen Temperament, das ihn in jeder Beziehung beherrscht. Überhaupt ist festzustellen, daß der Dichter in Leben und Dichten selten den hohen Standpunkt der Objektivität erreichte, den er ursprünglich erstrebte. Er ist oft begeistert von seiner Zeit, in ihr befangen: „Ja, ist wohl einer, der nicht hie und da nur flüchtig gestreift von den Erscheinungen der Gegenwart, ausgerufen hätte: Welch eine Zeit! In welcher großen Zeit leben wir!"[507] Besonders die 48er Revolution muß Griepenkerl tief berührt haben. Durch sie kommt er zu dem Stoffgebiet, welches schon in der vorangegangenen Zeit die revolutionäre Jugend (z. B. Büchner, Gottschall) lebhaft beschäftigt hatte: zur französischen Revolution. Bemerkenswert ist, daß er jetzt, gut jungdeutsch, sich gegen das Verfahren wehrt, „für neuen Inhalt in einen alten Schacht zu fahren, Menschen untergegangener, vom Volke vergessener oder nicht gekannter Zeitalter in einen Schmuck zu kleiden, der andern Menschen gebührt. Das wäre Dualismus, dessen sich viele Dichter der jüngsten Vergangenheit schuldig gemacht, der aber dem Wesen der Kunst ... widerspricht" (Vorrede zu »Robespierre«). Sein Stoff, die Geschichte der französischen Revolution, ist die „Vorhalle unserer Zeit". Solche Aussprüche sind mißverständlich, sie können als Bekenntnis zur französischen Revolution aufgefaßt werden. Im Drama selbst aber gewinnt Griepenkerl einen recht hohen Standpunkt, der es erlaubt, seine Revolutionsstücke neben ein anderes Drama von einer „mit Recht" gescheiterten Auflehnung gegen den Staatsgedanken zu stellen, »Agnes Bernauer«.[508]

Die Frage, die sich der Dichter bei der Betrachtung der Geschichte Dantons und Robespierres stellt, heißt: Warum mußte die Geschichte der französischen Revolution in der Diktatur enden, obwohl die Führer ehrliche Revolutionäre waren und auch alle äußeren Bedingungen zu einem Sieg der Revolution gegeben waren? Die Antwort lautet: Mit der Freiheitsideologie der Danton und Robespierre läßt sich kein Staat bauen. Schon in dem Beginn der Handlung hat Danton erkannt, „daß alle großen Männer durch ihre Fehler groß geworden; diejenigen aber, denen man ein sittlich Tun nachrühmte, waren Dummköpfe und wurden nach dem Beispiel der Natur von den andern gefressen" (I, 3). Wenn man die individuelle Freiheit verabsolutieren will, verkehrt sie sich ins Gegenteil. Über die Zufälligkeit und Unsicherheit eines solchen Zustandes hinweg entwickelt sich die Welt, nach dem Gesetz der Antithese, zu um so strengerer staatlicher Ordnung, weil diese immer noch mehr Freiheit verbürgt als die Republik Robespierres. Die Tragik seiner Situation muß der Erzrevolutionär selbst erkennen, als er Danton verurteilt: „Auch Robespierre wird geopfert werden — der Freiheit!" (III, 2). Danton muß fallen, weil er dem Gleichheitsprinzip der Revolution untreu wird. In trefflichen Massenszenen wird das weinfrohe Leben Dantons vor Augen geführt, mit wenigen Strichen entstehen lebensvolle Gestalten, überzeugende Stimmungen, ein Glanz des Abenteuerlichen und Dämonischen. Aber Griepenkerl verliert sich nicht wie Grabbe im

Glanz der Tat- und Erscheinungswelt. Neben der heroischen Lucile steht, wie es Griepenkerls religiös-philosophischer Geschichtsauffassung entspricht, eine Frau noch höherer, priesterlicher Ordnung, Therese: sie hält sich frei von den Machenschaften der Verschwörer gegen Robespierre, aber sie ist es auch, die, als Organ des göttlichen Weltgeistes, am Schluß Bonapartes Ankunft verkündet. Robespierres moralisch-religiöse Ideologie hat Griepenkerl treffend vergegenwärtigt. Er ist nicht das blutrünstige Scheusal, sondern der Asket, der mit fanatischer Energie seiner Idee gehorsam ist: „Die französische Republik führt das Richtschwert, und sie führt es mit Strenge — mit mordender Strenge um Gottes willen. So baut sie, ohne zu beben, die Guillotine neben ihre Altäre, das Opfer verklärt die Opfer. Gott hat es gewollt; — sein Knecht ist Robespierre" (III, 2). Als dieser Glaube zerbricht, da ist auch Robespierres Wille zerbrochen, er verschmäht den Ausweg der Diktatur, der frei stünde (IV, 2). Schon ehe Bonaparte kommt, ist der Revolutionär durch sein eigenes Gericht besiegt: „Weg! Weg! Ich will nicht handeln mehr; es ist schon über das Maß hinaus gehandelt worden. Wir nahmen schöne Maße aus diesem Gedankenarsenale und legten sie an diese Welt des Jammers, und was wir nicht nach diesen Maßen passend fanden, das zerschlugen wir wie die Knaben" (V, 1). »Maximilian Robespierre« ist auf dem fallenden Schicksalsweg des Dichters das erste und letzte Drama, in dem, unter Vermeidung besonderer Zugeständnisse an Bühne und Zeit, die herbe Tragik der dargestellten Geschichtsepoche in einer großen, dem Geiste Hegels würdigen Weise dargestellt wurde. Wenn Griepenkerl gefordert hatte, die Kunst solle keinen Tendenzen dienen, dennoch aber „den allgemeinen Geist der Zeit ... spiegeln"[509], so hat er dies erfüllt, indem er in »Robespierre« die Tragödie des in Deutschland weiterlebenden Geistes der französischen Revolution, die Tragödie des Liberalismus gestaltete.

Einen bedeutenden Rang nimmt auch noch Griepenkerls zweites Trauerspiel »Die Girondisten« ein. Die dargestellten Vorgänge liegen zeitlich vor »Robespierre«, doch wird versucht, sie jenem Stück ideell anzupassen, insofern schon ganz zu Anfang die innerlich notwendige Entwicklung zur Diktatur angedeutet wird (I, 2). Freilich liegt hier die Zukunft heller vor den Revolutionären. Wie die jungdeutschen Helden trösten sie sich damit, Progonen zu sein: „Wir büßten, wie alle büßten, die Großes angefangen" (III, 1). Hier steht nicht wie bei »Robespierre« das Gericht über die Revolutionäre im Vordergrund, sondern die Hoffnung auf eine bessere Zukunft, die, das ist wohl gemeint, jenseits der Diktatur Napoleons in einem nationalen und liberalen Jahrhundert zur Wirklichkeit werden wird. Die Sterbenden träumen von einer „verjüngten Welt", von einem „Völkerfrühling" (V, 1). Griepenkerl versucht also zeitgemäß, seinem Stoff doch noch eine aktuelle Note abzugewinnen. Ein Zugeständnis an das Publikum ist auch das noch stärkere Hervortreten der weiblichen Helden. Die Geschichte des Girondisten Barbaroux zwischen dem wilden Revolutionsweib Lambertine und der hohen Frau Charlotte Corday, die Jeanne d'Arc und Judith zugleich ist, beherrscht die ersten Aufzüge. Erst nachdem Charlotte durch die energische Abweisung des werbenden Barbaroux ihn selbst und die eifersüchtige Lambertine zur Verehrung gezwungen, trifft sich ihr Weg mit dem politischen Gewalthaber Marat, der in einer schwungvollen Massenszene (III, 3) als der Beherrscher der Straße eingeführt wird. Charlotte Corday mordet, mit Berufung auf Judith, Marat im Bade, — es ist einer der grellen „dämonischen" Effekte, wie sie Griepenkerl liebt und wie sie damals vor allem in der französischen Oper gepflegt wurden. Der Dichter war mit Hector Berlioz, Meyerbeer und andern Pariser Musikern bekannt; »Robespierre« ist dem „Freunde" Berlioz gewidmet. Doch verleiht gerade die in eine ungeheure Bewegung umgesetzte Spannung zwischen dem Sinnlichsten und dem Geistigsten Griepenkerls Revolutionsstücken ihren Charakter und ihren Reiz. Beide Dramen wurden in mehreren Städten gespielt; aber die Aufführung am Berliner Hoftheater kam nicht zustande, obwohl Alexander von Humboldt den König persönlich für Griepenkerls Dramen interessierte. Durch diese Enttäuschung wurde der wegen seiner Verschwendungen stets geldbedürftige Dichter geneigt, Eduard Devrient Gehör zu schenken, der ein bürgerliches Drama für Berlin forderte („Ideal und Welt", 1854). Bezeichnend aber ist für die Zeit die Begründung, welche Devrient seinem Wunsche gab —: Sollte „ein Familienstück nicht die gewaltigsten geschichtlichen Momente abspiegeln können"?[510]

Mit weniger Begabung aber mit mehr Konsequenz und Hartnäckigkeit hat JULIUS MOSEN um ein Geschichtsdrama aus dem Geiste Hegels gerungen. Dieser heute nicht zu Unrecht vergessene Dichter wurde zu seiner Zeit in einem Atem mit Hebbel genannt. Seine 1863 erschienenen »Sämtlichen Werke in 8 Bänden« wurden 1880 neu aufgelegt. Er fand zu Ende des Jahrhunderts und noch bis zum Beginn des ersten Weltkriegs seine Bewunderer. Auch eine ganze Reihe von Arbeiten der Literaturgeschichte sind ihm gewidmet. Nach eigenem Zeugnis hat er schon früh verstanden, „sich eine Huldigungsgemeinde zu bilden"[511]. Die ersten großen Triumphe auf der Bühne feierte er mit seiner Tragödie »Kaiser Otto III.«, und man hat schon damals bemerkt, daß diese Erfolge, vor allem der in Dresden, sich zu einem guten Teil daraus erklären, daß man der schwerfälligen altväterischen Historien aus Tiecks Schule überdrüssig war. Mosens erlebnismäßiger Ausgangspunkt ist der moderne schillernde Glanz Heinescher Subjektivität und Erotik. Im Zwiespalt der zerfallenden Romantik greift dieser Schriftsteller, wie mancher andere, nach Hegels Philosophie, um festen Boden unter die Füße zu bekommen. Bezeichnend ist dafür seine Novelle »Georg Venlot« (1831), wo Hegel persönlich als Lehrmeister der Künstler eingeführt wird. Durch sein programmatisches Streben nach einem großen Geschichtsdrama, durch sein gleichwohl starkes Verständnis für die Reize und Schwächen des Menschlichen und Allzumenschlichen, durch seine robuste Konzentration der Stoffmassen täuschte Mosen über den Mangel an dichterischer Substanz hinweg, und nur wenige Tieferblickende erkannten in ihm einen Dichter, „dessen Schaffen in einem mechanischen Aneinanderfügen einzelner Stücke zu einem Ganzen nach einem vorausberechneten Schema besteht"[512].

Nicht nach Kraft und Leistung aber nach seinem Ausgangspunkt und vor allem nach seinem künstlerischen Programm läßt sich Mosen mit Hebbel vergleichen. Eine Abhängigkeit Mosens von Hebbel ist kaum anzunehmen. Sie streben gemeinsam nach dem zeitgemäßen Ziel eines geschichtsphilosophisch vertieften und dennoch künstlerischen Dramas. Schon Mosens 1842 erschienenes »Theater« vertritt in dem Vorwort »Über die Tragödie« Prinzipien, welche an Hebbel erinnern. „Gott offenbart sich durch die Natur an die Menschheit und in dieser durch die Weltgeschichte, welche im Kampfe des Gewordenen und Werdenden ihn dialektisch entwickelt." Diesen Gedanken kann „am lebendigsten in allen seinen Wendungen" die Tragödie sichtbar machen. So muß „die moderne Tragödie die eigentliche historische werden". Es gilt über Schiller und Goethe hinauszukommen, die „ihre tragischen Helden von der Weltgeschichte losgebunden und zum Träger ihrer individuellen idealen Gedanken gemacht" haben. Für den Tragöden ergibt sich die Aufgabe, den jeweils „tragischen Moment" in der Geschichtsentwicklung aufzuspüren und darzustellen. Die Notwendigkeit der Entwicklung ist für die moderne Tragödie das, was für die alte die Schicksalsidee war. Entschieden wendet er sich gegen die Meinung, „daß das moderne Drama das sogenannte bürgerliche sei". Doch begrüßt er, mit Seitenhieben auf Raupach, die reinigende Wirkung, die das jungdeutschsoziale Drama gehabt hat. Es sei jetzt wenigstens nicht mehr möglich, „die gewaltigen Parteifragen der Geschichte zu höfischen Komplimenten umzuwandeln". Es gäbe nicht mehr so viele „Attrappen" des historischen Dramas. Er stimmt in die allgemeine Klage der zeitgenössischen Geschichtsdramatiker ein, daß die Höfe so ängstlich ihre Vorfahren vom Theater fernhalten und ersehnt eine Zeit, „wo der Dichter den Prozeß der Weltgeschichte als Referent von der Bühne herunter" völlig frei darstellen darf.

Ähnlich wie Hebbel hat Mosen versucht, in seinem dramatischen Werk wichtige Wendepunkte der Geschichte zur Darstellung zu bringen. Doch leitet ihn mehr der nationale und politische als der universale und kulturhistorische Aspekt. Das historische Schauspiel »Heinrich der Finkler« (entstanden 1836) feiert — noch stark in der Form der Tieckschen Historie befangen — das heraufsteigende „deutsche Volk und sein Jahrtausend" als Gotteswerk. Es preist den „deutschen Heiland", König Heinrich, der die deutsche Freiheit gegen die

Pfaffen hochhält, zugleich aber das noch rohe deutsche Volk unter das Gesetz der Stadt und damit der Kultur stellt. In »Kaiser Otto III.« hat Mosen einen Stoff gefunden, wo der „weltgeschichtliche Prozeß das Gefäß des Individuums zersprengt"[513], wo also der Zusammenstoß des Alten mit dem Neuen zur Tragödie wird. Der Kaiser erstrebt bei Mosen die restitutio imperii in dem Sinne, daß Rom durch deutsches Blut und griechischen Geist verjüngt und so ein Staat der Humanität gegründet werden soll. Aber er verstößt, von Leidenschaft verwirrt, selbst gegen den neuen Geist. Er verschwindet aus einer Welt, in der er ohnehin noch allein stand, aus einer „Zeit, / Die dumpf sich ausgärt im Barbarensinn" (III. Akt). Auch das Trauerspiel »Cola Rienzi« sieht in dem Streben nach Verwirklichung des antiken Vorbildes den entscheidenden Schritt zur Neuzeit. „In Cola Rienzi", so interpretiert Mosen selbst, „sucht die altrömische Staatsidee durch Revolution gegen das Mittelalter sich wieder als moderner Staat zu verwirklichen, so daß der Held der Tragödie als Vorläufer des bis zu diesen Tagen sich fortspinnenden Kampfes angesehen werden kann." Auch Mosen sucht also, wie die andern Hegelianer und wie die früheren und späteren Revolutionäre, in der Geschichte die Ursprünge der eigenen Zeit, doch fällt im Vergleich mit der Rienzi-Oper des jungen Richard Wagner, die der gleichen Quelle, Bulwers Rienzi-Roman (deutsch 1836), entstammt, auf, daß, in allerdings unorganischer Weise, historisch-realistische Züge in das Bild des idealen Freiheitshelden Rienzi hineingemischt werden. Bei Wagner ist Rienzi der geradlinige große Herold der Freiheit, dessen Untergang nur durch die Treulosigkeit der Umwelt bedingt ist. Bei Mosen läßt sich Rienzi, nach den schlechten Erfahrungen der ersten Zeit, mit dunkeln Elementen ein; das so errichtete Reich der Lüge und Gewalt bricht notwendigerweise zusammen. Man hat hier den Eindruck, daß es Mosen bei diesem heikeln Revolutionsthema gleichzeitig der Reaktion und den Liberalen recht machen wollte, wie denn überhaupt bei minder starken und selbständigen Persönlichkeiten aus Hegels „Synthese" leicht ein flaues Kompromißlertum wurde.

Im Grunde entschieden „bürgerlich" oder „sozial" und nicht „historisch" ist Mosens erstes Stück »Wendelin und Helene«, das traditionelle Drama einer Liebe zwischen Ritter und Bürgermädchen. Trotzdem erhält das Stück in Mosens späterer Bearbeitung seinen Platz in der Reihe der geschichtlichen Dramen zugewiesen. Es muß die Lücke zwischen dem Spätmittelalter und dem ausgehenden 16. Jahrhundert ausfüllen. Im Trauerspiel »Johann von Österreich« begibt sich Mosen wie Prutz in die Welt um Karl V. und Philipp II. Don Juan d'Austria erscheint, als Sohn Karls V. und eines Regensburger Bürgermädchens, dazu bestimmt, die neue, in den Niederlanden bald darauf verwirklichte Idee des Volksstaates in Europa durchzusetzen. Aber ähnlich wie Moritz von Sachsen in Prutzens Drama dient er zunächst dem Alten, dem katholischen Absolutismus. Daß er dadurch Zwecke förderte, die nicht der Idee der Geschichte entsprechen, merkt er erst, als es zu spät ist. Doch: „Über unsere Leichen steigt die Zukunft." Während dieses Stück schon 1845 mit großem Erfolg aufgeführt wurde, zögerte Mosen mit der Herausgabe des »Herzog Bernhard von Weimar«, dessen erste Fassung 1842 entstanden war, bis 1855. Er arbeitete das Stück dreimal um, vermutlich um ihm, nach dem Vorbild des stoffverwandten Schillerschen »Wallenstein«, bei aller Konzentration, mehr Fülle und Lebendigkeit zu geben. Auch hier steht die protestantisch-deutsche Freiheit im Konflikt mit dem Absolutismus, der nunmehr durch die neue französische Großmacht unter Richelieu repräsentiert ist. Diesmal paktiert der ideenmäßige Vertreter der neuen deutschen Zeit, Bernhard von Weimar, in voller Absicht, aus diplomatisch-politischen Notwendigkeiten, mit dem Feind der Idee. So muß das Individuum Bernhard von Weimar schuldlos-schuldig zugrunde gehen. Die von ihm vertretene Geschichtsidee aber wird weiterleben. Einen siegenden Träger der Idee wollte Mosen wohl in seinem »Cromwell« darstellen. Wahrscheinlich blieb er deshalb Fragment, weil bei diesem Stoff, entgegen Hegel, das Schicksal der Idee mit dem Schicksal des Ideenträgers hätte identisch erscheinen können. Wie man auch sonst feststellen kann, war Mosen besorgt, daß sein Werk, wenn es schon dem „Hegelschen Schema" nicht ganz entspricht, ja nicht „dem ganzen Inhalt der Hegelschen Philosophie widerspricht".[514]

„Der Mann der Zukunft, den sich Gott erwählt" (Herzog Bernhard von Weimar), „auch Deutschland wird seinen Cromwell haben" (Cromwell-Fragment) — Mosen überblickt die deutsche Geschichte seit dem 30jährigen Krieg, wo sich solche großen Verkörperungen oder Verheißungen des deutschen Staates finden möchten und gelangt mit innerer Notwendigkeit zu Friedrich dem Großen. In dem Trauerspiel »Sohn des Fürsten« (1858), das die jugendliche Auflehnung dieses Königs zum Gegenstande hat, findet die Dramenreihe von Hebbels Wettbewerber ihre Krönung. Auch an diesem Werk scheint der Dichter unermüdlich gefeilt zu haben, denn er gibt es erst 16 Jahre nach der ersten Fassung heraus. Wichtig ist dabei das Wachsen des Friedrich-Themas, — das Trauerspiel hieß ursprünglich »Katte«. Das Problem des Stücks ist der Konflikt des alten Preußentums mit der neuen deutschen Zeit der Bildung und der Freiheit. Indem der Dichter nicht einen einzelnen, sondern ein Freundespaar zum Helden macht, kann er dem tragischen Prinzip der hegelianischen Geschichtsauffassung entsprechen und doch den leibhaften Sieg der Idee, der ihm im »Cromwell« vorschwebte, darstellen: Katte, der seinen jungen Freund Friedrich zum „Gott der neuen Zeit" erhöht, muß diese Verwechslung der Person mit der Idee durch den Tod abbüßen; Friedrich aber wird, durch die Opferung des Freundes geläutert, fortan die Idee rein und ausschließlich verkörpern, so daß er in der Entscheidungszeit, da Preußen entweder untergehen oder eine europäische Großmacht und der Beginn eines neuen Deutschland werden muß, siegreich sein wird.

In einer Besprechung von »Der Sohn des Fürsten« hat Hebbel Mosens theoretische Unterscheidung eines pathologischen und eines historischen Dramas berührt und zurückgewiesen. Das pathologische, das Shakespearesche Drama huldigt, so sagt Mosen in der von Hebbel gemeinten Bemerkung, der „Emanzipation der Leidenschaft", das moderne historische „der Läuterung des Individuums zur Selbsthingabe für den Staat"[515]. Man hat auf die hier zutage tretende Meinungsverschiedenheit zwischen Mosen und Hebbel großen Nachdruck gelegt und, um die trotzdem bei Mosen stattfindende Vereinigung der Elemente zu erklären, eine Beeinflussung Mosens durch Hebbel, ab 1843, wahrscheinlich machen wollen.[516] Nun haben wir zwar bereits gesehen, daß sich Mosen von den Familienstoffen absetzt (1842), während sie ja Hebbel unter bestimmten Voraussetzungen für die Tragödie anerkennt (Vorwort zu »Maria Magdalene«, 1844). Aber Mosens Drama zeigt dennoch von vornherein ein starkes Teilhaben am pathologischen Element, »Der Sohn des Fürsten« bringt in dieser Beziehung nichts Neues. Ja, man darf sagen, daß in Mosens Werk das geschichtliche Element deshalb oft so abstrakt, so gewaltsam ist, weil es mehr theoretisch gewollt als erlebt ist, was man vom pathologischen nicht ebenso behaupten kann. Die Frage der erlebten Geschichte, ihres Blut- und Gestaltwerdens dürfte Mosen als ein Problem seiner Dichtung bewußt gewesen sein, denn er schreibt an Wolfgang Menzel: „Dieses Selbsterlebthaben gehört freilich für den Dichter dazu, um der Geschichte abzusehen, wie sie ihre Ideen in Fleisch und Blut verwandelt, ohne die Idealität einzubüßen."[517] Aus Gründen, deren Darlegung zu sehr ins einzelne führen würde, scheint es mir wahrscheinlich, daß die in Mosens »Theater« (1842) mit dem neuen Programm veröffentlichten Stücke hegelianische Umarbeitungen stark „pathologischer" Jugendarbeiten sind. Die Möglichkeit dieses Umstandes muß uns gegenüber den Theorien Mosens, und seinen Interpretationen eigener Dramen, wachsam machen. So ist es zweifellos ein Fehlurteil, wenn man »Wendelin und Helene«, aufgrund des flüchtig skizzierten Hintergrunds der Bauernkriege, ein „politisches Trauerspiel" nennt.[518] Auch die Kontroverse, ob »Bräute von Florenz« mehr ein Liebes- oder Geschichtsdrama sei[519], erledigt sich wohl damit, daß es ursprünglich ein Liebesdrama nach dem Vorbild von »Romeo und Julia« war, daß aber der Schluß wenig organisch im Sinne des hegelianischen Geschichtsdramas umgearbeitet wurde, denn schlagartig springt die Handlung von der privaten Sphäre in die große Politik (IV, 2). Auch das Schwanken zwischen dem ideal gesehenen Rienzi und dem Rienzi, der zum Verbrecher wird, ist wohl aus einer solchen Umarbeitung zu erklären. Charakteristisch ist nun aber, daß die Liebeshandlung überall bestehen bleibt, sogar bei »Kaiser Otto III.«, wo sie dem Stoff nach sehr fern liegt! Sie scheint jeweils nur beschnitten worden zu sein, um der geschichtsphilosophischen Absicht mehr Raum zu gewähren, und ist dadurch ärmer und dürrer als sie bei Mosens Möglichkeiten sein müßte. Besser fügt sich die Liebeshandlung in den späteren Werken ein, in »Bernhard von Weimar« und besonders in Mosens Friedrichdrama, – hier durch das Motiv des Liebesverzichts.

Es liegt nicht im Sinne dieses Überblicks, Mosens Werk ausführlich zu untersuchen. Es sollte nur angedeutet werden, daß die Elemente von Hebbels und Mosens Dichtung doch recht ähnlich sind. Auch hat Mosen, ähnlich wie Hebbel, sich seine Aufgabe als Künstler sehr schwer gemacht. Um so deutlicher freilich ergibt sich die Einsicht, daß er nicht die zyklopische künstlerische Kraft Hebbels besaß, um die versuchte Synthese auch wirklich zu leisten. Es fehlt seiner Dichtung die feste Linie, das tiefe Verknüpfen der Fäden, die große Intuition, die den Gedanken und die menschliche Gestalt in eines bildet, die Lebendigkeit der Idee und die Idealität des Erscheinungshaften miteinander verbindet. Er schwankt zwischen sensuellen Reizen und bloßen Gedanken. Es fehlt die künstlerische Ruhe und die Unmittelbarkeit der Schau. Doch zeigt die Erscheinung Mosen, gerade weil sie nicht von Hebbel abhängig zu sein scheint, deutlicher als alles andere, den gemeinsamen geistigen Boden, aus dem beide Dramatiker wuchsen, und im Vergleich der so verschiedenen Bewältigung einer zeitgemäßen Aufgabe erschließt sich überzeugender der Rang des letzten großen Geschichtsdramatikers im 19. Jahrhundert.

Heute vielleicht überraschend, in Wirklichkeit nur eine naheliegende Auswirkung der überragenden Geltung des Geschichtsdramas zu jener Zeit ist die Tatsache, daß auch der bekannte Sozialrevolutionär FERDINAND LASSALLE mit einem historischen Drama hervorgetreten ist. Sein »Franz von Sickingen« (1857 und 1858 entstanden) ist ein dichterisch wertloses, aber für den Geist der Zeit höchst charakteristisches Stück. Lassalle vertritt die These, daß die lutherische Reformation nur ein verkümmerter Niederschlag der großen totalen Bewegung jener Epoche war, die, was die Erhebung Sickingens zeigt, „besonders auch von Zwecken *politischer* Befreiung und *nationaler* Größe ins Leben gerufen" wurde.[520] Die protestantische Freiheit ist nur unter Aufopferung der politischen Freiheit, Einheit und Größe erkämpft worden. „Gerade mit dieser Zeit nationaler Erhebung und Kämpfe, und gerade durch ihr Resultat, haben wir aufgehört ein Volk zu sein, ein nationales Dasein und eine nationale Geschichte überhaupt zu haben!" Bestätigt fühlt sich Lassalle durch das während der Arbeit am »Sickingen« erschienene Huttenbuch von D. Fr. Strauß. Es ist ihm ein Beweis, „wie zeitgemäß und fast unwillkürlich die Rückwendung auf jene Periode unseres größesten und entscheidendsten geschichtlichen Wendepunktes dem gegenwärtigen Geiste ist". „Vor Luther", so heißt es von Hutten im Drama selbst (I, 2), „hat er das Wort ergriffen und mutig seinen Handschuh hingeworfen dem mächt'gen Rom." Hutten steht für Lassalle wie für so viele spätere Revolutionäre höher als Luther, mit liebevoller Breite wird einmal eine förmliche Lebensbeschreibung von ihm gegeben. Sein eigentlicher Held aber ist Sickingen, weil er der größte politische Kopf und der Mächtigste ist, weil er nur das Reich fördern will und die Sonderinteressen der Fürsten bekämpft. Wie es dieser unbedingt gesamtdeutschen und politischen Haltung entspricht, versucht Sickingen sein Ziel eines großen freien Deutschland zunächst mit Hilfe der ersten politischen Autorität, des Kaisers, zu erreichen. Er selbst, so stellt es Lassalle dar, hätte Kaiser werden können, aber, da es ihm nur um die historischen Zwecke ging, betrieb er die Wahl Karls V. Er ist die Stütze des Kaisers, er leiht ihm Geld, denn der Kaiser selbst ist arm. Alles Geld fließt ja nach Augsburg zu den Fuggern: „Sie sind die wahren Könige der Zeit!"

Sickingen erkennt, welche Gefahr für die Reichseinheit aus Luthers Bündnis mit den Fürsten entstehen kann, und er setzt seinen ganzen Einfluß beim Kaiser daran, um diesen für die Sache des „deutschen Geistes", für die deutsche Reformation in ihrem tiefsten Sinne zu gewinnen. Er soll die Sache Luthers in den Dienst des Reiches stellen, dann wird es geschehen, daß Deutschland innerlich und äußerlich Europa führt. „Wollt Ihr den Luther fallen lassen in / der Fürsten Hände? Ihnen selbst den Hebel / hinwerfen, der aus ihren letzten Angeln hebt / des Landes Einheit und die Kaisermacht? / In *Eurer* Hand ist er ein göttlich Werkzeug, / des Reiches Größe herrlich zu erneuen, / die er in *ihrer* nur in Trümmer schlägt / ... Schon einmal hat Germanien mit dem Schwert / erobert diese Welt und mit dem *Geist* erobert! / Kein Papst hat sie zum Anteil ihm verliehen, / die eigene Größe dankt er jenem Karl. / Nicht dieser Ihm! Wo ist die Scholle dieses Weltteils, / die nicht gedüngt ward durch Germanenblut? *Wir* haben neuem Leben ihn erobert. Unser — / wenn jemandes ist *durch Befruchtung* diese Welt!" (II, 6). Auch die Führer der Lutherfeinde bekämpfen in dem Ketzer den „deutschen Geist" (II, 7).

Ein Feind Karls V. wird Sickingen erst, als dieser gegen seinen Rat auf dem Reichstag zu Worms Luther in Acht und Bann erklärt, nun aber gleich ein radikaler. Die Religionsfreiheit als solche erstrebt er nicht, da sie Deutschland in hundert Stücke zu zerreißen droht. Er will sich selbst die Kaiserkrone aufsetzen, die „einge Kirche" in einem einigen Reich schaffen (III, 5), und wenn er darüber zugrunde geht. „Die *Besten* müssen springen in den *Riß der Zeit*, / nur über *ihren* Leibern schließt er sich" (III, 6). So nimmt er an der Spitze des Adels den furchtbaren Kampf gegen Fürsten, Kirche und Kaiser auf und hält in ihm bis zum Tode stand. Das Angebot der aufständischen Bauern, sich ihm zu unterstellen, kann Sickingen nicht mehr retten, aber es verheißt den Sieg seines Geistes in einem späteren Deutschland.

In Lassalles »Sickingen« fließen verschiedene Einflüsse zusammen. Dem Umfang nach erinnert das ungewöhnlich breite Drama (233 Seiten!) an die Historie der Restaurationszeit. War es aber dort das Hingegebensein an die „wunderbare" Fülle der Erscheinungen, so ist es hier mehr die Freude an Erörterungen, was die Form des Dramas sprengt. Den begrifflichen Apparat gibt die Hegelsche Philosophie ab. Diesen Einfluß zeigt allerdings die Vorrede noch deutlicher als das Stück selbst. Auch Lassalle hält es „seit lange für die höchste Aufgabe der historischen Tragödie und somit der Tragödie überhaupt (!) ..., die großen und kulturhistorischen Prozesse der Zeiten und Völker, zumal des eigenen, zum eigentlichen Subjekte der Tragödie, zur dramatisch zu gestaltenden Seele derselben zu machen". Die Behauptung „seit lange" mag die Abwehr der Meinung in sich schließen, er ahme nur die früher hervorgetretenen hegelianischen Dramatiker nach. Der Sozialist Lassalle ist fühlbar in der Aufhebung des Spannungsverhältnisses zwischen Idee und Individuum, zwischen dem Historischen und Pathologischen also, wie wir es sonst bei den hegelianischen Dramatikern kennenlernten. Die Individuen sind „nur (!) die Träger und Verkörperungen dieser tief innersten kämpfenden Gegensätze des allgemeinen Geistes", sie sind nicht historische Helden *und* leidenschaftliche Menschen, sondern sie machen die Sache des allgemeinen Geistes „mit der verzehrenden Leidenschaft, welche historische Zwecke erzeugen, zu ihrer eigenen Lebensfrage".

Zu einer solchen, durch „historische" d. h. hier zeitgemäße Zwecke erregten Leidenschaftlichkeit bekennt sich auch Lassalle selbst mit seinem Werk. Das Drama ähnelt daher wieder in manchem dem Tendenzdrama eines Gutzkow, durch dessen Ideal der »Ritter vom Geist« Lassalle wahrscheinlich auch beeinflußt ist. Seine Einstellung gegen Luther und die „Fürsten" — auch ein jungdeutsches Haupt- und Schlagwort — verrät wenig Achtung vor dem tatsächlichen historischen Prozeß der Reformation. Wie Prutz u. a. fand er im Zeitalter der Reformation eine Analogie zur Gegenwart, nur ist jetzt nicht mehr eine liberale Freiheit, sondern ein machtvoller deutscher Volksstaat das Ziel. Er hat, wie er in der Vorrede bekennt, darum kein gelehrtes Werk, sondern ein Drama geschrieben, weil er seine Auffassung vom entscheidendsten Moment der deutschen Geschichte „zum innern, bewußten Gemeingut des Volkes zu machen" bestrebt war: „Ich wollte, wenn möglich, diesen kulturhistorischen Prozeß noch einmal in bewußter Erkenntnis und leidenschaftlicher Ergreifung durch die Adern alles Volkes jagen." Eine Aufführung des gekürzten »Sickingen« hatte keinen Erfolg, aber das hierauf bewußt als „Literaturdrama" gedruckte ganze Werk läßt trotz seiner dichterischen Schwäche den heißen Atem des deutschen Sozialrevolutionärs spüren und ist insofern ein beachtenswertes Denkmal in der Entwicklung des deutschen Geschichtsdramas.

Wie bei der jungdeutschen so kann man bei der hegelianischen Geschichtsdramatik an den äußeren Rand der Gruppe einen Literarhistoriker stellen: JULIUS LEOPOLD KLEIN, den Verfasser der großen »Geschichte des Dramas«. Es kennzeichnet die anhaltende Popularität des historischen Dramas, daß Klein seine in drei Jahrzehnten erschienenen Dramen 1871/72 in einer großen Gesamtausgabe zusammenfassen konnte. Schon die Stoffe zeigen die mehr kosmopolitische als nationale Richtung des Schriftstellers. Nur zwei Dramen sind der deutschen, dagegen sechs allein der französischen Geschichte gewidmet. Klein bekennt sich zur „großen Freiheitstendenz der politisch-sozialen Menschheitsidee". Doch sieht er nach Hegels Vorbild den Begriff der Freiheit eng mit dem Begriff des Staates verbunden. Die Bejahung des Staates ist für diese jüngere Generation der Hegelianer, die ja auch den Sozialismus ausbildet, selbstverständlicher als das Recht der Persönlichkeit. In seinen ersten Dramen läßt Klein das Persönliche seiner Helden gegenüber dem Politischen sogar sehr stark zurücktreten und erst später strebt er danach, die beiden Sphären zu verbinden.[521] In dieser zweiten Periode stellt Klein dem historischen Drama die Aufgabe, die „großen politischen Bewegungen mit den persönlichen Zwecken und Leidenschaften der handelnden Personen" verwoben zu sehen.[522] Wie die andern Hegelianer befriedigt ihn die Geschichtsdarstellung der Klassiker nicht. Goethes bekannte Äußerung, für den Dichter sei „keine Person historisch" — seine Rückkehr zu Lessings Namentheorie (s. o. S. 19) —, empört ihn. Das historische Drama dürfe „kein Maskenspiel im jedesmaligen Zeitcostüme" sein, es habe die Aufgabe, „eine Culturidee von allgemeiner Geltung in derjenigen zeitweiligen Form dem fortgeschrittenen Geiste der Mitlebenden vor die Anschauung zu stellen, in welcher jene Idee den Personen der bezüglichen Epoche zum Bewußtsein kam"[523]. Freilich muß die eigene „über die in der behandelten Geschichtsepoche sich erhebende, jene Begriffe berichtigende und läuternde weltgeschichtliche Idee" auch entwickelt werden. Durch diesen Glauben an den eigenen höheren Standpunkt kommt bei Klein denn doch wieder der Geist seiner Zeit sehr stark zur Geltung, wie denn überhaupt bei jeder hegelianischen Geschichtsdarstellung die Gefahr bestand, daß die Geschichtsphilosophie zur Tarnung der Tendenz mißbraucht wurde. Es entstehen dann noch unreinere Dichtungen als es die Tendenzdramen der Jungdeutschen waren. Dieser Gefahr sind Kleins Werke, namentlich die der 40er und 50er Jahre, nicht immer entgangen.

Auch in dramaturgischer Beziehung bezeichnet Kleins Werk einen Rückschritt gegenüber Griepenkerl und Mosen. Die alte Verherrlichung des Shakespeareschen Dramas als eines auch formalen Musters wird neu begründet: für das moderne Drama, dem kein Mythos zu Hilfe komme, sei die Entfaltung äußerer „heroischer Tathandlungen" eine Notwendigkeit.[524] Und selbstverständlich, daß Shakespeare Hegel vorwegnimmt, insofern er das Göttliche „als dramatisch reflektierte, zum Gewissen verinnerlichte Philosophie der Geschichte darstellt".[525] Entsprechend dieser Shakespeare-Interpretation zeigt Kleins Dramatik sowohl die Nachteile der „Historie" wie die Nachteile des hegelianischen Geschichtsdramas. Sie ist in ihren Problemen oft schwierig, begrifflich, ohne knapp zu sein, und sie ist episodenreich, von kulturhistorischem Detail überladen, ohne damit wirklich lebendig zu sein. Sie gehört, schon als unverkennbare Hervorbringung eines gelehrten Historikers, bereits zur historischen „Bildungsdichtung", hält aber zugleich das Ziel noch fest, den Stoff mit dem hegelianischen Geschichtsmythos zu durchdringen.

Kleins geschicktes Mischen der verschiedensten Elemente hat manche Zeitgenossen getäuscht. Selbst Hebbel hielt den Dramatiker zunächst für „eine eigentümliche aber höchst bedeutende Erscheinung"[526], doch hat er ihn später entschieden abgelehnt. Sein Erscheinen ist ein Beispiel für den unaufhaltsamen Niedergang des Geschichtsdramas — bei steigender Intelligenz und Geschicklichkeit seiner Verfasser —, für den Verfall dieser Dramenart unter der hübschen Oberfläche einer nicht mehr tragfähigen historischen Bildung.

Ohne Hebbel hätte sich unsere erste und einzige Blütezeit des Dramas unmerklich und allmählich in der Leere der Formdichtung und in der Formlosigkeit der Materialdichtung verloren, — was wertmäßig keinen Unterschied bedeutet. In Hebbel schließen sich die gegensätzlichen Kräfte noch einmal zum Kreis. Von den Kernlanden des altdeutschen Reiches ist das Geschichtsdrama nach Osten und nach Norden gewandert, in Hebbel nun erreicht es den äußersten Norden Deutschlands. Die mächtige Entelechie dieses Proletariersohns durchlebt noch einmal all das, was seit dem »Götz von Berlichingen« in der geistigen Welt Deutschlands geschah und verschmilzt es mit persönlichen und Zeiterlebnissen zu einer unlöslichen Einheit; die Bildungstradition der Goethezeit wird in ihm noch einmal glühend lebendig, um alsbald wieder in die härteste Form ein- und umgeschmiedet und dem zunehmend entspannten, undramatischen Geist des Jahrhunderts entgegengestemmt zu werden. Die äußere Tatsache, daß der Dithmarsche sich am entgegengesetzten Rande des deutschen Sprachgebiets, in Wien, eine Lebensstellung schafft, ist das einprägsamste Symbol für Hebbels synthetischen Willen.

Wenn je ein Dichter außerhalb der lebendigen geschichtlichen Tradition stand, zum Einzelgängertum in einer ohnedies dem Individualismus zuneigenden Zeit bestimmt schien, so war dies Hebbel. Ihn trägt kein Gemeinwesen mit einer ruhmreichen Vergangenheit wie Goethe und Grillparzer, seinen Ausgangspunkt bildet kein Geschlecht, kein großer Kriegerstaat wie bei Heinrich von Kleist, und selbst die Heimat, um die ein Grabbe noch immer kreist, rückt ihm fern. Der um seine Existenz kämpfende Dichter muß selbst die Vergangenheit seines persönlichsten Lebens, Elise Lensing, fliehen. Er *kann* den positiven Sinn des Überindividuellen nur durch die *Bildung* erfahren. Die „Abstraktion" — denn wo war für ihn eine konkrete geschichtlich-überindividuelle Substanz, der er unmittelbar verbunden war? — ist für ihn eine Notwendigkeit, und nur Unverständnis kann den Denker und den Künstler Hebbel voneinander trennen wollen. Allerdings wird es zum Verständnis seiner Dramen, die keineswegs so eindeutig Geschichtsdramen sind, wie die zwei Habsburger Dramen Grillparzers und die meisten Grabbes, notwendig sein, sich jener geschichtsdramatischen Schicht von den unmittelbareren Erlebnissen des Dichters aus zu nähern. Besteht doch die einzigartige, wohl auch verwirrende Schönheit dieser Dramen gerade darin, daß in ihnen die verschiedensten Seins-Kreise verschmolzen sind, daß, technisch ausgedrückt, ein und dieselbe Tat von zwei ja drei Ebenen aus motiviert sind. Nicht umsonst distanziert er sich in seinem Tagebuch[527] von seinen volkstümlicheren schwäbischen Bekannten Uhland und Schwab mit den Worten: „Lieben Freunde, es ist keine Schande, einen schlichten Rock zu tragen, aber ihr irrt sehr, wenn ihr es für eine Ehre haltet."

Dosenheimer nähert sich Hebbel vom Problem des Staates aus und findet doch in der Geschlechtertragik das „zentrale Problem" der Tragödie Hebbels[528], Herbert Koch betrachtet durchaus unbefangen »Das Verhältnis von Drama und Geschichte bei Hebbel«[529] und endet bei der auffallenden Behauptung: „Hebbel ist Ich-Dichter im eminenten Sinne". Derartiges ist durchaus typisch und erweist sich als in Hebbel selbst begründet, sobald man über die in des Dichters Denken und Kunst objektivierte Welt hinauszudringen und persönliche Grunderlebnisse aufzusuchen sich bemüht, ein Verfahren freilich, von dem wir das letzte Wort über Hebbels *Tragödie* nicht erwarten. Es ist sicherlich nicht ganz unrichtig, wenn H. Glockner meint, Hebbels „egozentrisches Verhalten" sei „vielleicht die Grundeigenschaft seines Wesens," in dem Sinne vor allem, daß für ihn das „große Individuelle" wie für Schopenhauer, Wagner, Nietzsche zugleich das „Herz des Ganzen" bedeute.[530] Mit Recht hat man ferner bemerkt, daß Hebbels Daseinskampf wie auch derjenige der andern Künstler des 19. Jahrhunderts stärker mit dem bürgerlichen „Vorbehalt der Lebenssicherung" verbunden war, als der Kampf der Tragiker Kleist und Hölderlin, „welche ihre Kunst mit dem Leben bezahlten"[531]. Auch das später so weit zurückgedrängte, auf einen metaphysischen Nihilismus sich gründende, „pathologische" Wesen, die ständige Gefahr Grabbes, ist Hebbel ursprünglich nicht unbekannt. In »Genoveva«, einem Werk, das nach des Dichters eigenem Zeugnis sehr stark ein Bekenntnisdrama ist, hat Hebbel in der Gestalt Golos jene verzweifelte Ichhaftigkeit dargestellt, für die der Kreuzzug, an dem Siegfried teilnimmt, sinnlos ist, weil die Welt sinnlos ist, für die nur noch im Erotischen ein Lebenssinn enthalten zu sein scheint: „Man wird ein Mörder. Vater-Mörder dann, / Welt-Mörder! Gottes-Mörder! Schüttelt's dich? / O Genoveva halte mich! Du siehst, / Ich habe nichts, als dich!" (III, 10) Die düstere Heftigkeit des Charakters von Herodes, seine grausame Liebe, beruht auf demselben Grund; kein Höheres hält ihn: Ein König „sollte nur an Gott gebunden sein! / Ich bin es nicht! Als du vor einem Jahr / Im Sterben lagst, da ging ich damit um, / Mich selbst zu töten, daß ich deinen Tod / Nur nicht erlebte" (»Herodes und Mariamne«, I, 3). Überall hat Hebbel die geschichtliche Motivierung mit der individuellen, allgemein-menschlichen verbunden. Darum spielt auch, wie bei den Klassikern und im Unterschied zu Grabbe, die Frau eine so wesentliche Rolle in seinen Geschichtsdramen. Mariamne ist die stolze Makkabäerin und nichts wird versäumt, um sie in diese, Herodes gegenüberstehende, Geschichtsschicht hineinzustellen, aber die Trennung von Herodes erfolgt aus einem persönlichen Grund: „Du hast in mir die Menschheit geschändet." Gegenüber dem Drama Goethes und Schillers wird der Mensch von Hebbel realistischer und psychologischer erfaßt, als Angehöriger einer bestimmten Nation und Zeit, aber auch als Mann oder Weib. Wird in der Gattin des Herodes noch der „Mensch" geschändet, so in Rhodope zugleich das „Weib". Wenn wir in der Geschlechtertragik auch nicht das zentrale Problem von Hebbels Tragödie sehen können, so ist es doch sicherlich richtig, daß Hebbel „von dieser Seite her, negativ und positiv, mit einem Jahrhundert zusammenhängt, das wie keines vor ihm die Frage nach dem Rechte der Frau und von hier aus nach der Psychologie und Metaphysik der Geschlechter in den Mittelpunkt des theoretischen und künstlerischen wie politischen Interesses gestellt hat"[532]. Es ist bezeichnend, daß sich Hebbel zur Ausführung des abseitigen anekdotischen Rhodope-Stoffes entschloß, der zunächst vor allen Dingen für diese Frage der Geschlechter eine Anregung bot. Es ist nicht nur das Interesse an einem nationalen und heroischen Stoff, das ihn zur Dramatisierung der Nibelungensage führte, sondern es reizte ihn nicht weniger der zwischen Siegfried und Brunhild angängige Prozeß der Liebe und des Hasses. Judith zieht aus, um eine religiöse und historische Sendung zu erfüllen, aber sie erschlägt nicht den Feind ihres Volkes, sondern den Mann, der sie erniedrigte. Sie verschuldet sich damit an ihrem Auftrag und an dem, der ihn ihr gab, wie die Jungfrau von Orleans. Bekanntlich erwuchs dem Dichter beim Nachdenken über diese Schillersche Heldin der Grundgedanke zur »Judith«[533], und bei aller Verschiedenheit im einzelnen wird man kaum bestreiten können, daß die Verbindung des individuellen und des religiös-nationalen Elementes, wie es sich in der Judith zeigt, im Geiste der Klassik erfolgte. Hebbel vertieft gegenüber Schiller die überpersönliche Bindung seiner Figuren, aber ebenso ihre persönliche Bestimmtheit; ja, das Individuelle drängt sich in der Aktion so in den Vordergrund, daß für eine oberflächliche Betrachtung die geschichtsdramatische Schicht unverständlich bleiben kann. Nach der Wiener Aufführung von »Herodes und Mariamne« klagt Hebbel — man beachte die Rangordnung der Elemente! —: „Das Verwirrende lag für die große Masse der Zuschauer in dem zweiten Moment des Dramas, in dem historischen, dessen Notwendigkeit bei der großen Gleichgültigkeit der meisten gegen alle und jede tiefere Motivierung sie nicht begriffen."[534] Der Höhepunkt der vielumstrittenen geschichtsphilosophischen „Konstruktionen" Hebbels liegt in der mittleren Dramenperiode des Dichters; schon die »Nibelungen« sind wieder stärker realistisch. Es ist daher nicht verwunderlich, daß in seinem letzten Drama, dem fast vollendeten »Demetrius« sich wieder wie in »Golo und Genoveva« nicht nur allgemein individuelle Motive, sondern sogar eigene zentrale Erlebnisgehalte Hebbels in den Vordergrund schieben. Man hat dies bisher zu wenig beachtet, weil der reife Dichter es versteht, das Erlebnishafte in der entschiedensten Objektivierung zu geben. Er stellt den ihn selbst unmittelbar angehenden Hauptcharakter in eine geschichtliche Welt hinein, die reicher und differenzierter ist als jede andere, die er zuvor gestaltete. Aber was hat der Held, auf den sich die tragische Idee dieses Mal konzentriert, mit der geschichtlichen Welt zu schaffen? Hat er ehrgeizige, weltverändernde Ziele wie Grabbes Helden, hat er eine große sittliche Verantwortung wie Grillparzers Könige oder Schillers Demetrius? Nein, wie die Nibelungen-Recken zieht er in das fremde Land, nicht als Feldherr und Politiker, sondern nur als ein Held, dessen Kains-Zeichen und dessen Größe wie bei Golo, die Todesbereitschaft ist. Demetrius erstach einst aus Überdruß an seinem Knechtsdasein einen, der ihn beleidigte; er wurde zum Tode verurteilt, ehe er als ein Zar, der über dem Gesetz steht, seine Laufbahn antritt — ein symbolischer Vorgang. Der Tod bleibt der heimliche Begleiter des Helden, wie seines Dichters. Ihm stellt er sich, für einen König nur allzu willig, in den Schlachten und ihm kommt er entgegen, als politisch-militärisch alles verloren ist, indem er vor den Kreml eilt und dort kämpfend fällt. Daß er die politische Laufbahn nur beginnt, um *adelig* leben zu können, — wie er muß, das bezeugt er selbst, als ihm die Zarenkrone angeboten wird. Er spricht nämlich nichts als dies:

> „Herr Kardinal, ich muss auch Euch noch bitten,
> Mir alle diese Wunder zu erklären,
> Ihr seht ja, dass ich sie nicht glauben darf!
> Denn nicht allein ein Reich und einen Thron,
> Ihr schenkt mir auch ein Recht, das ich nicht hatte,
> Und das vor mir wohl noch kein Mensch entbehrte,
> Das Recht zu sein, wie ich nun einmal bin!
> Ich ward, solang' ich diese Erde trete,
> Gescholten und gehasst, und einen jeden
> Hab' ich beleidigt oder doch gekränkt,
> Und sagt' ich auch nur guten Tag zu ihm.
> Man ist mit meinen Augen nicht zufrieden,
> Man möchte, dass ich anders Atem holte,
> Man tadelt meine Mienen, meine Stimme,
> Und es ist wahr, ich red' ein wenig laut.
> Herr Kardinal, bin ich der Zarewitsch,
> So setzen meine Fehler Kronen auf
> Und hüllen sich in Purpurmäntel ein:
> Wenn Moskau mit den tausend goldnen Türmen,
> Von denen jeglicher ein Volk bedeutet,

Dereinst vor mir die Tore öffnen muss,
Wer nennt mich übermütig oder stolz?" (Vorspiel, 13. Szene)

Sehr verschiedene Kräfte bestimmen die dem Helden gegenüberstehende Geschichtswelt: Die große kirchliche Einigungsidee des römischen Kardinallegaten, dessen Werkzeug Demetrius zunächst ist, der Ehrgeiz der polnischen Woiwoden, der national-russische Widerstand und das Machtstreben der Bojaren. Daß aber eine höhere historische Idee aus diesem Chaos der Kräfte siegreich hervorgehen sollte, ist nirgends in dem Stück angelegt oder von dem Dichter ausgesprochen. Ja, man darf sagen: eben deshalb drängt sich das Milieu in diesem Drama so bunt und eigenmächtig vor, weil es nicht in den Rahmen irgendeiner geschichtsphilosophischen Konstruktion gepreßt wird. Die historische Welt spielt hier für Hebbel eine ganz ähnliche Rolle wie für Grabbe. Demetrius geht nicht an seiner Illegitimität zugrunde, als ein Opfer der Gerechtigkeit Gottes in der Geschichte, wie bei Schiller. Er geht an einer Welt zugrunde, für deren Betriebsamkeit und Schlauheit er zu hoch steht. Doch gerade an diesem Beispiel einer an Grabbe erinnernden Heldentragik kann man sehen, wie sehr sich Hebbel von dessen Geniebegriff entfernt. In keiner Weise wird die geschichtliche Welt durch das ichhafte Ressentiment des Geopferten verzerrt; sie untersteht einfach einem anderen Gesetz als dem des Heldischen. Und den Helden selbst kennzeichnet keine märchenhafte Genialität, sondern ganz schlicht der Adel seines Wesens. Sehr tief treffend sagt Hebbel von Grabbe, er sei vor der „Trivialität in der *Hypergenialität*" geflüchtet, „*die die Welt überbieten*" wolle. Er stelle seine Figuren auf den Kopf, um sie zu ungewöhnlichen zu machen.[535]

Die Überwindung der auch in seinem Wesen und Schicksal angelegten Hypergenialität dankt Hebbel kaum etwas anderem mehr als dem Vorbilde Goethes. Während die Kleinen und die Kleinsten des Jahrhunderts von Goethes Individualismus begierig lernen und ihn verflachen — dieser Goethesche Individualismus spielt ja bis heute geradezu die Rolle eines gesunkenen Kulturgutes —, wird dem nach Form und Klassizität strebenden großen Dramatiker umgekehrt Goethes Wille sich zu beschränken und zu entsagen zu einem Kernpunkt seiner Bildung:

„Denn eben dieses macht ihn groß, daß er, so reich wie keiner,
Sich der Notwendigkeit gebeugt, und sich beschränkt wie einer."[536]

Von einem solchen Standpunkt aus ist dem Dichter sein jugendliches Leidenschaftsdrama »Genoveva« „eher ein aufgebrochenes Geschwür als ein objektives Werk"[537]. Der Weg zu Hegel und zum *Welt*-Drama wird frei, denn er beginnt vom Ganzen aus zu denken, ihm räumt er mehr und mehr in seinem Bewußtsein den Primat ein: „Wenn der Mensch sein individuelles Verhältnis zum Universum in seiner Notwendigkeit begreift, so hat er seine Bildung vollendet und eigentlich auch schon aufgehört, Individuum zu sein."[538] Wie für Goethe gewinnt für Hebbel die Polarität von Ich und Welt zentrale Bedeutung; betrachten wir aber das Verhältnis der Pole zueinander, so kann kaum ein Zweifel sein, daß bei Goethe der Nachdruck auf dem Ich liegt (das die Welt in sich aufnimmt), während bei Hebbel die Welt das Übergewicht erhält.[539] Auch Hebbel bekennt sich noch in vielen Aussagen und Wertungen zu einem individualistisch getönten Kultur- und Humanitätsglauben[540], aber neben diesen tritt, stärker als bei Goethe, das Gefühl für die Allgewalt und den Wert des Kosmischen und Historischen. „Es gibt nur eine Notwendigkeit, die, daß die Welt besteht, wie es aber den Individuen darin ergeht, ist gleichgültig."

Es ist in der heutigen Hebbel-Literatur üblich, den tragischen *Konflikt* in den Vordergrund zu stellen. Es gibt aber, wie wir an anderer Stelle darzulegen versuchten[541], keine große Tragödie ohne ein Absolutes, und dieses eben sieht Hebbel in dem Ganzen. Diesem „Ganzen", der „Notwendigkeit", „Gott", dem „Universum", der „Idee" weist er in unzähligen Äußerungen entschieden, mit einer fast verbissenen Hartnäckigkeit, gegenüber dem notwendig maßlosen Individuum den Vorrang zu. Wir haben deutlich genug zum Ausdruck gebracht, daß Hebbel „von Natur" aus ein unbezwingliches Ich- und Herrengefühl hat. Es ist in allen seinen Dramen fühlbar und oft ihre Tragik begründend, aber nirgends behält es das letzte Wort. Die weltanschauliche *Entscheidung* zugunsten des Ganzen — mit der sich sein empirisches Verhalten und Werten durchaus nicht immer zu decken braucht — gibt Hebbels Tragödie zwar nicht den Lebensstoff aber die formenden Akzente, die Möglichkeit, wieder ein-deutig zu sein. Selbst Kleist hatte, wie wir sahen, noch in dem klassischen Glauben an die Ewigkeit der Seele seinen tiefsten Grund. Bei Grabbe ist das Verhältnis von Seele und Welt in eine unheilvolle Verwirrung geraten. Er preßt trotz seines Wissens um die Macht der Geschichte soviel Welt in das große Individuum, daß die Welt nichtig dasteht, und das Individuum selbst kein Mensch mehr ist, sondern ein Halbgott. Durch diesen Widerspruch stürzt es bei Büchner in sich selbst zusammen: Das Genie ist ebenso nichtig wie die ganze Welt. Hebbel nun gewinnt wieder festen Grund für seine Tragödie durch den Welt- bzw. Weltentwicklungsglauben. Und hierin, metaphysisch, verdankt er wohl Hegel soviel wie ethisch dem Goetheschen Vorbilde. Dabei ist das Wesentlichste nicht die Frage, ob Hebbel wie Hegel an die *Höher*entwicklung der Welt durch die fortschreitende Realisierung der Idee glaubte. Obwohl er ja von dieser Geschichtsauffassung in seinen Dramen offenbar Gebrauch macht, äußert er sich doch in seinem Tagebuch gelegentlich skeptisch gegen die „Herder-Hegelschen Konstruktionen"[542]. Das Wesentliche scheint mir zu sein, daß die Geschichtsphilosophie Hegels bzw. der Junghegelianer den jungen Dichter, der hart am Rande des Nihilismus vorbei ging, davon überzeugte, daß die Geschichte über die Vernichtung hinweg immer wieder zu *neuen sinnvollen Welten* weiterschreitet, daß man in die Vergangenheit schaut, um an die Zukunft glauben zu können. Hebbel begriff seine Zeit als *tragischen Übergang:*

> „Die Form der Welt bricht in sich selbst zusammen,
> Und dämmernd tritt die neue aus dem Nichts.
> Der Dichter zeigt im Spiegel des Gedichts,
> Wie Tag und Nacht im Morgenrot verschwammen."
>
> («Unsere Zeit«)

Das eben ist nach seiner Auffassung die Aufgabe des Dramatikers, der alten *und* der neuen Welt anzugehören, und die sich hier ergebenden Konflikte bis ins Innerste durchzukämpfen. Der große Dichter ist *verantwortlich* für das überindividuelle Geschehen. In dieser Hinsicht ist dem Dichter Goethes Haltung nicht vorbildlich. Goethe „hat wohl erkannt, daß das menschliche Bewußtsein sich erweitern, daß es wieder einen Ring zersprengen will, aber er konnte sich nicht in gläubigem Vertrauen an die Geschichte hingeben, und da er die aus den Übergangszuständen, in die er in seiner Jugend selbst gewaltsam hineingezogen wurde, entspringenden Dissonanzen nicht aufzulösen wußte, so wandte er sich mit Entschiedenheit, ja mit Widerwillen und Ekel von ihnen ab. Aber diese Zustände waren damit nicht beseitigt, sie dauern fort bis auf den gegenwärtigen Tag, ja sie haben sich gesteigert"[543]. Dennoch sind die Spaltungen nicht so „gefährlich, wie man sie gern machen möchte". Die Elemente fluten zwar jetzt durcheinander, das Ende aber ist: *„die neue Form der Menschheit, in welcher alles wieder an seine Stelle treten"* wird. Letztere, jenseits der Spannungen zu zeigen, — das eben ist die lebenfördernde Funktion der Tragödie. Es wäre eine eigene Aufgabe, aufzuweisen, daß Hebbel mit seiner Interpretation der Tragödie als einer Kunstform des welthistorischen, namentlich religionsgeschichtlichen Übergangs recht hat; auch gibt er uns selbst schon einen Beweis in die Hand, wenn er darauf aufmerksam macht, daß die griechischen Tragiker, „in einer ähnlichen Krisis" und nicht „etwa bloß, weil das Schicksal es mit dem Theater der Athener besonders wohl meinte, so kurz hintereinander hervortraten". Jedenfalls aber ist in dem Konflikt des Übergangs (welcher durch die Zukunftsgläubigkeit versöhnt wird) ein durchaus ursprüngliches und zentrales Erlebnis des Dichters zu sehen. Dieser zeitliche Konflikt tritt neben den gewissermaßen räumlichen Ich-Welt-Konflikt. Die beiden Konflikte sind nicht identisch, aber sie können aufs innigste miteinander verbunden werden. Wenn auch nicht in allen Tragödien beide Konflikte gestaltet sind, so begründet sich doch die *Kompliziertheit* der vollendetsten Tragödien Hebbels *notwendig* in dem Bestreben, diese beiden zentralen Konflikte gleichzeitig zur Darstellung zu bringen.

Außerordentlich schwierig ist die Frage der Stoffwahl bei diesen Tragödien des welthistorischen Übergangs. Sie müssen in einem

tieferen Sinne „zeitgemäß" sein[544], gegenwärtig, dürfen nicht einfach
der Ausdruck einer historischen Substanz sein. Das Nächstliegende
ist daher: man wählt einen Stoff aus der Gegenwart. Mit diesem
Weg versucht es Hebbel in »*Maria Magdalene*«. Auch dieses Drama
ist nach Hebbels Begriffen „historisch", weil es den gegenwärtigen
Weltprozeß darstellt, weil es, genauer gesagt, die Gegenwartswelt in
der Krise und damit als eine verfallende zeigt. Die Lösung der Konflikte wird die Zukunft bringen, „die neue Form der Menschheit".
Nun ergibt sich aber eine große Schwierigkeit. Was ist der *Inhalt* dieses neuen Menschheitszustandes? Hebbel spielte einige Zeit mit dem
Gedanken, ein Zukunftsdrama »Zu irgend einer Zeit« zu verfassen.
Doch verbietet sich schließlich diese Idee dadurch, daß der Tragiker
„Priester", nicht Kämpfer ist. Der Inhalt der Zukunft ist nicht bekannt; so bleibt statt eines Ausblicks, der die Konflikte lösen und
versöhnen könnte, in »Maria Magdalene« nur das Schlußwort Mei-
ster Antons: „Ich verstehe die Welt nicht mehr!" Dieser Abschluß
eines konfliktreichen Vorgangs durch die bloße Darstellung eines
notwendigen Untergangs befriedigte Hebbel auf die Dauer nicht.
Es fehlt der positive, alles lösende Ausklang, der die große klassische
Tragödie kennzeichnet, die „Schönheit *nach* der Dissonanz"[545], „das
Gefühl der Versöhnung", wie er bei Hegel lesen konnte, „das die
Tragödie durch den Anblick der ewigen Gerechtigkeit gewährt,
welche in ihrem absoluten Walten durch die relative Berechtigung
einseitiger Zwecke und Leidenschaften hindurchgreift"[546]. Die Versöhnung (jenseits der Konflikte und der Katastrophe) wird für den
reifen Hebbel zur wesentlichen dramaturgischen Forderung, und
Rötscher gibt ihm dabei wertvolle Unterstützung und Bestätigung.[547]
War für die Klassiker die Versöhnung der selbstverständliche Ausdruck des Glaubens an ein Absolutes, so wird sie hier, auf dem Übergang zur modernen Verzweiflungstragödie, zu einem mehr formalen
„Problem". Die Tragödie schließt mit der Enthüllung des Absoluten
nach den Dissonanzen relativ berechtigter Kräfte und Werte, das
weist Rötscher an den klassischen Dramen aller Zeiten auf. Will
Hebbel diesem Kunstprinzip Genüge leisten, — und er ist zur Klassizität entschlossen —, so *kann er nicht den gegenwärtigen Übergang
zur Darstellung wählen, denn das für diesen Übergang versöhnende
Absolutum, die „neue Form der Menschheit" ruht im Dunkel der
Zukunft. Er muß zur Symbolisierung des gegenwärtigen und zukünf-
tigen Zustandes zu einem Stoff aus der Vergangenheit greifen,* dort
kann er nicht nur den einen, sondern auch den zweiten Weltzustand,
der aus der Überwindung des ersten hervorgeht, in seiner vollen In-
haltlichkeit und Gegenständlichkeit darstellen.

Daß dabei die Geschichtsinhalte selbst, als vergangene und wirkliche, nicht viel bedeuten können, erhellt aus dem Bisherigen ohne
weiteres, und es wundert uns nicht, daß Hebbel in der Frage der
historischen Wahrheit grundsätzlich nicht der Tieckschen Auffas-

sung, sondern der Ästhetik Lessings zuneigt und diese verteidigt.[548] Es besteht nur ein „Utilitätsverhältnis" zwischen Drama und Geschichte: „Die Geschichte ist für den Dichter ein Vehikel zur Verkörperung seiner Anschauungen und Ideen, nicht aber ist umgekehrt der Dichter der Auferstehungsengel der Geschichte." „Die materielle Geschichte" ist ein „buntscheckiger ungeheurer Wust von zweifelhaften Tatsachen und einseitig oder gar nicht umrissenen Charakterbildern." Diese „materielle Hälfte der Geschichte" beseitigt der junge Dichter, „auf Napoleons entscheidende Autorität gestützt", um die „geistige, die durch die Kunst wiedergeboren werden soll," um so höher zu erheben.[549] Man darf solche Äußerungen Hebbels über die Geschichte nicht in ein Schema pressen, sie schwanken stark hin und her. Der Dichter lebt in einem Zeitalter, da die geschichtliche Bildung zu einer ungeheuren Macht geworden ist. Er eignet sich diese Bildung an, er lebt in dieser Atmosphäre und oft genug ist er in seinen Urteilen der Verfechter der historischen Wahrheit, nicht nur der ideellen, sondern doch auch der materiellen. In der ziemlich ablehnenden Kritik Hebbels an Schillers Geschichtsdramen z. B. gehen diese beiden Gesichtspunkte nebeneinander her. Andererseits brechen manchmal bei dem traditionslosen, dafür aber die eigene Zeit und die eigene schöpferische Kraft um so stärker erlebenden Dramatiker die radikalsten Zweifel am Wert der Geschichte überhaupt durch; es erfaßt ihn eine Vorahnung der Götterdämmerung, welche seit Nietzsche über Deutschland kommen sollte: „Alles Sein wird sich in Kategorien verlieren, wenn nicht ein ungeheurer Sturm über kurz oder lang die einbalsamierte Vergangenheit mit Sand überschüttet. Es kann und darf von Sterblichen nichts Unsterbliches ausgehen; auf Jahrtausende mögen sich die Wirkungen großer Dichter und gewaltiger Helden erstrecken, aber sie müssen ihr zeitliches Ziel finden, wenn nicht der lebendige Sprudelquell der Schöpfung erstickt werden soll. Shakespeare, Goethe, alles weg — ungeheurer, unsäglich vernichtender Gedanke." Das Verhältnis zur Geschichte wird für Hebbel ein durchaus unsicheres. Das Gefühl der Geborgenheit, welches den Romantiker und Biedermeiermenschen bei seiner künstlerischen oder andächtig-gelehrten Beschäftigung mit der Vergangenheit erfüllt, ist dem Dithmarschen ebenso fremd wie das selbstverständliche Ruhen in einer Tradition. Das Haus, in dem man wohnte, ist verfallen, und es verträgt sich nicht mit der Würde und Verantwortung des Künstlers, ein romantisch-traumhaftes oder biedermeierlich-bescheidenes Glück in diesen Ruinen zu suchen. Er hat die Pflicht, neu zu bauen. So schreitet Hebbel in seinen programmatischen Schriften zu einer förmlichen Absage an das „historische Drama" im bisherigen Sinn. Dabei wendet er sich nicht nur gegen die „auf das Aparte zuweilen etwas versessene romantische Schule," welche in Shakespeares historischen Dramen „plötzlich mehr finden wollte, als in seinen übrigen des größeren Gesichtskreises wegen unzweifelhaft höher stehenden Stücken"[550], sondern gegen das gesamte „neuere Drama", das durch sein Liebäugeln mit der Geschichte im gewöhnlichen, inhaltlichen Sinne früher oder später der Nachwelt ebenso fremd erscheinen wird wie uns das antike. „Dann, eher wohl nicht, wird man aufhören, mit beschränktem Sinn nach einer gemeinen Identität zwischen Kunst und Geschichte zu forschen und gegebene und verarbeitete Situationen und Charaktere ängstlich miteinander zu vergleichen."[551] Hebbel fühlt also sehr scharf, daß der geschichtliche Gegenstand für das neuere Drama nicht selten eine dem antiken Mythos vergleichbare *gehaltgebende* Aufgabe hatte. Diese Art des historischen Dramas lehnt er ab zugunsten eines *„symbolischen Dramas,* das den *Geschichts*strom bis in seine innersten Quellen, die religiösen, hineinverfolgt". Sein Interesse an der Geschichte reduziert sich auf solche „Charaktere, die die Jahrhunderte, ja die Jahrtausende, als organische Übergangspunkte vermitteln", die also „für alle Völker gleiches Interesse" haben. „Dies Drama könnte ein allgemeines werden."[552]

Wir haben nachgewiesen, daß das Geschichtsdrama von jeher starke und wohl die stärksten Antriebe nicht nur aus einer allgemeinen Vergangenheitsverehrung, sondern aus der Liebe zur nationalen Vergangenheit empfing. Nicht zuletzt dadurch gewann es einen überzeitlichen Aspekt und vermied die Gefahr des Historismus. Diese zumal für die historische *Kunst* bedeutsame Bindung des Zeitlichen an eine räumliche Substanz wird im Laufe des Jahrhunderts immer weniger in ihrer eigentlichen Bedeutung begriffen und ein *oberflächliches* Festhalten an ihr gibt, von Raupach bis Wildenbruch, nur um so mehr Anlaß zu ihrer Bekämpfung. Hebbel lehnt in seinem Programm gerade auch das national-historische Drama entschieden ab; auch in dieser Beziehung also kommt die Lessingsche und klassizistische Theorie bei ihm wieder zur Geltung. Gegenüber dem von ihm erschauten symbolischen Menschheitsdrama, welches „die Spitze aller Kunst" zu sein vermag, bedeutet nicht nur das „subjektiv-individuelle", sondern auch das „partiell-nationale" etwas Zweitrangiges. Zudem hat gerade die deutsche Nation überhaupt „keine Lebens-, sondern nur eine Krankheitsgeschichte aufzuzeigen ... oder glaubt man alles Ernstes durch das *In-Spiritussetzen der Hohenstaufen-Bandwürmer,* die ihr die Eingeweide zerfressen haben, die Krankheit heilen zu können"[553]. Die alten von der Romantik abgelehnten Anschauungen des 18. Jahrhunderts kehren wieder, der Deutsche zweifelt wieder am Wert der deutschen Geschichte. *Ursprünglich,* unter dem Einfluß Uhlands und Schwabs, wollte Hebbel sogar ein Stück Heimatgeschichte dramatisieren: in den »Dithmarschen«, wovon ein Fragment erhalten ist und eine balladenmäßige Verarbeitung nach Uhlands Vorbild. Nachdem der Dichter den Dramenplan aufgegeben hatte, wollte er den Stoff zu einem historischen Roman verarbeiten, und in dem »Vorwort zu Maria Magdalene« findet er für Alexis' märkischen Roman »Der falsche Waldemar« sehr anerkennende Worte. Aber es handelt sich später für den Dramatiker, der nach dem symbolischen Menschheitsdrama blickt, bei all dem um eine „sekundäre Form".[554]

Unter dem Eindruck der deutschen Revolution von 1848 hat sich der Dichter ein einziges Mal zu einem im engeren Sinne historischen, zugleich national-historischen Drama herabgelassen. Hebbel erlebte diese Zeit mit sehr starkem Interesse,[555] wenn auch unter wechselnden Gefühlen und Hoffnungen. Zunächst nahm er aktiven Anteil an der revolutionären Bewegung, bald aber fühlte er immer deutlicher seine Stellung zwischen den Parteien, und schließlich überwog das Gefühl des Ekels gegenüber dem individualistischen Hexenkessel, der Gestaltlosigkeit, welche die Revolution heraufbeschworen hatte. „Man erfuhr, was das Chaos eigentlich für ein Ding ist und lernte das Pflaster der Societät, von dem man niemand mehr weiß, wie schwer es zu legen ist, gründlich schätzen."[556] Aus einer solchen Gesinnung heraus schrieb Hebbel in raschem Zug während der letzten Monate des Jahres 1851 das „deutsche Trauerspiel" »Agnes Bernauer« nieder, und es ist durch nichts gerechtfertigt, wenn man diese vom Dichter selbst bezeugte[557] Beziehung zu den Zeitereignissen leugnen will. Daß es während der Dingelstedtschen Uraufführung am Münchner Hoftheater zu stürmischen Ovationen für den Dichter wie andererseits zu einer politischen Gegendemonstration kam, deretwegen das Stück bald wieder abgesetzt werden mußte, liegt durchaus im Drama selbst begründet; denn der Dichter steht, wie er selbst sagt, „entschieden" auf der Seite des alten Herzogs[558], auf der Seite eines sehr strengen, den Ideen von 1848 entgegengesetzten Staatsbegriffs. Nur dadurch ist in diesem Drama, das den Ausblick auf eine geschichtliche Zukunft vermeidet, die „Schönheit nach der Dissonanz", möglich, diesmal in sehr sinnenfälliger, volkstümlicher Weise durch die „Versöhnung" zwischen Vater und Sohn, zwischen dem Gesetz des Ganzen und dem maßlosen, revolutionären Individuum. »Agnes Bernauer« ist durch die starke Betonung des Herrscher- und Staatsprinzips in einem Leidenschaftsdrama eines der merkwürdigsten Denkmäler in der Geschichte des Verhältnisses von deutsch-bürgerlicher Kultur und deutschem Staatsdenken, ein Symptom für die Krise der alten unpolitischen Bürgerkultur in Deutschland. Hebbel selbst bemerkt, das Werk habe den Meister belehrt: „Nie habe ich das Verhältnis, worin das Individuum zum Staat steht, so deutlich erkannt."[559] Eine andere Frage, die auch durch die heutigen Interpretationskünste nicht zum Verstummen gebracht werden wird, ist es, ob dem Dramatiker sein Bemühen alle „Ratten- und Mäuselöcher zu verstopfen" wirklich gelungen ist und ob nicht trotz aller Verkleidungskunst das ideelle Gerippe allzu fühlbar hervortritt. Betrachtet man das Stück von den vorangehenden historischen Dramen aus, so fällt zuerst auf, daß die geopferte Agnes für ein politisches Drama

214

ungewöhnlich stark hervortritt und gleichzeitig so idealisiert dargestellt wird, als dies nur je in einem romantischen oder bürgerlichen
Drama der Fall war. In seinen Quellen konnte Hebbel lesen, „quod
sola forma, et Veneris lenocinio commendabilis fuerit"[560]. Sola
forma! man spricht aufgrund einiger Äußerungen Hebbels von der
Tragödie der Schönheit, welche Hand in Hand mit der politischen
geht. Aber Agnes ist nicht nur schön, wie Grillparzers Jüdin von
Toledo, das Badermädchen ist ein „Engel". In der Quelle hören wir,
daß die aufgestiegene Agnes mit dem Gedanken spielte, einen eigenen Hof zu führen. Hebbels zarte Agnes dagegen fühlt sich fremd in
den großen, fürstlichen Räumen, in denen sie leben muß. In den
Quellen fallen die Worte „dreist", „trotzig", „frech", aber solche
Hinweise zur Charakteristik eines durchaus nicht „schwarzen" aber
realen Menschen verschmäht Hebbel. Der Gegenseite andererseits
haftet notwendig das naturalistisch-brutale Faktum der Hinrichtung
von Agnes durch den Staat an. Trotzdem soll nicht nur ein dramatisches Gleichgewicht hergestellt, sondern dieses zugunsten des Staates verschoben werden! Ein schwieriges Unterfangen. Hebbel macht
Herzog Ernst zum edelsten der Fürsten, der Herzog hat — ziemlich
anachronistisch — schon humane Gefühle für seine Untertanen, er
richtet Agnes aufgrund des Urteils der größten Juristen, er tritt,
was ganz den historischen Tatsachen widerspricht, nach der Voll-
streckung des grausamen Urteils zurück. Die Mitteilung einer seiner
Quellen, daß man Agnes einfach darum nicht in einem Kloster verschwinden lassen kann, wie es der Zeit entsprochen hätte, weil eine
Scheidung Albrechts nach katholisch-mittelalterlichem Recht nicht
möglich ist[561], kann Hebbel nicht gebrauchen. Der bayerische Thron-
folger Albrecht, nein der Jüngling des 19. Jahrhunderts, würde das
Mädchen bis ans Ende der Welt suchen und nicht in die ihm befoh-
lene Staatsheirat willigen, so begründet der ebenso feinsinnige wie
strenge Herzog Hebbels. Aber eben diese komplizierte Überlegung
erhöht den Eindruck der Brutalität, im Vergleich mit dem historischen Tatbestand.

Der Stoff, welcher durch ein partikular-patriotisches Stück des bayerischen Grafen Törring in die Literatur eingeführt war, ist für Hebbel auch insofern wenig geeignet, als das Deutschland seiner Zeit
schon gesamtdeutsch dachte und einem einzelnen Territorialstaat
schwerlich so viel Existenzberechtigung zubilligen konnte, als Hebbel forderte. Mochte der Dichter auch von vorne herein an eine Aufführung im Münchener Hoftheater denken, so sollte das Drama
natürlich dennoch allgemeine Bedeutung haben, und so wird alles in
die Waagschale Bayerns und des Herzogs geworfen, was Geschichte
und Religion bieten: Kaiser und Reich, Kirche und Papst, das alte
„Recht", die Verpflichtung gegenüber den „Ahnen", das „deutsche
Volk", „die Übereinkunft der Völker", das „Gewissen", Gott, dessen
Stellvertreter die Fürsten sind.[562] Es zeigt sich jedoch gerade durch

die *Anhäufung* der Motive, wie wenig das alles im Grunde bedeutet. Worauf es Hebbel ankommt, das ist schließlich doch nur die abstrakte Idee *des* Staates oder der „Gesellschaft". Wie viel selbstverständlicher tritt in Grillparzers »Jüdin von Toledo« das von den Feinden bedrohte Reich hervor, das seinen König braucht! Wieviel überzeugender ist hier das Opfer der königlichen Geliebten, zumal diese kein Engel, sondern eben ein Weib ist. Wie sollte auch in diesem Punkte der Dithmarsche den österreichischen Dichter erreichen können. »Agnes Bernauer« ist der einzige, nicht wiederholte Versuch des in keiner staatlichen Tradition stehenden Dichters, des *Gastes* in Wien, das altdeutsche Reich zu beschwören; oder vielmehr, wie der Dichter in politischer Hoffnungslosigkeit schreibt, das Drama entspringt dem Willen, „unserm alten Reich, totgeschlagen 1804 und begraben 1848 ein Kreuz aufzurichten". Hebbel gelangte zu keinem reinen, zwanglosen Kontakt mit der historisch-politischen Welt. Gerade die Forcierung des Politischen verrät es. Auch dieses Stück konnte den Dichter nicht vor dem Vorwurf Treitschkes bewahren, seine Dramen seien dem Politisch-Nationalen noch ferner als die „Dichtungen unserer kosmopolitischen klassischen Zeit", er wisse „nichts von der freudigen Pflicht des Künstlers, in und mit seinem Volke als der Erste und Empfänglichste sich fortzubilden, ... von jener edlen Volkstümlichkeit, welche der große Ehrgeiz großer Dichter ist"[563].

Schwerlich allerdings hätte Treitschke sein Urteil so schroff gefaßt, wenn er »*Die Nibelungen*« Hebbels schon gekannt hätte. Dieser Stoff ermöglichte es dem Dichter, „original-deutsch" in Herders und Mösers Sinn zu sein, ohne darum Politisches oder Realhistorisches darstellen zu müssen. Und einzig hier fühlte er sich nicht als der Herr, sondern wie so viele der älteren Dichter, von denen wir sprachen, als der Diener eines erhabenen nationalen Gegenstandes. Hier kann es „sich absolut nur um die dramatische Vermittlung des Gedichts mit der Nation handeln". Mit altdeutsch-romantischer Künstlerdemut sieht sich der Dichter hier als der Uhrmacher, „der ein vortreffliches altes Uhrwerk von Spinngeweb und Staub gesäubert und neu gerichtet hat"[564]. Diese Ehrfurcht aber gilt einem national-*mythischen* Stoff! Längst hat ja auch Richard Wagner den Weg des mythischen Musikdramas eingeschlagen und mit Bewußtsein die historische Oper hinter sich zurückgelassen. F. Th. Vischer hatte eine heroische Oper über den Nibelungenstoff gefordert und es für unmöglich gehalten, daß ein Drama diesem gewaltigen Stoff gerecht werde. Hebbel nun will ihm und der Welt beweisen, daß auch das Drama zur Darstellung des Höchsten befähigt ist.[565] Wie aber soll das möglich sein bei einem Dichter, dem schon das historische Drama zu antiquarisch erschien? Ist er durch den Schritt vom historischen zum mythologischen Drama nicht aus dem Regen in die Traufe gekommen?

Hebbels »Nibelungen« sind keine rein mythische Dichtung. Einmal glaubt der Dramatiker, daß für uns keine große Tragödie mehr möglich ist, ohne daß die Gestalten menschlich-natürlich dargestellt werden, und eines der schwierigsten dramaturgischen Probleme bei einem mythischen Stoff ist es für ihn, den Figuren „menschliches Eingeweide zu geben, ohne ihnen die riesigen Umrisse zu nehmen". Zum anderen sind die »Nibelungen« ein Drama des welthistorischen Übergangs. Diesen Zug haben die drei vollendetsten sonst so verschiedenen Dramen des reifen Dichters, »Herodes und Mariamne«, »Gyges und sein Ring«, »Nibelungen«, miteinander gemeinsam. So allgemeinmenschlich auch die Konflikte, so verschiedenartig die Stoffe, in denen sie verkörpert sind, sein mögen, *versöhnt* werden diese Konflikte nur durch den *geschichtlichen* Ausblick auf eine höhere oder doch neue Stufe der Menschheit.

Hebbel forderte, wie schon in dem Abschnitt über Julius Mosen erwähnt wurde, ausdrücklich, daß das Drama „*historisch und pathologisch zugleich*" sei.[566] Auch in dieser Beziehung will er, der idealistischen Tradition folgend, die gegensätzlichen Richtungen der Zeit noch einmal in der ursprünglichen Einheit zusammenfassen. Ist »Agnes Bernauer« die flüchtiger gearbeitete und etwas gewaltsame Form der Verwirklichung dieses Ideals, so hat Hebbel in »*Herodes und Mariamne*« mit großem Ernst um die innigste Verknüpfung des Historischen und des Menschlich-Leidenschaftlichen gerungen. Hier sind die verschiedenen Elemente im bruchlosesten, härtesten Guß vereinigt. Hebbel ist sich bewußt, damit sein „Meisterstück" geschaffen zu haben.[567] Daß sein Streben, die verschiedensten Motive in eine Form zusammenzuzwingen zugleich dem öfters von mir aufgewiesenen Willen zur Synthese verschiedenartiger Bildungsmächte entspringt, bezeugt der Dramatiker für »Herodes und Mariamne« selbst: es sollte nach seiner Absicht „aus dem Stil der Griechen und dem Stil Shakespeares durchaus ein mittleres gewonnen werden"[568]. Das Stück sollte einerseits shakespearisch-welthaft sein, es sollte „das Fieber des Herodes aus der Atmosphäre in der er atmete, und diese aus dem dampfenden vulkanischen Boden, auf dem er stand", entwickelt werden.[569] Andererseits aber sollte das Drama nach griechischem Vorbild vereinfacht und alles Gewicht auf die Hauptgestalten verlegt werden; so wurde es nötig, „die großen historischen Massen sowohl, die die Faktoren des psychologischen Prozesses bilden, als auch das Detail der Nebenpersonen und der Situationen in den Hintergrund zu drängen"[570]. Wir haben oben bemerkt, daß das Liebesoder, in der bezeichnenden Hebbelschen Wendung, das Ehedrama sich trotz der parallel laufenden historischen Motivierung in den Vordergrund zu schieben scheint. So wollte schon E. Dosenheimer das Zentrum des Stücks dem Historischen stark entrücken, und neuerdings lehnt Klaus Ziegler in aller Entschiedenheit die entwicklungsgeschichtliche Deutung der Dichtung ab.[571] Wir können Ziegler nur zustimmen, wenn er die Welt von Herodes und Mariamne nicht in „einer einzelnen gesellschaftlich-geschichtlichen Situationsproblematik" begründet findet, Hebbel verwendet die Geschichtsinhalte durchaus symbolisch. Sollte aber auch die allgemeinere Problematik des Am-Ende-Stehens, des Übergangs, welche nur durch den entwicklungsgeschichtlichen Ausblick gelöst werden kann, Hebbel fremd sein? Wer beweist, daß der Dichter in der zerfallenden jüdischen Welt nicht die Probleme der eigenen Zeit wiederfand, ja daß sogar eine tatsächliche Verwandtschaft zwischen der voraugusteischen und der eigenen Zeit bestand? Wird nicht auch dieses Jahrhundert durch das Fraglichwerden aller Tradition und Bindung, durch den maßlosen, sich selbst verzehrenden Individualismus der Machthaber und der Massen gekennzeichnet, den Hebbel selbst in und mit seiner Epoche so tief erlebte und im Bilde der tragischen Formung überwand? Man kann eine solche Tragödie nicht bloß aus der Problematik ihrer Haupthelden verstehen. Gewiß, *sie* reden aneinander vorbei, sie können Schein und Wesen nicht unterscheiden, sie verirren, vernichten und verlieren sich. Aber andere Könige sind schon unterwegs zu dem neuen Stern, in dessen Licht wieder alles in die Ordnung zurückkehrt und sich vereinigt:

> „Doch hatten wir denselben Stern gesehen,
> Es hatte uns derselbe Trieb erfasst,
> Wir wandelten denselben Weg und trafen
> Zuletzt zusammen an demselben Ziel." (V, 8)

Und diese Könige behalten Recht. Herodes ist hoffnungslos ins Nichts gefallen, weil er mit den Menschen, die um ihn lebten und die er zerstörerisch zum „Ding" erniedrigte, auch sich selbst vernichtete. Darüber kann die *Macht* nicht hinwegtäuschen, „die Krone ..., die jetzt an Weibes statt mir gelten soll". Aber „Titus fängt ihn auf" (letzte Regieanweisung). Dieser starke, beherrschte und weise Römer, der „wie ein eh'rnes Bild / In eine Feuersbrunst, gelassenkalt / Hineingeschaut," repräsentiert den im Hintergrund bleibenden Augustus, der streng und stark aber gerecht aus dem Zeitalter der Revolutionen und der Kriege in eine Epoche des Friedens und der Menschlichkeit hinüberführt. Hebbel sieht die „neue Form der Menschheit" als ein totales Problem. Noch wichtiger als die politische Form ist ihm der neue Mensch selbst. Darum tritt neben Augustus der Stern von Bethlehem. Darum wählt er überhaupt mit Vorliebe „kulturgeschichtliche"[572] oder vielmehr religionsgeschichtliche Stoffe. Hätte Hebbel eine nur politische Neuordnung symbolisieren wollen, so hätte er etwa Stoffe aus der Vorgeschichte Karls oder Ottos des Großen dramatisiert. Indem er in seiner Kulturstufen-Tragödie weiter zurückliegende Stoffe wählt, deutet er an, daß der Übergang, in dem er seine Zeit begriffen sieht, ein ähnlich fundamentaler ist wie der zwischen der vorgeschichtlich-barbarischen Welt und der Kultur der

Antike und des Christentums. Hebbel geht nicht so weit zurück, weil er, wie bis zu einem gewissen Grade die Klassik und die Romantik, diese alte christlich-antike Welt wiedererwecken will, sondern weil er im Gegenteil auch diese noch immer fortbestehende aber in Verfall geratene Kultur in ihrem zeitlichen *Gewordensein* darstellen und dadurch der Hoffnung auf eine ähnlich wesenhafte und alles durchdringende Neu- und Höher-Begründung der Welt durch den ewig weiterbauenden Geist der Geschichte zum symbolischen Ausdruck verhelfen will. In »Herodes und Mariamne«, vor und während der ersten Zeit der Revolution entstanden, überwiegt im Gesamteindruck diese Hoffnung auf das *Neue*. In »Agnes Bernauer« (1851 vollendet) hat der Dichter die Erfahrungen der Revolutionszeit hinter sich; jetzt tritt der Gegensatz alt-neu gegenüber dem anderen Individuum-Staat zurück; insofern aber der *alte* Herzog gegenüber dem jungen, der nicht nur persönlich mit der Tradition zusammenstößt, sondern auch grundsätzlich revolutionäre Ideen hat[573], *Recht* behält, scheint der Dichter seinem Glauben an eine neue Form der Menschheit untreu zu werden. Besser das *„Pflaster der Societät"*, der Tradition, als das Chaos, — das ist jetzt die Stimmung des Dichters. Aber es handelt sich hier nur um das Problem der Politik, das für Hebbel nicht im Mittelpunkt steht!

In »*Gyges und sein Ring*« (1856) kehrt der Dichter zu der Tragödie des welthistorischen Übergangs zurück. Gleichzeitig aber nimmt das Drama die Position der »Agnes Bernauer«, das Motiv von dem Recht des Ganzen und des Alten, in sich auf und vertieft damit die Tragik des Übergangs aufs äußerste. »Gyges und sein Ring« ist nicht nur in der Form, sondern auch im Gehalt die strengste, tiefste — zugleich abstrakteste — Tragödie Hebbels, durch und durch ein symbolisches Drama. Man hat die Tragödie aus nicht unverständlichen Gründen als den Gipfel eines *Vergangenheits*dramas mißverstanden und als „antiquarisches Stück" abgelehnt. Denn, ist es nicht wahr, daß Hebbel „Empfindungen dargestellt" hat, welche die „Söhne des 19. Jahrhunderts weder nachfühlen noch beurteilen" konnten[574], daß Rhodopes Verletzung allgemein menschlich viel weniger verständlich ist als die Mariamnes?[575] Sogar ein Schriftstellerkollege, dem Hebbel brieflich manche seiner Gedanken anvertraute, Gustav Kühne, sagt, Hebbel, der sonst sehr wohl wisse, daß es darauf ankomme, *gegenwärtige* Probleme zu gestalten, sei hier in einem vergangenen stekkengeblieben.[576] Nun, Hebbel hat in »Gyges und sein Ring« gerade das in den Mittelpunkt gerückt, was, wie wir schon betonten, ihm ursprünglich fern und daher am tiefsten problematisch war, die *Tradition*, *„die ewigen Rechte der Sitte und des Herkommens"*. Rhodopes Verletzung darf *darum nicht „allgemeinmenschlich" sein, weil ja eben ein für das Gefühl des Neuerers absolut wertlos Gewordenes in seinem vollen Werte*, in seinem „ewigen Rechte" erfaßt werden soll. Hebbels neue Erkenntnis drückt sich in jener einfachen Weisheit des Thoas, die Kandaules zu spät versteht, aus: „Man soll nicht immer fragen: / Was ist ein Ding? zuweilen auch was gilt's." Zwar sind die Werte vergänglich, es gibt sie nur in zeitlich gebundener Form. Darauf eben beruht der Konflikt zwischen Rhodope und Kandaules. Aber insofern das zeitliche Gebundensein selbst unabdingbar notwendig, ein Gesetz der Welt ist, handelt es sich auch bei Rhodope um ein ewiges Recht, — zumal da Kandaules als der *letzte Heraklide"* (der Epigone!) die *neue* Welt noch nicht zu schaffen vermag:

> „Herakles war der Mann, ich bin es nicht;
> Zu stolz, um ihn in Demut zu beerben,
> Und viel zu schwach um ihm es gleich zu tun,
> Hab ich den Grund gelockert der mich trug,
> Und dieser knirscht nun rächend mich hinab."
> „Die Welt braucht ihren Schlaf . . ."

Die Welt, das fühlt Hebbel nach 1848 mit Sicherheit, ist noch nicht reif zur neuen Form der Menschheit.

Nicht Rhodope, wie das Stück ursprünglich heißen sollte, oder Kandaules oder Gyges, sondern das Ganze des Vorgangs muß ins Auge gefaßt werden, mehr noch als in jedem andern Stück, wenn man dies *an die Allegorie grenzende* Drama verstehen will; um dies anzudeuten, gibt Hebbel im Inhalt und im Titel dem Ring, als dem Symbol des gefährlich Neuen seine Stelle, gibt er dem Stück noch das Motto, dessen Sinn wir so verstehen, daß das Inhaltliche des Stücks „nur" den Zweck hat, das „Bild", d. h. die Idee nicht „grell", allzu abstrakt, sondern in „gedämpftem Licht" erscheinen zu lassen. Nur vom Standpunkt eines strengen Symbolismus aus wird man hier Hebbel verstehen können, der glaubte in dem Drama „einen Konflikt, der nur in jener Zeit entstehen konnte und der in den entsprechenden Farben hingestellt wird, auf eine allgemeinmenschliche, allen Seiten zugängliche Weise *gelöst* zu haben"[577]. Der Hergang, der Inhalt ist hier völlig durch die Zentralidee bestimmt und hat wenig Eigenwert. Der Gegensatz zwischen Mann und Weib z. B., der in Herodes und Mariamne noch als solcher betrachtet werden kann, insofern die Liebenden derselben historischen Schicht entstammen, stützt in »Gyges und sein Ring« nur den Konflikt zwischen alt und neu: der Mann ist ohne Verständnis für das Herkommen, die Gattin traditionsgebunden. Der *Inhalt* von Rhodopes geschichtlicher Bindung interessiert den Dichter im Grunde nicht, nur die Bindung selbst. Es könnte auch irgendein anderer Inhalt sein; dies anzudeuten läuft im Hintergrund ein Parallelgeschehen mit einem andern Inhalt, der Konflikt zwischen Kandaules und den Lydiern um die äußeren traditionellen Insignien der Herrschaft. Hebbel hat in »Gyges und sein Ring« aus seinem nun wiederholt aufgewiesenen Grundverhältnis zur Geschichte, wonach nicht das Faktische, sondern nur die Entwicklungsidee als solche ihm etwas bedeutet, die

Konsequenz gezogen; er bezeichnet von vorne herein die Handlung als „vorgeschichtlich und mythisch" (unter dem Personenverzeichnis). Wozu weitläufige Quellenstudien, wie sie etwa Grillparzer vor dem »Ottokar« machte, wenn die faktische Geschichte eines bestimmten Volks oder Staates dem Dichter so wenig bedeutet, und sein Ziel ein symbolisches Menschheitsdrama ist? Schon in den vierziger Jahren hatte Hebbel ein großes mythisches Drama geplant, den »Moloch«, das als sein „Hauptwerk" vor allen dazu berufen sein sollte, „der Zukunft einen Eckstein" zu liefern.[578] Es sollte den ersten siegreichen Durchbruch der Religion, und mit ihr der Kultur, in einem barbarischen Volke darstellen. Die historische Verbindung, die zwischen dem Untergang Karthagos und der Vernichtung des Römerreiches, durch das Werk des Molochpriesters unter den Söhnen Teuts, hergestellt wird, ist nicht nur bloße Phantasie, sondern auch bloßer Rahmen. Trotzdem hätte natürlich den Ausklang die historische Tatsache der Vernichtung Roms durch die Germanen gebildet. Eine derartige *Verbindung* von Mythos und Geschichte scheint Hebbels Intentionen am vollkommensten verwirklichen zu können, und so finden wir denn auch in den beiden letzten Dramen, welche von ihm vollendet wurden, diese Technik angewandt. Wir dürfen sagen Technik, denn der Ausblick auf die neue Welt hat mehr und mehr den *formalen* Sinn einer versöhnenden Abrundung nach der Katastrophe. Dies gilt besonders für die »Nibelungen«, wo die Idee der Vorwärtsentwicklung und der neuen Menschheit nicht mehr so stark sein Denken bestimmte. Mit der Gestalt des Neuerers Kandaules hat Hebbel ein persönliches Anliegen so deutlich ausgedrückt, daß man hier noch annehmen darf, daß dessen bis zuletzt bewährter und in Gyges' Königtum symbolisierter Glaube an eine neue Welt ernst gemeint ist. „Ich weiß gewiß, die Zeit wird einmal kommen, / Wo alles denkt wie ich", so sagt der letzte Heraklide noch angesichts der Vernichtung. Nur hat Hebbel, wie zu spät Kandaules, auch das Gewicht und den Wert der Tradition richtig verstehen gelernt. In den »Nibelungen« dagegen scheint der historische Ausklang vor allem technischen Sinn zu haben. Die neue Welt wird nicht so tief in die alte hineingesenkt wie in »Gyges und sein Ring«, und man machte dem Stück dies schon zum Vorwurf. Warum aber eine Welt ausführlich darstellen, die nicht (wie in »Gyges und sein Ring«) das Gegenspiel, sondern nur die Versöhnung *nach* der Tragödie darstellen soll? Der Dichter vertrat die Auffassung, „*daß in der dramatischen Kunst die Versöhnung immer über den Kreis des speziellen Dramas hinausfällt*"[579]. Und eben dies über das eigentliche Drama hinausgehende *Zusätzliche*, aber zu dessen letzter Vollendung Notwendige, leistet die *geschichtliche* Einordnung des sagenhaften Vorgangs. Man spürt den Gestalten der »Nibelungen«, zumal Volker und Hagen, bis in die Fingerspitzen hinein an, daß der Dichter die untergehende germanische Welt freudig bejaht. Viel weniger als in »Herodes und Mariamne«

steht er hier auf der Seite der neuen Zeit. Eben darum stellt er das Christentum als die unheldische Welt der Priester und Büßer dar, weil er sich nicht auf seine Seite stellt wie Wagner, der es in verallgemeinerter Form, als die Lehre der Liebe und Reinheit, zu seinem eigenen Weltanschauungsprinzip macht.

Aber entwürdigt man nicht die Geschichte, indem man sie so zum technischen Mittel macht? Daß der Nibelungenschluß nicht Hebbels letztes Wort zur Geschichtsdichtung ist, beweist sein »Demetrius«-Fragment. Nirgends sonst hat der Dichter einen Geschichtsstoff so ernst genommen wie hier. Er macht ausführliche Quellenstudien und sogar eine Reise nach Krakau mit dem einzigen Zweck, sich in die Welt seines Gegenstandes einzufühlen. „Allerdings", so bestätigt er ausdrücklich, „kann für mein Drama nur die große und doch wieder in sich selbst zerrissene slawische Welt den Humus abgeben, während Schiller ohne Zweifel einzig und allein von dem allgemeinmenschlichen Moment des Faktums angeregt wurde."[580] „Darum möchte ich möglichst viel Adern der großen slawischen Welt in mein Stück hinüberleiten, und werde es nicht rascher abschließen, als ich muß, um jeder Quelle, die etwa noch unter der Erde sprudelt, Zeit zu vergönnen, hervorzustürzen und meine kleinen mitschwellen zu helfen."[581] In reichen Volks- und Kriegsszenen, in historischer Individualisierung wie nie zuvor entwirft Hebbel ein Bild der geschichtlichen Welt, in welcher der Aufstieg des falschen Demetrius möglich war. Was aber knüpft diese äußere Welt an die Weltanschauung des Dichters, was ist ihr Sinn? Wir haben schon eingangs gesehen: Hebbel vermeidet eine entwicklungsgeschichtliche Anlage des Ganzen, die sich auch bei diesem Stoff hätte finden lassen. Der Glaube, sei es nun an eine höhere oder auch nur an eine neue große Zukunft scheint verloren zu sein, und als bloßes technisches Mittel verschmäht er nun den historischen Ausblick. Persönlich verbunden ist er dem Stoff durch das Bild des heldischen Demetrius, den er als einen zweiten Siegfried durch die ihm wesensfremde, aufgewühlte Welt Rußlands schreiten sieht, wenn auch diese bekenntnisschwere Heldengestalt den Tragiker nicht dazu verführt, die *Welt* herabzusetzen. Doch der absolute, nach der Dissonanz aufleuchtende, versöhnende Wert? Soll es das über Demetrius triumphierende Ganze sein? Unmöglich, denn diese slawische Welt bedeutet dem Dichter im tieferen Sinne nichts. Soll es die metaphysische Freiheit des Demetrius sein, welche wie die Egmonts oder Max Piccolominis aus der Katastrophe hervorstrahlt? Danach ist das Stück angelegt, aber bestand nicht Hebbels fundamentale weltanschauliche Entscheidung in der Wendung zum Ganzen, dem der einzelne untergeordnet ist? Wie also darf er die innere Freiheit des einzelnen Helden, die „Seele" verabsolutieren? Wir sehen: die Waagschalen stehen *gleich*. Beiden Seiten geschieht ihr Recht, der tragische *Konflikt* zwischen Ich und Welt ist in der äußersten Schärfe gestellt, aber *er ist nicht mehr zu lösen!* So führt

Hebbel die Handlung bis unmittelbar an die Katastrophe heran, aber den Schluß der Tragödie, die Versöhnung, vermag er nicht zu gestalten, — ein Beweis dafür, daß eine Wesensbestimmung der großen Tragödie nicht allein aus dem tragischen Konflikt zu gewinnen ist. Nicht Hebbels Tod, sondern der sich immer mehr durchsetzende Relativismus des Dichters und seiner Epoche scheint mir der tiefste Grund dafür zu sein, daß »Demetrius« nicht mehr abgeschlossen wurde. Die Entstehungsgeschichte des Werkes zeigt, daß es an der mangelnden Zeit kaum gelegen haben kann.

Die Geschichte als Vergangenheit, der man sich verpflichtet fühlt, als ein *Besitz* der Völker oder der Menschheit, bedeutete Hebbel, außerhalb des Reiches der klassischen Kunst und ihrer Formen, zu allen Zeiten wenig. Es ist bezeichnend, daß dem Dramatiker gerade das, was wir als eine wichtige Quelle der geschichtsdramatischen Bemühungen aufzuweisen versuchten, der „Ahnenstolz", bei einzelnen und „noch mehr" bei Völkern „verhaßt war"[582]. Hebbel läßt die hoffnungsvoll begonnenen »Dithmarschen« unvollendet liegen, und verzichtet damit auf die ihm zunächst liegende historische Substanz. Später ergreift er die Geschichte als Entwicklung der Idee, oder wenigstens als Bestätigung für die immer siegreiche Überwindung historischer Krisen durch eine „neue Form der Menschheit". Aus dieser Weltanschauung heraus schafft er die großen symbolischen Menschheitsdramen seiner mittleren Zeit. Auch dieser Glaube bleibt nicht unerschüttert. Hebbel widmet sich nun lange Jahre hindurch der Aufgabe, das große, einer überzeitlichen Geltung sichere Nibelungenepos zum Leben auf der Bühne zu erwecken, bleibt allerdings zugleich der Technik des versöhnenden historischen Ausblicks treu. Als er sich dann doch wieder, und entschiedener als je zuvor, der eigentlichen geschichtlichen Tragödie zuwendet, muß er erfahren, daß alle gelehrte Versenkung in die Geschichte und alle dramatische Verlebendigung des Geschichtsstoffes nicht darüber hinwegtäuschen können, daß die Geschichte für ihn den Sinn verloren hat, daß sie zwar in ihrer Macht erkannt und dargestellt werden kann, daß aber aus ihr nichts Tragendes, nichts Göttliches mehr hervorleuchtet, — wie doch für alle großen Geschichtsdramatiker und früher auch für ihn selbst. Diese Entwicklung Hebbels kann stellvertretend stehen für die Gesamtentwicklung des Geschichtsdramas im 19. Jahrhundert. Die Kluft, die sich im Demetrius für die Geschichtstragödie andeutet, wurde in der Folgezeit oft verkleistert, „irgendwie" geschlossen. Aber überwunden wurde diese Kluft nicht, denn zu tief, *in den gesamten Lebens- und Glaubensgrundlagen,* war die Krisis des Geschichtsdramas begründet.

Das Drama der Hegelianer hatte etwa von 1845 bis 1860 seinen Höhepunkt. Die im folgenden gemeinte Gruppe[583] füllt in der Hauptsache die politisch sehr ergebnisreichen, im Drama aber wenig ergiebigen Jahrzehnte nach 1860 aus. Es ist die Epigonenzeit des großen Geschichtsdramas, die Zeit des äußerlichen Fortbestandes dieser Dramenart zwischen dem Verfall des Mythos vom Geschichtsdrama — welcher bei den Hegelianern noch wirksam war — und der naturalistischen Literaturrevolution bzw. der Revolution von 1918, welche hier, wie auch auf andern Gebieten, den Abbruch der Tradition erst vollendet.

Schon bei den andern Richtungen beobachteten wir den starken Anteil, den Gelehrte am Geschichtsdrama nahmen. Bei unserer jetzigen Richtung können wir einen Gelehrten geradezu als Wegbereiter bezeichnen, was bei ihrem Wesen ja auch natürlich ist. Schon in der ersten Hälfte der 40er Jahre schreibt der Orientalist FRIEDRICH RÜCKERT Stücke, die gegenüber der Tieckschen Richtung modern, gewandt anmuten und stark ans historische Bildungsdrama der 60er und 70er Jahre erinnern. Rückerts Dramen wurden zwar meist gedruckt, aber trotz einzelner Fürsprecher zunächst wenig beachtet. Doch scheint es uns kein Zufall, daß wir sie in den 1869 herausgegebenen »Gesammelten poetischen Werken« wiederfinden. Mit dem ersten nicht gedruckten dramatischen Werk »König Arsak von Armenien«, einem Doppeldrama von je 5 Akten, das unmittelbar auf Rückerts orientalischen Studien beruht, warb Rückert um Tiecks Anerkennung. Es wurde trotz seiner historischen „Vollständigkeit" von dem alten Verfechter der Historie nicht für die Bühne angenommen; er mochte das Unverbindliche, Künstliche von Rückerts Geschichtsdichtung empfinden. 1842 erschien »Herodes der Große« in 2 Stücken, 1843 »Saul und David«, 1844 »Heinrich IV.« in 2 Stücken, 1845 »Christofero Colombo oder die Entdeckung der neuen Welt, Geschichtsdrama in 3 Teilen«, und im selben Jahr sehen wir den Dichter schon mit einem „riesenmäßigen Schauspiel in 25 Akten" über die sächsischen Kaiser beschäftigt. Wir glauben Rückert, wenn er verspricht, bei anhaltender Anerkennung würden seine Dramen „wie Pilze aufschießen"[584]. Da sie jedoch ausbleibt, kann er mit seiner Produktion ebenso rasch aufhören, wie er sie zuvor betrieben hat. Die hier angedeutete, einer alexandrinischen Entwurzelung entstammende Möglichkeit der Serienproduktion feiert in der späteren Entwicklung des historischen Bildungsdramas Triumphe, so bei Paul Heyse, der über 50 Dramen geschrieben hat, die bei all ihrer schönen Glätte heute für uns noch weniger bedeuten als das rasch vergessene Getöse der aktivistischen Dramatiker.

Der begeistertste Fürsprecher Rückerts, Fortlage[585], preist Rückerts bahnbrechende Tat. Er habe das „rein historische Drama" geschaffen, „dessen ganze Kraft einzig und ungeteilt ruht auf der Poesie des wahrhaften Inhalts der Weltgeschichte selbst". Mit Stolz weist er nach, daß Rückert ganz bestimmte Kapitel des Josephus dramatisiert hat. Sein Wort von der „Poesie des wahrhaften Inhalts" der Geschichte erinnert an Tieck. Doch ist Rückert erheblich weniger naiver Geschichtsdichter, als sein Fürsprecher hier behauptet. Sein Drama zeigt nicht nur Gelehrsamkeit, sondern zugleich eine verwegene Intellektualität und eine Vorliebe für das übermenschlich Große, ja Grausame der geschichtlichen Helden. Er ringt, das ist nicht zu bestreiten, wie mancher dieser Richtung, um große Geschichtsdarstellung. Es scheint mir wahrscheinlich, daß Hebbel von Rückerts »Herodes und Mariamne« den Anreiz zur Behandlung des Stoffes empfing. Nicht nur durch die Gipfelung des Stücks im Erscheinen der heiligen drei Könige, sondern auch durch die psychologische Gestaltung des Herodes, der das Geliebte vernichten muß, hatte Rückert, in einer freilich unausgeglichenen Dichtung, angedeutet, was sich diesem Stoff abgewinnen ließ. Bezeichnend ist schon für Rückerts Drama wie für viele spätere Bildungsdramatiker, daß das Geschichtliche und die ideell-künstlerische Gestaltung auseinanderklaffen. Die im Titel verheißene Verschmelzung des geschichtlichen Vorgangs um Herodes mit der Mariamne-Handlung vermag der Dichter nur streckenweise zu leisten, er schwankt zwischen der freien und der „rein historischen" Behandlung des Stoffs unglücklich hin und her. Es ist schon die ganze Wertunsicherheit und unschöpferische Ziellosigkeit der künftigen Jahrzehnte sichtbar, wenn Rückert einmal fragt: „Was ist denn historische Wahrheit? historische Treue? und was gehn sie den Dichter an? Ich finde keinen zureichenden Grund, mich davon gebunden zu halten, und doch fühle ich mich davon gebunden. Es ist mir unmöglich, willkürlich dichtend damit zu schalten. Ich sehe wohl, daß die Kunst der größten Künstler dieses sonst getan hat, selbst Schiller noch, und zwar nicht bloß im Don Karlos. Warum soll ich's nicht, warum darf ich's nicht auch? Hat unsre Zeit ein andres strengeres Gesetz hierüber? Ist das der Fluch des Wissens, die verlorne Unschuld, oder was sonst?"[586]

Noch tiefer hat die hier emporsteigende Not OTTO LUDWIG empfunden. In dem Konflikt zwischen dem Historisch-Realistischen und dem Ideellen erstarb ihm fast jede Möglichkeit, zu vollenden. Im Unterschied zu den Hegelianern kennzeichnet ihn das Mißtrauen gegen jede begriffliche Fixierung des Ideellen; er geht „von keiner Philosophie aus", denn, so sagt er treffend, „sie könnte aus der Mode kommen", ehe er sein Werk beendet. Ebensowenig aber genügt ihm die unkünstlerische Faktizität des Historischen. Er kann einmal formulieren: „Der Realist faßt in der Historie die typische Geschichte solcher Menschenart, wie sie es treibt, wie es ihr ergeht und ergehen muß"[587], er scheint ein reines Charakterdrama zu erstreben; dann plant er wieder einen Wallenstein, der „das Drama der Geschichte selber", eine „völlige Historie" wäre. Das einemal, so in dem Frierich-Plan, sehnt er sich danach, etwas „Großhistorisches" zu ergreifen: es ist „hier die ganze preußische Nation, um deren Leben und Tod es sich handelt".[588] Das anderemal wird wieder erklärt: „Der Gehalt des Stückes beruht auf dem Gehalt der Hauptcharaktere"[589]: er wendet sich gegen Vorgänge und Ideen, welche das Individuelle transzendieren; Idee und Charakter müssen eins sein und „jeder Charakter hat sein eigenes Schicksal"[590]. Von Ludwigs abgeschlossenem, man kann nicht sagen vollendetem Drama »Die Makkabäer« (1854) sagt R. Richter,[591] das Seelendrama habe über das Historiendrama gesiegt; Arthur Krake versucht dagegen in den Entwürfen desselben Dramas „Ludwigs Weg zur historischen Tragödie" zu erkennen.[592] Sicher aber ist nur sein ständiges *Schwanken zwischen den psychologischen und den politisch- bzw. religiös-historischen Motiven*, das ein ungeklärtes Doppelheldentum Judahs und seiner Mutter Lea zur Folge hat und das Bild Judahs „verwackelt"[593]. Auch die Entwürfe zum »Engel von Augsburg« unterscheiden sich danach, ob Ludwig gerade vom einen oder andern Motivkreis angezogen wurde.

Kein Zweifel kann darüber bestehen, daß Ludwig eigentlich und wesentlich zur Psychologisierung jeden Geschehens und damit zur Überwindung des Geschichtsdramas neigte. Sein bruchlosestes Werk, »Der Erbförster«, deutet auf die Möglichkeit neuer Wege des bürgerlichen Dramas. Daß Otto Ludwig gleichwohl vom historischen Drama nicht loskam, entspricht der gewaltigen Macht, die, wie wir immer wieder sahen, Tradition und Mythos dieses Kunstgenres damals allenthalben über die Geister ausübten. Jenseits der bekannten psychologischen Kritik an diesem Dichter muß seine historische Größe darin erkannt werden, daß er, unbedingt und wahr wie er war, lieber nicht vollendete, als daß er zu flachen Kompromissen seine Zuflucht nahm. Schon bei den Hegelianern, Hebbel nicht ausgenommen, erhebt sich manchmal die Frage, ob die Synthese des Ideellen und des Historischen noch aufrichtig ist. Ludwigs feine und vielleicht überempfindliche Künstlernatur wird früh zu der allen Übergangszeiten gemäßen Konsequenz des Fragmentarismus gedrängt, die auch für Hebbel im »Demetrius« aus inneren Gründen notwendig war. So unterscheidet sich Otto Ludwig vielleicht nicht so sehr im Lebensgefühl aber grundlegend im Werkethos von den Vertretern des historischen Bildungsdramas, die oberflächlich über die unaufhaltsam fortschreitende Krise des Geschichtsdramas hinweggehen und damit seinen Niedergang unaufrichtig verschleiern.[594]

Daß der Mythos des Geschichtsdramas für wache Geister schon in den 50er Jahren verklingt, zeigen auch HERMANN HETTNERS geistvolle Ausführungen in seinem 1852 erschienenen Buch mit dem bezeichnenden Titel: »Das moderne Drama. Ästhetische Untersuchungen«. Zunächst bestätigt das Buch die gewaltige Expansion des Geschichtsdramas: „Historische Dramen! Das ist die Losung, die man überall hört". Der erste Abschnitt gehört daher noch der „Historischen Tragödie". Die eigentümliche Tatsache, daß Klassik, Romantik und schließlich das Junge Deutschland in dem Streben nach dem historischen Drama eins sind, wird aus der politischen und sozialen Tendenz des Jahrhunderts erklärt. Der Klassizismus im Sinne einer spielerischen Nachahmung antiker Vorbilder ist unmöglich geworden. Aber der lang ersehnte „Messias" der Geschichtstragödie ist noch immer nicht erschienen! Vielmehr wuchert „die allertrübseligste Verwirrung, der schamloseste Dilettantismus". Schuld daran ist die Verwirrung der ästhetischen Prinzipien, die wiederum ihren Grund in der kritiklosen Verehrung Shakespeares hat. Der chronikartige Bau der Historien Shakespeares wird — ein damals neuer Gesichtspunkt! — als episch dargetan; er ist nicht bedingt durch das Wesen des historischen Dramas. Shakespeare hat diese Art des Bauens selbst überwunden: in den Römertragödien, die daher allein als Muster angesehen werden dürfen. Im »Coriolan« ist „selbst die leiseste Spur verschwunden von jener Willkür, für historische Stoffe eine besondere Ausnahmestellung zu fordern"; er ist trotz seines historischen Stoffs eine „psychologische Charaktertragödie". „Ist also das historische Drama ein wirkliches Kunstwerk, so ist es eben eine rein psychologische Charaktertragödie mit allen Gesetzen und Bedingungen dieser Kunstart". Hettner kämpft nach allen Richtungen, vor allem natürlich gegen Tieck, M. v. Collin usw., ebenso aber gegen Raupach, Rückert, Grabbe, Gutzkow, Laube, Griepenkerl, Prutz. Mit der zuvor so beliebten Form des Großdramas geht er scharf und, nach der späteren Entwicklung zu schließen, erfolgreich ins Gericht: sie ist „durchaus undramatisch"; „der Zyklus ist nichts als dramatisiertes Epos". Er verdammt das Drama, das „aus gelehrt geschichtlichem Interesse" seinen Stoff gewählt hat, und behauptet, das historische Drama nehme „einzig deshalb" einen breiteren Raum ein als früher, „weil wir Alle, und also auch unsre Dichter, jetzt bis in das innerste Mark hinein bewegt sind von politischen Kämpfen". Von diesem Gesichtspunkt aus macht er die lächerlich, die „uns noch immer mit ihren mittelalterlichen Gedichten behelligen" und beruft sich auf Immermanns Bekenntnis zur neueren Geschichte (s. o. S. 155), in der allein „unser eigenstes Herzblut" pulsiere. Hettner preist besonders den zeitgemäßen Stoff der französischen Revolution. Doch ist sein Denken zu tief, als daß es beim jungdeutschen Analogieprinzip stranden könnte. Wenn man fordere, so schreibt er weiter, daß der Stoff „wahlverwandt" sei, so könne man auch verlangen, daß der Dichter nicht „an der inneren Wesenheit des von außen entlehnten Stoffes rüttle". Der Lehre Solgers wird ein hohes Lob gespendet, und von hier aus wird selbst gegen Hebbel, auf dessen Anschauungen er sich sonst manchmal beruft, ein Vorwurf erhoben: er verwende, im Grunde nicht anders als etwa Prutz, in »Judith« und »Herodes und Mariamne« die Geschichte nur als Maske. Von seiner Kritik aus, die alle Einseitigkeiten abstellen will, kommt Hettner zu der Forderung: „Das historische Drama muß durch und durch aus dem eigensten Herzblut der eigenen Zeit heraus dichten und dabei doch den Lokalton des geschichtlichen Helden mit Sicherheit treffen. Das ist und bleibt das ewige Gesetz dieser Kunstart." Es müsse, so sagt er an einer andern Stelle, „ganz Wahrheit und ganz Dichtung" sein. An eine Erfüllung dieses paradoxen Gesetzes scheint Hettner selbst nicht recht zu glauben, denn er meint, es gehe wohl noch lange, bis man in diesem Sinne von einer „neuen geschichtlichen Dramatik" sprechen dürfe.

Es läßt sich vom Standpunkt der theoretischen Ästhetik aus wenig gegen Hettners Theorie sagen, aber gerade damit, daß er diesen Standpunkt bereits erreicht hat, zeigt er, daß ihn der Mythos des Geschichtsdramas nicht mehr bindet. Indem für ihn die Geschichte nur „Stoff" für den Künstler der Gegenwart ist, bekämpft er nicht nur den Mißbrauch dieser Dramenart, sondern auch ihren Lebensnerv. Das romantische und biedermeierliche Geschichtsdrama hatte die Antithese von Gegenwart und Vergangenheit nicht in der Schärfe gekannt, wie sie in Hettners Definition in Erscheinung tritt, weil die Vergangenheit nicht nur als beliebiger Stoff, sondern als etwas Bleibendes, etwas zu Feierndes Gewicht und Wert besessen hatte. Für Shakespeare, das ist Hettners entscheidendes Argument, war das historische Drama schlechterdings *„nicht eine eigene abgesonderte Gattung"*. Man bedenke: an Shakespeare hatte sich der Mythos des Geschichtsdramas emporgerankt, Shakespeare ist immer noch das Ideal! Die Bedeutung dieser Worte ist also eine grundsätzliche: Hettner *bestreitet die Berechtigung der bis dahin herrschenden Hegemonie des Geschichtsdramas* über die andern Dramenarten. Er fordert, wie wir sahen, vom Geschichtsdrama zugleich die Grundsätze der psychologischen Charaktertragödie, er führt es im Grunde, durch solche Überspitzung seiner Prinzipien, ad absurdum. Im II. Teil seines Buches wendet sich Hettner entsprechend dem „Bürgerlichen Drama" zu, von dem er in der nächsten Zukunft weit mehr erwartet. Wir müssen, wenn wir das historische Bildungsdrama, einschließlich Wildenbruch, gegen Dramatiker wie Anzengruber, Ibsen, Hauptmann und spätere abwägen, feststellen, daß der feinsinnige Kritiker im Recht blieb, doch konnte er so wenig wie Otto Ludwig die heranschwellende Flut des epigonenhaften Geschichtsdramas, den Verfall in Glanz und Flittern, verhindern.

Renate Richter spricht bei der Betrachtung der historischen Bildungsdramen mit Recht von einer „Gleichförmigkeit des äußeren Gewandes".[595] Sie sehen sich manchmal zum Verwechseln ähnlich. Im äußeren Sinne sind diese Dramen selten in dem Maße formlos wie so oft die Vertreter der frühen Historie. Der Schillereinfluß ist, zumal seit der Jahrhundertfeier von 1859, im stetigen Wachsen, weshalb wir den Beginn dieser nun wirklich epigonenhaften Richtung auf diesen Zeitpunkt datiert haben. Auch der Einfluß der neuen ästhetischen Kritik wirkt sich dahin aus, daß gröbste Verstöße gegen die Bedingungen der dramatischen Form seltener werden. Man meidet die „Fehler" der Tieckschen Schule, man hält gewissermaßen ein formales Existenzminimum ein. Das kann man um so leichter, als man wenig originale Inhalte zu verarbeiten hat. Das Verfertigen von Dramen wird eine lehrbare „Technik". Gustav Freytags »Technik des Dramas« wird zum bezeichnenden Leitfaden der Richtung. Man vermeidet im allgemeinen die „undramatischen« Zyklen. Man bemüht sich überhaupt um Maß. Im Grunde aber fehlt jeder Zwang zum Drama und daher jede innere dramatische Kraft und Schärfe. Man ist, nach dem Vorbild Schillers und im Unterschied zu Otto Ludwigs Forderung, im allgemeinen bewußter Handlungsdramatiker. Aber es fehlt trotz einer gewissen äußeren Rundung die Strenge des Aufbaus. Das zeigen etwa die zerfahrenen Handlungen Otto Lindners und Heinrich Kruses. Szenen werden ohne Dynamik nebeneinandergestellt, Episoden eingeflochten; lange Berichte und lyrische Zustandsbilder ohne jede dramatische Funktion sind nicht selten. Man könnte sich in einer andern Form ebensogut aussprechen. Bezeichnend ist in dieser Beziehung, daß die Dramatiker, wie auch schon Otto Ludwig, einem tieferen Bedürfnis der Epoche folgend, öfters *gleichzeitig als epische Schriftsteller* hervortreten und hier Besseres leisten. Man bemüht sich um das Geschichtsdrama nur deshalb noch, weil es der Tradition zufolge die höchste Dichtform ist. Nicht nur Heyse, der in der Dramen- und Novellenherstellung gleich fruchtbar war, ist ein Beispiel dafür. Auch die ausgesprochenen Epiker Robert Hamerling, Marie von Ebner-Eschenbach, Ferdinand von Saar, Gustav Freytag, Felix Dahn haben Geschichtsdramen verfaßt, und die geringe Beachtung, die heute diese Werke finden, darf nicht darüber hinwegtäuschen, daß sie mit einem großen Anspruch geschrieben wurden. Nicht anders steht es mit den Lyrikern der Zeit. Von Martin Greifs erstaunlicher Produktivität auf dem Gebiet des historischen Dramas wird später die Rede sein. Aber auch Geibel selbst hat mehrere historische Dramen entworfen und eine »Sophonisbe« (1868) vollendet. Paul Heyse bezeugt ausdrücklich, daß in seinem Kreise das historische Drama als höchste Form der Dichtung anerkannt wurde.[596]

Auch in ideeller Hinsicht sind diese Dramen sehr arm und das unterscheidet sie deutlich vom Drama der Hegelianer. Wenn wir von den Nationaldramen der jüngeren Vertreter dieser Richtung, Greif und namentlich Wildenbruch vorerst absehen, so läßt sich sagen, daß Grundideen ganz fehlen oder aber nur, als technische Mittel, zufällig gewählt, für das Ganze eine gewisse Einheit vortäuschen sollen. So wird z. B. das lose, an Liebesepisoden reiche Gefüge von A. Wilbrandts »Eidgenossen« (1895) dadurch etwas abgerundet, daß gegen Ende der „Eremit" den Segen der nationalen Einheit preist. Und will man schon bei einzelnen Dramen wie bei Lindners »Brutus und Collatinus« (1864) und bei Nissels »Perseus von Mazedonien« (1862) das deutliche Anklingen einer Idee nachweisen, so muß man zugleich zugeben, daß diese Idee gegen Ende in einer rein äußerlichen Handlung versinkt.[597] Gegenständlichkeit ist in diesem unphilosophischen Zeitalter die Losung, Gestalt um der Gestalt willen, Dekoration um der Dekoration willen, Handlung um der Handlung willen. Man scheut sich zwar bei dieser Richtung, die Konsequenzen eines aufrichtigen Realismus zu ziehen, man bewahrt ängstlich die konventionell-vornehmen Formen des Idealismus, aber es ist ein bloß ästhetischer Idealismus, die große Geste bleibt ohne Lebenskraft und das große Wort wird zur unverbindlichen schönen Phrase. Zwar liebt man den Konflikt gleichberechtigter Personen und Mächte, ja, es ist für diese Dichter vielleicht der eigentliche Reiz des Dramas, daß man nicht Partei zu ergreifen braucht, sondern die Dinge im dialogischen Gegeneinander so oder so betrachten kann. Otto Lindner kommt in »Stauf und Welf« (1868) gewiß nicht in die Gefahr, den einen oder andern Standpunkt zu dem seinigen zu machen. Dazu stellt er sich viel zu hoch über die Dinge. Aber aus dem gleichen Grunde kann auch von einer Unlösbarkeit des Konflikts keine Rede sein. Ein Liebespaar schafft die schwersten Konflikte der Parteien aus der Welt. Und selbst wenn man tragische Lösungen mehr goutiert, wie z. B. Heyse, so wählt man sie doch nur, um den Reiz des süßen Spiels der Leidenschaften in dieser bunten Welt der Launen tiefer zu genießen. Durch die Konflikte und Katastrophen hindurch einen tieferen Weltgrund aufleuchten zu lassen, liegt nicht im Wesen solcher Dichtung. Die Konfliktschicht und die aus ihr resultierende äußere Katastrophe mag ihr ab und zu gut gelingen, die Versöhnungsschicht der echten Tragödie aber ist ihr verschlossen.[598] Darum eben sind diese Dramen nur zufällig Tragödien und können ebensowohl in eine andere etwa die novellistische Form eingehen, was noch bei Hebbel undenkbar wäre. Die ergreifende Wucht der Ideen und Schicksale, das letztlich Sakrale der großen Tragödie, fehlt ihnen durchaus.

Es ergibt sich aus dem Bisherigen, daß diese Richtung die Geschichte nicht als etwas Ideelles versteht. Aber auch die Tiecksche Ehrfurcht vor der Geschichte in ihrer Mannigfaltigkeit und Vollständigkeit fehlt ihr im ganzen. Auch hier sucht man meist nur das Existenzminimum der historischen „Bildung", des historischen Wissens zu erreichen. Man will keine „Fehler" machen, die dem gebildeten Bürger auffallen könnten. Die fortgeschrittene Zeit, so drückt es Gustav Freytag in seiner »Technik des Dramas« aus, „kontrolliert auch die historische Bildung des Dramatikers". Zwar versuchen sich auch Historiker wie Gregorovius[599] und Gustav Freytag als Geschichtsdramatiker, im allgemeinen aber stehen diese Bildungsdichter der Geschichte viel ferner als die vorangehenden Generationen. Ein Trauerspiel wie »Die Fabier« (1859) von Freytag, das den innerpolitischen Kampf Roms um das ius connubii an einer Liebesgeschichte mit feinem historischem Verständnis darstellt, gehört noch zu den altväterischen Ausnahmen der Richtung. Besonders die Dramen nach der Reichsgründung, die den größten Teil der Gruppe ausmachen, zeigen sehr wenig historische Einfühlung. Es gibt zwar Dramatiker, die nach historischer Treue streben und grobe Modernisierungen vermeiden, so Franz Nissel, aber auch hier fehlt das lebendige Verbundensein mit dem Gegenstand, das erst die Begegnung von Geschichte und Dichtung fruchtbar werden ließe. Man besitzt jetzt das Reich, um das man so lange die Vergangenheit beneidete. Man lebt überhaupt in einer mächtigen und reichen Zeit. Man sieht mit dem Gefühl, es ihnen gleichgetan zu haben, auf die großen Zeiten der Geschichte zurück. Man plündert die Geschichte, um mit ihr zu protzen. Großartige Kostüme, Glanz und Blut, ein Tanz von Macht und Eros sind nicht selten das einzige, was man in der Geschichte sucht. Lindners erfolgreiches Stück »Die Bluthochzeit« (1870) ist ein Beispiel dafür: die bunte Welt der Renaissance, die grausam große Katharina von Medici. Nur um des großartigen Schlußeffektes willen wird Heinrich von Navarra gegen die historische Wahrheit Karls IX. Nachfolger. In ähnlich rücksichtsloser Weise nimmt Adolf Wilbrandt das Geschichtliche für die Süchte des modernen Publikums und Theaters in Anspruch. Kann man seinen »Gracchus der Volkstribun« (1870), trotz der romanhaften Zutaten in der zweiten Hälfte, noch ein befriedigendes historisches Drama nennen, so verraten seine in den Gründerjahren geschriebenen Dramen »Arria und Messalina« (1872) und »Nero« (1874/75) deutlich, welchen Mißbrauch das Geschichtsdrama dieser Zeit mit der einst so andächtig verehrten Geschichte treibt. Hier reizen gerade die Themen, wo die Macht ideenlos wütet und das Laster, wenn es nur großartig ist, schön erscheint. Wilbrandt hat auch Dramen der entgegengesetzten Einstellung gegenüber dem Irdischen geschrieben und schließlich, nach Wildenbruchs Erfolg, nationale Stücke. Er konnte alles und mußte nichts. Er war ein Techniker des Theaters und ein Psychologe, er lieferte der Zeit, was sie jeweils wünschte. Und so gab es manches Talent. Die charakterlose Beweglichkeit und reizvolle Interessantheit Gutzows hat sich verallgemeinert; nur ist man im allgemeinen noch leichter und schemenhafter geworden. Franz Nissel bebaut die Gutzkowsche Domäne des historischen Lustspiels in »Ein Nachtlager Corvins« (1881). Überhaupt lebt das anekdotische Drama Jungdeutschlands bei dieser Gruppe weiter. Paul Heyse nennt sein Drama »Die Weiber von Schorndorf« (1881) ein „historisches Schauspiel", aber es ist genau besehen nur ein bürgerlicher Schwank auf historischem Hintergrund, mit etlichen Reflexionen zum Problem der Geschlechter. Vom heroisch-politischen Geschichtsdrama der Tradition haben wir uns hier denkbar weit entfernt. Die Idee, sich gegen den Mordbrenner Mélac zu wehren, kann „nur so einem kurzsichtigen Weibergehirn einfallen". Die vernünftigen männlichen Bürger waren sich gleich darüber klar, daß man nicht, in einem unsicheren Freiheitskampfe, Hab und Gut aufs Spiel setzen dürfe. Ein ähnliches behagliches Anekdotendrama aus der Welt des Alten Fritz ist Heyses »Jungfer Justine« (1892).

Bürgerlich, unpolitisch ist überhaupt die große Masse der geschichtlichen Dramen zwischen 1860 und 1890, und man muß, wenn man eine Erscheinung wie Wildenbruch gerecht beurteilen will, sie an diesen seinen geschichtlichen Voraussetzungen messen. Wilbrandts Gracchus kann unmöglich ein Revolutionär aus sozialpolitischen Gründen sein. Ein privates Motiv muß ihn treiben, der Wunsch, seinen Bruder zu rächen. Wie weit entfernt ist Ferdinand von Saars »Heinrich IV.«, in dem die entscheidenden Weltereignisse auf erotische Motive zurückgeführt werden, von einer würdigen historisch-tragischen Behandlung des Canossa-Motivs! Selbst in ein so großes heroisches Thema wie das von »König Teja« flicht Wilbandt die unerläßliche Liebesgeschichte ein. Die durch Dahns »Kampf um Rom« (1876) bekannt gewordene Art der Geschichtsdarstellung ist auch für das Drama dieser Zeit charakteristisch. Selbst wenn man traditionsgemäß „große Gegenstände" wählt, macht man sie zu kleinen, indem man sie von der Privatsphäre aus betrachtet und an ihr mißt. Während die vaterländischen Dramatiker der Landesstaaten, die Romantiker und die Hegelianer darin einig gewesen waren, daß das Persönliche gegenüber dem Überindividuellen der Geschichte zurücktreten müsse und oft genug von diesem Gesichtspunkt aus die Klassik kritisiert hatten, fühlt sich die hier behandelte Gruppe von der Klassik in ihrem Individualismus bestätigt, hebt aber die in der Klassik obwaltende Spannung zwischen Individuum und Welt bzw. Idee zugunsten eines bürgerlichen oder gar absoluten Individualismus auf. Die unerträgliche Rührseligkeit, die wir öfters in diesen Dramen beobachten, z. B. bei Nissels »Agnes von Meran« (1877) oder Greifs »Agnes Bernauer, der Engel von Augsburg« (1894) kommt eben daher, daß über diesen individuellen Schicksalen weder eine Idee noch eine Gesellschaft steht, die ihnen Sinn und damit wahre Tragik verleihen könnte. In dem Prolog zu »Agnes Bernauer« bezeichnet es der Dichter ausdrücklich als sein Ziel „zu rühren". Agnes

Bernauer ist der reine Engel, ihr geschieht einfach Unrecht. Die politischen Schwierigkeiten der Heirat spielen keine wesentliche Rolle, ihre Verurteilung erfolgt durch einen persönlichen Feind des jungen Herzogs in überstürzter Eile. Die moralische Schwarzweißmalerei des 18. Jahrhunderts lebt in solchen Stücken wieder auf, und da das aufgestiegene Kleinbürgertum im Bismarckschen Reich erhöhte Geltung gewonnen hat, ist es kein Zufall, daß gerade diese »Agnes Bernauer« große Erfolge erntete.[600] Sympathischer berühren Stücke wie Greifs »Pfalz am Rhein« (1887), wo schon durch die Stoffwahl auf einen tragischen Ausgang verzichtet wird. Die Versöhnung zwischen den Staufern und den Welfen, durch die bekannte, oft dramatisierte Verheiratung der Agnes, wird in einfacher gemütvoller Weise gefeiert.

Von einem absoluten Individualismus könnte man beim späten Heyse reden. Während bei Greif auch in seinen am stärksten verbürgerlichten Geschichtsdramen aus den privaten Schicksalen gewisse Folgerungen mindestens lehrhafter Art für die Gesellschaft hervorgehen und damit ihr Wert prinzipiell Anerkennung findet, verliert bei Heyse das Historisch-Politische, dem er in den 60er Jahren noch nahesteht[601] immer« mehr jegliches Gewicht. Im »Alkibiades« (1881), um nur dies Beispiel zu nennen, eröffnet sich dem Helden — durch eine hohe Geliebte natürlich — der Weg zu neuer politischer Größe, nicht nur für ihn persönlich, sondern zugleich für seine von Sparta besiegte Vaterstadt Athen. Aber ohne jeden ernstlichen Konflikt hält ihn der Gedanke an die frühere Frau von diesem Weg zurück: „Mir steht der Sinn nach dieser Reise nicht, / Weil ich ein armes Weib zuhause ließ, / Das ohne mich sich schlecht behelfen kann, / Und darum muß ich für die Ehre danken, / Die, schöne Fürstin, du mir zugedacht ..." (III, 5). Auch die Liebe des sterbenden Alkibiades gehört nicht Athen, nicht dorthin soll seine Asche gebracht werden, sondern ins „heilge Meer". Die kosmischen nicht die geschichtlichen Mächte sind die höchsten! Der Mensch steht einsam, ohne Vermittlung einer menschlichen Gesellschaft, vor ihnen. Von fern hören wir Richard Wagners Weisen von Liebe und Tod, in denen sich der Geist des Zeitalters aufrichtiger und größer ausspricht als in diesen pseudohistorischen Dramen. Doch gelingt auch Heyse manchmal der Schritt zum reinen Leidenschaftsdrama, so schon in seinem »Hadrian« (1864).

*

Man muß sich bei der Betrachtung des historischen Bildungsdramas vor Augen halten, daß diese Dramatiker auch schon vor dem Naturalismus in steter Konkurrenz mit dem mächtig aufstrebenden „sozialen Drama" standen, — ob dieses nun die alte bürgerliche Linie Ifflands und Laubes fortsetzte oder sich zum gesellschaftskritischen Drama erneuerte. Paul Lindau, dessen zeitgemäße »Maria

Magdalena« 1872 erschien, erklärte das historische Drama für tot,
und die Stücke Anzengrubers und besonders Ibsens, die von 1870
an herauskamen, schienen ihm Recht zu geben. Auch in der *Kritik*
an der bestehenden Gesellschaft zeugt diese ganze Richtung für den
Wert, den man jetzt zunehmend den *sozialen* Fragen zubilligt. Der
Individualismus, von dem soeben die Rede war, ist ja im Grunde
nur die Antithese dieser Strömung, die verzweifelte, wenn auch
nicht immer ganz überzeugende Auflehnung des traditionsbewußten
geistigen Menschen gegen die Kollektivierung der Kultur und allen
Lebens. Was jetzt Ibsen gegen Heyse heißt, heißt später Gerhart
Hauptmann im Unterschied zu Paul Ernst. Gemeinsam aber ist je-
desmal der Dualismus des Naturalistischen und Idealistischen, des
„Lebens" und der Kunst.

Wie aber war diesem quälenden Zwiespalte abzuhelfen? Noch immer bot sich der Nationalgedanke, das im Reiche der Bildung niemals ganz vergessene Erbe der Romantik, zur Versöhnung des Konfliktes von Individualismus und Kollektivismus, von kultureller
und sozialer Gesinnung an. Und welchem dichterischen Bereiche
mochte dies Erbe näher liegen als dem Geschichtsdrama, das durch
Herder und die Romantik seine eigentliche Bedeutung, wenn auch
noch nicht seine höchste Verwirklichung und größte Ausdehnung
erhalten hatte? Wenn nun also festzustellen ist, daß das historische
Bildungsdrama in seinen jüngsten und vielleicht bedeutendsten Vertretern sich aus dem *Nationalen* zu erneuern, zu echter Lebendigkeit
zu entwickeln suchte, so kann man zugleich sagen, daß das Geschichtsdrama sich, wie füglich, in seiner schwersten und vielleicht
tödlichen Krisis noch einmal auf seinen ursprünglichen Lebensgrund
zurückbesonnen hat. Das Jahrzehnt der Reichsgründung, in dem
Nietzsches durchaus nicht so unzeitgemäße Schrift »Vom Nutzen und
Nachteil der Historie für das Leben« (1873) erschien, sieht nicht nur
die geschichtliche sondern auch die, bis dahin meist mit ihr verbundene, gediegene nationale Geistesrichtung im Rückgang. Wenn
das beliebteste Stoffgebiet des historischen Dramas zu jener Zeit die
römische Geschichte wird, so ist das nicht einfach die Folge des Er-
scheinens von Mommsens römischer Geschichte[602], sondern ein Zeichen dafür, daß das Großmachtstreben, das Imperiale dieser Epoche
näher liegt als die deutsche Geschichte, deren Bild inniger, tragischer,
aber weniger monumental und glanzvoll erscheint. Bei der Muste-
rung all der Stücke von Nissel, Heyse, Kruse, Wilbrandt, Lindner
findet R. Richter nur zwei, die man gute nationalhistorische Dramen
nennen könne: Nissels »Heinrich der Löwe« (1858) und Heyses
»Colberg« (1865), und es ist kein Zufall, daß sie zu einer Zeit erschienen, da das deutsche Reich noch ein Gegenstand der Sehnsucht
war! Damals schien es sogar nötig, die Wahl eines nichtdeutschen
Stoffes ausdrücklich zu rechtfertigen (Vorrede zu Albert Lindners
»Brutus und Collatinus«, 1864). 1887 dagegen, in dem Prolog zu

seinen »Hohenstaufen«, eifert Greif nicht nur gegen die Dichtung, die „des Daseins kümmerliche Not" zur Hauptsache macht, sondern auch gegen die Behauptung, nur „die Taten andrer Völker" könnten „aufgerollt vor uns im Bild der Bühne / Den Blick uns über das Gemeine heben". Die nationale Dichtung Greifs und Wildenbruchs ist also keineswegs so naheliegend und selbstverständlich, wie man oft glaubt, das zeigt die zielbewußte Entwicklung Greifs aus einer erheblich anderen Form der Dramatik heraus ebenso wie der schwere Stand, den Wildenbruch, nicht nur aus ästhetischen Gründen, seinen Widersachern gegenüber hatte. Das Bekenntnis zur deutschen Geschichte war für einen Dichter, der wie Wildenbruch nicht mehr Epigone sein wollte, ein Wagnis, denn die neue Zeit, und zwar nicht nur die Naturalisten und Sozialisten, sondern auch der Impressionismus und Männer wie z. B. Nietzsche, Paul Ernst und der junge George gingen andere Wege. Ja, es erhebt sich die Frage, ob die Vertreter des Geschichtsdramas selbst noch zu einer andächtigen Versenkung in die heimische Geschichte fähig waren, wie sie die Romantiker oder Grillparzer geübt hatten, ob die Nationalgeschichte für diese Zeit noch ein möglicher Inhalt war.

MARTIN GREIF, den man den süddeutschen Wildenbruch nennen könnte, feierte das deutsch-österreichische Bündnis (1879) mit einem „vaterländischen Schauspiel" »Prinz Eugen«, das 1880 im Burgtheater mit großem Erfolg aufgeführt wurde und von dem man nicht mit Unrecht behauptet hat, es sei wohl das beste dieser ganzen dramatischen Richtung. Sein Gedanke ist, daß in den Siegen des großen Prinzen Österreich über seine partikularen Interessen hinauswächst und einen machtvollen Beitrag zur gesamtdeutschen Größe leistet. Mit dem Preis der deutsch-österreichischen Heimat und dem Heilruf für den Kaiser steht, wie besonders mit der Stoffwahl Greifs »Prinz Eugen« ganz in der Tradition des österreichisch-vaterländischen Dramas. W. Kosch, der Greif in begeisterter Verehrung ein eigenes Buch gewidmet hat, sieht in ihm einen Vorkämpfer der Heimatkunst. Das ist etwas übertrieben. Greif wird am besten verstanden als eine geschichtliche Übergangserscheinung zwischen dem vaterländischen Drama der deutschen Staaten und der eigentlichen Heimatkunst. Sein Drama ist weniger politisch als das alte vaterländische; das würde etwa ein Vergleich der beiden Agnes-Bernauer-Dramen von Törring und Greif zeigen. Indem er das neue Reich bejaht, verwandelt sich ihm der Sinn des deutschen Landesstaats. Aber er preist doch wie jene alte Dramenart in schlichten festspielartigen Stücken die Dynastien und er bearbeitet, wie wir schon bisher sahen, die alten Themen! So wundert es uns nicht, auch ein „vaterländisches Schauspiel" »Ludwig der Bayer oder der Streit von Mühldorf« (1891) unter seinen Stücken wiederzufinden. Greif behandelt das Thema nicht wie der partikularpatriotische Lengefelder, sondern wie Uhland im gesamtdeutschen Sinn: der Akzent liegt auf der Versöhnung zwischen Ludwig und Friedrich dem Schönen. Sie wird in einer kultischen Szene mit Minnetrunk — welche dem Einfluß der Wagner-Oper zu verdanken sein mag — zur eindrucksvollen Darstellung gebracht. Trotzdem liegt schon in dem Stoff, in dem Schlachtensieg Ludwigs des Bayern über Österreich, der ausführlich dargestellt wird (II. Akt), eine Huldigung an Bayern und die Wittelsbacher. Das Stück wurde entsprechend in dem eigens dafür erbauten Schauspielhaus zu Kraiburg in Oberbayern aufgeführt und über 50mal wiederholt. Es leidet, wie die ihm zeitlich vorangehende Hohenstaufen-Trilogie (1887/89), stark unter den dramatischen Mängeln der ganzen Richtung, die wir nicht zu wiederholen brauchen. Für Greif, der zugleich Lyriker ist, besonders charakteristisch ist die lyrische Erweichung des Handlungsgefüges. Man hat diese seine Art des Dramatischen volkstümlich genannt[603], auch wollte man in ihm mit einem Grad von Wahrheit einen neuen Romantiker sehen.[604] Darauf deutet ja auch sein Unternehmen einer Hohenstaufen-Trilogie. Indes fehlt seinem Werk zu solchem Vergleich das ideelle und erlebnismäßige Gewicht. Die Ästhetisierung des metaphysisch begründeten Volks- und Geschichtserlebnisses der Romantik ist unverkennbar. Aus dem Weihrauch, mit dem die Romantik das Mittelalter umgeben hatte, wird ein leichter süßer Rosennebel. Im sicheren Besitz des Reiches schaut man fast mitleidig auf das „rührende Geschick" der Hohenstaufen zurück und man genießt das Bild dieser liederfrohen Tage, die „uns selber nun in ihrem farbigen Zauber / nicht anders denn als ein Gedicht erscheinen" (Prolog zu den »Hohenstaufen«).

Am Stoff des ersten Stückes der Trilogie, in »Heinrich dem Löwen«, mußte Greifs Kunst besonders versagen. Hatte Nissel bei der Darstellung des großen Welfen in seinem Kolonisationsstreben einen zeitgemäß-kleindeutschen aber immerhin politischen Grund für den Zusammenstoß mit Barbarossa gefunden, so fehlt bei Greif jedes politisch-historische Gerippe, etwa der Gegensatz von Kaiser und Stammesherzog, was zu einer unerträglich harmlosen Behandlung dieses tragischen Machtkampfes führt. Heinrich der Löwe erscheint oft wie ein ungezogener Junge, der nicht gehorchen will; da aber auch er, zum Zwecke des „Tragischen", Recht behalten muß, so legt man ihm gelegentlich eine Freiheitsphrase in den Mund, die im übrigen keinerlei Bedeutung für das Stück hat. Auch der Papst hat Recht. In einer rührenden Szene als weltabgewandter Kartäusermönch will er nichts als Frieden; so segnet er den Kaiser. Man könnte bei Greif, wie bei manchen Vertretern dieser Richtung, von einem Impressionismus der Ideen sprechen. Ideen fehlen nicht geradezu, aber sie werden nur angedeutet, um wieder zu verflattern. Es entsteht kein Bau. Die Ideen stehen für sich da, episodisch, wie manche Teile der Handlung, wie die für Greif charakteristischen Landschaftsbilder und wie die tableaumäßigen Geschichtsbilder. Von letzteren nur ein Beispiel: „Indem der Herold noch spricht, öffnet sich das Morgengewölke im Hintergrund und der Zeltberg, darauf das Reichsbanner in Schlachtordnung sich ausbreitet, wird sichtbar. Vor den Reihen steht in voller Waffenrüstung Kaiser Friedrich, über den Pfalzgraf Otto das Reichsbanner hält." Der Vergleich mit der Historienmalerei liegt auf der Hand; auch erinnern wir uns der Triumphe, welche in diesen Jahren die Meininger mit ihren Ausstattungsstükken feierten. Die Kunst des Geschichtsdramas ist in Gefahr zur bloßen Schau des Geschichtskostüms zu werden und trägt so trotz des monumental-idealistischen Aufputzes den Naturalismus der Zeit heimlich in sich. Da es für ein solches Drama eine im historischen Stoff begründete ideelle Gipfelung nicht gibt, gewinnt »Heinrich der Löwe« die notdürftige Abrundung in der Übertragung Bayerns an Otto von Wittelsbach, der sein Land als „ein mächtig Glied des eingen deutschen Reichs" zu regieren gelobt, eine Lösung, die um so erwünschter ist als sie zugleich eine Huldigung an das befreundete bayerische Königshaus in sich schließt.

Bedeutet für Grabbe der jähe Tod des machtvollen Heinrichs VI., für Immermann der zwiespältig-geniale Spätling Friedrich II. das Ende der Hohenstaufenherrlichkeit, so wählt Greif, der schon in der „Pfalz am Rhein" den Rand der historisch-politischen Ereignisse aufgesucht hatte, Konradin zum Gegenstand des letzten Stückes seiner Trilogie. Mit einer eigentümlichen Gesetzmäßigkeit kommt hier das entschwindende historische Nationaldrama zu einem Lieblingsstoff seines Anfangs zurück (vgl. o. S. 44 f). Konradins schlichtes rührendes Schicksal ist Greifs dichterischen Mitteln recht gemäß. In dem jungen Hohenstaufen, der in Italien kämpft und natürlich sich verliebt, dann aber in der äußersten Not unklug und groß die italienische Geliebte, die ihn retten könnte, von sich weist, weil ihn das Ideal der deutschen Frau erfüllt, will Greif über das Persönliche hinaus das hohenstaufische Schicksal und überhaupt die Tragödie der deutschen Nationalität darstellen. [605] Mehr als durch Flucht und weiteres politisches Wirken hat Konradin durch seinen todbereiten Adel den Ruhm der Hohenstaufen unvergänglich gemacht. Auch hier ist die Idee nicht eigentlich gestaltet, aber unwillkürlich, „schwebend" durch die innige Verlebendigung dieses Schicksals poetisch verwirklicht.

So oft für unser heutiges Empfinden Greif ins Melodramatische entgleist, — es ist doch immer wieder die innige Schlichtheit, mit der er das Nationalhistorische ergreift, bemerkenswert. Sein Dichtertum reichte nicht aus, um sein Empfinden in reinen und dauernden Gebilden auszusprechen, aber für manchen Zeitgenossen, der schmerzhaft die alte Liebe zur Geschichte entschwinden sah, muß sein nationales Geschichtsdrama doch ein seltenes und wertvolles Erlebnis gewesen sein. So heißt es in dem Buch von Kosch, das selbst zum geschichtlichen Zeugnis geworden ist: „Er strebt das Höchste an, die Wiederbelebung des geschichtlichen Sinnes in seinem ruhmreichen Volke. Er will in gewaltigen Bildern, ein vertiefter Gustav Freytag, das nationale Volksbewußtsein aufs neue wecken und so schließlich die alte Zeit mit der Gegenwart verknüpfen, auf daß diese lerne, was uns not tut."

In wohl noch höherem Maß als für Greif gilt dies Urteil für ERNST VON WILDENBRUCH. Für Wildenbruch ist die Vaterlandsliebe nicht mehr das Selbstverständliche und Sichere, sondern das im persönlichen Bekenntnis neu zu Bewährende. Das Bild des Dichters schwankt in der Geschichte. Er fand zu seiner Zeit warme Anhänger, vor allem aus den Kreisen der Akademiker, des Adels und der Offiziere. Schon damals aber wurde er von andern heftig einer ehrlosen Liebedienerei gegenüber den Hohenzollern bezichtigt, eine Auffassung, die natürlich nach 1918 sich verstärkte und zu einer Verfemung des Dichters führte. Nach 1933 schlug das Pendel wieder nach der entgegengesetzten Seite aus. So vertritt Renate Richter die Anschauung, Wildenbruch gehöre nur im hochtrabenden Pathos seiner Sprache zur wilhelminischen Epoche, — die er „sonst in seinen Anschauungen so weit hinter sich gelassen habe". Sie macht ihn zum „einsamen Seher" des drohenden Verhängnisses.[606] Richtig ist, daß Wildenbruch mehr, als sonst in seinen Kreisen üblich, sah, daß das Reich wie die Zeit unter tiefen Mängeln litt. Um beiden innerlich zu helfen, greift er zur Darstellung nationalgeschichtlicher Gegenstände. Mit der ganzen Wucht seiner Persönlichkeit vertritt er noch einmal den alten Glauben, daß das Geschichtsdrama die höchste Form des Dramas sei. „Das Schicksal eines Volkes... ist seine Geschichte. Darum ist und bleibt das historische Drama das eigentliche."[607]

Wildenbruch ist ein sehr bewußt arbeitender straffer Dramatiker, der sowohl im ideellen wie im technischen Sinn zu bauen versteht und wesensgemäß viel weniger in die Linie des romantischen Künstlers gehört als etwa Greif. Er ist auch als Dichter durch und durch Preuße, und wenn ihn die Naturalisten einen neuen Raupach nannten, so war das nicht ganz ungerechtfertigt. Wildenbruchs Dramatik ist wie die Raupachs stark technisch bestimmt und doch zugleich Bekenntnisdichtung, sie hat mehr „Tendenz", aber auch mehr Lebendigkeit und Gewicht als etwa das z. T. gleichzeitige Werk Paul Ernsts. Die künstlerische Tragik des Zeitalters ist es eben, daß Synthesen, auch wo sie versucht werden, nicht mehr gelingen. Ein groß angelegter *Versuch zur Synthese* ist Wildenbruchs Dramatik zweifellos. Nicht nur wollte er, wie es seit den Arminiusdramen des 18. Jahrhunderts so oft versucht wurde, das Ideelle und das Historische, das Bleibende und das Zeitbedingte aus dem Grunde der Nation versöhnen, sondern er hat zugleich, und ernstlicher wahrscheinlich, auf derselben Grundlage versucht, die Persönlichkeits- und Gesellschaftsprobleme im Zusammenhang miteinander zu se-

hen, persönliches Schicksal als Symbol des Überindividuellen darzustellen und so *die Kluft zwischen dem zeitechten gesellschaftskritischen und dem traditionellen historischen Drama noch einmal
zu schließen.* Nicht also ist, wie so oft bei den Dramen dieser
Richtung, das Historische bloße Kulisse für das Individuelle oder
es stehen beide Elemente zusammenhanglos nebeneinander, vielmehr geht es, wie Wildenbruch selbst sagt, „um die bewußte Vereinigung menschlich dramatischer Schicksale mit großen geschichtlichen, insbesondere nationalgeschichtlichen Vorgängen"[608]. Der in
seinem Werk übrigens nur bedingt herrschende Stil Schillers wird
von solchen — verwandten — Voraussetzungen aus in der Form
eines verhältnismäßig echten bürgerlichen Klassizismus neu verwirklicht. Es gab, trotz aller Mängel, besonders der Sprachgebung,
seit Hebbel keinen berufeneren Erneuerer der klassischen Form des
Geschichtsdramas. Und dies ist wohl das Geheimnis seines Erfolges,
der Grund dafür, daß auch so bedeutende Geister wie Wilhelm
Dilthey Wildenbruch bewunderten. Dieser schreibt dem Dichter
über eines seiner besten Dramen, »Die Tochter des Erasmus«: „Glänzender als vorher in irgendeinem andern Stücke... tritt die Verbindung der Volksszenen, des Untergrundes aller Historie, in den
Stimmungen der Menschenmenge, auf die sie sich aufbaut, ihres
Daseins, ihrer Ausdrucksweise, ihrer Gegensätze hervor... Dies
wird Ihre große geschichtliche Leistung für die Entwicklung des
historischen Dramas bleiben, daß Sie ihm diesen Untergrund gegeben haben... Und vollständig ist Ihnen die Aufgabe, das historische Drama auch darin zu lösen, geglückt, daß die rein menschliche Geschichte, die es braucht, äußerlich, besonders aber innerlich
aufs einfachste und tiefste mit dem geschichtlichen Konflikt selbst
verbunden ist"[609]. In dem Lob Diltheys liegt eine Rechtfertigung
der sozial-erzieherischen Tendenz des Stückes, denn gerade am Gelehrten wird in diesem Drama Wildenbruchs Grundproblem von
Persönlichkeit und Gesellschaft dargestellt. Der tragische Held des
Stücks ist Erasmus, der um seines kontemplativen Freiheitsbedürf-
nisses willen den Volksmann Luther ablehnt, sich dadurch mit seinem glühendsten Bewunderer Hutten verfeindet und schließlich
noch die Tochter an ihn verliert: „Ein alter Mann bleibt einsam in
der alten Welt." Huttens Kampfruf aber ist: „Gott, und der neue
Mensch!" Dieser Begriff des „Neuen" spielt bei Wildenbruch eine
ebenso große Rolle wie bei seinen literarischen und politischen Widersachern. Ähnlich wie Raupach fühlt er sich bitter durch den Vorwurf gekränkt, Reaktionär zu sein. Er trägt das Bild eines Deutschlands in sich, dem die Gegenwart ebenso fern ist wie die deutsche
Geschichte der Reformationszeit. Wie die früheren Tendenzdramatiker sucht er also die Analogie im historischen Stoff. Um jedoch
das Niveau solcher Tendenz und das Feuer von Wildenbruchs Begeisterung zu vergegenwärtigen, sei Huttens Klage über Erasmus

hier zitiert: „O Flamme, die emporging aus der Menschheit, als wollte sie hinwegläutern alles, was den Menschen eng und niedrig und erbärmlich macht, so ersticken sollst du unterm Sand! O Deutschland, im großen Werk geeint, so wieder hinsiechen sollst du in halbem Vollbringen! Wenn sie nun kommen werden, all die Halben, die Kalten, die Trägen, die Feigen, die Wanker und Schwanker, die nicht wußten, ob rechts oder links, und nun einen Weg sehn, den Erasmus ihnen zeigt, von der großen Sache hinweg! Wie sie sich aufrichten werden, all die Köpfe voll spitzfindigen Gelehrtendünkels, weil Erasmus ihnen gesagt hat, daß Begeisterung Dummheit ist!" (II, 2).

Wildenbruch variiert an immer neuen Gegenständen dies Thema von Ich und Volk, und er scheut nicht davor zurück, zu diesem Zweck auch in das durch den Naturalismus erschlossene soziale Stoffgebiet zu greifen. »Väter und Söhne« (1880) behandelt auf dem Hintergrund der napoleonischen Zeit die Überwindung eines Zwistes zwischen einem Stadtkommandanten und einem armen Volksschulmeister durch die nationale Haltung ihrer Söhne. Dem unversöhnlichsten Hasser von einst, dem alten Schulmeister Valentin, erscheint, nachdem sein Sohn dafür fiel, das Bild des „jungen guten Vaterlands ... das auch den Armen gerecht und gütig sein wird" (V, 9), — „Versöhnung jedem der durch Knechtschaft litt" (IV, 2). Auf dem gleichen Hintergrund zeigt »Der Menonit« (1877), wie die individualistische Enge der Sekte durch das tapfere Schicksal eines ehr- und vaterlandliebenden jungen Menschen innerlich erledigt wird. In ähnlicher Weise stößt das menschliche Empfinden in dem Drama »Das neue Gebot« mit der kirchlichen Lebensform des Zölibats zusammen. In »Der neue Herr« erhebt sich erst über der Leiche des tapferen aber unbotmäßigen Adeligen und Obersten von Rochow der neue Staat des Großen Kurfürsten. »Der deutsche König«, Heinrich I., gewinnt erst nach Überwindung einer großen ungesetzlichen Liebesleidenschaft das Ethos, das ihn zum Gründer des ersten deutschen Reiches werden läßt. Immer ist es das Bild eines Bundes starker aber zuchtvoller Menschen, an dem Wildenbruch die Konflikte von Ich und Gesellschaft korrigiert. Wie schon die angeführten leicht zu vermehrenden Beispiele zeigen, wird der tragische Ansatz durch Wildenbruchs erzieherischen Optimismus meist zur Form eines sittlichen Läuterungsdramas verflacht. Nur in dem Stück »Der Generalfeldoberst« (1888), das Wildenbruch besonders am Herzen lag, das aber bezeichnenderweise vom Berliner Hofe verboten wurde, erhebt sich Wildenbruch zu einer rein tragischen Ansicht, zur Anerkennung eines unlösbaren Konfliktes zwischen einem großen Einzelnen und seiner Gemeinschaft. Und dies Stück nennt Wildenbruch selbst die „Tragödie des Optimismus"[610], denn der Held handelt, als ob jene unüberbrückbare Kluft zwischen seiner Idee und der ihn umgebenden geschichtlichen Welt nicht bestünde. Es ist die durch Kompromiß vermiedene tragische Möglichkeit von Wildenbruchs Existenz selbst.

Fragen wir zum Schluß, inwiefern Wildenbruchs Dichtung auch ganz abgesehen vom sprachlichen und dramaturgischen Charakter seiner Werke als epigonenhaft angesprochen werden muß, so ist zweierlei festzustellen. Einmal ist das Deutschlandideal des Dichters — wiederum eine der Ähnlichkeiten mit Raupach — einseitig protestantisch bestimmt. Zum andern ist es in einem sehr bestimmten Sinn auf die herrschende Monarchie ausgerichtet. Auch Wildenbruch macht sich die alte Form des „vaterländischen Dramas" zunutze![611] Die Zahl seiner Hohenzollernstücke (drei) wäre ohne die heftigen Angriffe der Kritik sicher noch größer geworden, denn er redet von „einer Reihe mächtiger Dramen, in denen die Entwicklung Brandenburg-Preußens in seinem Verhältnis zu Deutschland behandelt werden sollte"[612]. Es kann kein Zweifel bestehen, daß Wildenbruch mindestens in dem dritten mit dem eigens und neu gewählten Titel »Der neue Herr« für die ganz konkrete Politik Wilhelms II. eingetreten ist. Der Gesichtspunkt des alten vaterländischen Dramas, die Vergangenheit des Herrscherhauses festspielartig zu feiern, tritt dem gegenüber ganz zurück. Der Regierungsantritt des Großen Kurfürsten, der in Wildenbruchs Darstellung den alten Kanzler und die stolze Militärpartei durch die Gewalt seines geborenen Herrschertums zum Gehorsam zwingt und eine Politik der sozialen Gerechtigkeit und des wehrhaften Friedens beginnt, konnte zur Zeit der Aufführung des Stücks (1891) nur auf den neuen Kaiser bezogen werden. Bis in Einzelheiten hinein lassen sich Anspielungen auf die damaligen politischen Probleme erkennen und Wildenbruchs Ableugnen dieses Tatbestandes, das noch der Herausgeber der »Gesammelten Werke« (1916) mit Nachdruck wiederholt, kann nicht als aufrichtig anerkannt werden.

Wildenbruch hat durch das Verfallen in diese äußerliche Tendenz das ohnehin stark abnehmende Ansehen des historischen Dramas noch mehr gemindert. So ehrlich seine Überzeugung sein mochte, er hat durch solche Entgleisungen selbst dazu beigetragen, daß sein geschichtsdramatisches Werk aus Parteigründen bekämpft und nicht in der Tiefe seines Anliegens verstanden wurde. Um seinen Kritikern zu beweisen, daß er Geschichtsdramatiker aus Überzeugung ist, nicht aus Opportunität oder aus der Unfähigkeit, etwas anderes zu gestalten, schrieb er im Anschluß an die Hohenzollernstücke die bürgerlichen Dramen »Die Haubenlerche« und »Meister Balzer«, welche sehr erfolgreich waren. Dann aber kehrte er zum Geschichtsdrama zurück, das er trotz aller Angriffe als seine eigentliche Lebensaufgabe festhielt. Doch mochte er trotz der neuen Wege, die er versucht hatte, wohl fühlen, daß er am Ende einer Entwicklung stand, denn er schreibt: „Das Drama, das große Volksdrama hat den Deutschen noch viel über sie selbst und ihre Geschichte zu sagen. Und da ich nicht weiß, ob nach mir einer kommen wird, der mit so

241

leidenschaftlicher Hingebung wie ich im großen Labyrinth, das wir deutsche Geschichte nennen, nach dramatischem Erz schürfen wird, so empfinde ich es als Verpflichtung, meinem Tun treu zu bleiben, solange ich noch kann."[613]

SCHLUSS

Nicht schon irgendeine ursprüngliche Verwandtschaft zwischen Drama und Geschichte, sondern erst das verabsolutierte Vorbild Shakespeares und eine fast religiöse Ehrfurcht vor der Geschichte hat dem deutschen Geschichtsdrama die überragende Stellung zugewiesen, die es in dem behandelten Zeitraum innehatte. Auch die großen Dramatiker des Zeitalters, die erkannten, daß eine solche Geschichtsverehrung die Form des Dramas in Gefahr bringe, konnten sich diesem Mythos, als er auf seinem Höhepunkt war, nicht entziehen. Dies bewiesen uns vor allem Grillparzers und Hebbels eigentümliche Wege zum Geschichtsdrama. Seit der Jahrhundertmitte etwa ändert sich das Verhältnis zwischen dem Genie und der Geschichte. Zwar lebt das Geschichtsdrama und der Glaube, daß es die höchste Form des Dramas sei, wie die klassische Griechenverehrung und die äußere Form des idealistischen Dramas, von der bürgerlich-akademischen Schicht des Volkes getragen, bis zum ersten Weltkrieg weiter. Die schöpferischen Geister aber gehen neue Wege, und bald wird das Geschichtsdrama nicht nur seiner Krone beraubt, sondern schon in seiner Möglichkeit bezweifelt und in seinem Wesen mißverstanden.

Besonders einseitig und besonders wirksam war RICHARD WAGNERS Ablehnung. Sollte der neue Kunstmythos zur Herrschaft gebracht werden, so galt es zuvörderst, den alten zu beseitigen. Mit innerer Notwendigkeit also nimmt in Richard Wagners großer Programmschrift »Oper und Drama«[614] die Auseinandersetzung mit dem Geschichtsdrama eine hervorragende Stelle ein. Der Kampf der jungdeutschen Revolutionäre, der über die Kritik nicht hinausgekommen und vor der positiven Lebenskraft des historischen Dramas erlahmt war, wird von Wagner erneuert und durch ein großes Werk bewährt. Gegen den „Schutt der historischen Zivilisation" stellt er den lebendigen Quell der Natur und der in der Kunst sich offenbarenden „Religion", gegen die „Willkür" des Staats die „Notwendigkeit" der Individualität. Man sah „die menschliche Gestalt in die Tracht der Historie oder in die Uniform des Staates verhüllt". „So ist die Kunst des Dichters zur *Politik* geworden." Die nachklassischen Geschichtsdramatiker tut Wagner mit der Bemerkung ab, sie seien nur Epigonen Goethes und Schillers; er nennt sie nicht einmal mit Namen. Aber auch „der redlichste Versuch, der Geschichte, als solcher, Stoff für das Drama abzugewinnen", Schillers »Wallenstein«, ist verfehlt. Nicht nur die äußere Geschichte, „auch das innere Wesen der geschichtlichen Vorgänge", ist dem Drama entgegengesetzt, es kann nur in der Geschichtsschreibung und im historischen Roman zur Darstellung gebracht werden. Shakespeares Dramen und Goethes »Götz« und »Egmont« können als Geschichtsdichtungen gelten, als Geschichts*romane*, im »Wallenstein« aber ist „mit Umgehung der äußerlichen geschichtlichen Treue zugleich auch der Inhalt der Geschichte entstellt". „Der Grund der Nichtigkeit unseres historischen Dramas" liegt gerade in „dem Wunsche und dem Streben, den historischen Gegenstand durch unmittelbar dichterische Auffassung von vornherein so zu bewältigen, daß er in der nur in möglichster Einheit verständlich sich kundgebenden Form des Dramas vorgeführt werden konnte." Wir sehen, Wagner greift nicht die Irrwege des Geschichtsdramas an, sondern dasjenige Bestreben, das wir immer wieder als das innerste der bedeutenden Geschichtsdramatiker erkannten. Er bekämpft die *Idee* des historischen Dramas, und da in seinen Augen das neuzeitliche Drama überhaupt auf der Geschichte beruhte, kommt er zu der Überzeugung, „daß wir kein Drama haben und kein Drama haben können". Es ist nicht unsere Aufgabe, Wagners Idee eines mythischen oder — um den stofflichen Ausgangspunkt zu bezeichnen — eines mythologischen Dramas darzustellen, doch sei als ein bemerkenswertes Kennzeichen dieser Idee erwähnt, daß Wagner glaubt, „die einheitvolle Form seines Kunstwerkes" sei dem Dichter „in dem Gerüste des Mythos vorgezeichnet, das er zum lebensvollen Baue nur auszuführen, keineswegs aber um eines willkürlich erdachten künstlerischen Baues willen zu zerbröckeln und neu zusammenzufügen" habe. Was bei Tieck die Geschichte ist, nämlich das Drama *selbst*, das ist hier der Mythos. Die besonderen Bedingungen der dramatischen Form werden in beiden Fällen zugunsten des gewissermaßen heiligen Inhalts vergessen, — eine geistesgeschichtliche Verwandtschaft, aus der sich eben der Radikalismus von Wagners Kampf gegen das Geschichtsdrama erklärt. War für die Romantik ein Ineinander von Geschichte und Mythos kennzeichnend, für Dichter wie Immermann und Grillparzer noch ein Nebeneinander[615], so tritt mit Wagner die deutsche Geistesgeschichte des 19. Jahrhunderts in das Stadium des Gegeneinander von Mythos und Geschichte. Die geschichtlichen Bestrebungen werden unmythisch und unfruchtbar, die mythischen aber geschichtslos und phantastisch. Durch die Wagnerianer, die den Meister noch übertrieben, und dann besonders durch den Radikalismus Nietzsches entsteht eine Atmosphäre, die das Geschichtsdrama wie alle geschichtlichen Bestrebungen nicht eigentlich erneuern, sondern vielmehr verdrängen will. Kunst und „Religion" werden zwar zunächst nur als „Gegengifte" gegen die „verkappte Theologie" der Geschichtsgläubigen aufgerufen.⁶¹⁶ Bald aber geht es darum, die „Religion der historischen Macht" durch eine neue zu ersetzen. Mit Leidenschaft wehrt sich Nietzsche gegen Hegels Entwicklungsgedanken, gegen Eduard von Hartmanns Behauptung, wir seien im „Mannesalter der Menschheit" angelangt. Gegen die an der „historischen Krankheit" leidenden Generationen wird die „Jugend" aufgerufen, gegen das Erkennen „das Leben", gegen den Glauben an die Bedeutung der Völker und Massen die Vorstellung, daß das „Ziel der Menschheit . . . nur in ihren höchsten Exemplaren" liege. Nietzsche preist den „umhüllenden Wahn", dessen das Leben bedürfe. Nur dann, so sagt er, könne die Historie „vielleicht Instinkte erhalten oder sogar wecken", wenn sie „zum Kunstwerk umgebildet, also reines Kunstgebilde" werde. Das historisch Wahre, das früher sogar für Geschichts*dichter* zum Problem wurde, soll also nicht einmal mehr für den Historiker selbst erstrebenswert sein! Die ästhetisierende bzw. pseudomythische Betrachtung der Geschichte bahnt sich an, und bald auch die biologistische, so, wenn Nietzsche später „die Geschichte als die große Versuchsanstalt" für den Übermenschen begreift.⁶¹⁷

Es kann hier nicht näher ausgeführt werden, wie bei Nietzsche die für die Geschichtsdichtung bisher ausschlaggebenden Ideen des geschichtlichen Erbes bzw. des geschichtlichen Schicksals verlorengehen, im bloßen Widerspruch gegen den epigonenhaften Historismus seiner Zeit. Es sei mit diesen Bemerkungen nur angedeutet, daß sein bis tief ins 20. Jahrhundert hinein so ungeheuer wirksamer Kampf gegen die historische Bildung und Tradition eine der wichtigsten Ursachen für die Krise des Geschichtsdramas war, für die Verfemung nicht nur seiner epigonenhaften Erscheinung, sondern seiner Idee. Von dem ihm verpflichteten Kreis um GEORGE etwa wird diese Dramenart kaum noch einer Auseinandersetzung gewürdigt⁶¹⁸, dem erstrebten kultischen Spiel erscheint sie als durchaus entgegengesetzt.

Nicht ebenso gefährlich wie diese pseudoreligiöse Richtung war für das Geschichtsdrama die Kritik der *Naturalisten*. Im 4. Heft der ›Kritischen Waffengänge‹ (1882), in denen mit der größten Heftigkeit gegen den epigonenhaften Geschichtsdramatiker Heinrich Kruse gekämpft wird, ist Wildenbruch mit Achtung genannt, ja man freut sich, daß er soeben mit seinen »Karolingern« (1882) „die ganze Weisheit der Ästhetik Lindaus und Consorten praktisch ad absurdum geführt hat". Die Gebrüder Hart treten gegen Lindau *für* die Tragödie ein, *für* das Nationaldrama. Man will, so scheint es zunächst, das historische Drama nicht beseitigen, sondern reformieren. Man wehrt sich gegen die Zeitmode, „in jedem historischen Totschlag gleich eine erschütternde Tragödie" zu sehen, man lehnt die einseitige Bevorzugung der nationalen Stoffe ab, man ersehnt ein *innerlich* nationales und zugleich modernes Drama, das die Macht des Geistes an die Stelle „der rohen Kraft der Waffen" setzt; man fordert für die Bühne „Gestalten und Schicksale, die das tiefste Empfinden unseres Volkes berühren". Wiederholt wird auf das Vorbild des »Götz von Berlichingen« hingewiesen. In G. Hauptmanns »Florian Geyer« und noch mehr in Schönherrs geschichtlichen Heimatdramen sehen wir das Ideal eines solchen neuen, lebensvolleren Geschichtsdramas verwirklicht. Im ganzen aber ist auch der Naturalismus zur Ablehnung des historischen Dramas gelangt. Schon aus den ›Kritischen Waffengängen‹ tönt mächtiger als alles andere der Wunsch, „das Drama wieder zu einem Spiegelbilde der Zeit" zu machen. Wenig später fordert Carl Bleibtreu, daß der historische Roman „endlich das Altertum und Mittelalter im Rücken lasse": „Mit der großen Revolution beginnt erst der Teil der Geschichte, dessen Nachwirkung in uns Lebendigen nachzittert."[619] Und gleichzeitig glaubt Hermann Conradi feststellen zu können, daß „der Sinn des Publikums für das historische Drama ... so gut wie erloschen ist", — wobei er allerdings das partikularpatriotische Drama des Thüringers Alexander Rost und des Berliners Robert Giseke (als Vorstufe zum Heimatdrama!) von seinem Verdammungsurteil ausnimmt.[620] „Wir leben", so sagt Conradi in dem Aufsatz über »Das Literaturdrama« (1886), — das er mit dem Geschichtsdrama zusammennimmt —, „in einer sozialen Epoche" und der Dichter muß das darstellen, was die Zeit im Innersten bewegt. Die historischen Dramen gehören nicht mehr „zu den instinktiven Bedürfnissen des gesamten Volkes", „und naturgemäß mindert sich auch die aufrichtige Teilnahme, die ungekünstelte Aufnahmefähigkeit der ‚Besten eines Volkes' für sie. Die gewaltigen Wehen einer kreißenden Zeit sind eben zu fühlbar."[621] „Das historische Drama besitzt nur noch ästhetischen Kunstwert, aber keine nationale Bedeutung mehr. Die Wiedergeburtsepoche Wildenbruch ist schnell vorübergegangen. Es ist traurig, aber wahr."[622] In den durch dessen augenblickliche Erfolge bestimmten wechselnden Urteilen über Wildenbruch spiegelt sich die mangelnde Zeittiefe der naturalistischen Kritik, die starke Veränderlichkeit ihrer Stellung zum Geschichtsdrama. Alles in allem aber kann man über den Naturalismus sagen, daß er vom *Stoff* her die Krise des Geschichtsdramas steigert, indem er dazu neigt, die geschichtslose Masse und ihre revolutionäre „Gegenwart" in den Mittelpunkt zu rücken, (wie Nietzsche umgekehrt das geschichtslose große Individuum und seine Ewigkeit). Auch die „neuklassische" Gegenbewegung gegen den Naturalismus behebt diese Krise nicht, bestätigt vielmehr nur von der *Form* her das bestehende Mißtrauen gegen die Dramenart. In Paul Ernsts Theorie etwa spielt das Problem des Geschichtsdramas kaum eine Rolle. Der Primat der Form und Idee ist so stark betont, daß selbst Schillers klassische Tragödien als „geschichtliche Schauspiele" charakterisiert und damit abgetan werden.[623] Es ließe sich dementsprechend nachweisen, daß in den wenigen Geschichtsdramen Paul Ernsts das formale und ideelle Element derart übersteigert ist, daß die Wahl des Geschichtsstoffes ohne Bedeutung bleibt. Bezeichnend für dies neue Streben nach Idealität ist es etwa auch, wenn der Literaturhistoriker R. M. Meyer glaubt nachweisen zu müssen, Goethes »Egmont« sei kein historisches Drama und dabei sagt: „Jedes historische Drama hat eine Tendenz ... Alle Tendenz aber weist Goethe ab."[624] Auch hier also eine prinzipielle Ablehnung des Geschichtsdramas.

Das allen diesen Richtungen entgegengesetzte, 1901 erschienene Buch Otto von der Pfordtens über »Werden und Wesen des historischen Dramas« zeigt nur, wie tief die Verteidiger des Geschichtsdramas seit der Zeit Solgers und der großen Geschichtsdramatiker gesunken sind. Otto von der Pfordten, der selbst mit historischen Dramen hervorgetreten ist, bezeugt, daß das historische Drama von der zeitgenössischen Berliner Kritik fast durchweg grundsätzlich abgelehnt wird. Er selbst bekennt sich wie Wildenbruch mutig zu dem alten Mythos, „daß das dem deutschen Geist gemäße, seiner Eigenart natürliche und darum für den Deutschen einzig ‚originell' mögliche Drama *hohen Stils* das historische ist"[625], aber die Begründungen, die er seiner Behauptung gibt, bleiben ebenso oberflächlich wie seine Leistungen als Dramatiker. Auch die historischen Stücke von G. Hauptmann, O. Erler, H. von Gumppenberg, W. Flex, F. von Unruh, F. Bartels, S. Lublinski und andern Dramatikern vor dem ersten Weltkrieg[626] wird man kaum als eine Wiederbelebung des Geschichtsdramas gelten lassen. Zwar versuchen manche der jungen Dramatiker mit Erfolg, der Tradition eines historischen Bildungsdramas zu entrinnen, aber sie verfallen dann um so sicherer der psychologischen Zerfaserung der Stimmungen, welche sich nicht mit dem Geschichtsdrama verträgt[627], und bald auch dem sach- und geschichtsfernen „Expressionismus" des zweiten Jahrzehnts. Die Krise des überlieferten Stils ist vor allem auch eine Krise des Dramas. Wie die Geschichtsschreibung so empfängt auch die Geschichtsdichtung nach dem ersten Weltkrieg neue Impulse. Die Richtung der „neuen Sachlichkeit" kommt ihr ebenso zugute[628] wie das in der Not der Kriegs- und Nachkriegszeit neu gewonnene Gefühl für Gemeinschaft und Tradition. Doch scheint der Schwerpunkt vom historischen Drama zum *historischen Roman* hinübergewechselt zu haben, wofür zum Beispiel die Werke von Kolbenheyer, Alfred Neumann, Gmelin, Ina Seidel Zeugnis sind. Die durch Deutschlands Shakespeare-Kult eingeleitete Sonderentwicklung des deutschen Geschichts*dramas* war mit dem ersten Weltkrieg abgeschlossen.

ANMERKUNGEN

EINLEITUNG

[1] Aus der Diskussion über das Thema hebe ich als besonders wertvoll drei Aufsätze hervor:

KARL VIËTOR: Der Dichter und die Geschichte. In: Zs. f. dt. Bildung 4 (1928)

THEODOR HAERING: Der gefährliche Dichter. Betrachtungen über die Grenzen zwischen Dichtung und Poesie. In: Zs. f. dt. Kulturphilosophie 4 (1938)

BENNO VON WIESE: Geschichte und Drama. In: DVjs. 20 (1942).

[2] JOHAN HUIZINGA: Im Bann der Geschichte. Betrachtungen u. Gestaltungen. Amsterdam 1942, S. 103.

KAPITEL 1

[3] KONRAT ZIEGLER: Artikel »tragoedia« in: PAULY/WISSOWA: Real-Enzyclopädie der class. Altertumswissenschaft, Halbbd VI A, 2.

[4] K. MEISER: Über historische Dramen der Römer. Festrede der Münchener Akademie der Wissenschaften, 1887; A. SCHÖNE: Das historische Nationaldrama der Römer, 1893.

[5] RUDOLF UNGER: Zur Entwicklung des Problems der historischen Objektivität bis Hegel. In: Gesammelte Studien, Bd 1, 1929, S. 93.

[6] JOHAN HUIZINGA: Naturbild und Geschichtsbild im 18. Jh. In: Corona 5 (1935), S. 549

[7] Zur Wahl des historischen Stoffes veranlaßt wurden die Humanisten wahrscheinlich durch das Vorbild der fabula praetexta und der »Octavia« (mündliche Anregung von OTTO WEINREICH).

[8] W. CREIZENACH: Armin in Poesie und Literaturgeschichte. In: Preuß. Jahrbücher XXXVI (1875), Bd 2, S. 332 ff.

[9] Eine kurze Übersicht gibt: W. KROGMANN: Das Arminiusmotiv in der dt. Dichtung, 1933.

[10] Ausgabe der lateinischen Dramen von NICODEMUS FRISCHLIN: Straßburg 1612.

[11] RUDOLF WOLKAN: Das neulateinische Drama. In: Das dt. Drama, hrsg. v. R. F. Arnold, [2] 1912, S. 137.

[12] W. CREIZENACH: Geschichte des neueren Dramas, 1923, Bd 3, S. 345.

[13] WALTER BENJAMIN: Ursprung des dt. Trauerspiels, 1928, S. 52: »Im Sinn des Opitz ist es nicht die Auseinandersetzung mit Gott und Schicksal, Vergegenwärtigung einer uralten Vergangenheit, die Schlüssel des lebendigen Volkstums ist, sondern die Bewährung der fürstlichen Tugenden, die Darstellung der fürstlichen Laster, die Einsicht in den diplomatischen Betrieb und die Handhabung aller politischen Machinationen, welche den Monarchen zur Hauptperson des Trauerspiels bestimmt«; S. 53: »Man glaubte, im geschichtlichen Ablauf selbst das Trauerspiel mit Händen zu greifen«. (Neudruck 1963.)

[14] MAX WEHRLI: Das barocke Geschichtsbild in Lohensteins Arminius. (Wege zur Dichtung. XXXI.) 1938, S. 98.

[15] PAUL HANKAMER: Dt. Gegenreformation und dt. Barock. Die dt. Literatur im Zeitraum des 17. Jhs. 1935 ([2] 1947, [3] 1964).

[16] W. BENJAMIN: Ursprung des dt. Trauerspiels. 1928, S. 68 f.

[17] JOH. RIST: Alleredelste Beschäftigung zit. bei Benjamin, S. 53.

[18] HANKAMER, S. 302. – vgl. G. SCHÖNLE: Das Trauerspiel Carolus Stuardus des Andreas Gryphius. (Frankfurter Quellen u. Forschungen. H. 13.) 1936, S. 36.

[19] MARTIN OPITZ: Buch von der deutschen Poeterei. 1624. (Neudrucke d. Literaturwerke des 16. u. 17. Jhs 1.) ⁵1949, S. 22.

[20] WEHRLI: Das barocke Geschichtsbild..., S. 84 f.

[21] CREIZENACH: Armin in Poesie..., S. 337.

[22] HERBERT CYSARZ: Deutsche Barockdichtung. 1924.

[23] WEHRLI: Das barocke Geschichtsbild . . ., S. 85.

[24] Vorwort zu dem Lustspiel »Die zweyfache Poetenzunft«, 1680.

[25] ROBERT PETSCH: Einleitung zu »Masaniello«, 1688. (Neudrucke dt. Literaturwerke des 16. u. 17. Jhs x.) 1907, S. XXII, XIX.

[26] vgl. A. HESS: Christian Weises historische Dramen und ihre Quellen. Diss. Rostock 1893.

[27] vgl. ebda S. 14; Hess verneint dies, gegen ihn Petsch, S. XXV.

[28] HESS, S. 13 u. 15.

[29] Aus der Vorrede zu »Ungleich und gleich gepaarte Liebes-Alliance«, 1708.

[30] Aus dem Nachwort zu »Jacobs doppelte Heyrath«.

KAPITEL 2

[31] KARL BAUER: Das Problem der Geschichte im dt. Drama im 18. Jh. bis zum Sturm und Drang. Diss. München 1924, S. 10 (masch.).

[32] JOHANN CHRISTOPH GOTTSCHED in: Beyträge zur Critischen Historie der Deutschen Sprache, Poesie und Beredsamkeit... 1740, Stück 24, im Anschluß an Dazier's Aristoteles – Übersetzung und -Interpretation.

[33] GOTTSCHED: Versuch einer Critischen Dichtkunst. 1730, S. 571: »Der Poet wehlet sich einen moralischen Lehr-Satz, den er seinen Zuschauern auf eine sinnliche Art einprägen will. Dazu ersinnt er sich eine allgemeine Fabel, daraus die Wahrheit seines Satzes erhellet. Hiernächst sucht er in der Historie solche berühmte Leute, denen etwas Ähnliches begegnet ist: und von diesen entlehnet er die Nahmen, vor die Personen seiner Fabel, um derselben also ein Ansehen zu geben«.

[34] ERICH SCHMIDT in: Lessing Bd 1, 1909, S. 634 f.

[35] GOTTSCHED: Critische Dichtkunst, S. 571 ff.   [36] im 63. Literaturbrief.

[37] GOTTSCHED: Critische Dichtkunst, S. 156.

[38] Auch UNGER (s. Anm. 5) kommt S. 103 zu einer relativ positiven Würdigung aufklärerischer Geschichtsdarstellung (bei Voltaire).

[39] Deutsche Literatur in Entwicklungsreihen. Reihe: Aufklärung, hrsg. v. F. BRÜGGEMANN. Bd 3, S. 21.

[40] Ebda S. 20.   [41] Ebda S. 27 (Sperrung von mir).

[42] Zusatz zu des Verfassers bescheidener Antwort auf die vorhergehenden kritischen Gedanken über den sterbenden Cato, Leipzig 1735.

[43] Es sei hier auf E. ERMATINGERS und F. BRÜGGEMANNS langjährige Bemühungen um ein Verständnis der Aufklärung hingewiesen. – Zur Würdigung Gottscheds vgl. G. SCHIMANSKY: Gottscheds deutsche Bildungsziele. (Schriften der Albertus Universität. Bd 22.) 1939.

[44] SCHIMANSKY, S. 94 ff.

45 GOTTSCHED: Versuch einer Critischen Dichtkunst, S. 138 (Sperrung von mir).

46 EUGEN WOLFF: J. E. Schlegel. 1889, S. 42.

47 J. E. SCHLEGEL: Werke, hrsg. v. J. H. Schlegel. Tl 1, 1761, S. 287.

48 EUGEN WOLFF, S. 192.   49 Ebda S. 50 f.

50 FR. G. KLOPSTOCK: An des Dichters Freunde. (Erste Fassung der Wingolf-Ode.) 1747.

51 Vorbemerkung zu KLOPSTOCKS Ode auf Friedrich V., 1750.

52 EUGEN WOLFF, S. 49.

53 GOETHE: Werke. Jub.-Ausg. Bd 37, S. 6: Leipziger Theater (1765–1768).

54 SCHLEGEL: Werke, Tl 1, S. 285 ff. (Vorbericht zu »Herrmann«).

55 Ebda S. 287 (Sperrung von mir).   56 EUGEN WOLFF, S. 137.

57 SCHLEGEL: Werke, Tl 1, S. 211 (Vorbericht zu »Canut«).

58 Ebda S. 213.

59 J. E. SCHLEGEL: Gedanken zur Aufnahme des dänischen Theaters, in: Ästhetische u. dramaturgische Schriften. (Dt. Literaturdenkmale des 18. u. 19. Jhs.) 1887, S. 216 (Sperrung von mir).

60 »Ein Stück, das für die eine Nation gemacht ist, wird selten den andern ganz gefallen.«(Ebda S. 194.)

61 J. E. SCHLEGEL: Vergleichung Shakespears und Andreas Gryphs, 1741, in: Ästhetische u. dramaturgische Schriften, S. 84. Die folgenden Zitate: S. 92, 82, 87, 83.

62 ERICH KLOTZ: Das Problem der geschichtlichen Wahrheit im historischen Drama Deutschlands von 1750 bis 1850. Diss. Greifswald 1927, S. 12 f.

63 GUSTAV TOBLER: Bodmers Politische Schauspiele, in: J. J. Bodmer-Denkschrift zum 200. Geb. 1900, S. 115 ff. (Bespricht nur die Schweizer Stücke und ist in der Wertung und literarhistorischen Einordnung Bodmers sehr ergänzungsbedürftig.)

64 TOBLER, S. 114.

65 Die Tradition ergibt sich schon daraus, daß Bodmer Tells Frau, für die in der Sage kein Name überliefert ist, Hedwig tauft und daß sie bei Schiller unter diesem Namen wiedererscheint; vgl. TOBLER, S. 146.

66 Deutsche Literatur in Entwicklungsreihen. Reihe: Aufklärung. Einleitung zu Bd 12, 1938.

67 KLOPSTOCK: Sämtliche Werke, Bd 8.

68 FR. MUNCKER (Fr. G. Klopstock, Geschichte seines Lebens u. seiner Schriften, 1888, S. 387) behauptet, auch später sei Klopstocks religiöse Dichtung seine »erste und eigentliche Aufgabe«, die vaterländische eine Beschäftigung der Mußestunden. Die von H. KINDERMANN (Klopstocks Entdeckung der Nation..., 1935, S. 5) bekämpfte These GUNDOLFS ist nur eine zugespitzte Reproduktion dieser älteren Auffassung.

69 KINDERMANNS Überschätzung von Klopstocks Beitrag zum Hermann-Mythus drückt sich schon in der irrtümlichen Meinung aus, erst Klopstock habe den Namen Hermann an die Stelle von Arminius gesetzt (s. Klopstocks Entdeckung der Nation..., S. 84).

70 WILLY KROGMANN (Das Arminiusmotiv in der dt. Dichtung, 1933) sieht in HUTTENS Dialog den entscheidenden Schritt dazu (S. 8 ff.).

71 KLOPSTOCK: Sämtliche Werke, Bd 8, S. 3 (Sperrung von mir).

72 MUNCKER, S. 390 f. Das sehr wichtige Motiv von Siegmars Schlachtentod stammt von Schlegel.

[73] KLOPSTOCK: Sämtl. Werke, Bd 8, S. 243 (Anmerkungen zu „Hermanns Schlacht«).

[74] MUNCKER, S. 388. Später forderte sie FRIEDRICH BEISSNER mit Hinweis auf die erfolgreichen Aufführungen des »Empedokles« in: Klopstocks vaterländische Dramen, 1942.

[75] KARL MORGENSTERN: Klopstock als vaterländischer Dichter. Eine Vorlesung, 1814, S. 41.

[76] MUNCKER, S. 395 f. [77] Morgenstern, S. 27, 28.

KAPITEL 3

[78] vgl. z. B. Gertrud CRAIG HOUSTON: The evolution of the Historical Drama in Germany during the first half of the 19th century, Belfast 1920, S. 7. Der kurze Überblick ist insofern interessant, als er sich empfindet als »first-fruits of research in a field of German literature which has not, as I believe, been hitherto adequately explored«.

[79] GOETHE: Dichtung u. Wahrheit, 7. Buch. [80] Ebda, 12. Buch.

[81] W. DILTHEY: Das 18. Jh. und die Geschichtliche Welt. In: Ges. Schriften, Bd III, S. 248 ff. über Möser.

[82] GOETHE: Dichtung u. Wahrheit, 15. Buch. Vgl. PETER KLASSEN: Justus Möser, 1936, S. 182 ff.: Goethe u. Möser.

[83] GOETHE: Dichtung u. Wahrheit, 15. Buch.

[84] GEORG STEFANSKY: Justus Mösers Geschichtsauffassung im Zusammenhang der deutschen des 18. Jhs. In: Euph. XXVIII (1927).

[85] R. GIESE: Politische Haltung und politische Motive im Drama der Klassiker. Diss. Hamburg 1938.

[86] GOETHE: Dichtung u. Wahrheit, 12. Buch. [87] Ebda, 13. Buch.

[88] H. BLUMENTHAL (Hrsg.): Zeitgenössische Rezensionen und Urteile über Goethe's »Götz« u. »Werther«. (Literarhistor. Bibl. Bd 4.) 1935, S. 28

[89] Fr. MEINECKE: Schiller und der Individualitätsgedanke. Eine Studie zur Entstehungsgeschichte des Historismus. (Wissenschaft u. Zeitgeist 8.), 1937, S. 9.

[90] BLUMENTHAL, S. 32. [91] Ebda, S. 9.

[92] So bestätigt HEINRICH RITTER VON SRBIK (Goethe u. das Reich. In: Viermonatsschrift Goethe, 1939, S. 217), daß die »Luft, die im Götz von Berlichingen weht,... von echt reichsgeschichtlicher Art« ist.

[93] HERDER: Sämtl. Werke, Bd 32, S. 144. [94] Ebda.

[95] Ebda, Bd 2, S. 231 f. [96] Ebda. [97] Ebda, Bd 5, S. 338 ff.

[98] GOTTFRIED WEBER: Herder und das Drama. Eine literarhistor. Untersuchung. (Forschungen zur neueren Literaturgeschichte. LVI.) 1922, S. 323.

[99] HERDER: Sämtl. Werke, Bd 1, S. 279.

[100] BENNO VON WIESE: Herder. Grundzüge seines Weltbildes. (Meyers kleine Handbücher. 19.) 1939, S. 75 ff. – DERS.: Die dt. Tragödie von Lessing bis Hebbel. 1948, I, S. 72 ff. ([6] 1964).

[101] GOETHE: Dichtung u. Wahrheit, 13. Buch.

[102] GOETHE: Werke. Weimarer Ausg. Abt.: Briefe, Bd 5, S. 144 f. (1781).

[103] vgl. OTTO BRAHM: Das Ritterdrama des 18. Jhs, 1880.

[104] vgl. II. Teil, 1. Kap.

[105] FR. VOGT / M. KOCH: Geschichte der dt. Literatur ... [2] 1904, Bd 2, S. 281.

[106] GOETHE: Werke. Weimarer Ausg. Abt.: Briefe, Bd 4, S. 299.
[107] LENZ: Anmerkungen übers Theater, gedruckt 1774, schon 1769 im Straßburger Kreis vorgelesen; die folgenden Zitate ebda.
[108] LENZ: Ges. Schriften, Bd 3, 1. Druck 1782.
[109] A. SCHALAST: F. M. Klingers Stellung zu Staat u. Geschichte. Diss. Breslau 1938.
[110] K. ROSENKRANZ: Göthe u. seine Werke. 1847, S. 225.
[111] R. M. MEYER: Ist Goethes Egmont ein historisches Drama? In: Preuß. Jahrbücher 95 (1899), S. 65 ff.
[112] GOETHE: Dichtung u. Wahrheit, 19. Buch.
[113] E. ZIMMERMANN: Goethes Egmont. 1909, S. 120.
[114] Brief vom 14. 5. 1778 (Sperrung von mir).
[115] Brief vom 12. 12. 1781. [116] Brief vom 20. 3. 1782.
[117] KEFERSTEIN in: DVjs. 15 (1937). [118] ZIMMERMANN, S. 160.
[119] SCHILLERS Erinnerung an das Publikum, 1784 (s. Werke, Hanser-Verlag, Bd 1, S. 753).
[120] Brief vom 7. 6. 1784.
[121] vgl. H. A. KORFF: Geist der Goethezeit. Tl 1: Sturm und Drang. 1923, S. 215. (⁴1958.)
[122] Herbert CYSARZ: Schiller. 1934, S. 132.
[123] Brief vom 10. 12. 1788; vgl. auch Brief vom 27. 7. 1788.
[124] A. LITTMANN: Schillers Geschichtsphilosophie. (Abhandlungen z. Philosophie u. Pädagogik. H. 1.) 1926.
[125] KARL WOLF: Schiller und das Unsterblichkeitsproblem. 1910.
[126] Brief vom 18. 11. 1796.
[127] Brief vom 28. 11. 1796 (an Körner). [128] Ebda.
[129] Ebda. [130] Ebda.
[131] H. A. VOWINKEL: Schiller der Dichter der Geschichte. Eine Auslegung des Wallenstein. (Neue dt. Forschungen. Bd 195.) 1938, S. 120. Wir verweisen dagegen auf die ausgezeichnete Interpretation von R. PETSCH: Der Aufbau der dramatischen Persönlichkeit und ihrer »Welt«. In: DVjs. 13 (1935).
[132] CYSARZ, S. 312 ff. [133] VOWINKEL, S. 103.
[134] KORFF z. B. vertritt die Ansicht, daß im »Wallenstein« die deutsche Nation die »größte Tragödie ihres größten Dramatikers« besitzt; s.: Geist der Goethezeit. Tl 2: Klassik. 1930, S. 249 (⁴1958). Auch BENNO VON WIESE gibt ihm besonderes Gewicht; auf seine eingehende und feinsinnige Schiller-Interpretation sei hier ein für allemal hingewiesen: Die dt. Tragödie von Lessing bis Hebbel. 1948, I, S. 202–331 (⁶1964; ferner: WIESE: Schiller. 1959, ³1963).

KAPITEL 4

[135] Brief vom 4. 11. 1795
[136] vgl. FR. SENGLE: Goethes Verhältnis zum Drama. Die theoretischen Bemerkungen im Zusammenhang mit seinem dramatischen Schaffen. (Neue dt. Forschungen. Bd 116.) 1937.
[137] Brief vom 20. 10. 1794. [138] Brief vom 18. 5. 1798.
[139] vgl. JULIA GAUSS: Die methodische Grundlage von Goethes Geschichtsvorschung. In: Jb. d. Freien Dt. Hochstifts 1932/33, S. 163–283. —FR.

MEINECKE: Goethes Mißvergnügen an der Geschichte. 1933. – W. DIL-
THEY: Das Erlebnis und die Dichtung. [8] 1922, S. 231 ff.
[140] GOETHE: Werke. Weimarer Ausg. Bd 41, 1, S. 206.
[141] H. SCHNEIDER: Schiller. Werk u. Erbe. 1934, S. 46.
[142] Brief vom 20. 8. 1799 (Sperrung von mir).
[143] CYSARZ, S. 340
[144] G. FRICKE: Der religiöse Sinn in der Klassik Schillers. 1927; vgl. auch
B. VON WIESE: Die dt. Tragödie... I, S. 300 ff.
[145] CYSARZ: S. 350.   [146] Brief vom 9. 9. 1802.
[147] JULIUS PETERSEN: Geschichtsdrama und nationaler Mythos. 1940, S. 20 f.
[148] vgl. unten S. 145.
[149] KORFF: Geist der Goethezeit. Tl II, S. 263.
[150] GERHARD FRICKE: Gefühl und Schicksal bei Heinrich von Kleist. 1929,
S. 121.
[151] KLEIST: Briefe, Bd 2, S. 221.
[152] Brief vom 21. 6. 1811.   [153] FRICKE, S. 187.
[154] LUGOWSKI: Wirklichkeit und Dichtung. Untersuchungen zur Wirklich-
keitsauffassung Heinrich von Kleists. 1936, S. 214.
[155] s. oben S. 56.
[156] LUGOWSKI, S. 215. Auch B. VON WIESE (Die dt. Tragödie..., 1948, II)
wendet sich gegen Ludowskis Kleist-Interpretation (als Antimärchen-
Dichter).

KAPITEL 5

[157] vgl. WALTER REHM: Griechentum und Goethezeit. 1936, S. 287 ff.
[158] TIECK: Einleitung zu Phantasus (1811), in: Schriften, 1828, Bd 4, S. 14.
[159] NOVALIS: Fragmente X Nr. 421; s. Dt. Literatur in Entwicklungsreihen. Reihe: Romantik. Bd 10, S. 27.
[160] Richard BENZ: Die dt. Romantik. Geschichte einer geistigen Bewegung.
1937, 9. Buch.
[161] Manfred SCHROETER in: J. J. BACHOFEN: Der Mythos von Orient und
Occident. 1926, Einleitung S. CXVI.
[162] TIECK, S. 13.   [163] Ebda, S. 14.
[164] K. BORRIES: Die Romantik und die Geschichte. Diss. Tübingen 1925.
[165] Dt. Literatur in Entwicklungsreihen. Reihe: Romantik, Bd 10. Einleitung von PAUL KLUCKHOHN, S. 7.
[166] D. Fr. SCHLEIERMACHER: Über die Religion. Reden an die Gebildeten
unter ihren Verächtern. 1799, S. 282.
[167] Jacob GRIMM, zitiert von SCHROETER: Bachofen, S. CXXVII.
[168] Wir gehen von dem heute in der Literaturgeschichtsschreibung
üblichen Begriff der Romantik aus. Bei der politischen, Musik-,
Rechtsgeschichtsschreibung etc. ist der Begriff ›Romantik‹ bekanntlich weiter.
[169] Friedrich SCHLEGEL: Gespräch über die Poesie. In: Schlegels Prosaische
Jugendschriften, hrsg. v. J. Minor. 1882, Bd 2, S. 357 ff.
[170] EICHENDORFF: Zur Geschichte des Dramas. 1854, S. 160.
[171] Die spätere romantische Theorie eines historischen Dramas (A. W.
Schlegel u. Solger) behandeln wir erst am Ende dieses Kapitels, da sie
in der eigentlichen Romantik noch wenig zur Auswirkung kommt,
dagegen die gegebene Überleitung zu Tl II bildet.

[172] in: Europa, von Fr. Schlegel, 1803, I, S. 57.
[173] So scheint R. Benz in seinem energischen Eintreten für die »Genoveva« das Drama gerade auch in dieser Hinsicht sehr ernst zu nehmen (s.: Die dt. Romantik, S. 136 f.).
[174] vgl. Bruno Golz: Pfalzgräfin Genovefa in der dt. Dichtung. 1897.
[175] So Tieck selbst über den Octavian in: Solgers nachgelassene Schriften u. Briefwechsel. 1826, Bd 1, S. 485 f.
[176] Ebda, S. 469.   [177] Eichendorff, S. 169, 148.
[178] Tieck: Kritische Schriften, Bd IV, S. 157.
[179] Solger, Bd 1, S. 269 (1. 2. 1813).
[180] vgl. ebda Bd 1, S. 328, 339, 343.   [181] Ebda, S. 693.
[182] Hermann Hettner: Das moderne Drama. Ästhetische Untersuchungen. Hrsg. v. P. A. Merbach.
[183] Franz Stuckert: Das Drama Zacharias Werner's. Entwicklung u. literargeschichtl. Stellung. 1926, S. 178 f.
[184] Prolog, 3. Stanze.
[185] Werner: Briefe, Bd 1, S. 81.
[186] Justus Hashagen: Die Romantik und die Geschichte. In: Festschrift für Melle. 1933, S. 189 ff., 197.
[187] vgl. Epilog.   [188] 2. Teil, I, 5.
[189] Briefe, Bd 1, S. 191 u. 193.   [190] Briefe, Bd 1, S. 111.
[191] Briefe, Bd 1, S. 193 (17. 10. 1803).   [192] Sämtl. Werke, Bd IV, S. 92.
[193] Briefe, Bd 1, S. 113.   [194] Briefe, Bd 1, S. 80.
[195] Briefe, Bd 1, S. 327 (10. 3. 1805).
[196] Der Einschnitt liegt nach III, 1.
[197] Briefe, Bd 1, S. 327.   [198] Briefe, Bd 1, S. 294.
[199] Jonas Fränkel: Zacharias Werner's Weihe der Kraft. Eine Studie zur Technik des Dramas. (Beiträge zur Ästhetik. IX.) 1904, S. 104.
[200] Briefe, Bd 1, S. 423.   [201] Briefe, Bd 2, S. 38.
[202] Paul Hankamer: Zacharias Werner. Ein Beitrag zur Darstellung des Problems der Persönlichkeit in der Romantik. 1920, S. 152 ff.
[203] Fränkel, S. 73, 75.
[204] Paul Kluckhohn in: Dt. Literatur in Entwicklungsreihen. Reihe: Romantik, Bd 20, S. 23. – vgl. schon das entsprechende Urteil von Werners Gönnerin Tina Gräfin Brühl über dessen Richtigkeit, wie sie sagt, „nur eine Stimme" herrsche: Briefe, Bd 2, S. 428–431.
[205] Briefe, Bd 2, S. 32 f. (Sperrung von mir).
[206] Tieck: Kritische Schriften, 1852, Bd IV, S. 158.
[207] Fränkel, S. 67 ff.   [208] Briefe, Bd 2, S. 150 f.
[209] Hankamer, S. 159.   [210] Briefe, Bd 2, S. 100.
[211] Fr. Hebbel: Werke, hrsg. v. Th. Poppe, [1923], Bd 8, S. 197.
[212] Briefe, Bd 2, S. 175.   [213] Hankamer, S. 287.
[214] Briefe, Bd 2, S. 156.
[215] Briefe, Bd 2, S. 215 (20. 10. 1809); das Studium der Vorlesungen A. W. Schlegels wird durch den gleichen Brief belegt.
[216] Stuckert, S. 11.   [217] Januar 1813, S. 86.
[218] Clemens Brentano: Sämtl. Werke, hrsg. v. C. Schüddekopf, 1910, Bd 10, S. 383, Anmerkungen des Verfassers.
[219] Ebda, Bd 10, Einleitung, S. XXIX.
[220] Ebda, Bd 10, S. 383, Anmerkungen des Verfassers.
[221] in: Kronos, Januar 1813, S. 86.

[222] Zur Charakteristik und Wertung des Dramatikers Achim von Arnim vgl. besonders P. KLUCKHOHN in der Einleitung, S. 31 ff., zu: Dt. Literatur in Entwicklungsreihen. Reihe: Romantik, Bd 20.

[223] R. STEIG: A. v. Arnim und die ihm nahestanden. Bd 3, S. 390 f.

[224] Ebda, S. 399.   [225] Ebda, S. 401 (21. 10. 1817).

[226] an Görres, 8. 9. 1812.

[227] Als erster bemühte sich M. HARTMANN, dem historischen Drama Arnims gerecht zu werden: Ludwig A. von Arnim als Dramatiker. (Breslauer Beiträge zur Literaturgeschichte. 24.) 1911, S. 58 ff.

[228] STEIG, Bd 3, S. 457 f. (1. 12. 1819).

[229] Josef NADLER: Die Berliner Romantik 1800–1814. 1921, S. 197; vgl. auch KLUCKHOHN in: Romantik, Bd 20, S. 44; HARTMANN, S. 72 f.

[230] Johs SCHREYER: Die psychologische Motivierung in Arnims Dramen. (Hermaea. XXVI.) 1929, S. 62.

[231] STEIG, Bd 3, S. 296 f.

[232] EICHENDORFF: Zur Geschichte des Dramas. 1854, S. 161 f.

[233] vgl. P. KLUCKHOHN in: Romantik, Bd 23: Lustspiele, S. 14 (Einführung).

[234] P. KLUCKHOHN in: Romantik, Bd 20, S. 38.

[235] in: Schaubühne VI, S. 351.

[236] STEIG, Bd 1, S. 317.

[237] in: Der preußische Korrespondent, Nr. 114, 16. 10. 1813.

[238] Hans-Uffo LENZ: Das Volkserlebnis bei L. A. v. Arnim. (German. Studien. 200.) 1938, S. 139 ff.

[239] „Arnim ist ein eifriger preußischer Patriot und will den Stoff zu seinen poetischen Arbeiten aus der preußischen Geschichte nehmen." Bericht Prof. KAYSERS vom 6. 1. 1805; vgl. HARTMANN, S. 25.

[240] Erich HAAK: L. A. von Arnims Waldemardramen. Diss. Greifswald 1925.

[241] Friedrich DE LA MOTTE FOUQUÉ: Waldemar der Pilger, Markgraf von Brandenburg. Trauerspiel. In: FOUQUÉ: Vaterländische Trauerspiele, 1811.

[242] Auf Grund anderer Kriterien vermutet HAAK (S. 130) als Entstehungszeit für dies Waldemar-Fragment den Herbst 1806.

[243] HARTMANN, S. 73 ff.; HAAK, S. 112 ff. Haaks Verallgemeinerung allerdings, Arnim habe sich im »Falschen Waldemar« „aufs engste an die Nachrichten der Quelle gehalten" (S. 115), erweckt ganz falsche Vorstellungen.

[244] vgl. HAAK, S. 89.   [245] HARTMANN, S. 84.

[246] Sperrung von mir.

[247] KLUCKHOHN in: Romantik, Bd 20, S. 42.

[248] Herbert CYSARZ: Eichendorff und der Mythos. In: Festschrift für Julius Petersen, 1938, S. 159 ff.

[249] EICHENDORFF: Zur Geschichte des Dramas, 1854.

[250] Ebda, S. 147.

[251] Julius ERDMANN: Eichendorffs historische Trauerspiele. Diss. Halle-Wittenberg 1908, S. 21.

[252] Ebda, S. 14.

[253] Heinrich VON COLLIN: Sämtl. Werke, 1812, Bd 2.

[254] EICHENDORFF: Sämtl. Werke. Hist.-krit. Ausg., hrsg. v. W. Kosch. Bd 13: Briefe, S. 93.

²⁵⁵ Als Beispiel einer nationalpolitischen Gestaltung des Plauenstoffes vgl. Fr. BETHGE: Rebellion um Preußen, in: Das innere Reich 6 (1939), S. 340 ff.

²⁵⁶ Erich KLOTZ: Das Problem der geschichtlichen Wahrheit im historischen Drama Deutschlands von 1750 bis 1850. Diss. Greifswald 1927, S. 76.

²⁵⁷ KLUCKHOHN in: Romantik, Bd 20, S. 48.

²⁵⁸ vgl. HASHAGEN, S. 200.

²⁵⁹ Robert ULSHÖFER: Die Theorie des Dramas in der dt. Romantik. (Neue dt. Forschungen. Bd 29.) 1935.

²⁶⁰ Brief an Fouqué, in: Werke, Bd 8, S. 145 f. (1806), und besonders SCHLEGELS Vorlesungen über dramatische Kunst und Literatur, 37. Vorlesung, hrsg. v. Amoretti, 1923, Bd 2.

²⁶¹ Werke, Bd 9, S. 251 (1805).

²⁶² SOLGERS nachgelassene Schriften und Briefwechsel, hrsg. v. L. Tieck u. F. v. Raumer, 1826, Bd 2, S. 493–628.

²⁶³ Ebda, Bd 2, S. 579 f.   ²⁶⁴ SCHLEGEL: Werke, Bd 2, S. 307 f.

²⁶⁵ TIECK: Dramaturgische Blätter 1826.

²⁶⁶ vgl. E. NAUMANN: Die allgemeine Literaturzeitung und ihre Stellung zur Literatur in den Jahren 1804 bis 1832. Diss. Halle-Wittenberg 1934, S. 29.

²⁶⁷ HEBBEL: Werke, hrsg. v. Th. Poppe, Bd 8, S. 212 (Sperrung von mir).

II

Kapitel 1

²⁶⁸ Diese gesellschaftsgeschichtliche Bedeutung des Ritterdramas verdiente eine nähere Untersuchung. Die Unterscheidung des patriotischen Ritterdramas vom eigentlichen Ritterdrama macht schon R. M. WERNER in seiner wichtigen Besprechung von Otto Brahms Schrift über das Ritterdrama in: Anz. f. dt. Altertum 7 (1881), S. 418.

²⁶⁹ Grundsätzlich von Interesse ist Schillers Bemerkung anläßlich dieses frühen Geschichtsdramas, daß nämlich „solche Compositionen, sobald man ihnen die poetische Wirkung erläßt, eine andere, allerdings sehr schätzbare, leisten, denn keine noch so gut geschriebene Geschichte könnte so lebhaft und so sinnlich in jene Zeit hineinführen, als dieses Stück es tut" (an Goethe, 13. 3. 1798).

²⁷⁰ 1779 vollendet, 1785 gedruckt.

²⁷¹ zit. in dem Artikel der Allg. Dt. Biographie über Törring.

²⁷² Die Übernahme einiger anekdotischer Züge, z. B. des Eieressens, macht es wahrscheinlich, daß Uhland das Stück kannte.

²⁷³ Heinrich der Löwe ist im Recht gegenüber Barbarossa. Der Kaiser, der dies schließlich einsieht, will ihm alles zurückerstatten. Aber Heinrich der Löwe begnügt sich großmütig mit Braunschweig: „Wie Sachsen blühte, / so soll mein Braunschweig herrlich sich erheben, / daß es zum Neid den Nachbarländern werde." Gegenüber dem antikisierenden Drama fordert Klingemann wie Iffland (vgl. oben S. 80) das historische, das freilich noch immer als Drama des Ideals verstanden wird (s. KLINGEMANNS Aufsatz: Über die romantische Tragödie). Die Übereinstimmung der beiden großen Bühnenpraktiker in dieser

Frage zeigt den beträchtlichen Anteil des Theaters am Heraufkommen des geschichtlichen Dramas.

274 Unter diesem Titel erschienen 1811 in Berlin die beiden Dramen »Waldemar der Pilger, Markgraf von Brandenburg« und »Die Ritter und die Bauern«; 1813 gesondert »Die Heimkehr des großen Kurfürsten«.

275 vgl. Erich HAGEMEISTER: Fr. Baron de la Motte-Fouqué als Dramatiker. Diss. Greifswald 1905, S. 60. FOUQUÉ bemühte sich in der Restaurationszeit mit großem Eifer, das durch die Aufklärung bedrohte Ansehen des Adels wiederherzustellen.

276 Der bayerisch-vaterländische Impuls geht durch die Initiative des Königs auf die bildende Kunst über; vgl. die für die Arkaden im Hofgarten von Corneliusschülern ausgeführten 16 Fresken aus den acht Jahrhunderten bayerischer Geschichte (P. BRIEGER: Die dt. Geschichtsmalerei des 19. Jhs. 1930).

277 J. WIHAN: Matthäus von Collin und die patriotisch-nationalen Kunstbestrebungen in Österreich zu Beginn des 19. Jhs. In: Euphorion Erg.-H. 5/6, 1901, S. 170 ff.

278 Friedrich SCHLEGEL: Sämtl. Werke, Bd 2, 1822, S. 316 f.

279 Heinrich VON COLLIN: Sämtl. Werke, Bd 4, 1812, S. 223–262.

280 Weiteres Material bei Norbert WOLFF: Das historisch-patriotische Drama in Österreich vor Grillparzer. Diss. (Masch.) Wien 1933; ferner bei WIHAN.

281 »Friedrich von Österreich« 1805, »Leopold der Schöne« 1805.

282 z. B. recht beachtenswert in CREMERIS Stücken »Losenstain und Hohenberg« und »Bauernaufstand ob der Enns«.

283 in: Archiv 1 (1810), S. 19.

284 vgl. das Vorwort zu »Andreas Baumkircher«.

285 Ritter VON KALCHBERG: Sämtl. Werke, Bd 5, S. 186 ff.

286 Karoline PICHLER: Rudolf von Habsburg, entstanden 1814, gedruckt 1822, auch in: Sämtl. Werke, 1829, Bd 27.

287 PICHLER: Sämtl. Werke, Bd 28.

288 Ebda, S. 33 f.   289 in: Museum Bd 2, H. 12.

290 M. VON COLLIN: Dramatische Werke, Bd 3 u. 4.

291 in: Wiener Jahrbücher 1822; vgl. WIHAN, S. 167.

292 Brief vom 7. 8. 1816.

Kapitel 2

293 Franz GRILLPARZER: Werke. Auswahl, hrsg. v. E. Rollett u. A. Sauer. 1925, Bd 7, S. 175.

294 Ebda, Bd 9, S. 205 (Selbstbiographie).

295 Ebda, Bd 9, S. 231 (Selbstbiographie).

296 Ebda, Bd 9, S. 162 (Selbstbiographie).

297 Ebda, Bd 7, S. 22.   298 Ebda, Bd 7, S. 235.

299 Ebda, Bd 7, S. 143.   300 Ebda, Bd 7, S. 238.

301 »Worin unterscheiden sich die österreichischen Dichter von den übrigen?«, 1837, in: Ebda, Bd 7, S. 87 ff.

302 Ebda, Bd 9, S. 174.   303 Ebda, Bd 8, S. 321 (Tagebücher).

304 Ebda, Bd 7, S. 219.

305 Moriz ENZINGER: Franz Grillparzer und das Wiener Volkstheater. In: Grillparzerstudien, hrsg. v. O. Katann. 1924, S. 9–38.

306 GRILLPARZER: Werke, Bd 9, S. 26 (Selbstbiographie).

307 vgl. die Anmerkungen K. KADERSCHAFKAS in Grillparzer-Gesamtausgabe, Abt. II, Bd 3, S. 290.

308 Eine solche Fassung des Grundkonflikts scheint mir richtiger als Ilse MÜNCHs Verwendung des Begriffspaares Betrachtung und Tat. ‚Tat' ist zu eng, was z. B. die gezwungene Sappho-Interpretation zeigt: Ilse Münch: Die Tragik in Drama und Persönlichkeit Franz Grillparzers. (Neue Forschung. H. 11.) 1931.

309 MÜNCH, S. 13 f.

310 Julius SCHWERING: Franz Grillparzers hellenische Trauerspiele auf ihre literarischen Quellen und Vorbilder geprüft. 1891.

311 in Gedichtform: »An Grillparzer«; s. Grillparzer: Werke. Abt. III, Bd 1, S. 191 f.

312 Ebda, Abt. II, Bd 7, S. 235 ff.

313 1820; ebda, Abt. II. Bd 7, S. 251.

314 GRILLPARZER: Werke, Bd 9, S. 163 (Selbstbiographie).

315 A. EHRHARD: Franz Grillparzer. Sein Leben u. seine Werke. Dt. Ausgabe v. M. NECKER. ²1910, S. 350.

316 Nach einer ungedruckten Untersuchung Manfred WINDFUHRs besteht kein unmittelbarer Zusammenhang zu Grabbes »Hannibal«.

317 Oswald REDLICH: Grillparzers Verhältnis zur Geschichte. Vortrag 1901, in: Grillparzer und die Wissenschaft, 3 Vorträge, 1925, S. 32. – Dasselbe behauptet A. FARINELLI: „Alle Weltereignisse sind ihm, wie Goethe und Wilhelm von Humboldt, ein Spiel und ein Widerspiel menschlicher individueller Kräfte" (FARINELLI: Aufsätze, Reden und Charakteristiken zur Weltliteratur, hrsg. v. Max Koch, 1925, S. 132).

318 GRILLPARZER: Werke, Bd 7, S. 130.

319 Tgb. IV, S. 146.

320 GRILLPARZER: Werke, Bd 9, S. 117 (Selbstbiographie).

321 Ebda, Bd 9, S. 230; vgl. ebda, Bd 8 (Tagebücher), S. 290: „Wenn die Innigkeit des Gefühls abnehme, so müßte man Stoffe wählen, zu deren Ausführung diese köstliche Eigenschaft minder notwendig wäre".

322 Es fällt auf, daß in den Ausgaben von Grillparzers Werken »Die Jüdin von Toledo« mit der Bezeichnung ‚Historisches Trauerspiel' erscheint, und zwar als das einzige von sämtlichen Dramen! Aus den Anmerkungen der Gesamtausgabe, Abt. I, Bd 7, S. 171, geht hervor, daß die Bezeichnung im Manuskript fehlt und nicht auf den Dichter, sondern auf die Herausgeber der sehr flüchtig gearbeiteten 1. Auflage der »Sämtl. Werke« zurückgeht. Leider behält die kritische Ausgabe selbst den unzutreffenden Untertitel bei.

323 L. HRADEK in: Werke, Abt. I, Bd 7, S. XV f. (Einleitung).

324 O. E. LESSING: Grillparzer und das neue Drama. Eine Studie. 1905.

325 in: Euphorion XIV (1907), S. 160 ff.

326 vgl. Julius PETERSEN: Die Sehnsucht nach dem dritten Reich in dt. Sage und Dichtung. In: Dichtung u. Volkstum 35 (1934), S. 18 ff., 145 ff.

327 Günther MÜLLER: Die Libussa-Dichtungen Brentanos und Grillparzers. In: Euphorion XXIV (1922), S. 625 f.

328 GRILLPARZER: Werke, Bd 2, S. 59.

329 Ebda, Bd 7, S. 385.   **330** Ebda, Bd 7, S. 132.

[331] Ebda, Bd 1, S. 187.
[332] GRILLPARZER: Werke, Abt. II, Bd 6, S. 71.
[333] Joachim MÜLLER: Grillparzers Menschenauffassung. (Literatur u. Leben. 4.) 1934, S. 7.
[334] zit. bei O. Redlich: Grillparzer und die Wissenschaft. 1925, S. 26.
[335] GRILLPARZER: Werke, Bd 9, S. 127 (Selbstbiographie).
[336] Ebda, Bd 7, S. 512.   [337] Ebda, Bd 8 (Tagebuch 1826), S. 209.
[338] Ebda, Bd 7, S. 388.   [339] Ebda, Bd 7, S. 385.
[340] Ebda, Bd 2, S. 23: Epigramm »Der Dichter und sein Stoff«.
[341] Ebda, Bd 7, S. 386 f.   [342] Ebda, Bd 8 (1827), S. 255 f.
[343] Ebda, Bd 8, S. 275.   [344] Ebda, Bd 2, S. 59.
[345] Ebda, Bd 9, S. 116 (Selbstbiographie).
[346] Ebda, Bd 7, S. 214 f.
[347] Ebda, Bd 9, S. 162 (Selbstbiographie).
[348] Ebda, Bd 9, S. 163.   [349] Ebda, Bd 9, S. 162.
[350] Ebda, Bd 9, S. 163 (Sperrung von mir).
[351] GRILLPARZER: Werke, Abt. I, Bd 8/9, S. 220.
[352] vgl. A. E. SCHAEFER: Grillparzers Verhältnis zur preußisch-deutschen Politik. (German. Studien. H. 69.) 1929.
[353] Schon EHRHARD (S. 184—271) faßt die drei Dramen in einem eigenen Kapitel mit dem Titel »Die nationalen Dramen« zusammen.
[354] Epilog nach der Aufführung des Trauerspiels »König Ottokars Glück und Ende«; Werke, Bd 9, S. 303.
[355] Karl GLOSSY: Zur Geschichte des Trauerspiels »König Ottokars Glück und Ende«, in: Grillparzer-Jahrbuch IX (1899).
[356] GRILLPARZER: Werke, Bd 9, S. 178 (Selbstbiographie).
[357] Ebda, Bd 9, S. 161.   [358] EHRHARD, S. 211.
[359] MÜNCH, S. 52 u. 53.
[360] GRILLPARZER: Werke, Bd 9, S. 161 (Selbstbiographie).
[361] Ebda, Bd 8 (Tagebücher), S. 231.   [362] Ebda, Bd 9, S. 162 u. 163.
[363] Wilhelm SCHERER: Geschichte der dt. Literatur. (Knaur, o. J.) S. 759.
[364] Alfred KLAAR: König Ottokars Glück und Ende. Eine Untersuchung über die Quellen der Grillparzerschen Tragödie. 1885; ferner: EHRHARD, S. 204 f.
[365] REDLICH, S. 39.   [366] GRILLPARZER: Werke, Bd 9, S. 164 f.
[367] Ebda, Bd 9, S. 164.   [368] Ebda, Bd 9, S. 165.
[369] Ebda, Bd 9, S. 163.
[370] ROLLETT in den Anmerkungen der: Gesamtausgabe, Abt. I, Bd 3, S. 354 ff.
[371] GRILLPARZER: Werke, Bd 9 (Selbstbiographie), S. 215. Es ist der aus der Geschichte des Wiener Volkstheaters wohlbekannte Carl Meisl (»Gisela von Bayern, erste Königin der Magyaren«). Der an sich zensurreife Stoff (Aufruhr) wird, durch willkürliche Veränderungen der Geschichte, dem höfischen Zweck angepaßt.
[372] Ebda, Bd 9, S. 214.
[373] Ebda, Bd 9, S. 216. Wie R. BACKMANNS Versuch, Grillparzer „als Revolutionär" zu erweisen (Euphorion 32, 1931, S. 476 ff.), beurteilt werden muß, dürfte durch die eine Feststellung schon genügend angedeutet sein, daß es der Verf. überhaupt vermeidet, sich mit »Ein treuer Diener seines Herrn« zu befassen, wo doch das Problem im Mittelpunkt steht.

[374] August SAUER in: Grillparzer-Jahrbuch III, S. 19.
[375] EHRHARD, S. 233.
[376] vgl. REDLICH, S. 41; Benno VON WIESE: Die dt. Tragödie..., II, S. 183 ff., unterschätzt wohl doch die Bedeutung des lehrhaften Rahmens, wodurch der Übergang zu »Der Traum, ein Leben« in seiner Darstellung nicht voll verständlich wird.
[377] vgl. z. B. M. VON NEUMANN-WEISSENTHAL: Emerich und Andreas, in: Wiener Modenztg. 1820, Nr. 95–98. Grillparzer hat aus dieser Darstellung vieles übernommen; vgl. ROLLETTS Anmerkungen in: Gesamtausgabe, Abt. I, Bd 3, S. 354 ff.
[378] GRILLPARZER: Werke, Bd 8 (Tagebücher 1826), S. 213.
[379] EHRHARD, S. 235 ff.
[380] Hans SACHS: Andreas, der ungarische König mit Bancbano seinem getreuen Statthalter, 1561.
[381] Karl KADERSCHAFKA: Einleitung in: Gesamtausgabe, Abt. I, Bd 6, S. XXV.   [382] REDLICH, S. 43.
[383] Karl KADERSCHAFKA: Ein Bruderzwist in Habsburg auf der Bühne. In: Grillparzer-Studien, hrsg. v. O. Katann. 1923, S. 240.
[384] KADERSCHAFKA: Einleitung in: Gesamtausgabe, Abt. I, Bd 6, S. XXXI.
[385] Ebda, S. 417 (Anmerkungen).
[386] REDLICH, S. 42; KADERSCHAFKA, S. 418 (Anmerkungen); EHRHARD, S. 251.   [387] REDLICH, S. 43.
[388] GRILLPARZER: Werke, Bd 8 (Tagebücher), S. 212.
[389] Ebda, Bd 9 (Selbstbiographie), S. 217 ff., 230.
[390] Ebda, Bd 9, S. 180.   [391] Ebda, Bd 8 (Tagebücher), S. 214.
[392] Ebda, Bd 9, S. 230.

KAPITEL 3

[393] Sinn und Entwicklung des deutschen Großdramas verdiente eine eigene Untersuchung; denn es ist auffällig, daß, neben einer Masse von kleineren, alle großen deutschen Dramatiker von Goethe und Schiller über Werner, Grabbe, Immermann, Grillparzer bis zu Hebbel und Wagner sich in der Form versucht haben. Bei Lessing ist es noch undenkbar. (Ein Teil dieser alten Forderung wurde kurz vor Erscheinen der zweiten Auflage dieses Buches erfüllt: HORST STEINMETZ: Die Trilogie. Entstehung u. Struktur einer Großform des dt. Dramas nach 1800. 1968.)
[394] Brief vom 17. 5. 1806. Buchausgabe: Der Anfang des Cevennenkrieges, 1807; Der Gipfel des Cevennenkrieges, 1807; Das Ende des Cevennenkrieges, 1806. Isaak von Sinclair verbarg sich unter dem Pseudonym ›Chrisalin‹.
[395] G. WEINSCHENK: Isaak von Sinclair als Dramatiker. Diss. München 1918, S. 21.
[396] TIECK: Kritische Schriften, Bd 3, S. 42.
[397] So versteht sich auch Hebbels leidenschaftliche Kritik an Stifters »Diminutivtalent« in dem Aufsatz »Komma als Frack«, 1858.
[398] WILHELM VON SCHÜTZ: »Gismunda« und »Evadne« in: Dramatische Wälder, gedruckt erst 1827, entstanden vermutlich vor 1812, mindestens »Gismunda«; vgl. F. HIEBEL: Wilhelm von Schütz. Ungedruckte Wiener Diss., 1928, S. 88.

[399] in: Jahrbücher der Literatur 1822, XX, S. 190 ff.

[400] Auf PLATENS »Liga von Cambrai« (1832) als ein anderes Beispiel solcher Dramatik des Hintergrundes sei nur hingewiesen.

[401] 1827 mit einer Vorrede von Tieck gedruckt.

[402] FRIEDRICH VON ÜCHTRITZ: Albrecht Holm. Roman. 7 Bde. 1851/53.

[403] Üchtritz arbeitete später »an einer neuen Gestalt des Spartakus« (Immermann an Beer, 8. 6. 1831), ein Beweis für die Verbundenheit des Dichters gerade mit diesem Werk. Doch ist mir die Existenz einer zweiten Fassung nicht bekannt.

[404] zit. bei E. WOLFF: Raupachs Hohenstaufendramen. Diss. Leipzig 1911, S. 82 f.

[405] Ebda, S. 45.

[406] RAUPACH: Vorrede zu: Die Hohenstaufen. Ein Zyklus historischer Dramen. 1837.

[407] WOLFF, S. 38. Leider fehlt in der Schrift der zu jedem Urteil über Raupachs Verhältnis zur Geschichte unerläßliche Vergleich mit Raupachs Vorlage, der Hohenstaufengeschichte Raumers.

[408] in der Vorrede zu den Hohenstaufendramen.

[409] in: Morgenblatt für die gebildeten Stände 1837, S. 408; neben anderen Äußerungen zu Raupachs Aufnahme zit. bei WOLFF.

[410] ERNST LUDWIG STAHL: Joseph von Auffenberg und das Schauspiel der Schillerepigonen. (Theatergeschichtl. Forschungen. XXI.) 1910.

[411] Vorrede in AUFFENBERGS Sämtl. Werken, 1843 ff.

[412] STAHL, S. 47. Victor Hugos Dramen mit spanischen Gegenständen zeigen die gleiche Neigung der Zeit, kommen aber als Anregung für Auffenberg noch nicht in Betracht. Das erste derartige Drama Hugos (»Hernani«) erschien gleichzeitig (1830) mit Auffenbergs »Alhambra«.

[413] Sperrung von mir.

[414] Brief HORMAYRS vom 22. 1. 1829; Erstdruck in den Beigaben von W. DEETJEN: Immermanns Kaiser Friedrich II., ein Beitrag zur Geschichte der Hohenstaufendramen. (Literarhistor. Forschungen. H. 21.) 1901.

[415] Man vergleiche damit die Gemeinschaftsarbeit der Düsseldorfer Maler im Schloß Heltorf. Die Fresken zeigen Höhepunkte aus der Geschichte Barbarossas (P. BRIEGER: Die dt. Geschichtsmalerei des 19. Jhs, 1930, S. 13 ff.).

[416] FRIEDRICH VON RAUMER: Geschichte der Hohenstaufen und ihrer Zeit, 6 Bde, 1823/25, hier: Bd 3, S. 424. Über das Verhältnis zu den Quellen überhaupt s. bei DEETJEN, S. 21 ff.

[417] Putlitz I, S. 185.

[418] HARRY MAYNC: Immermann. Der Mann u. sein Werk im Rahmen der Zeit- u. Literaturgeschichte. 1921, S. 209 ff.

[419] IMMERMANN: Memorabilien, Bd 2.

[420] Eine zusammenfassende Darstellung des mythologischen Dramas wäre von großem Interesse und würde die hier vorgelegte Untersuchung ergänzen. Daß dem Zerfallen des Romans »Münchhausen« in den arabeskenhaften und den realistischen Teil die gleiche dualistische Antwort Immermanns auf die Stilfragen der Zeit zugrunde liegt, sei hier nur erwähnt.

[421] Brief an Beer vom 8. 6. 1831.

[422] vgl. AUGUST LEFFSON: Immermanns Alexis. Eine literarhistor. Untersuchung. 1904, S. 38 ff.

[423] Brief an Graf Redern vom 29. 1. 1831.   [424] LEFFSON, S. 100.

[425] Wichtig besonders sein Brief an Beer vom 16. 4. 1829, der sich zu einem Aufsatz über das Problem des Geschichtsdramas ausgewachsen hat.

[426] Auch Tieck selbst hat er freimütig belehrt, vgl. IMMERMANNS Brief an Tieck vom 18. 7. 1831.

[427] IMMERMANN: Sämtl. Werke, hrsg. v. Boxberger, 1883, Bd 18 (Memorabilien, H 1), S. 167; HEBBEL: Mein Wort über das Drama, 1843.

KAPITEL 4

[428] GRABBE: Etwas über den Briefwechsel zwischen Schiller und Goethe in den Jahren 1794—1805.

[429] »Herzog Theodor von Gothland«, III. Akt, 1. Szene.

[430] in: »Über die Shakespearo-Manie«.

[431] O. EWALD: Die Probleme der Romantik als Grundfragen der Gegenwart. 1904, S. 111.

[432] Brief vom 22. 6. 1835.

[433] Brief an Immermann vom 16. 3. 1835.

[434] Brief vom 14. 1. 1835.

[435] »Über die Shakespero-Manie«. Nach A. LUDWIG (Schiller und die dt. Nachwelt, 1909, S. 164) das »Beste, was in jener Zeit für Schiller gesagt wurde«.

[436] MAX SCHELER: Zum Phänomen des Tragischen. Abhandlungen u. Aufsätze, 1905, Bd 1, S. 289 ff.

[437] IMMERMANN: Sämtl. Werke, hrsg. v. Boxberger, 1883, Bd 19 (Memorabilien, Tl 2), S. 22.

[438] HERMANN STRESAU: Deutsche Tragiker. Hölderlin, Kleist, Grabbe, Hebbel. 1939, S. 201.

[439] Brief vom 1. 6. 1827.

[440] FERD. JOSEF SCHNEIDER: Christian Dietrich Grabbe. Persönlichkeit u. Werk. 1934, S. 144.

[441] Brief vom 1. 6. 1827.   [442] Brief vom 25. 6. 1827.

[443] Brief vom 12. 7. 1827.   [444] Brief vom 28. 11. 1827.

[445] Brief vom 28. 1. 1828.

[446] W. SCHULTE: Ch. D. Grabbes Hohenstaufendramen auf ihre literar. Quellen u. Vorbilder geprüft. 1917, S. 56.

[447] Brief vom 3. 6. 1829.   [448] F. J. SCHNEIDER, S. 221.

[449] IMMERMANN: Memorabilien, S. 21 u. 28.

[450] FERD. JOSEF SCHNEIDER: Grabbe als Geschichtsdramatiker. In: Ztschr. f. dt. Geisteswissenschaft 1 (1939), S. 540.

[451] Brief vom 17. 12. 1834.   [452] SCHNEIDER: Grabbe, 1934, S. 235.

[453] SCHULTE, S. 78.

[454] RAUMER: Geschichte der Hohenstaufen..., Bd. 3, S. 3 ff.

[455] Brief vom 25. 6. 1831.   [456] Brief vom 17. 7. 1831.

[457] Brief vom 20. 7. 1831.   [458] Brief vom 11. 12. 1834.

[459] IMMERMANN: Memorabilien, S. 32.

[460] Ebda, S. 29.   [461] SCHNEIDER: Grabbe, 1934, S. 290.

[462] Brief vom 12. 2. 1835.   [463] Brief vom 4. 1. 1835.

[464] Brief vom 27. 1. 1835. [465] Brief vom Mai 1836.

[466] GRABBE. Begegnungen mit Zeitgenossen. 1930, S. 17.

[467] IMMERMANN: Memorabilien, S. 29.

[468] Brief vom 17. 12. 1834.

[469] SAMUEL THEILACKER: Volk und Masse in Grabbes Dramen. Diss. Zürich/Würzburg 1907, S. 16.

[470] KARL VIËTOR: Die Tragödie des heldischen Pessimismus. Über Büchners Drama Dantons Tod. In: DVjs. 12 (1934), S. 205.

[471] GEORG BÜCHNER: Sämtl. Werke u. Briefe, hrsg. v. Fr. Bergemann, 1953, S. 209.

[472] KURT MAUTZ: Georg Büchner. In: DVjs. 15 (1937), S. 121.

[473] KARL VIËTOR: Die Quellen von Büchners Drama Dantons Tod. In: Euphorion XXIV (1923), S. 357 ff. [474] Ebda, S. 357.

[475] BÜCHNER: Sämtl. Werke..., 1953, S. 232 (Brief vom 28. 7. 1835).

[476] VIËTOR in: DVjs. 12, S. 188. [477] Ebda, S. 173 f.

KAPITEL 5

[478] LUDWIG BÖRNE: Ges. Schriften, hrsg. v. A. Klaar, Bd 8, S. 159 ff., 197.

[479] HEINRICH HEINE: Werke, hrsg. v. E. Elster, 1890, Bd 5, S. 479.

[480] Näheres darüber bei H. BESSLER: Studien zum historischen Roman der Jungdeutschen, Diss. Leipzig 1935. Dort auch über die allgemeinen geschichtlichen und geschichtsphilosophischen Neigungen der Jungdeutschen, die aber m. E. Bessler zu ernst nimmt. Das Meiste war Anpassung an den Gegner (z. B. »Wullenweber«). Die im jungdeutschen Geschichtsdrama waltende »Diskrepanz zum gegebenen Stoffe« arbeitet auch Bessler heraus.

[481] EDUARD METIS: Karl Gutzkow als Dramatiker. (Breslauer Beiträge zur Literaturgeschichte. H. 48.) 1915. Auch die Zeit selbst arbeitet mit dem Begriff des sozialen Dramas. Um so unverständlicher die lakonische Abfertigung Gutzkows (eine halbe Seite) durch ELISE DOSENHEIMER: Das dt. soziale Drama von Lessing bis Sternheim, 1949.

[482] LAUBE: Einleitung zu »Rokoko«.

[483] ROBERT PRUTZ: Über das dt. Theater. In: Dramatische Werke, 1849, Bd 4, S. 5.

[484] LUDOLF WIENBARG: Zur neueren Literatur, 1835, S. 72 f.

[485] LAUBE: Einleitung zu »Rokoko«.

[486] LAUBE: Die schöne Literatur und das Theater in Deutschland. (Schriften der Gesellschaft für Theatergeschichte. 8.) 1906, S. 246.

[487] Nicht gedruckt. Darüber ausführlich F. BROSSWITZ: Heinrich Laube als Dramatiker. 1908, S. 9 ff.

[488] vgl. PAUL WEIGLIN: Gutzkows und Laubes Literaturdramen. (Palaestra. CIII.) 1910. Gutzkows berühmt gewordene und bis ins 20. Jh. häufig gespielte Tragödie »Uriel Acosta (1846) gehört zeitlich und thematisch zu dieser Dramengruppe. Auch hier ist die Selbstdarstellung, nicht die Geschichtsdarstellung ausschlaggebend. Dem Wert nach stellen wir dies Stück, wie alle tragischen Versuche Gutzkows, hinter seine Lustspiele. Diese Meinung vertrat schon Hebbel (Kritik von »Urbild des Tartuffe«).

[489] LAUBE: Einleitung zu »Die Karlsschüler«. [490] WEIGLIN, S. 123 ff.

[491] ROBERT PRUTZ: Die politische Poesie der Deutschen, 1845, S. 456.
[492] Brief vom 1. 1. 1830.
[493] KARL GUTZKOW: Philosophie der Tat und des Ereignisses, S. 88.
[494] GUTZKOW: Vorwort zu »Wullenweber«; die folgenden Zitate ebda.
[495] Mehr Erfolg hatten freilich raffiniert gemachte Bühnenstücke wie ALBERT EMIL BRACHVOGELS »Narziss« (1856). In seiner Verbindung von jungdeutsch-sozialen und hegelianisch-historischen Motiven vermittelt dies Drama wie das Werk von Prutz zwischen den beiden Gruppen. Vom Schrei nach »Blut! Blut! Blut« ließ sich der Bürger gern zu dem »Throne Gottes« mit der »grinsenden Vernunft dieser Welt« darauf führen (V. Akt, 8). Eine pikante Mischung!

KAPITEL 6

[496] vgl. KONRAD HECKER: Mensch und Masse. Situation und Handeln der Epigonen, gezeigt an Immermann u. den Jungdeutschen. (Das politische Volk. H. 2.) 1933.
[497] Wohin es führt, wenn man die gesamte Geschichtsdramatik der Zeit, auch Grillparzer, Grabbe, Victor Hugo, Büchner, an Hegel bzw. Hebbel mißt, zeigt die Münchener Dissertation 1928 von H. W. PLACZEK: Das historische Drama zur Zeit Hebbels. (German. Studien. 62.) Als Maßstab gilt hier der geschichtsphilosophische Rang eines Dichters. Grillparzers Geschichtsdramen z. B. werden als kleinbürgerlich und papieren abgetan; nur »Libussa« findet Gnade (S. 27 f.).
[498] vgl. A. LUDWIG: Schiller und die deutsche Nachwelt. 1909, S. 191 ff.
[499] FR. TH. VISCHER: Kritische Gänge, Bd I, S. 214–216.
[500] W. R. GRIEPENKERL: Der Kunstgenius in der dt. Literatur. 1846, Bd 1, S. 324.
[501] HEINRICH HEINE: Sämtl. Werke, hrsg. v. O. Walzel. Bd 6, S. 241.
[502] GRIEPENKERL, S. 296.
[503] GRIEPENKERL: Aus den nachgelassenen Papieren des Organisten Pfeiffer. Anhang zu: Das Musikfest oder die Beethovener. 1841.
[504] Einen Vergleich zwischen Griepenkerl und Hebbel nimmt GERHARD HALM vor: Wolfgang Griepenkerl als Dramatiker. Diss. München 1922 (leider ungedruckt); vgl. EBERHARD MECKEL: W. R. Griepenkerl, seine allgemeinen Grundlagen und ihre Auswirkungen in seiner Literaturgeschichtsschreibung. Diss. Freiburg 1930.
[505] GRIEPENKERL: Aus den nachgelassenen Papieren...
[506] GRIEPENKERL: Der Kunstgenius..., S. 239.   [507] zit. bei MECKEL, S. 43.
[508] Auch die Entstehung dieser Dramen entspricht einander: »MaximilianRobespierre«,1849; »DieGirondisten«,1851; »AgnesBernauer«,1851.
[509] GRIEPENKERL: Aus den nachgelassenen Papieren...
[510] Brief vom 14. 4. 1852, zit. bei MECKEL, S. 6. In GRIEPENKERLS »Ausgewählten Werken«, hrsg. v. Heinz Amelung, 1921, sind von der Dramatik des Dichters nur die beiden Revolutionsstücke neu gedruckt worden. »Robespierre« wurde 1892 ins Französische übersetzt. Dies Drama mindestens verdiente es, durch Buch und Bühne wiederentdeckt zu werden! Griepenkerls letzter Versuch mit dem Geschichtsdrama dagegen (»Auf Sanct Helena«, 1862) beweist nur die völlig gebrochene Kraft des späteren Griepenkerl.

511 KARL GUTZKOW: Rückblicke auf mein Leben, 1875.
512 in: Hallische Jahrbücher für Wissenschaft u. Kunst vom 8. 2. u. 25. 4. 1840; ebda sein Erfolg als Opposition gegen die Tieckschen Prinzipien.
513 MOSEN an Stahr, 15. 1. 1843; LUDWIG GEIGER: Aus Stahrs Nachlaß, 1903, S. 52 f.
514 MOSEN über »Otto III.«, Brief an Stahr vom 15. 1. 1843; s. GEIGER, S. 53 f.
515 ADOLF STAHR: Vorrede zur Oldenburgischen Theaterschau, Tl 1, 1845.
516 H. SCHULLER: Mosen und Hebbel über das Drama. In: Euphorion XVIII (1911), S. 463 ff.
517 Briefe an Wolfgang Menzel, für das Literatur-Archiv hrsg. v. H. Meisner u. E. Schmidt. 1908, S. 205 (Brief vom 4. 5. 1855).
518 A. FEHN: Die Geschichtsphilosophie in den histor. Dramen Mosens. 1915, S. 62.
519 LUDWIG GEIGER: Mosen als Dramatiker. In: Bühne u. Welt, 1903.
520 Aus der Vorrede.
521 vgl. M. GLATZEL: J. L. Klein als Dramatiker. Diss. Breslau 1914, S. 10.
522 J. L. KLEIN: Geschichte des Dramas. 13 Abt., 1865–1876. Hier: VII, S. 64.
523 Ebda VI, 2, S. 487.   524 Ebda VII, S. 66.
525 zit. bei GLATZEL, S. 32 f.   526 zit. bei GLATZEL, S. 6.

KAPITEL 7

527 Neues Tagebuch, Nr. 947.
528 vgl. die beiden Bücher von ELISE DOSENHEIMER: Friedrich Hebbels Auffassung vom Staat u. sein Trauerspiel »Agnes Bernauer«, 1912 (Untersuchungen zur dt. Sprach- u. Litgesch. NF H. 13.), und: Das zentrale Problem in der Tragödie Friedrich Hebbels, 1925 (Bd 4 der Buchreihe der DVjs.).
529 HERBERT KOCH: Das Verhältnis von Drama und Geschichte bei Hebbel. Diss. München 1903, gedruckt 1904, S. 62.
530 HERMANN GLOCKNER: Hebbel und Hegel. In: Preuß. Jahrbücher 188 (1922), S. 63 ff.
531 HERMANN STRESAU, S. 215.
532 DOSENHEIMER: Das zentrale Problem..., S. 120.
533 Tagebuch vom 6. 3. 1838.   534 Tagebuch II, 318.
535 Tagebuch 31–76 (Sperrung von mir).
536 Prolog zu Goethes hundertjähriger Geburtsfeier.
537 Briefe, Bd 2, S. 130.   538 Ebda, Bd 4, S. 102.
539 ZINKERNAGELS Schrift mit dem mißverständlichen Titel: Goethe und Hebbel. Eine Antithese, 1911, sagt in dieser Beziehung sicherlich das Richtige.
540 Hebbels Individualismus betont gegenüber Scheunert DOSENHEIMER: Hebbels Auffassung vom Staat..., S. 125 ff.
541 FR. SENGLE: Vom Absoluten in der Tragödie. In: DVjs. 20 (1942), S. 265 ff.   542 z. B. Tagebuch 3291.
543 Vorwort zu »Maria Magdalene«; die folgenden Zitate ebda.
544 Ebda.   545 Briefe, Bd 4, S. 124.
546 HEGEL: Vorlesungen über die Ästhetik. Das Tragische und die Tragödie. Grundsätzliche Äußerungen. Hrsg. v. L. Hasenclever. 1927, S. 71.
547 WALTER SCHNYDER: Hebbel und Rötscher unter besonderer Berücksichtigung der beiderseitigen Beziehungen zu Hegel. 1923, S. 94 ff.

[548] vgl. H. Koch: Über das Verhältnis von Drama und Geschichte bei Friedrich Hebbel. Diss. München 1903, gedruckt 1904.

[549] Hebbel: Mein Wort über das Drama, 1843.

[550] Vorwort zu »Maria Magdalene«, 1844.

[551] Hebbel: Mein Wort über das Drama.

[552] Ebda.   [553] Vorwort zu »Maria Magdalene«.

[554] Ebda; vgl. auch H. Koch, S. 43.

[555] Franz Bottenhorn: Hebbels Stellung zu Staat und Nation, 1936.

[556] Tagebuch Nr 3802.   [557] z. B. Briefe, Bd 1, S. 456.

[558] Briefe, Bd 5, S. 204.

[559] Tagebuch vom 24. 12. 1851; das folgende Zitat ebda.

[560] I. H. von Falckenstein: Vollständige Geschichten der alten, mittleren und neueren Zeiten des großen Herzogtums und ehemaligen Königreichs Bayern, Tl III. 1763, S. 460.

[561] Konrad Mannert: Die Geschichte Bayerns, Tl I. 1826. S. 471.

[562] s. Herzog Ernsts Predigt im V. Akt.

[563] in: Preuß. Jahrbücher 5 (1860), S. 552 ff.

[564] Brief vom 3. 7. 1861.   [565] Brief vom 1. 6. 1862.

[566] Kritik von Julius Mosens Trauerspiel »Der Sohn des Fürsten«.

[567] Brief vom 21. 11. 1848.   [568] Brief vom 19. 3. 1850.

[569] Kritik an Ludoviko von Massinger, bearb. v. Deinhardstein.

[570] Brief vom 19. 3. 1850.

[571] Klaus Ziegler: Mensch und Welt in der Tragödie Friedrich Hebbels. (Neue Forschung. 32.) 1938, S. 74 ff.

[572] H. Koch, Über das Verhältnis von Drama und Geschichte…

[573] z. B. Schluß des III. Aktes: »Die Ritterschaft verläßt mich! Bürger und Bauern, heran!«

[574] Heinrich Treitschke in: Preuß. Jahrbücher 5 (1860), S. 552 ff.

[575] Dosenheimer: Das zentrale Problem…, S. 90.

[576] s. E. Diebold: Friedrich Hebbel und die zeitgenöss. Beurteilung seines Schaffens. 1928, S. 90.

[577] Brief an Uechtritz vom 14. 12. 1854 (Sperrung von mir).

[578] Tagebuch vom 10. 2. 1842.

[579] Tagebuch II, 3105 (Sperrung von mir).

[580] Brief vom 4. 8. 1858.   [581] Brief vom 27. 1. 1859.

[582] Hebbel: Werke, hrsg. v. Th. Poppe, Bd 1, S. 200.

KAPITEL 8

[583] vgl. Renate Richter: Studien über das Drama des Historismus. Diss. (bei Flemming) Rostock 1935; Lotte Cleve: Das politisch-historische Drama vom Naturalismus bis zum Ende des Weltkriegs. Diss. (bei Flemming) Rostock 1935; Gerda Dietz: Das historische Drama vor dem Umbruch. Diss. (bei Enders) Bonn 1935. Insgesamt ein sehr dankenswertes Unternehmen, auf das wir umso nachdrücklicher verweisen, als der Schwerpunkt der vorliegenden Untersuchung mit gutem Grund auf die Zeit vor 1860 verlegt wurde.

[584] vgl. August Kraus: Zu Rückerts dramatischen Dichtungen. Diss. Gießen 1916, S. 55, 54.

[585] in: Berliner Jahrbücher für wissenschaftl. Kritik 1844.

[586] zit. bei KRAUS, S. 50.
[587] OTTO LUDWIG: Ges. Schriften, Bd 5, 1891, S. 528.
[588] OTTO LUDWIG: Briefe, hrsg. v. Kurt Vogtherr. 1935, Bd 1, S. 117.
[589] LUDWIG: Ges. Schriften, Bd 5, S. 512.
[590] Aufsatz über die Idee der »Makkabäer«, zuerst veröffentlicht in: Otto-Ludwig-Kalender 1932, S. 64–66.
[591] RICHTER, S. 21.
[592] Titel eines Aufsatzes im Otto-Ludwig-Kalender 1933, S. 31 ff.
[593] Ebda, S. 40.
[594] Ähnlich gibt Adolf von Menzel, redlich wie er ist, 1860 die Geschichtsmalerei auf. (s. BRIEGER, S. 43): eine Stütze für die Richtigkeit unserer zeitlichen Abgrenzung, zugleich ein Hinweis auf die Schicksalhaftigkeit geistesgeschichtlicher Wenden.
[595] RICHTER, S. 24.
[596] PAUL HEYSE: Jugenderinnerungen und Bekenntnisse. 1900, S. 226.
[597] RICHTER, S. 48, bzw. 52 f.
[598] Zu dieser Unterscheidung vgl. Fr. SENGLE: Vom Absoluten in der Tragödie. In: DVjs. 20 (1942).
[599] FERDINAND GREGOROVIUS »Der Tod des Tiberius«, 1851.
[600] W. KOSCH: Martin Greif in seinen Werken, 1907, [3]1939.
[601] PAUL HEYSE: Ludwig der Bayer, 1861; Colberg, 1865. »Colberg« hatte für längere Zeit einen verdienten Erfolg.
[602] RICHTER, S. 31.   [603] RICHTER, S. 40.
[604] E. HENSCHKE: Das Volkstümliche in Greifs vaterländischen Bühnendichtungen.
[605] vgl. W. KOSCHS freilich ziemlich schöngefärbte Interpretation.
[606] RICHTER, S. 77 u. 69.
[607] in seinem Vortrag: Das deutsche Drama, seine Entwicklung und sein gegenwärtiger Stand. 1898. (Ges. Werke, Bd 16.)
[608] WILDENBRUCH: Ges. Werke, Bd 7, Einleitung.
[609] zit. nach: Ges. Werke, Bd 12, Einleitung S. IV.
[610] Ges. Werke, Bd 9, S. XV ff.
[611] Als geschichtliches Mittelglied des preußisch-vaterländischen Dramas zwischen der Zeit der Freiheitskriege und Wildenbruch erwähnen wir ROBERT GISEKES lebensvolle, in den 80er Jahren noch nicht vergessene Dramen aus der preußischen und deutschen Geschichte (»Dramatische Bilder aus deutscher Geschichte«, 1865), besonders »Der Bürgermeister von Berlin«, der Alexis' »Roland von Berlin« zur Quelle hat und somit wiederum Gisekes Zusammenhang mit der älteren Brandenburgdichtung zeigt.
[612] Ges. Werke, Bd 9, S. XV ff.
[613] zit. nach: Ges. Werke, Bd 13, Einleitung S. XIX.

SCHLUSS

[614] RICHARD WAGNER: Oper und Drama. 1852, [2]1868.
[615] Zu Immermann s. oben S. 156. Bei Grillparzer denken wir vor allem an das Nebeneinander von »Ein Bruderzwist in Habsburg« und »Libussa«. Noch nicht so ausgeprägt: »König Ottokars Glück und Ende« und »Das goldene Vliess«.

[616] FRIEDRICH NIETZSCHE: Vom Nutzen und Nachteil der Historie für das Leben. 1873/74; die folgenden Zitate ebda.

[617] NIETZSCHE: Werke (Kröners Taschenausgabe), Bd 13, S. 32.

[618] vgl. aber die 3. Folge der ›Blätter für die Kunst‹, S. 112.

[619] CARL BLEIBTREU: Revolution der Literatur. 1886.

[620] HERMANN CONRADI: Das deutsche Nationaldrama, 1886. (Ges. Schriften, Bd 2.)

[621] Ebda, S. 329 f.

[622] CARL BLEIBTREU: Zur Psychologie der zeitgenössischen Literatur, 1886, S. 335 ff.

[623] PAUL ERNST: Der Zusammenbruch des Idealismus, 1919.

[624] RICHARD M. MEYER: Ist Goethes Egmont ein historisches Drama? In: Preuß. Jahrbücher 95 (1899), S. 65 ff.

[625] OTTO VON DER PFORDTEN: Werden und Wesen des Dramas, 1901, S. 70.

[626] Darüber vgl. LOTTE CLEVE: Das politisch-historische Drama..., 1935.

[627] Man vergleiche von diesem Gesichtspunkt aus z. B. Henry von Heiselers »Peter und Alexey« (1906) mit Immermanns Alexis-Trilogie (1832).

[628] vgl. GERDA DIETZ: Das historische Drama vor dem Umbruch. Diss. Bonn 1935.

AUTOREN-REGISTER

AUTOREN-REGISTER